Viktor Farkas

Esoterik

Dieses Buch soll nicht der unüberschaubar langen Reihe esoterisch-grenzwissenschaftlicher Werke einfach ein weiteres hinzufügen, sondern einen neuen – erweiterten – Blickwinkel eröffnen. Bestandsaufnahme, Übersicht und Leitfaden in einem. Vielleicht gelingt sogar ein Brückenschlag zwischen zwei Welten, ein Brückenschlag, der schon lange fällig war . . .

Viktor Farkas

Esoterik

Eine verborgene Wirklichkeit

Umschau Verlag Frankfurt am Main

Ich danke meiner Mutter
für ihr Verständnis und
Frau Dr. Martina Steinhardt
für interessante Anregungen.

CIP-Titelaufnahme der Deutschen Bibliothek

Farkas, Viktor:
Esoterik : eine verborgene Wirklichkeit / Viktor Farkas.
Frankfurt am Main : Umschau Verl., 1990
ISBN 3-524-69094-7

Umschlaggestaltung: Kreativ-Design Gerd Aumann

Satz: LibroSatz Johannes Witt GmbH & Co KG, Kriftel

Druck und buchbinderische Verarbeitung: May + Co, Darmstadt

Printed in Germany

Inhalt

Teil II
Weltverständnis durch Esoterik

Teil III
Lebenshilfe durch Esoterik

Teil IV
Esoterik im Spiegel der Wissenschaft

Esoterik – Herausforderung unserer Zeit

Man hat sich daran gewöhnt, daß mit vielen Begriffen Schindluder getrieben wird. Wie oft ist von Liebe, Treue, Freundschaft, Loyalität, Moral und ähnlichem die Rede und wie selten entspricht das Wort der Wirklichkeit. Ein Begriff aber wird wahrscheinlich am leichtfertigsten mißbraucht. Er lautet: »Geheimnis«. Was wird nicht alles zum Geheimnis hochstilisiert, und dabei ist das größte aller Geheimnisse immer um uns. Es ist »die Welt«. Wir werden in sie hineingeboren, wachsen auf, gehen unserem Beruf nach, erleben Glück und anderes, altern und verlassen sie wieder.

Das wär's dann, oder? Manche Menschen sind nicht dieser Ansicht.

Im Alter von achtzig Jahren traf der ehemalige US-Präsident John Quincy Adams 1848 einen Freund auf einer Straße von Boston. »Guten Morgen«, sagte der Freund, »wie geht es John Quincy Adams denn heute?«

»Danke«, erwiderte der Expräsident, »John Quincy Adams geht es ausgezeichnet. Doch das Haus, in dem er gegenwärtig lebt, ist schon recht baufällig. Es wackelt, seine Fundamente bröckeln, die Zeit hat es fast schon zerstört. Das Dach leckt, die Wände zerfallen und jeder Windstoß läßt es erzittern. Die alte Behausung ist beinahe schon unbewohnbar, und ich glaube, John Quincy Adams wird sie bald verlassen müssen. John Quincy Adams selbst aber geht es ausgezeichnet.«

Am 23. Februar 1848 starb der sechste Präsident der Vereinigten Staaten von Amerika. John Quincy Adams hatte seine alte Behausung verlassen, und das voll Zuversicht, obgleich er – wie wir alle – keine greifbare Vorstellung haben konnte, was seiner harrte.

Muß eine Einstellung, wie John Quincy Adams sie an den Tag legte, ausschließlich in persönlicher Überzeugung wurzeln? Ich glaube nicht.

Wir leben nun einmal in einer phantastischen Wirklichkeit, in der Unglaubliches an der Tagesordnung ist und noch Unglaublicheres möglich erscheint. Tatsächlich gibt es wohl kaum etwas Trügerischeres, als die sogenannte Beweiskraft der Dinge, ». . . über die man gar nicht zu diskutieren braucht . . .«

Doch vielleicht sollte man das tun, auch wenn eine Auseinandersetzung im ersten Moment läppisch erscheint.

In jüngeren Jahren hielt der spätere englische Premierminister Winston Churchill große Stücke auf die Handlesekunst einer Zigeunerin. Bis ihm eine Aussage der Frau eines Tages einfach zu absurd war.

Churchill war mit einigen jungen britischen Offizieren zu einer Konsultation erschienen, in deren Verlauf die Zigeunerin des Guten zuviel tat. Bei jeder der Offiziershände rief sie aus: »Die Lebenslinie bricht jetzt ab. Es ist furchtbar.« Die jungen Männer lachten, Churchill war ärgerlich. Die Offiziere gehörten den unterschiedlichsten Truppengattungen an und hatten auch sonst nichts gemeinsam, trotzdem sollten sie alle in Kürze sterben. Welch ein haarsträubender Unsinn.

Es war kein Unsinn. Die Prophezeiung fand 1914 statt, am Vorabend des Ersten Weltkrieges. Keiner der betreffenden Offiziere überlebte das erste Kriegsjahr.

Phantastische Wirklichkeit.

Professor Cesare Lambroso biß sich buchstäblich die Zähne an einem Mädchen aus, das mittels ihrer Ohren sehen und durch ihr Kinn, bzw. ihre Fersen riechen konnte, wie auch an einer anderen weiblichen Versuchsperson, die steif und fest behauptete, dreiunddreißig Würmer in ihren eigenen Gedärmen wahrnehmen zu können. Exakt diese dreiunddreißig Würmer wurden aus ihr herausoperiert.

Ähnliche Frustrationen verschaffte eine Frau namens Friedericke Hauffe ihrem Arzt Justinus Kerner, der drei Jahre lang vergeblich herauszufinden versuchte, mit welchen Tricks seine Patientin Bücher zu lesen vermochte, die aufgeschlagen auf ihrem Bauch lagen, die Schriftseite nach unten. Solche und verwandte Beispiele sind Legion. Das unbarmherzige Licht der Wissenschaft bringt sie ebensowenig zum Verschwinden wie die kühle Ratio.

Nicht einmal das Ausweichen auf »anrüchige« Nebengebiete, wie etwa Parapsychologie, erlaubt es, unerfreuliche Tatsachen wenigstens zu kategorisieren. So scheitern Versuche, unerklärliche Präkognitionen mit Hilfe der nicht ganz so bizarren Telepathie zu erklären, kläglich. Churchills Handlinien-Erlebnis muß auf einer anderen Ebene zu suchen sein. Desgleichen die Vorausahnung eines Musikers, der während einer Fahrt auf der Londoner Bayswater Road plötzlich *wußte*, daß ein anderes Taxi das seine in weniger als einer Minute seitlich rammen würde. Selbst wenn er die Gedanken des Unfallenkers aufgefangen hätte, konnten sie keine Botschaft des kommenen Zusammenstoßes transportiert haben (andernfalls hätte der Verursacher wohl kaum sein Rendezvous mit dem Blechschaden eingehalten).

Nein, die Antworten auf diese Ungereimtheiten lassen sich nur im Rahmen einer erweiterten Weltsicht finden. Wahrscheinlich sind es nicht sosehr naturgegebene Beschränkungen, die zwischen uns und einer ganzheitlichen Weltsicht stehen, als unsere selbstauferlegte Kleingläubigkeit.

Der amerikanische Psychologe und Mediziner William James (1842–1910, älterer Bruder des Autors Henry James) stellte bei Experimenten mit Lachgas fest, daß unser normales Wachbewußtsein nur eine spezielle Bewußtseinsform ist, während ringsum unzählige Formen eines »ganz anderen Bewußtseins« lauern. Es spricht einiges dafür, daß unsere Entwicklung, besser gesagt die Evolution, uns tiefer und tiefer in dieses Bewußtsein hineinwachsen läßt. Immerhin war selbst unser Farbsinn vor bescheidenen zweitausend Jahren geringer, als er heute ist. Aristoteles sprach von dreifarbigen Regenbogen, desgleichen Xenophanes. Homer konnte die Farbe des Meeres und des Weines nicht unterscheiden und Demokrit, der Vater des Atombegriffes, mußte mit Schwarz, Weiß, Rot und Gelb sein Auslangen finden. In der indoeuropäischen Ursprache fehlen Farbwörter überhaupt.

All die Farben, die die Menschen der Antike im Gegensatz zu uns nicht wahrnehmen konnten, existierten auch vor zweitausend Jahren. Xenophanes und andere berühmte Denker wußten nichts von ihnen und konnten sie – bestenfalls – erahnen.

Die Analogie ist unvermeidlich: Was gibt es wohl alles »da draußen«, das sich unseren Sinnen heute noch verschließt?

Mehr noch, können wir über die Schwelle zur größeren Wirklichkeit schreiten, und wenn ja, wie?

Dr. Kr. Shamburnanda, Gouverneur von Rajasthan und Sanskrit- und Yogalehrer, ist überzeugt, daß die im Westen als Lebensinhalt gefeierte einseitige Ausrichtung auf Triebbefriedigung eine Fessel ist, die gesprengt werden kann.

Kein leichtes Unterfangen, das steht außer Frage, aber auch kein aussichtsloses, wenn man einen Weg kennt oder zu kennen glaubt.

Die Esoterik könnte ein Weg sein, vielleicht sogar *der* Weg.

Immer mehr Menschen sind heute der Ansicht, durch Esoterik in die verborgenen Regionen in uns, wie auch in jene »da draußen« vordringen zu können. Der gegenwärtige Vormarsch der Esoterik hat viele seiner Wurzeln in der Orientierungslosigkeit unserer mechanisierten, sinnentleerten Gegenwart. Dennoch »erklärt« eine solche Feststellung nichts wirklich, schon gar nicht das Wesen der Esoterik, die alles andere als »von gestern« ist. Wer sich ernsthaft mit esoterischem Gedankengut und mit esoterischen Phänomenen befaßt, wird feststellen, daß er nur chronologisch zurückgeht. Was seinen persönlichen Horizont betrifft, so schreitet er nach vorne – zu Größerem, dem vergangene Generationen wahrscheinlich näher waren, als die computerisierten Spezialisten von heute.

Mit jenem »anderen« Wissen, nach dem wir immer schon hätten greifen können, und nach dem Esoteriker aller Epochen gegriffen haben, will sich dieses Buch auseinandersetzen.

Positiv, aber nicht unkritisch, sachlich, aber nicht scheuklappenbewehrt, kühn weiterdenkend, aber nicht haltlos spekulierend – eine Begegnung von Uraltem mit revolutionierend Neuem . . .

Während meines Bestrebens, eine (zwangsläufig selektive) Gesamtsicht der Esoterik auszuarbeiten, habe ich selbst Ungeahntes dazugelernt und mich in der Folge bemüht, den Leser an dieser schrittweisen »Evolution« teilhaben zu lassen. Wie ich möge er den Hauch einer anderen, einer größeren Wirklichkeit verspüren, wenn sich der Schleier vor dem Mysterium »der Welt« auch nur ein wenig lüftet und jenes »mehr« als essen und trinken, vermehren und ausrotten, leben und sterben erahnen läßt, hinter dem der *Homo sapiens* seit Jahrtausenden her ist. Der Zustand der Welt um uns zeigt, daß einem rasend wachsenden Berg an Wissen bestenfalls ein Hügelchen (wohl eher eine unmerkliche Bodenerhebung) an Weisheit gegenübersteht. Worauf wir seltsamerweise auch noch stolz sind.

Die Generationen lang gepflegte Einstellung, die Natur sei ein großes, schlagendes Herz, bei dem jedes Ereignis seine Bedeutung – und seinen Zusammenhang mit allen anderen Ereignissen – hat, wurde verworfen, die Ignoranz als Fortschritt gefeiert. Erst in unserem Jahrhundert denkt man wieder um – oder »zurück«.

Wissenschaftler des 19. Jahrhunderts taten die auf den 72 Szenen des berühmten Wandteppichs von Bayeux im französischen Calvados in der Normandie zum Ausdruck gebrachte Verbindung zwischen himmlischen Zeichen und der normannischen Eroberung Englands im Jahr 1066 als lächerlich ab. Heute taucht in den Gleichungen der neuen Physik ein »Raum-Zeit-Gobelin« auf, der das gesamte Universum, Mensch und Kosmos, Raum und Zeit, gestern, heute und morgen umschließt.

Die Erwähnung eines durchaus handfesten Teppichs in einem Atemzug mit besagtem abstrakt-mathematischen »Gobelin« ist ein nicht ernst zu nehmendes Wortspiel. Sehr wohl ernst zu nehmen ist jedoch, was es aussagen soll: Die jahrhundertelange Spaltung des Weltbildes in ein mechanistisch-wissenschaftliches und ein spirituell-philosophisches ist nicht nur zum Stehen gekommen, sondern es hat sogar eine Gegenentwicklung eingesetzt.

Man mußte erkennen: Das Aufteilen von Wissen führt in eine Sackgasse. Am Ende weiß der »absolute Spezialist« alles über nichts. Diese Einsicht ist nicht so modern, wie sie sich anhört. Immer schon gab es Wissenschaftler, die über den Zaun schauten und mehr hinter den Dingen vermuteten, als Spiralfedern, Zahnräder und Gestänge.

Weit länger aber gibt es die Esoterik und die Esoteriker. Auf ihren Fahnen stand »Ganzheit» – Harmonie . . . Sie haben das große Geheimnis der Welt niemals in kleine, etikettierbare Schubladengeheimnisse zu zerlegen versucht, weil sie wußten, daß dies nicht möglich ist. Niemals quälten sie sich damit ab, konkret werden zu *müssen*, wenn man nicht konkret werden *konnte*. Derartige Kunststückchen blieben der »sachlichen Naturwissenschaft« vorbehalten, die solches bis in unser Jahrhundert versuchte, vergleichbar mit einem Schuhverkäufer, der sachlich begründen will, daß modische Schuhe innen größer sind als außen.

Bemühungen dieser Art gehören der Vergangenheit an. Das wissenschaftliche Weltbild von heute kann man mit Fug und Recht als mystisch bezeichnen. Oder als esoterisch. Wir werden es kennenlernen und feststellen, daß es die Esoterik nicht entmystifiziert, sondern stärkt. Solcherart waren meine Aha-Erlebnisse, die in dieses Buch mit eingeflossen sind. Es versucht, Grundzüge der Esoterik herauszuarbeiten, Einsichten zu vermitteln, praktische Erklärungen und Hinweise zu geben und einem verborgenen »roten Faden« der Esoterik nachzuspüren. Nichts soll dogmatisch behauptet, als letzte Weisheit deklariert oder in irgendeiner Weise abgehakt werden. Das letzte Wort hat der Leser. Vor ihm wird ein Füllhorn des Esoterischen ausgebreitet, für ihn treten Esoteriker und Okkultisten vor den Vorhang, an ihm ist es, Esoterik als Lebenshilfe und/oder Weltverständnis anzunehmen und eine Theorie des Magischen kennenzulernen.

Die Palette ist reichhaltig, die Facetten sind faszinierend. Wer sich von Scheuklappen schwer trennen kann, der sei gewarnt – Überraschungen werden sich nicht vermeiden lassen. Wem der krasse Entweder-oder-Materialismus jedoch immer schon suspekt war, der wird sich bestätigt finden. Nicht länger müssen wir uns für eine Alternative entscheiden: für das unmittelbare Erleben der Welt oder für das intellektuelle Analysieren.

Es gibt keinen Unterschied.

Die Brücken zwischen den inneren und den äußeren Welten sind vorhanden, wir brauchen sie nur zu beschreiten. Viele dieser Brücken sind esoterischer Natur, vielleicht sogar alle, wer weiß. Auf jeden Fall aber weist die Esoterik Wege zu einem besseren Verständnis unseres Daseins und nicht selten zu persönlicher Lebenserfüllung. Sie kann mit Sicherheit schlafende Potentiale in uns wecken und vielleicht sogar der Weiterentwicklung des Menschen vorgreifen; sie in einige Jahre des Studiums, der Übung der persönlichen Bewußtseinserweiterung zusammenzudrängen. Dies jedenfalls ist die Meinung des Autors.

Ob und wieweit sie zu teilen ist, entscheidet in letzter Instanz der Leser, den ich an dieser Stelle um Nachsicht für alles bitten möchte, mit dem er nicht übereinstimmt oder das er schmerzlich vermissen mag.

Dieses Buch will vermitteln, was Esoterik ist und wie man sie anwendet, aber es erhebt keinen Anspruch auf Unmögliches. Es kann keine vollständige Bestandsaufnahme esoterischen Wissens sein, aber es repräsentiert den ehrlichen Versuch des Verfassers, der phantastischen Realität jenseits der Grenzen des Erforschten gerecht zu werden, denkbare Zusammenhänge aufzuzeigen, Übersicht und Einblick zu vermitteln und selbst dem Informierten Neues zu bieten.

Viktor Farkas
Im Sommer 1990

Teil I

Esoterik und Esoteriker

Gesucht: Das »größere Wissen« ...

Wissenschaft ist ein Gebäude aus Fakten, wie ein Haus ein Gebäude aus Ziegeln ist; doch eine Anhäufung von Fakten ist genauso wenig eine Wissenschaft, wie ein Ziegelhaufen ein Haus ist.

Henri Poincare

Es ist ohne Zweifel schwer – und wird täglich immer schwerer –, seinem Leben einen Sinn zu geben oder gar einen solchen hinter der Welt zu entdecken. Die drängende Frage »Worum geht es eigentlich?« ist entweder gar nicht zu klären oder führt zu einem Kaleidoskop verschiedenartiger Antworten, die kaum unter einen Hut zu bringen sind. Der einzige Fixpunkt in unserem Dasein ist – so scheint es – das Bedürfnis nach einem solchen. Mit anderen Worten: Nach einer Weltsicht, mit der man »etwas anfangen kann«.

Die nackte Wissenschaft ist dabei keine große Hilfe. Schlimmer noch, sie scheint jedem »unseriösen« Denkansatz ein donnerndes »Halt« entgegenzurufen, immer bereit, den reinen Materialismus mit eiskalten, glasklaren Argumenten zu untermauern.

Wie gesagt: Es scheint nur so. In Wahrheit ist das Universum der Naturwissenschaft von heute noch weit bizarrer, als wir immer schon befürchtet haben, um keine Spur gegenständlicher als Reinkarnation, Aura oder Karma. Der einzige Unterschied besteht wahrscheinlich darin, daß man physikalische Erscheinungen mathematisch ausdrükken kann, esoterische nicht. Das ist auch schon alles.

Kein Geringerer als Albert Einstein hat dies bereits vor Jahrzehnten zugegeben. Er sagte: »Die einer Theorie zugrunde liegenden Begriffe und Grundgesetze sind freie Erfindungen des menschlichen Geistes, die sich weder durch die Natur des menschlichen Geistes noch in irgendeiner Weise *a priori* rechtfertigen lassen. Insofern sich die Sätze der Mathematik auf die Wirklichkeit beziehen, sind sie nicht sicher, und insofern sie sicher sind, beziehen sie sich nicht auf die Wirklichkeit.«

Oder provokanter ausgedrückt: Etwas kann genau *so* sein, wie es sich uns präsentiert. Oder genau *umgekehrt*. Wissen werden wir es nie.

Die Physik ist eine elementare Wissenschaft, vielleicht die elementarste Wissenschaft überhaupt. Ihre Grundsatzaussage von der Unerkennbarkeit des »Dinges an sich«, müßte eigentlich für *alle* Bereiche gelten – von der Geschichte bis zur Archäologie, von der Biologie bis zur Medizin, von der Evolution bis zur Psychologie, usw.

Sollen wir nun das Wissen, »das wir ererbt von unseren Vätern«, über Bord werfen, und durch »etwas anderes« ersetzen? Nein, das sollen wir nicht. Dann hätten wir lediglich einen Herrn gegen den nächsten eingetauscht.

Sinnvoller ist, der Betrachtungsweise zu entsagen, daß nicht sein kann, was nicht sein darf, und sich Gedanken darüber zu machen, was *de facto* ist (auch wenn es gängigen Lehrmeinungen widerspricht).

Wahrscheinlich gibt es eine *unsichtbare Geschichte* (wie die deutsche Entomologin Margret Boveri den zweiten Teil ihres umfassenden Geschichtswerkes »Der Verrat im 20. Jahrhundert« betitelt hat), eine *unsichtbare Wissenschaft, unsichtbare Gesellschaften, unsichtbare Wesenheiten, unsichtbare Kräfte* und *unsichtbare Strukturen* aller Art. Kürzer gesagt: Eine *unsichtbare – andere – Realität*, die uns nur in winzigen Puzzlesteinen offenbart wird.

Jeder von uns hat Zugang zu anderen Puzzlesteinen. Und zimmert daraus ein anderes Bild der dahinterliegenden Wirklichkeit. (Nichts anderes sagt übrigens auch die moderne Quantenphysik.)

Jetzt bleibt nur noch die Gretchenfrage: Gibt es solche Puzzlesteine für eine phantastische Realität?

Es gibt sie. Natürlich nicht wohlgeordnet in Reih und Glied, sondern eher wie bunte Murmeln in einem Sack, den man gründlich geschüttelt hat. Doch auch die leidenschaftslose Naturwissenschaft vermag kein weniger verwirrendes Bild des Kosmos zu bieten. Nur ein vielfach noch bizarreres. »Mit Worten läßt sich trefflich streiten«, bemerkt Mephistopheles in Goethes Faust I und appelliert damit indirekt an jeden, der einer größeren – im schlußendlichen Sinne auch esoterischen – Wahrheit das Wort redet, Tatsachen vorzuweisen.

Versuchen wir also, mit Fakten für diese Weltsicht »zu streiten«.

Das ist möglich, aber nicht ganz einfach. Ansetzen könnte man überall und nirgends. Schon die »sichtbare, offizielle« Welt ist ein Chaos. Darum ist es wohl das Beste, an eine verborgene Zweite Wirklichkeit gar nicht erst mit der mechanistischen Ordnung eines Isaac Newton heranzugehen (die auch in der etablierten Wissenschaft in speziellen Bereichen ausgedient hat). Breiten wir statt dessen die unterschiedlichsten Splitter einer verborgenen Parallelwirklichkeit aus. Einer Wirklichkeit, die sich deutlich mit dem beißt, was wir als offizielle Lesart kennen (sei es nun in der Geschichte, in der Forschung oder wo auch immer). Wenn wir den Blick unvoreingenommen schweifen lassen, werden uns Ungereimtheiten da und dort auffallen. Diskrepanzen zwischen dem linearen, kausalen und mysterienfreien Weltbild der Lehrbücher und dem, was »da draußen« sonst noch im Gange zu sein scheint.

Irgend etwas ist im Gange – an allen »Fronten«. Was an die Öffentlichkeit dringt, wird, so scheint es, entkeimt, vorsortiert, zensiert.

Und nicht nur das.

Beispielsweise sind viele der größten Erfindungen der Menschheitsgeschichte seltsamerweise erst nach einer langen »Wartefrist« – fünfzig Jahre und mehr – genutzt worden. Antibiotika wurden bereits 1910 entdeckt, jedoch erst in den vierziger Jahren eingesetzt. Kernenergie kannte man schon 1919, wann sie tatsächlich ihren »Siegeszug« antrat, weiß jedermann.

In den zwanziger Jahren waren die physikalisch-mathematischen Theorien über Hohlraumresonatoren, thermisches Gleichgewicht (Bose/Einstein bzw. Boltzmann-Statistik) und Entropie voll entwikkelt. Hätte man diese Ideen weiterverfolgt, wären mit ziemlicher Wahrscheinlichkeit der Laser und der Supraleiter bereits 1930 verwirklicht worden, was nicht nur der Informationstheorie einen Erkenntnisschub gegeben, sondern auch der Nachrichtentechnik Jahrzehnte herumtastender Versuche erspart hätte.

Seit 1970/71 *könnte* die Geriatrie effektiv gegen das Altern vorgehen.

Weit unbegreiflicher mutet das – *in Einzelfällen jahrhundertelange* – ungestörte Schlummern revolutionierender Prinzipien an. Von der Formulierung der Hubschraubermechanik durch Leonardo da Vinci (Realisierung um 1930) über das verlorene (?) Wissen der Antike bis hin zur Ignorierung der 1866 von Mendel aufgestellten Vererbungsgesetze, die erst nach 1900 durch die voneinander unabhängigen Wiederentdeckungen seitens Correns, de Vries und Tschermak Beachtung fanden.

Diese Liste ließe sich beliebig fortsetzen. Natürlich interessiert die Frage, was sich aus all dem schließen läßt.

Eine Verschwörung des Schweigens oder schlicht und einfach Triumphe menschlicher Ignoranz?

Wahrscheinlich weder noch, beziehungsweise von allem ein wenig.

Kurz gesagt: Sicher ist gar nichts – und wird es nie sein. Die »Wirklichkeit« ist eben als Gesamtheit nicht faßbar, sondern bietet bestenfalls Ausschnitte.

Das ist der springende Punkt, der Schlüssel zur Erweiterung des Horizontes.

Es soll nicht die These etabliert werden, daß *alle* unter den Tisch gefallenen Erkenntnisse, Dokumente, Erfindungen oder was auch immer, *absichtlich* unter Verschluß gehalten wurden (und werden), sondern lediglich, daß unser »gesichertes Wissen« nur die Spitze eines Eisberges ist. Wie groß der nicht erkennbare Teil ist, wissen wir nicht – *dennoch gibt es ihn.*

Wir wollen nicht nachgraben, was etwa mit den revolutionierenden Geheimwaffen des Dritten Reiches geschehen ist, die von den Siegermächten klammheimlich abtransportiert wurden (darunter ein weiterhin unbekanntes Metall mit dem beziehungsvollen Namen »Luftschwamm«, Windkanonen beziehungsweise Windringkanonen, die Strudel aus ionisiertem Gas verschossen, das Flugzeuge zur Explosion brachte, ferngesteuerte Messerschmitt-Abfangjäger namens »Krach« und »Donner«, Projektoren für elektrostatische Felder etc. etc. Von den legendären »UFOS« Feuerball und Kugelblitz gar nicht zu reden). All diese nicht wieder aufgetauchten Dinge – beginnend mit der revolutionären Konstruktion von Windkanälen – haben mit den weltweit bekannten Weiterentwicklungen der Peenemünde-Raketen soviel gemein wie eine Armbrust mit einem Maschinengewehr.

Es ist nicht unser Anliegen festzustellen, ob die UdSSR in der Tat an einer PSI-Kriegsführung bastelt oder das Pentagon wirklich die zwergenhaften Leichen einer abgestürzten UFO-Besatzung in der Wright-Patterson Air Force Base in Dayton, Ohio, auf dem Gelände des Roswell Army Air Fields in der Wüste von Neu Mexiko oder sonstwo verbirgt. Ebensowenig wollen wir ergründen, welchen Einsatzzweck die US-Militäroperation »Highjump« 1947 in der Antarktis tatsächlich verfolgte. Offiziell sollten dreizehn Kampfschiffe, ein Flugzeugträger, zwei Flottentender, sechs zweimotorige R4D Transporter, sechs Martin PBM-Flugboote, sechs Hubschrauber und 4000 bis an die Zähne bewaffnete Marines unter dem Kommando des Südpolveteranen Admiral Richard Evelyn Byrd die antarktische Küstenlinie kartographieren (!).

Seltsamerweise bildete die eigenartige Landvermessungsstreitmacht drei Stoßkeile in Richtung auf Neuschwabenland (früher Queen Maud Land), das Nazideutschland von Norwegen annektiert hatte. Aus nicht bekanntgegebenen Gründen endete diese »geologische Expedition« in einem Desaster. Schiffe kehrten nicht zurück, Soldaten kamen ums Leben. Was folgte, war wie immer Desinformtion der Öffentlichkeit. Oder mit anderen Worten: *eine* verborgene Seite der Wirklichkeit ... Genug von dieser speziellen Seite. Sie wäre endlos und ginge am Thema des Buches vorbei.

Was gezeigt werden sollte, hat sich – da jüngere Vergangenheit und somit nachkontrollierbar – sofort gezeigt: Man braucht nur vollkommen willkürlich ein paar Ziegel aus dem Gebäude der »feststehenden Tatsachen« zu entfernen und wird bei jedem darauf stoßen, daß dahinter ein weiteres Gebäude verborgen ist. Ob brisante Themen (wie die angeführten Beispiele) einer »automatischen Verschleierung« unterliegen, sei vorerst dahingestellt. Zur Gänze erkennen läßt sich das verhüllte zweite Gebäude zwar nicht, aber ebensowenig wegleugnen.

Das wollen wir auch nicht. Im Gegenteil – machen wir den nächsten, konsequenten Schritt. Nehmen wir unter die Lupe, was nicht sein dürfte (und daher wohl nur aus diesem Grund und aus keinem anderen taktvoll übergangen wird), und halten wir Ausschau nach Fingerzeigen für die Realität des Phantastischen. Diesmal in einer erstaunlich »modernen« Vergangenheit . . .

Da gibt es die Sage von Proteus in der griechischen Mythologie. Dieser Meergreis, dem die gesamte Vergangenheit, Gegenwart und Zukunft bekannt war, nahm unentwegt verschiedene Gestalten an, um nichts enthüllen zu müssen. Erst als er gefangen wurde und man ihn zwang, eine bestimmte Gestalt zu behalten, konnte die Zukunft mit Sicherheit bestimmt werden.

Eine Sage – und doch wird jedem Physiker unserer Tage unweigerlich sofort die seltsame Ähnlichkeit mit dem Zusammenbruch der Wellenfunktion (oder des Zustandsvektors) in der Quantenmechanik auffallen. Ein Zufall (was immer dieser Begriff auch bedeuten mag).

Anhänger der unterschiedlichsten esoterischen, okkulten, philosophischen oder religiösen Strömungen – von den Hermetikern bis zu den Verfechtern von Hörbigers Welteislehre – sind überzeugt, daß der Mensch und das Universum untrennbar miteinander verbunden sind. Alles hängt mit jedem zusammen und beeinflußt sich gegenseitig. Die Vorgänge des Himmels haben ihre Entsprechung auf Erden, bis hin zum Mikrokosmos der Moleküle, ja sogar im Tanz der subatomaren Wellen/Teilchen.

»Wie oben, so unten«, heißt es bei Hermes Trismegistos und im »Zohar«. Seltsamerweise haben Wissenschaftler unseres Jahrhunderts, unter ihnen Albert Einstein, theoretisch postuliert, daß tatsächlich jedes Elementarteilchen im Kosmos auf unerklärliche Weise und überlichtschnell mit jedem anderen Teilchen verbunden ist. Selbst für Einstein eine starke Aussage. Andere, etwa John S. Bell, schlugen in dieselbe Kerbe. Mit Theorien wie jenen des »kosmischen Kitts«. Na ja, Theorien eben. Praktisch bewiesen wurde dieses abstrakt-mathematische Konzept geradezu esoterischer Verbindungen von allem zu jedem im Dezember 1982 von den Physikern Alain Aspect, J. Dalibard und G. Roger. Wie oben, so unten . . .

Von der neuen Wissenschaft der *Biophysik*, die Leben als zwangsläufige Folge der Wechselwirkung zwischen Sternen und Planeten definiert, wollen wir an dieser Stelle noch nicht sprechen, auch wenn sie in dieselbe Kerbe schlägt. Ebenso alt wie die Vorstellung einer Verknüpfung von Mensch und Kosmos sind die Mythen von den »Eingeweihten«, die Macht über die Materie haben.

Diese Legenden stammen aus den unterschiedlichsten Quellen und weisen eine seltsam einheitliche Grundsubstanz auf, eine tieferliegende Aussage, von der sich der »Gottmensch mit der formenden Kraft« wegkürzen läßt. Sie ließe sich – modern formuliert – so verstehen, daß Bewußtsein die Wirklichkeit gestaltet (vom Sufismus bis zum Seth-Material).

Eine solche Behauptung ist aber doch wohl zu absurd?

Ist sie nicht!

Die Beobachterhypothese der Quantenphysik trifft nicht mehr und nicht weniger als die beunruhigende Feststellung, daß es die Realität ohne einen Beobachter nicht gibt, beziehungsweise er in der Lage ist, sie durch die Art seiner Beobachtung zu verändern. Dieses schlichtweg widersinnige Konzept ist als einziges imstande, die »Wirklichkeit« stimmig zu beschreiben. Es läßt sich durch Experimente untermauern, erklärt Wellen/Teilchen-Dualismus, Doppelspalt-Paradoxon und Ultraviolett-Katastrophe, läßt Sterne brennen und gestattet den Bau von handfesten Dingen wie Transistoren und Eiskästen.

Als der amerikanische Astronom Asaph Hall 1877 die Marsmonde entdeckte, war er so von Panik ergriffen, daß er sie Phobos und Deimos (Furcht und Terror) nannte. Der Grund für sein Entsetzen war doppelter Natur.

Erstens war es Hall völlig unbegreiflich, wieso der englische Autor Jonathan Swift (1667–1745, Autor von »Gullivers Reisen«) in seiner Story »The Journey to Laputa« von zwei Marsmonden sprechen und ihre Entfernung und Umlaufbahn *exakt* angeben konnte – und zweitens erschreckte ihn, daß die beiden Mini-Monde plötzlich aufgetaucht waren (leistungsfähigere Teleskope als das von Hall hatten sie noch in der Nacht zuvor nicht erspähen können).

Haben wir hier einen Fall von Präkognition vor uns (durch Swift) oder eine vorweggenommene Bestätigung der Beobachterhypothese (die Monde »erschienen«, weil Hall »an sie glaubte«)?

Wir wollen das nicht näher untersuchen. Eines jedoch steht fest: Es gibt Swifts Story, und es gibt Phobos und Deimos – und diese Gemeinsamkeit läßt sich »seriös« nicht erklären.

Kehren wir den irrlichternden Gefilden der Wissenschaft den Rükken, und wenden wir uns etwas »Bodenständigerem« zu. Der Geschichte. Und zwar einer Geschichte, an der Millionen heute noch Lebender teilgenommen haben.

In welchem Geschichtswerk, das sich mit dem Dritten Reich auseinandersetzt, kann man eigentlich lesen, daß in jenen zwölf Jahren der NS-Herrschaft vor einer Anstellung folgende Erklärung unterschrieben werden mußte: »Ich schwöre, daß ich die Welteislehre anerkenne«?

In ihrem internationalen Bestseller »Aufbruch ins dritte Jahrtausend« haben die französischen Autoren Louis Pauwels und Jacques Bergier schlüssig bewiesen, daß für kurze Zeit inmitten Europas ein »Okkultes Reich« aufgeblüht ist, dessen Machthaber an Zauberei glaubten und die Mittel der Technologie zur Unterstützung von Magie einsetzten, wie auch Magie zur »Verbesserung« der Technik. Unbemerkt vom Gros der Volksgenossen, ignoriert beim Nürnberger Tribunal der Sieger (aus welchen Gründen auch immer) und von der

»seriösen« Geschichtsschreibung trotz erdrückender Evidenz nicht zur Kenntnis genommen.

Dieses besonders frappante Beispiel (abermals gewählt wegen seiner »geschichtlichen Nähe«) demonstriert, daß auch im historischen Bereich dieselbe Konfusion herrscht, die Physik, Psychologie, Archäologie und andere Forschungszweige wenigstens gelegentlich zugeben. Weitere Beispiele ließen sich aufzählen.

Damit erhebt sich die Frage nach der logischen Konsequenz der – bei gründlicher Wühlarbeit – allenthalben zu entdeckenden Verwirrung. Bringt uns das permanente Aufzeigen des Umstandes, daß kaum etwas *de facto* so ist, wie es sich präsentiert (beziehungsweise uns präsentiert wird), etwas? Verstehen wir nun die Welt besser, wird unser Leben sinnvoller, ist unser persönlicher Alltag leichter zu bewältigen?

Oder anders formuliert: Wäre vielleicht einem gänzlich nichtmaterialistischen – also esoterischen – Weltbild der Vorzug zu geben? Zu solchem Radikalismus besteht kein Grund. *Erkenntnis* sollte das einzige Ziel sein, egal aus welcher Ecke sie kommt. Sie bereichert das Leben des einzelnen und kann Instrument von Hilfe und Selbsthilfe sein. Wichtig ist lediglich, Phantastisches nicht auf dieselbe Ebene zu stellen wie das Absurde. Warum auch, die Wirklichkeit ist phantastisch genug. Und sie ist widerstandsfähiger, als manche meinen. Sie muß nicht »geschützt« werden. Niemand ist berufen, Manifestationen der Realität nach den Kategorien »glaubwürdig« oder »unglaubwürdig« einzuordnen. Nur nach wahr oder unwahr. Und wahr ist oft gerade das Exotische, nicht das »Vernünftige«.

Die Wissenschaftler, die entscheiden, welche eingereichten Arbeiten in den »Annalen der Wissenschaft« und in anderen hehren Publikationen Aufnahme finden, stehen zusehends mehr und mehr vor dem Problem, daß heute »Widersinniges« morgen die Grundlage eines revolutionierenden Weltbildes sein kann (daher werden auch weit mehr unverständliche Beiträge veröffentlicht als verständliche. Bei unverständlichen besteht immer die Gefahr, daß etwas dran sein könnte). So führte Niels Bohrs »perverse« Vorstellung einer keineswegs unabhängigen und stabilen Realität zur Entwicklung der Quantenphysik. Sie erklärt zwar nichts befriedigend, macht aber eine so große Zahl ungelöster Phänomene wenigstens berechenbar, daß man sie heute als die erfolgreichste wissenschaftliche Theorie aller Zeiten ansieht.

Mit dem »gesunden Menschenverstand« hat sie allerdings wenig zu tun. Bohr selbst sagte, wer von ihr nicht schockiert sei, habe sie nicht verstanden.

Von ihm stammt auch folgender Satz, den er an einen jungen Physiker richtete: »Ihre Theorie ist verrückt, aber nicht verrückt *genug*, um wahr zu sein«.

Ein Sprichwort drückt dieses Dilemma noch prägnanter aus. Es lautet: »Was ist der Unterschied zwischen Realität und Dichtung? Antwort: Die Dichtung muß einen Sinn ergeben.« Ein zynischer, aber fairer Standpunkt ohne Dogmen. Er gibt auch der Esoterik die verdiente Chance, sich selbst zu beweisen.

Natürlich wird sich so manches auf dem Prüfstand näherer Betrachtung sogleich verflüchtigen. Anderes wieder nicht. Auf jeden Fall sollte der kühle, ordnende Forschergeist Abstand davon nehmen, esoterische Phänomene, Erscheinungen und Lehren *a priori* ins Aus zu verbannen. Wie trügerisch »gesichertes Wissen« auf allen Gebieten sein kann, haben wir ja schon anklingen lassen.

Auch ist – wenn wir es skurril formulieren wollen – die Welt durch den Niedergang der mechanistischen kosmischen Ordnung des 19. Jahrhunderts nicht eingestürzt. Ebensowenig werden etwa die Hebelgesetze durch Psychokinese unwirksam gemacht oder die Sätze der Thermodynamik durch ein »aus eigener Kraft« kreisendes Pendel über Bord geworfen. Kein Grund zu einem »Glaubenskrieg«.

Es lebe – wie in der Politik immer propagiert – die Koexistenz. Schließlich haben Geistes- und Naturwissenschaft in früheren Jahrhunderten prächtig koexistiert und mit ziemlicher Sicherheit zu Wissen geführt, das auch heute nicht als veraltet angesehen werden muß.

Esoterisches Wissen eben oder auch okkultes (was ja nichts anderes bedeutet als »verborgenes Wissen«). Einiges davon sind wir gerade dabei – meist unabsichtlich – zu entdecken. Mehr noch harrt der Entdeckung. Dabei ist manches eigentlich kaum als verborgen zu bezeichnen. Es wird nur links liegengelassen.

Beispielsweise der uralte Gedanke der Dualität. Auf Schritt und Tritt stößt man auf ihn, wenn man in der Vergangenheit stöbert: Yin und Yang, Agarthi und Shamballah (das Zentrum des Guten und des Bösen; aufgegriffen von Karl May in Ardistan und Dschinnistan), Schwarze und Weiße Magie, Manichäismus, Anima und Animus, Geist und Materie, Leib und Seele, Christ und Antichrist bis hin zu Jungs »Syzyie«, die die mythische Dualität psychologisch zu fassen trachtet.

Und in der sogenannten »nüchternen« Wirklichkeit?

Die Physik strotzt geradezu von Dualitäten: Welle/Teilchen, Parität, Symmetrie, Normal- und Antimaterie, Händigkeit des Spins und Drehung der Aminosäuren, Polarität (beziehungsweise Nichtvorhandensein von Mono-Polen); Komplementarität, usw. usf.

Unwillkürlich denkt man an den Ausspruch, daß Rationalität, wenn sie zum Äußersten getrieben wird, das Phantastische ausbrütet.

Es kann immer wieder geschehen. Kein Jahrhundert hat ein Monopol auf Wissen (oder Nichtwissen). Die Vorbedingungen unterscheiden sich – und damit auch die Darstellung des Erkannten. Wer will mit Sicherheit behaupten, daß Forscher, Philosophen oder Weise in früheren Zeiten nicht zu ähnlich elementaren Einsichten gelangt sein könnten wie Einstein oder Bohr – oder zu noch elementareren . . .?

Für den Oppenheimer-Schüler David Bohm repräsentiert der Kosmos eine »eingefaltete Ordnung«, manifest in der »neuen Physik«.

Er selbst »vereinfacht« diese kryptische Erklärung, indem er ihren Sinn so definiert: ». . . nach der Quantenmechanik entsteht die Welt der Erscheinungen aus einer tieferliegenden Ordnung, in die sie eingefaltet ist . . .« Aha.

Selbst ein gebildeter Mensch unserer Tage wird nicht *a priori* auf eine solche Weltsicht kommen. Und doch vertrat Kardinal Nikolaus de Cusa (als Alchimist genannt Nikolaus Cusanus, gestorben 1464) den Gedanken des »Eingefaltetseins«.

Cusanus sagte, die Realität habe eine eingefaltete Struktur: ». . . die Ewigkeit wäre sowohl eine Einfaltung als auch eine Entfaltung der Zeit . . .« Das klingt irgendwie mordern.

Na wenn schon, ein Zufall, oder? Natürlich, wahrscheinlich ein ebensolcher Zufall, wie die Tatsache, daß die Yoga-Chakren (Energiezentren) ausgerechnet auf Nervenzusammenballungen liegen, von denen man bis in die Neuzeit nichts wußte.

Eines aber steht außer Zweifel: Räumt man mit Akribie und Ausdauer den Schutt an Ignoranz und Pseudoüberlegenheit weg, unter dem so manches geheime Wissen begraben liegt, so stößt man unweigerlich auf Erstaunliches. Und dieses kann nicht dem Zufall zugeschrieben oder durch den Vorwurf, man würde lediglich etwas »hineininterpretieren«, aus der Welt geschafft werden.

Die Alchimie ist ein Musterbeispiel dafür. Ganz besonders durch die in den alchimistischen Lehren enthaltene Forderung, Wissen nicht einfach auf die Menschheit loszulassen, sondern von Ethik abhängig zu machen. Ein solches Prinzip führt zwangsläufig zur Verschlüsselung von Wissen. Beispiel gefällig?

Die Methode der Läuterung durch oftmaliges – sehr oftmaliges – Wiederholen eines Vorganges durchzieht die Alchimie auf allen Ebenen. Historiker oder Naturwissenschaftler haben – sofern sie sich überhaupt mit etwas so »Unsachlichem« abgeben – dafür einleuchtende Erklärungen.

Es geht, so sagen sie, um die innere Verwandlung des Alchimisten selbst, um seine psychische »Transmutation« zu höherer Weisheit und Abgeklärtheit. Muß Wasser zur Bereitung des »Elixiers« viele Tausende Male destilliert werden, so haben diese Handlungen rein meditativen Charakter. Sie sollen Geduld, Willen und innere Stärke trainieren. Mit »echter« Physik oder Chemie hat das nichts zu tun. Die Psychologen eilen herbei, um dies zu bestätigen und mit den originellsten Theorien – von Libidoschwäche bis Über-Ich – zu untermauern. »Zufälligerweise« läßt sich aber bei diesen Geduldspielen normales

Wasser zu schwerem Wasser anreichern, jener Substanz, die einen Wassertank in eine H-Bombe verwandelt, in der das Feuer der Sterne brennt.

Eine Schwalbe macht noch keinen Sommer. Also weiter . . .

Alchimistische Schriften führen Techniken zur Läuterung von Metallen an. Bis vor wenigen Jahrzehnten hätte jeder Chemiker Stein und Bein geschworen, man könnte ein Metall beziehungsweise Metalloid bis in alle Ewigkeit reinigen (läutern), und es würde seine Eigenschaft dabei in keiner Weise ändern.

Heute gibt es den Prozeß der »Zonenverschmelzung«, durch den man reines Germanium, Silizium (für Transistoren, Computer usw.) und vieles andere gewinnt. Metalle und Metalloide *verändern* ihre Eigenschaften durch »Läuterung«.

Unser *neues* Wissen erlaubt uns, *altes* Wissen zu begreifen. Wissen, das gegen Mißbrauch chiffriert wurde. Eine nur zu berechtigte Vorsichtsmaßnahme angesichts des Zustandes unserer Welt. Den Alchimisten war offensichtlich klar, daß Erkenntnis ohne Weisheit und innere Reife fatale Folgen haben muß. Wir erleben sie derzeit, und auf unsere Kinder wartet wahrscheinlich noch Schlimmeres. »Alchimistische Selbstbeschränkung« in Wissenschaft und Technik könnten heute nicht schaden. Die Alchimisten sind überhaupt alles andere als ein Verein glückloser Goldmacher, meditierender Säulenheiliger oder einfach Scharlatane. Im Gegenteil:

Albertus Magnus (1193–1280) beschrieb die chemische Zusammensetzung von Bleiweiß, Mennige und Zinnober und stellte Pottasche (Kaliumkarbonat) her;

Paracelsus (Theophrastus Bombastus von Hohenheim; 1493–1541) entdeckte das Zink, führte den Gebrauch chemischer Verbindungen in der Medizin ein und formulierte Heilprinzipien, die bis heute von keinem Medikament oder einer Behandlungsform übertroffen werden können.

Basilius Valentinus (15. Jahrhundert) stellte den Schwefeläther und die Salzsäure dar.

Blaise Vigenère (1523–1596) ermittelte die Benzoesäure.

Und das ist nur ein Kaleidoskop prominenter Alchimisten. Fast noch verblüffender sind die nebenbei ausgestreuten Brosamen anachronistischen Wissens.

1728 sagte *Pater Castel* über die Beziehung von Gravitation und Licht:

> ». . . höbe man die Schwere der Welt auf, würde man auch gleichzeitig das Licht aufheben . . .«

Es bedarf keiner Gedankenakrobatik um den erstaunlichen Gleichklang zur Einsteinschen Raum-Zeit-Geometrie zu erkennen, die Licht und Schwerkraft verknüpft.

Nicht ganz so vordergründig ist eine Überlegung, die es aber dennoch verdient, angestellt zu werden.

Es geht um die seltsame Beziehung der Alchimie zum Eisen, einem durchaus unedlen Metall. Aber es hat andere Charakterzüge, die sehr wohl beachtlich sind. Allerdings dürften sie eigentlich nur dem Wissenden unserer Tage (sprich: einem Wissenschaftler) bekannt sein. Nur ist dem nicht so. Wie es scheint, wußte man auch früher schon etwas mehr über dieses ordinäre Metall, dessen einziger Vorzug in vergangenen Zeiten darin bestand, Bronzeschwerter und -harnische zu durchdringen.

Eisen steht am Ende der »natürlich gebildeten« Elemente. Wenn eine Sonne ihren Wasserstoffvorrat verbraucht hat und in die Abenddämmerung ihres Daseins tritt, entstehen – ehe sie, je nach ihrer ursprünglichen Größe, als Schlackenhaufen, Neutronenstern oder Schwarzes Loch die ewige Ruhe findet – weitere Elemente. Das Eisen schließt als schwerstes von ihnen die Kette ab. Zur Bildung noch schwererer Elemente (jenseits vom Eisen) bedarf es des infernalischen Schmelztiegels einer Supernova. Eisen kann man keine Energie entziehen. Weder durch Spaltung noch durch Verschmelzung. Man könnte sagen, es »steht auf dem Nullpunkt des Mangels an Masse«.

Es ist – poetisch ausgedrückt – so etwas wie das »Skelett« des Universums. Eine Erkenntnis, die Forschern vergangener Epochen fremd sein müßte.

In seinem Werk »Schmiede und Alchemisten« weist Mircea Eliade auf die Bedeutung des Eisens in der Alchimie hin. Unerwarteterweise wird ihm dort eine weit größere Bedeutung zugemessen als dem Gold, das immer schon Fürsten zu Narren und Narren zu Fürsten machte.

In den *Noces chymiques* von 1616 (einem Auszug der »Chymnischen Schriften; Scripta chymica« des bereits erwähnten Basilius Valentinus beziehungsweise Basili Valentini), stößt man auf die kabbalistische Interpretation von ALCHIA, einem der Synonyme für Alchimie, aus welcher die Zahl 56 resultiert. Nun ist 56 das Atomgewicht eines wichtigen Eisenisotops ... Erstaunlich – aber Vorsicht! Halten wir hier lieber einen Moment inne, ehe die Gefahr des Vergaloppierens zu groß wird.

Die Alchimie ist ein Irrgarten, in dem man allzu leicht steckenbleiben beziehungsweise in die falsche Richtung marschieren kann. Ihn voll zu durchschreiten, zu vermessen und seiner Verwinkelungen zu entkleiden, dürfte kaum gelingen.

Betrachten wir die Alchimie lieber als einen Ast des »kosmischen Erkenntnisbaums«. Sozusagen eine poetische Analogie zur Weltesche

»Yggdrasil« der nordischen Mythologie, die – aus dem chaotischen Abgrund »Ginungagap« hervorgehend – das Universum trägt und ihre Wurzeln in allen Welten hat . . .

Wo also stehen wir jetzt? Nach wie vor bei der Erkenntnis, daß kaum etwas so ist, wie es immer dargestellt wird. Ein zartes Klopfen, und schon bröckelt die Fassade ab.

Zynisch artikuliert, könnte man in diesem Punkt einen Gleichklang zwischen Natur und menschlichem Wirken entdecken, den man sonst vergeblich suchen wird: Harmonie im gemeinsamen Bemühen, die »Wirklichkeit« zu verschleiern.

Konstruktiver und befriedigender ist es, einen Blick hinter die Kulissen zu versuchen. Dazu muß man lediglich akzeptieren, daß es ein »Dahinter« gibt. Viele große Geister haben eine solche erweiterte Realität akzeptiert und sich in ihr bewegt. Beispielsweise sah Sir Isaac Newton (1643–1727), dem man wohl kaum Gedankenschwärmerei vorwerfen kann, das Weltall als eine (vom Allmächtigen diktierte) Geheimschrift an.

Es ist ebenso interessant und wenig bekannt, daß dieser Naturwissenschaftler, dessen *Philosophiae naturalis principia mathematica* ein Standardwerk ist und der die klassische theoretische Physik und die Himmelsmechanik begründete, wie ein Magier an seine Entdeckungen heranging. Oder wie ein Alchimist.

Das klingt eigenartig in bezug auf diesen Giganten der Wissenschaft des neuen Zeitalters, einen Rationalisten, der folgende Generationen lehrte, in den Bahnen kalter und ungefärbter Vernunft zu denken.

Newton selbst war ein Mann der Intuition. De Morgan sagte von Newton: ». . . er schien mehr zu wissen, als ihm je zu beweisen möglich gewesen wäre . . .«. Tatsächlich wurden viele Beweise für Newtonsche Axiome erst viel später gefunden. Für Newton war es immer schon selbstverständlich gewesen, daß man eine Kugel so behandeln darf, als wäre ihre Masse in ihrem Mittelpunkt zusammengefaßt. Als er seine *Principia* vorbereitete, kam er durch den Umstand ins Stocken, daß er diese Selbstverständlichkeit nun beweisen mußte. Es dauerte geraume Zeit, bis er den Beweis entdeckte.

Ähnliches widerfuhr Newton, als er dem berühmten Astronomen Edmund Halley (1656–1742), nach dem der nicht minder berühmte Komet benannt ist, von seiner Entdeckung der planetarischen Bewegung berichtete.

»Woher wissen Sie das? Haben Sie es bewiesen?« fragte Halley, worauf Newton überrascht antwortete: »Aber warum denn, ich habe es seit Jahren gewußt. Wenn Sie mir ein paar Tage Zeit geben, werde ich Ihnen sicher einen Beweis dafür finden«. Er fand ihn auch. Reichlich unorthodox für einen Mathematiker.

Der englische Wirtschaftswissenschaftler John Maynard Keynes

(1883–1946), der eine Revolution im wirtschaftswissenschaftlichen Denken auslöste, gehört zu den glühendsten Verehrern Isaac Newtons. In seiner Studie »Die zwei Gesichter des Sir Isaac Newton« kommt er zu der Vermutung, daß Newtons Versuche weniger ein Mittel der Entdeckung waren, sondern zur Bewahrheitung dessen dienten, was er schon wußte.

Provozierend könnte man sich fragen, welche Schätze »unwissenschaftlichen« Wissens sich wohl in der Kiste mit Aufzeichnungen, Notizen, Gedankensplittern, etc., etc. befinden, die Newton hinterlassen hat. Ein Briefwechsel zwischen Newtons angeheiratetem Neffen Conduitt und Humphrey Newton, Newtons leiblichem Neffen, befaßt sich damit.

Als Isaac Newton das Trinity College verließ, um nach London zu gehen, blieb besagte Kiste voll mit Papieren zurück. Mehr als eine Million Worte, niedergeschrieben in fünfundzwanzig Jahren. Sie befassen sich jedoch nicht – wie man vermuten würde – mit Mathematik und Astronomie, sondern haben zum Großteil magische Inhalte. In den Jahren, in denen er die *Principia* vorbereitete, weilten seine Gedanken auch in anderen Gefilden. Und das nicht nur gelegentlich, sondern etwa sechs Wochen im Frühling und sechs Wochen im Herbst, Jahr für Jahr.

Newtons unveröffentlichte (und so gut wie unbekannte) Traktate geheimwissenschaftlicher und theologischer Natur sind von ebenso kristallener Geistesklarheit wie seine astronomischen und mathematischen – von der Substanz her jedoch unbestreitbar magisch . . .

Humphrey Newton, der für Sir Isaac nicht nur die Reinschrift *Principia* vor Drucklegung anfertigte, sondern ihm auch als Laborgehilfe diente, hinterließ Aufzeichnungen über die alchimistischen Aktivitäten des großen Astronomen und Mathematikers.

Dieser ging – das berichtet sein Neffe – in den Frühlings- und Herbstmonaten selten vor zwei, drei Uhr zu Bett, so sehr nahmen in seine Experimente in Anspruch. ». . . Sein Schmerz, sein Fleiß«, so Humphreys Worte, »erweckten in mir den Eindruck, sein Ziel liege in jenen Perioden jenseits menschlicher Kunst und Beharrlichkeit . . .«.

Obgleich Sir Isaac Newton sich diesbezüglich nicht in die Karten sehen ließ, fiel seinem Neffen gelegentlich ein altes, schimmeliges Buch auf, das offenbar eine zentrale Rolle spielte. Es hatte den Titel *Agricola de Metallis* und behandelte die Transmutation von Metallen.

Natürlich hieße es, das Kind mit dem Bade auszugießen, würde man in der Alchimie den Schlüssel zu allen Rätseln des Universums sehen, den die Schulwissenschaft lediglich nicht ins Schloß der Erkenntnis stecken will.

Alchimisten waren fehlbar wie andere Menschen auch. Und, wie heißt es so treffend: Wer nach Wissen sucht, wird oftmals irren. Das gilt selbst für die »computergestützten« Forscher unserer Tage (man denke etwa an die derzeit kursierenden kosmologischen Modelle, die nicht alle stimmen können), und natürlich in weit größerem Maße für die Wissenssucher der Vergangenheit.

Interessant ist vielleicht auch die Tatsache, daß die in unseren Breiten wenig bekannte alte chinesische Alchimie, als deren berühmtester Vertreter Ko Hung (etwa 283–343 n. Chr.) gilt, weit mehr Opfer forderte als die westliche. Der Grund für die höhere Sterberate chinesischer Alchimisten und ihrer Gönner liegt bei ihrer streng weltlichen Auffassung von Unsterblichkeit.

Mit asiatischer Zähigkeit und Konsequenz versuchten sie daher, Unsterblichkeit zu trinken, zu essen oder einzuatmen, während ihre abendländischen Kollegen primär einer geistigen Erhöhung und Immortalität nachjagten, die dem Körper nicht so kompromißlos radikal beigebracht werden mußte.

Demzufolge grassierten in chinesischen Alchimistenkreisen Arsen-, Blei-, Quecksilber- und andere Vergiftungen, deren Folgen meist mit fernöstlicher Gleichmut ertragen beziehungsweise als Anzeichen für Wirksamkeit angesehen wurden. An der Tagesordnung waren besonders Fälle von Zinnobervergiftung, fast immer verbunden mit Entzündungen und Furunkeln. Auch der beliebte »schwarze Bleisaft« (wahrscheinlich eine heiße Graphitsuspension) forderte seine Opfer. Zahllose chemisch-alchimistische Prozeduren zur Herstellung tödlicher Unsterblichkeitselixiere sind überliefert: Kochen von Salpeter und Steinsalz in Wasser, Eisenrost- und Kupfermischungen, Erhitzen von Quecksilber mit Azurit und Malachit oder von Schwefel, Realgar (Arsensulfid), Salpeter und Honig; eine hochexplosive Mischung und Vorläufer des Schießpulvers, usw. usf. Historiker vermuten, daß konsequente Selbstvergiftung der taoistischen Alchimisten der Grund für den Niedergang der chinesischen Alchimie ist, die zwischen dem 5. und 9. Jahrhundert in hoher Blüte stand.

Im Grunde ist das alles sehr verwirrend. Eben noch war die Alchimie ein Schatzkästlein verlorenen Wissens, und jetzt steht alles auf dem Kopf. Sogar der Ferne Osten, den man gemeinhin als Heimstätte weltabgewandter Philosophien ansieht, entpuppt sich als Region diesseitsorientierter Selbstvergifter. Sind wir damit wieder an den Beginn unserer Überlegungen zurückgekehrt?

Sind wir nicht. Warum auch? Man könnte dem eben Gesagten sofort die unerklärliche Wirksamkeit der asiatischen Medizin oder die unheimliche Hellsichtigkeit des 5000 Jahre alten chinesischen Orakelbuches I GING entgegenhalten, und schon hinge das Bild wieder gerade. Das wollen wir aber – an dieser Stelle – noch nicht. Hier sollte nur eine weitere, exotische *Facette* der trügerischen Wirklichkeit gezeigt werden. Und noch etwas Verblüffendes: Sieh da – selbst in grenzwissenschaftlichen Bereichen gibt es sogenanntes »gesichertes Wissen«, das erschüttert werden kann . . .

Facette sei nun unser weiterführendes Stichwort.

Das größere Wissen, das uns in letzter Konsequenz das Rüstzeug für ein größeres Weltbild liefern soll, präsentiert sich kaum als monolithischer Block von geordneter Simplizität, sondern als Puzzle.

Entsprechend sollte man auch die einzelnen Teilchen betrachten, nämlich – als Teilchen. Und zwar als Teilchen, die ihrerseits wiederum aus solchen bestehen (fast fühlt man bei solchen Konzepten die Nähe moderner Wissenschaftstheorien unserer Tage . . .).

Esoterische Lehren und Disziplinen sind wie die russischen Matrjoschkas, die »Puppen in den Puppen«: voller Überraschungen. Manche davon kann man gut verstehen, andere entlarven sich selbst als Sackgassen, und weitere lassen sich nur undeutlich durch einen Schleier von Geheimnissen erahnen. Nicht anders verhält es sich bei der modernen Physik. Nehmen wir z. B. die *Steady-State-Theorie* eines sich nicht ausdehnenden Universums und die *Quantenmechanik*. Zwei physikalische Modelle auf mathematischer Grundlage, und doch beschreibt eines (die Steady-State-Theorie) die Realität unrichtig, während das andere (die Quantenmechanik) sie richtig beschreibt (wenigstens ist dies die gegenwärtige Ansicht).

Bis vor kurem wurden sie beide als seriös eingestuft (bis die 3 K-Strahlung, die Kosmische Hintergrundstrahlung, Fred Hoyles Steady-State-Universum den Todesstoß versetzte). Stellen wir uns nun einen Außerirdischen vor, dem die menschliche Physik ein Buch mit sieben Siegeln ist. Wie würde er wohl zu diesen beiden Theorien – der richtigen und der falschen – stehen? Wahrscheinlich ebenso wie ein Physiker unserer Zeit zu den verschlüsselten Passagen der Alchimie.

Dieses zugegeben ebenso triviale wie demagogische Beispiel demonstriert dennoch eine Grundproblematik. Sie lautet: Um eine Erklärung zu verstehen, muß man die Hälfte davon schon kennen. Zahlreiche Denksportaufgaben, Rätselspiele, Paradoxien etc. ranken sich um diese Problemstellung, wie auch so manche Science-fiction-Story (besonders prägnant jene von Robert Sheckley mit dem Titel »Ask a foolish Question« (Stell eine dumme Frage)).

Heißt das: Geheimwissen muß immer geheim bleiben, weil man es vorher kennen müßte, um es zu enthüllen?

Natürlich nicht. Schließlich gibt es Berge von Sach- und Fachbüchern über die Erkenntnisse des 20. Jahrhunderts, die einem Spezialisten alles, einem Laien aber gar nichts sagen. Das gilt gleichermaßen für Informationen über den Aufbau eines Antibiotikums wie für Anleitungen zur sachgemäßen Entfernung eines Weisheitszahns.

Kaum ist man aber sachkundig, bekommen Spezifika plötzlich einen Sinn, werden verständlich und nachvollziehbar. Mit einem Wort:

Fachwissen bleibt für den Laien auch nach mehrmaligem Studium mysteriös wie am ersten Tag. Es erklärt sich eben nicht selbst. Die Analogie ist einsichtig: Wer z. B. in alchimistischen Werken nach den *Grundlagen* der Alchimie sucht, wird vergeblich stöbern. Ebensogut könnte man in einer Arbeit über das Einfügen von DNS-Abschnitten in irgendwelche Chromosomen nach einer Erklärung der Mendelschen Gesetze Ausschau halten oder in einem Handbuch über Reaktorbau nach Einsteins berühmter Gleichung $e = mc^2$, auch wenn ohne letztere weder ein Reaktor noch eine Atombombe zu konstruieren wäre.

Wirklich »arbeiten« konnten und können mit esoterischem Wissen nur jene, die es bereits besitzen.

Das soll uns nicht entmutigen, denn schließlich steht es jedermann offen, ein Fachmann zu werden. Auch auf dem Gebiet der Esoterik, deren einzelne Zweige in den folgenden Abschnitten dargestellt werden. Zuvor ringen wir noch mit, besser gesagt, um die Grunderkenntnis. Sie kann nur lauten: Alles und jedes hat zwei – meist auch mehr – Seiten. Wer sich anmaßt, der Realität eine phantastische Seite abzusprechen, demonstriert *de facto* Realitätsferne. Und er bringt sich um das Abenteuer der Suche nach der größeren Wirklichkeit. Einer größeren Wirklichkeit, die ganz besonders in esoterischen Bereichen immer wieder deutlich zu Tage tritt, wenn man offen – aber nicht unkritisch – nach ihr sucht.

Nur, wo könnte man nach ihr suchen? Wie nach ihr suchen? Wo könnte der Anfang eines möglichen roten Fadens zu finden sein, der sich durch die Esoterik ziehen mag? Ihr Erscheinungsbild ist schillernd, vielfältig und verwirrend. Gibt es eine Gemeinsamkeit, bei der man vielleicht ansetzen kann?

Wie wäre es mit der Idee der Ganzheit?

Sie ist universell, und wir stoßen auf Schritt und Tritt auf sie. Denken wir bloß an Formulierungen wie: ». . . im großen und ganzen bin ich der Meinung, . . . stellt sich irgend etwas so und so dar, . . . liegt die Sache so . . .« Jeder hat sie schon gebraucht, ohne sich viel dabei zu denken. Dabei hat mit ihnen eine Idee in die Alltagssprache Eingang gefunden, die in jeder esoterischen Weltsicht oder Lehre eine Rolle spielt: Die Vorstellung des »großen Ganzen«. Stichproben beweisen es. So sieht Dr. Edward Bach (1886–1939) – ein »Esoteriker« des 20. Jahrhunderts, Pionier des New Age und Vater der Bach-Blütentherapie – seine Entdeckung als holistische (ganzheitliche) Heilmethode. Seine Auffassung von Gesundheit und Krankheit wurzelt in einem übergeordneten Bezugssystem, das über die Grenzen der menschlichen Einzelpersönlichkeit hinausgeht. Krankheit ist – so Bach – eine Nicht-Übereinstimmung zwischen dem Teil (dem Menschen) und dem Ganzen (dem größeren Schöpfungsgedanken). Man könnte solche Vorstellungen als Schwarmgeisterei abtun, hätten sie nicht den störenden Aspekt, daß sie funktionieren.

Dem mag man mit dem Hinweis auf den Placeboeffekt begegnen (Selbstsuggestion, die bei Einnahme eines für wirksam gehaltenen, tatsächlich jedoch wirkungslosen Mittels, Heilung oder Besserung verursachen kann). Aber nicht lange. Zu offenkundig ist die Parallele von Bachs Konzept mit den Grundlagen der jahrtausendealten chinesischen Medizin. Die funktionerte ebenfalls, obgleich niemand sagen kann, wieso.

Gut, die Übereinstimmung mag frappant sein, auch wenn Bachs Methode sonst wenig Ähnlichkeit mit Akupunktur oder ähnlichem aufweist, aber: Inwiefern widerlegt sie den Placebo-Einwand?

Einfach: Akupunktur zum Beispiel wirkt auch bei Tieren (Kühen, Pferden etc.). Die Vierbeiner werden sich Linderung von Schmerzen, Rückgang von Entzündungen usw. kaum selbst eingeredet haben. Seit der französische Konsul in China und Asienliebhaber Soulié de Morant die Akupunktur 1928 nach Europa gebracht hat, ist die Akzeptanz ihres medizinischen Wertes unaufhörlich gestiegen – nicht aber das Begreifen ihrer Funktionsweise. Auch in der indischen ayurvedischen Medizin findet sich als unterliegendes Prinzip der Gedanke, die Heilung des Menschen würde die Heilung des Universums bedeuten.

Ganzheit, Ganzheit, Ganzheit . . .

Dieser Abstecher in die Gefilde der Heilkunde zeigt, daß in ihrem »nicht klassischen« Bereich (von dem sich die Medizin meist distanziert) die Ganzheit seit Jahrtausenden im Vordergrund stand und steht. Und zwar mit praktischen Auswirkungen, die sich kaum »wegrationalisieren« lassen.

Mehr noch: Ob Osten oder Westen, in diesem elementaren Punkt scheinen sich die Esoteriker zu allen Zeiten einig gewesen zu sein, lassen sich esoterische Schulen und Techniken, Lehren und Methoden auf diese Betrachtungsweise der Welt, des Menschen und der Natur zurückführen. Manche direkt, andere auf Umwegen.

Man kann ansetzen, wo man will. Ob Wiedergeburt oder Channeling, ob Astrologie oder Kabbala, ob Hellsehen oder Handlesen, ob Aura oder Bio-Energie, ob Karma oder Tarot, ob Wünschelrute oder Pendel, ob Kraft der Farben oder Einfluß der Chakren, ob Astralreisen oder Schamanismus, ob das Buch von Dyzan oder die Akasha-Chronik, ob Ektoplasma oder Ätherkörper, ob Kraft-Tiere oder Macumba usw. usw. – immer schwingt eine ganzheitliche Weltsicht mit. Sie präsentiert sich vielgesichtig und ausweichend, überstrahlt von der irrlichternden Vielfalt der Esoterik, der wir auch in einzelnen begegnen werden . . .

Noch ist es nicht soweit, noch stehen wir *vor* dem Gebäude der Esoterik. Es wäre daher verfrüht, den angedeuteten *Kern* der aufgezeigten Gemeinsamkeiten schon jetzt fassen zu wollen; diesem Versuch ist der vierte Teil des Buches gewidmet.

Nehmen wir statt dessen das Vorhandene und tun wir, was nicht selten selbst bei den komplexesten Problemstellungen der erste Schritt zur Erkenntnis ist: beginnen wir. Lassen wir »wenn« und »aber« beiseite, und gießen wir es ganz einfach aus, das faszinierende Füllhorn der Esoterik. Es liegt nahe, als erstes jenes Puzzlesteinchen unter die Lupe zu nehmen, das zu den bekanntesten – und damit logischerweise auch umstrittensten – gehört: Die Macht der Sterne. Oder was man als diese ansieht.

Immerhin finden nicht wenige Menschen in der »unseriösen« Astrologie mehr Halt als etwa in der »seriösen« fachmännischen Hilfe, die zur Überwindung von Verantwortungsgefühl, Treue, Loyalität (und was des glücksverhindernden Ballastes noch mehr ist) allenthalben angeboten wird.

So gesehen, kann man die Hinwendung zu astralen Gefilden auf jeden Fall verstehen. Und eines läßt sich immer weniger leugnen: wir können uns der Esoterik bedienen, um unser Leben zu verbessern, um Trost zu finden in einer See von Chaos und Wahnsinn; oder auch um ganz einfach ein größeres Weltbild zu bekommen.

Es liegt – wie bei so vielem – an uns.

Die Astrologie ist einer der esoterischen Wege, die jedem von uns offenstehen . . .

Astrologie – eine verkannte Lehre

... die Himmelslichter allein erleuchten rein und ohne Makel.

Goethe
Maximen und Reflexionen

Ein Kind wird geboren. Für die Eltern geht damit der größte Wunsch ihres Lebens in Erfüllung. Unbeschreiblich ist das Glücksgefühl, das sie empfinden, wenn das kleine Bündel Mensch die Augen aufschlägt, seinen ersten Laut von sich gibt oder ganz einfach instinktiv nach einer großen Erwachsenenhand greift. Und dann geschieht manchmal aus heiterem Himmel Furchtbares: das junge Leben erlischt, kaum daß es begonnen hat. Unvorhersehbar, unerbittlich, niederschmetternd. Nichts ist danach, wie es zuvor war. Die Medizin kennt die Ursache (eine Krankheit, die als RDS, »Respiratory Distress Symptom = postnatales Atemnotsyndrom« bekannt ist und in den ersten drei Stunden nach der Geburt zum Tod führt) –, nicht aber ein Gegenmittel oder eine Vorbeugung. Eine Veranlagung zu RDS ist im voraus nicht zu erkennen. Gefährdete Neugeborene unterscheiden sich durch nichts von anderen. Meist ist es in dem Augenblick bereits zu spät, in dem die Ärzte bemerken, daß mit dem Baby »etwas nicht stimmt«.

Die meisten Paare, die sich ein Kind wünschen, würden glücklich nach jedem Strohhalm greifen, um dieser schrecklichen Bedrohung irgendwie vorzubeugen. Ein solcher Strohhalm scheint jedoch im medizinischen Bereich nirgendwo in Sicht.

In einem Bereich jedoch, der von der klassischen Wissenschaft gemeinhin nicht zur Kenntnis genommen wird – geschweige denn, als kompetent für medizinische Probleme gilt –, stießen Forscher auf Verblüffendes im Zusammenhang mit RDS. Und zwar im Umfeld der tabuisierten Astrologie.

Aufgrund der Unterlagen von 24 000 Geburten in den nordöstlichen Vereinigten Staaten von Amerika versuchte 1977 ein Forscherteam um Larry Michelson herauszufinden, ob die darunter befindlichen 122 RDS-Babys auf astrologische Weise irgendwie hätten identifiziert werden können, ehe sie zur Welt kamen. Als erstes wurde eine Pilotstudie durchgeführt, der – zur Absicherung – eine Replikation folgte. Computer stellten Tausende astrologische Variablen der 122 RDS-Opfer denen von 145 gesunden Neugeborenen gegenüber. Alle Kinder stammten aus dem ausgewählten Beobachtungsgebiet, so daß annähernd identische Grundbedingungen vorlagen.

Zuerst schien eine weitere Abqualifizierung der Astrologie unvermeidlich. Weder in bezug auf Geburtsmonat, -tag oder -minute unterschieden sich die RDS-Babys von der normalen Kontrollgruppe.

Nicht so bei den Sternzeichen. Hier gab es signifikante Häufungen. Beispielsweise fanden sich weitaus mehr RDS-Babys mit dem Zeichen Wassermann als solche, die im Löwen geboren wurden.

Insgesamt filterten die Forscher 18 astrologische Variable heraus, die für eine mögliche Vorhersage von RDS bedeutsam schienen.

Von diesen wiederum ließen elf eine besondere Signifikanz vermuten. Eine speziell zugeschnittene Analyse sollte nun jede dieser elf Variablen auf ihre »Voraussagekraft« abklopfen. Dies führte zu einem tabellarischen Vorhersageprofil, das eine praktische Überprüfung erlaubte.

Dabei ergab sich folgendes Bild: Bei der Kontrollgruppe der 145 normalen Babys ließ sich diese Normalität anhand des astrologischen Profils zu 64 Prozent vorhersagen, während 74 Prozent der RDS-Kinder durch ihr Horoskop (!) identifiziert werden konnten.

Die Gesamtauswertung gibt demnach eine Prognosequote von 69 Prozent an und liegt damit erheblich über jeder Zufallswahrscheinlichkeit.

Die Psychologen Hans Jürgen Eysenck und David Nias, die sich mit dieser Studie auseinandergesetzt haben, halten zwar selbst bei einer so ausgeklügelten Strategie Fehlerquellen nicht für ausgeschlossen, meinen aber dennoch, daß eine beträchtliche Bedeutung für die medizinische Praxis gegeben sein dürfte.

Larry Michelson und seine Kollegen scheinen – so die Einschätzung von Professor Eysenck und Dozent Nias – auf ein bemerkenswertes Ergebnis gestoßen zu sein. Der Preis einer unorthodoxen Vorgehensweise mit gewissen Unsicherheitsfaktoren scheint nicht zu hoch zu sein, wenn tatsächlich ein so hoher Anteil von RDS-gefährdeten Babys *rechtzeitig* ermittelt werden kann.

Für alle, die bereits mit Astrologie Erfahrung besitzen oder sich dafür interessieren wollen, sei die erwähnte Tabelle mit den elf astrologischen Variablen hier angeführt.

Je höher die rechtsstehende Punkteanzahl ist, desto größer die Wahrscheinlichkeit damit verbundener RDS-Anfälligkeit. Die beiden letzten, mit einem Minus versehenen Prozentzahlen, haben umgekehrte Bedeutung: sie lassen auf *Nicht*anfälligkeit für RDS schließen.

Variable	*Prozentpunkte*
Mond im Aspekt zur Halbsumme von Venus und Himmelsmitte	2,78
Merkur im Aspekt zur Halbsumme von Mondknoten und Himmelsmitte	2,41

Herr des 6. Hauses im 3. Haus (Placidus)	1,62
Himmelsmitte im Aspekt zur Halbsumme von Sonne und Mondknoten	1,48
Sonne im Wassermann	1,30
Trigon von Sonne und Asteroid Juno	1,29
Sextil von Jupiter und Neptun	0,99
Mars im 1., 4., 7. oder 10. Haus	0,83
Herr des 2. Hauses im 10. Haus	0,54
Aszendent im Schützen	– 0,70
Quadrat oder Quincunx von Sonne und Neptun	– 1,08

Die Mehrzahl wird mit diesem Vorhersageprofil nicht sehr viel anfangen können, denn die einzelnen Parameter entstammen bereits der höheren Schule der Astrologie. Begnügen wir uns daher für den Moment mit der Feststellung, daß die gleichzeitig verdammte und inbrünstig verteidigte Astrologie auch auf dem Prüfstand der Wissenschaft Flagge zeigt. Nicht ohne Folgen, übrigens.

Mehr und mehr läßt sich im letzten Drittel unseres an Umwälzungen fürwahr nicht armen Jahrhunderts ein zartes Aufkeimen von so etwas wie »wissenschaftlichem Echo« oder zumindest eine sachliche Auseinandersetzung mit dem Mysterium der Astrologie entdecken. Immer seltener werden die »abschließenden Worte« über die »unwissenschaftliche Sterndeuterei«. Die meisten Stellungnahmen ohne Vorverurteilungen ranken sich um das monumentale Gesamtwerk der beiden französischen Psychologen Michel und Françoise Gauquelin, das in den letzten 25 Jahren weltweit publiziert wurde. Dieses eindrucksvolle, viel zitierte und noch mehr analysierte Material enthält ein Füllhorn an frappanten Indizien für eine kaum rationalisierbare Übereinstimmung zwischen Persönlichkeit und Planetenstellung zum Geburtszeitpunkt.

Professor Eysenck und Dozent Nias sprechen es aus: »Da Gauquelin die ganze Zeit hindurch alle Einzelheiten seiner Arbeit in einer Reihe von Dokumenten veröffentlicht hat, ist es möglich, die bei diesen Forschungen angewandten Pläne und Methoden zu beurteilen. Dies haben wir getan, und wir konnten nichts ernstlich Falsches entdecken. Im Gegenteil: wir waren von der peinlichen Sorgfalt beeindruckt, mit der das Material zusammengestellt und analysiert wurde . . .«

Trotzdem ist jeder Gedanke an eine echte wissenschaftliche Anerkennung der Astrologie vollkommen illusorisch. Man kann im Grunde nicht einmal davon sprechen, daß die Standpunkte konzilianter werden, denn die eine Seite (die wissenschaftliche) weigert sich zumeist, die Existenz der anderen Seiten (der astrologischen) auch nur zur Kenntnis zu nehmen.

Es gibt esoterische Lehren, über die »ernsthafte« Forscher wenigstens zu diskutieren bereit sind. Zum Beispiel über Alchimie, die darum auch in den Eingangsworten eine wesentliche Rolle spielte. Die Astrologie kann sich eines solchen Wohlwollens kaum erfreuen.

Wann immer ins Gespräch gebracht, wird eine Diskussion augenblicklich mit Argumenten wie »Es gibt nicht nur zwölf Menschen- und Schicksalstypen«; »Wie kann ein Planet auf ein Individuum einwirken?«; »Die Sonne ist kein Planet« usw. im Keim erstickt. Es mutet fast schon wie ein bedingter Reflex an, daß etwa Astronomen und Astrologen so gut wie nie zu einem Meinungsaustausch kommen können.

Die Gründe dafür sind mannigfaltig. Eine Barriere bildet sicherlich das nur sehr begrenzte Interesse der Astrologen an Himmelsmechanik und umgekehrt das ebenso bescheidene Interesse der Astronomen an Schicksalsmechanismen. So haben sich die Fronten verhärtet, seit die in der Antike vorhandene Einheit von Astronomie und Astrologie eine Spaltung in die nunmehrigen Richtungen erfahren hat. Heute ist Astrologie mehr oder weniger eine Glaubensfrage, während niemand an der fundierten Sachlichkeit von Astronomie und letzterdings Astrophysik zweifeln will – und kann. Wohl ist auch die Astrophysik da und dort um exakte Antworten verlegen (z. B. über Quasare, Schwarze Löcher, die Materiedichte des Universums, die Natur der Gravitation usw.), doch das beeinträchtigt ihre Stellung als exakte Wissenschaft nicht. Und das völlig zu recht.

Die Astrologie ist hier eindeutig im Hintertreffen. In der Arena von Mathematik und Naturkonstanten ist die Astrologie dem wissenschaftlichen Gegner um einige Gewichtsklassen unterlegen und kassiert auch entsprechende Treffer bei Konfrontationen.

Warum eigentlich?

Weil die Astrologie von ihrem tiefsten Wesen her eine Kunst des Intuitiven ist? Das wäre kein wirklicher Grund für den heiligen wissenschaftlichen Ingrimm, dem Astrologen und ihre Anhänger permanent ausgesetzt sind. Schließlich spielt auch bei anerkannten Disziplinen die Intuition eine gewisse Rolle. So hilft z. B. dem guten Arzt sein fachliches Rüstzeug, in manchen Fällen intuitiv zu erkennen, welche Krankheit ein Symptomkomplex signalisiert, worauf er dann vor der (interpretierenden) Aufgabe steht, aus der Palette möglicher Behandlungsmethoden und Medikationen das Richtige auszuwählen. Wäre es nicht so, bräuchten wir lediglich ein »Doktorbuch« daheim und hätten keine Schwierigkeiten bei der Selbsttherapie. Die Praxis demonstriert die universelle Wichtigkeit von Intuition, Feeling, oder wie man es nennen will. Es gibt Spezialisten mit so hohen oder niederen Erfolgsquoten, daß Know-how allein nicht das Kriterium sein kann.

Dasselbe gilt auch für Astrologen, wobei natürlich nicht einmal im entferntesten der Versuch gemacht werden soll, etwa Astrologie und

Medizin auf eine Ebene zu stellen. Keinesfalls. Worum es ging, war lediglich der Versuch einer Analogie, die – wie das bei Beispielen eben so ist – sehr hinkt.

Was dann hat die Astrologie zu einer Insel der Überzeugung in einem Meer von Anfeindungen gemacht?

Diese Anfeindungen wären berechtigt und verständlich, würde die Astrologie *de facto* den Anspruch eines Illustriertenhoroskops erheben.

Dem ist aber nicht so.

Tatsächlich liegt ihr nichts ferner als die Absicht, Liebesglück über kurzen Weg vorauszusagen, Warnungen vor offenen Kanaldeckeln auszusprechen oder Einzelpersonen dem direkten Einfluß von Jupiter, Pluto oder sonst einem Materiehaufen in stellaren Fernen zu unterstellen. Die Astrologie »funktioniert« völlig anders. Nur muß man sich ernsthaft mit ihr befassen, um die Irrtümer zu erkennen, die sich – zugegebenermaßen – geradezu aufdrängen. Das wiederum tun die wenigsten, und es ist – ebenfalls zugegeben – auch nicht gerade einfach. Abqualifizieren ist weit leichter.

Dabei liegt es auf der Hand, daß ein ganzes komplexes System so simpel nicht sein kann. Schließlich wäre etwa die Bezeichnung »Met« auch nicht ausreichend, um die gesamte germanische Kultur zu charakterisieren. Bei der Astrologie begnügt man sich nur allzuoft mit einer Definition: Humbug.

Ist das gerecht?

Eigentlich nicht. Immerhin ist die Reihe der verlachten Wissenschaftler auch ziemlich lang. Ob es der große französische Chemiker Lavoisier (1743–1794) ist, dessen richtige Erkenntnis der Oxidationsvorgänge als Hirngespinst abgetan wurde, oder Robert Koch (1843–1910), den sein medizinischer Kollege, der berühmte Rudolf Virchow, so sehr bekämpfte, daß er nicht zögerte, ein Brot mit Milzbrandbaktieren-»Aufstrich« zu essen, um zu beweisen, daß es die von Koch postulierten »kleinen Tiere« (Bakterien) nicht gab – sie alle könnten ein Lied über Vorurteile singen.

Damit ist natürlich nicht gesagt, daß die Astrologie an der Schwelle zur wissenschaftlichen Beweisbarkeit steht. Der Ehrgeiz dazu ist ihr im Grunde auch fremd – und wäre wohl kaum wirklich zu befriedigen.

Schon deswegen nicht, weil er dem Wesen der Astrologie zuwiderliefe. Sie ist nämlich weder eine Parallel-, noch eine Ersatzwissenschaft, sondern sie repräsentiert ein *anderes* Herangehen an die Dinge. Eben einen esoterischen Blickwinkel.

Dessen ungeachtet lassen sich sogar durchaus wissenschaftliche Argumente für astrologische Prinzipien finden. Bezeichnenderweise suchen aber fast ausschließlich Wissenschaftler danach.

Einer von diesen ist Dr. Percy Seymour, geradezu ein Musterbeispiel der Verwandlung von einem Gegner der Astrologie zu ihrem Befürworter.

Dr. Seymour ist »Principal Lecturer in Astronomy« am Polytechnikum von Plymouth und Direktor des »William Day«-Planetariums. 1984 gelangte er mit der Rekonstruktion des Himmels über Bethlehem in der Nacht, als Christus geboren wurde, in die Schlagzeilen der Weltpresse. Während seiner Tätigkeit als »Senior Planetarium Lecturer« am Greenwich Planetarium, das aus dem »Old Royal Observatorium« hervorgegangen war, entwickelte er seine Ideen über die Wurzeln von Astronomie und Astrologie.

Dieser Physiker und Astronom, der eine wichtige Theorie über das Magnetfeld der Milchstraße erarbeitete, war ursprünglich kein Freund der »Sterndeuterei«.

Im Gegenteil.

Dennoch ist er heute ein begehrter Vortragender – bei astrologischen Kongressen.

Wie kam das?

Im Februar 1986 begann Seymour ein Referat im Rahmen einer Konferenz des »Urania Trust« am Imperial College der Londoner Universität mit folgenden Worten:

»Für einen Astronomen ist das An-den-Tag-legen von Interesse an Astrologie so, als würde er sich freiwillig zum Vierteilen melden, wobei der Astronomie die Rolle des einen der beiden Hinrichtungsrösser zukommt, und der Astrologie die des anderen. Die meisten Astrologen vertreten den Standpunkt, sie wissen, daß Astrologie funktioniert, und sie keinen Wissenschaftler benötigen, der ihnen erklärt, *wie*; während die meisten meiner astronomischen Kollegen sicher sind, daß sie *nicht* funktioniert.«

Der zuletzt genannten Ansicht begegnet man auf Schritt und Tritt.

Im September 1975 veröffentlichte das US-Magazin »Humanist« einen Beitrag mit dem Titel »Einwände gegen die Astrologie«. Er war von 186 namhaften Wissenschaftlern – darunter 18 Nobelpreisträger – unterzeichnet.

In jenen Tagen wäre auch Dr. Seymour in diesem Lager zu finden gewesen.

Ausgeprägte Einwände gegen die Veröffentlichung der »Einwände gegen die Astrologie« gab es kaum. Carl Sagan weigerte sich zwar zu unterzeichnen, aber nicht, weil er der Astrologie irgendeine Glaubwürdigkeit zuschrieb, sondern aufgrund des Tons des offenen Briefes, der ihm zu autoritär erschien.

Der Wissenschaftsphilosoph Paul Feyerabend artikulierte seine Ablehnung der »Einwände« etwas wuchtiger. Er sagte: ». . . die Beurteilung der 186 namhaften Wissenschaftler gründet sich auf einem voreiszeitlichen Standpunkt, auf Unwissen über die neuesten Erkenntnisse in ihren eigenen Fachgebieten (Astronomie und Biologie und die Verbindung beider) und auf der Unfähigkeit, die Implikationen von Ergebnissen abzusehen, die ihnen bekannt sind. Sie zeigt das Ausmaß, in welchem Wissenschaftler bereit sind, Autorität auch in Gebieten zu beanspruchen, die ihnen fremd sind.«

Starke Worte. Vor dem Sommer 1984 wären sie aber wahrscheinlich bei Seymour auf ebensowenig Zustimmung gestoßen, wie bei den Unterzeichnern der »Einwände gegen die Astrologie».

Im Juni des Jahres 1984 führte eine Crew der englischen TV-Anstalt BBC eine Befragung zum Thema Astrologie in den Straßen von Plymouth durch.

Man befragte auch Seymour, den Astronomen und Planetariumsleiter, nach seiner Meinung. Diese war eindeutig. Der Befragte ließ keinen Zweifel daran, daß der Kosmos zwar biologische Uhren in Mensch, Tier und Pflanze synchronisieren konnte, daß Sonne und Sterne präzise Navigationshilfen seien, aber das war's auch schon.

Von einer Verbindung zwischen dem Universum und der Persönlichkeit von Individuen hielt er eigentlich nichts. Auch die Frage, ob er die wissenschaftliche Entdeckung einer solchen Verknüpfung irgendwann in der Zukunft für möglich erachtete, mußte Seymour verneinen. Nach diesem Interview ging der Astronom nochmals die orthodoxen Antworten durch, die er gegeben hatte. Sie unterschieden sich in nichts von denen, die seine Wissenschaftskollegen bei solchen Gelegenheiten von sich zu geben pflegten.

Nun geschah etwas Seltsames. Plötzlich erschienen ihm die Argumente gar nicht mehr unerschütterlich. Manche nicht einmal stichhaltig.

Der Astronom beschloß, der Astrologie auf den Zahn zu fühlen. So wurde er vom Feind zum Freund, und mehr noch . . .

»Wie könnte eine Verbindung zwischen stellaren Geschehnissen und biologischen Prägungen beziehungsweise schicksalhaften Vorgängen auf Erden aussehen?« hatte sich der Astronom erst einmal die Grundfrage gestellt.

Es gab natürlich einige »Kandidaten« für diese Rolle: Sonnenflekken, Partikelemissionen der Sonne, elektromagnetische Felder, geodätische Linien, kosmische Strahlung, subatomare Wechselwirkungen usw., usw. Alles nicht ganz neu, aber dafür extrem vage. Keine Aussicht auf eine umfassende Theorie soweit, doch Seymour ließ sich nicht entmutigen.

Als er 1986 bei der »Urania Trust«-Konferenz über die wissenschaftlichen Aspekte der »Sterndeuterei« sprach, *hatte* er seine Theorie.

Sie verdient tatsächlich Beachtung. Ihre Grundaussagen sind: Wir leben auf einem gigantischen Magneten mit dem Namen »Erde«. Das terrestrische Magnetfeld bleibt für lange Zeiten so ziemlich gleich, sonst wäre beispielsweise Navigation nicht möglich. Stabile magnetische Kraftlinien erstrecken sich von Pol zu Pol. Bei näherer Betrachtung erweisen sie sich als nicht ganz so stabil, wie man meinen möchte. Auch wenn ihre Richtung fixiert ist, so vibrieren sie ein wenig wie Telegrafendrähte im Wind. Manche dieser Schwingungen werden durch die Mondbewegungen beeinflußt, andere durch die Position oder die Aktivität der Sonne. Stehende Wellen mit Interferenzmustern. Wie wir heute wissen und die Raumfahrt zusätzlich bestätigt hat, besitzen alle astralen Körper ein Magnetfeld. Planeten, Sterne, Galaxien . . .

Ohne im Detail versinken zu wollen, stellt sich Seymours Theorie als solche eines »kosmischen Orchesters« dar. Das ganze Sonnensystem – und in verringertem Ausmaß das gesamte Universum – spielt eine komplexe Symphonie auf den Kraftlinien der Erde.

Das ist aber nur die – ziemlich fundierte – Grundprämisse. Biologen haben bewiesen, daß viele Lebensformen, darunter Fische, Bakterien, Käfer, Vögel, ein Wahrnehmungsvermögen für Magnetfelder besitzen. Das nimmt nicht Wunder, da man auch andere erstaunliche Sinnesleistungen der Tiere kennt. Beispielsweise »sehen« Fledermäuse mit Ultraschall, liefert das Grubenorgan der Klapperschlange ein dreidimensionales Infrarotbild, navigieren Bienen nach dem Polarisationsmuster des Sonnenlichtes und erweist sich der Süßwasserpolyp »Hydra« als meisterlicher Jäger, obgleich er keinen Gesichtssinn besitzt.

Ein tierischer »Magnetsinn« vermag da auch nicht mehr zu verblüffen.

Ein menschlicher allerdings schon. Ein Massenversuch an der Universität von Manchester, USA, zeigt, daß ein großer Prozentsatz von Testpersonen in der Lage war, sich nach dem Erdmagnetfeld zu orientieren.

Weiterhin wurde festgestellt, daß diverse Arten – unter ihnen wieder einmal der Mensch – Vibrationen des irdischen Feldes registrieren können.

Halten wir fest: Keine dieser Aussagen ist auch nur am Rande esoterischen oder okkulten Wissens angesiedelt.

Sie sind »hard science«.

Diese führte Seymour noch weiter.

Seiner Ansicht nach sind wir alle genetisch auf eine unterschiedliche »Melodie« der »Symphonie« des Sonnensystems abgestimmt, besser gesagt, ist sie uns aufgeprägt. Diese Prägung erfolgt im Mutterleib in gemilderter Form, bricht jedoch voll über uns herein, wenn wir das Licht der Welt erblicken. Dies hat seinen Grund nicht darin, daß der Mutterschoß ein gegen Strahlungen abgepanzertes Gewölbe wäre – was er nicht ist –, sondern in der noch nicht abgeschlossenen Ausbildung unseres Sensoriums und anderer Organe in jenen Monaten glücklichen Dahinschwebens in perfekter Geborgenheit.

In gewisser Weise beginnen wir also unser Erdenleben bereits »programmiert«. Es ist nicht abwegig anzunehmen, daß in uns spezielle Prozesse abzulaufen beginnen, wenn das Orchester des Sonnensystems zu einem späteren Lebenszeitpunkt »unsere Melodie« spielt, und daß wir in unseren Handlungen dadurch beeinflußt werden.

Seymour ist überzeugt, eine (persönlichkeitsbeeinflußende) Verbindung zwischen dem Universum zur Geburtssekunde und dem Geborenen entdeckt zu haben. Da diese Erklärung aus den wissenschaftlichen Bereichen Astronomie und Astrophysik, Geomagnetismus und Biologie hergeleitet wird, scheint sie ihm geeignet, der Astrologie sachliche Anerkennung zu verschaffen.

Er geht noch weiter und hält ein Wissen dieser Art auch in vergangenen Epochen für denkbar. Es könnte die verschüttete Basis astrologischer Traditionen sein.

So. Auf jeden Fall eine gewichtige Schützenhilfe von unerwarteter Seite.

Aber – wissen wir jetzt, was Astrologie wirklich ist?

Natürlich nicht. Diese beeindruckende Theorie ist nicht einmal mit dem »Doktorbuch« aus unserem Eingangsbeispiel zu vergleichen, sondern bestenfalls mit einem Anatomieatlas. Es ist immer noch nicht klar, was einen *praktizierenden Fachmann* in Sachen Astrologie zu einem solchen macht.

Sehen wir uns einmal an, wie er zu Werke geht . . .

Der erste Schritt ist die Berechnung des Geburtshoroskopes, das im Prinzip eine stilisierte Himmelskarte des Geburtszeitpunkts darstellt. Grundsätzlich muß es sich nicht um eine organische Geburt handeln. Diese Momentaufnahme stellaren Geschehens kann ebenso zur Erstellung des Horoskopes einer Firma, einer Organisation, eines Lebensabschnittes, einer Nation, irgendeiner Sache, ja selbst einer Problemstellung sein. Entscheidend für die Frage, ob ein Geburtshoroskop angefertigt werden kann, ist die Kenntnis eines konkreten Anfangszeitpunktes. Ob er einer Person oder der Unterschrift unter einem Vertrag zuzuordnen ist, spielt letztlich keine Rolle für die spätere Auswertung.

Ebenso wie es unterschiedliche Arten von Horoskopen gibt, so können auch die Regeln der Interpretation variieren, je nachdem, ob der Charakter eines Menschen, Ereignisse in seinem Leben, die ideale Zeit für eine Handlung, die Wechselwirkung mit anderen Menschen (im Vordergrund Partnerbeziehungen) oder völlig Andersgeartetes (ein Geschäft, politische Entwicklungen etc.) zur Diskussion stehen. Die Einsatzmöglichkeiten der Astrologie sind mannigfaltig. Wir aber stehen erst am Anfang und brauchen ein vorgedrucktes Horoskopformular zur Horoskoperstellung. Ein solches ist im Handel leicht erhältlich.

Das Geburtshoroskop ist ein radförmiges Diagramm, in welches der Astrologe die zwölf Tierkreiszeichen, die Planeten und die Häuser einträgt. Dazu müssen ihm der genaue Geburtsort und die exakte Geburtszeit bekannt sein.

Sind sie bekannt, kann ein Horoskop gezeichnet werden, was jedoch nicht im Sinne von freier künstlerischer Entfaltung zu verstehen ist. Vielmehr handelt es sich um die astrologische Umsetzung individueller Daten.

Mit anderen Worten: Die erwähnten Planeten, Häuser und anderes, das noch zur Sprache kommt, werden eingetragen und – zuerst einmal graphisch – zueinander in Beziehung gesetzt. Die Klassifizierung von Sonne und Mond als Planeten, die Einführung neuer Planeten (Hamburgerplaneten) und andere Freiheiten, die bei Astronomen regelmäßig Adrenalinschübe hervorrufen, wollen wir im Moment kommentarlos akzeptieren. Es wird ohnedies schnell ersichtlich, daß – und warum – die astrologische Terminologie zwar astronomisch klingt, aber nicht so zu verstehen ist. Ein Erbe aus zurückliegender Vergangenheit, in welcher esoterische und naturwissenschaftliche Lehren harmonisch koexistierten (nicht selten von demselben Wissenden praktiziert). Womit haben wir es also wirklich zu tun? Sehen wir es uns an.

Die zwölf Tierkreiszeichen – auch der Zodiak genannt – repräsentieren jeweils 30 Winkelgrade des Tierkreises, der bekanntlich wie jeder Kreis 360 Grad besitzt. Der Tierkreis selbst ist sowohl der himmlische Hintergrund, vor dem die Planeten zu sehen sind, als auch das Koordinaten- oder Bezugsnetz zur Bestimmung ihrer genauen Positionen.

Das klingt schwierig, ist es aber nicht. Da die Sonne aufgrund der Himmelsmechanik im Lauf des Jahres durch den Zodiak wandert, ergibt sich das Zeichen eines Neugeborenen aus dem Tierkreissymbol, in welchem die Sonne zum Geburtszeitraum stand. Die ungefähren Daten der zwölf Tierkreiszeichen sind allgemein bekannt und im Horoskopteil einer beliebigen Zeitschrift nachzuschlagen.

Ganz so einfach ist die Sache natürlich auch wieder nicht. Erst einmal verbringt die Sonne aufgrund der Ellipsenbahn unserer Erde nicht in jedem Zeichen die gleiche Zeit (sie schwankt von 29 ½ zu 31 ½ Tagen), und dann gibt es auch noch die Schaltjahre. So kommt es schlußendlich, daß die Sonne nicht in jedem Jahr am gleichen Tag das Zeichen wechselt.

Das ist jedoch nicht ausschlaggebend. Zu einem komplexen Analyseinstrument wird ein Horoskop durch eine ganze Reihe von Operatoren. Die erwähnten Häuser und Planeten bilden nur den Grundraster. Zum Feinschliff gehört viel mehr, aber eines nach dem anderen . . .

Schritt für Schritt baut also unser Astrologe seine Analyse auf. Zuerst kommt das elementare Geburtshoroskop, das die Tierkreiszeichen, Planeten und Häuser zum Geburtszeitraum darstellt. Zu diesem Zweck muß er das aufsteigende Zeichen (den Aszendenten) bestimmen, um die Häuser festzulegen, in denen sich die einzelnen Planeten befinden. Dann folgen die Planetenaspekte. Aus den Einzelbedeutungen sämtlicher Faktoren schält sich ein Gesamtbild heraus, das durchaus individuelle Züge trägt und eine Deutung zuläßt. Besser gesagt, verlangt.

Unversehens haben wir ein sehr komplexes System vor uns. Nicht länger sind z. B. Zwillinge lediglich fröhliche Luftikusse (was der Autor als Zwilling nicht unwidersprochen hinnehmen würde), usw.

Nein, tatsächlich gibt es solche und solche Zwillinge, Widder, Waagen etc. Der Mensch ist nun mal kein eindimensionales Gebilde. Ein Horoskop auch nicht.

Es gibt zehn Planeten (Sonne und Mond dazugerechnet), zwölf Tierkreiszeichen und zwölf Häuser. Die Hauptaspekte stellen Gradabstände zwischen jeweils zwei Planeten dar: Das Sextil 60°, das Quadrat 90°, das Trigon 120°, die Opposition 180° und die Konjunktion Null°. Hunderte Variable, die aufeinander verstärkend, abschwächend oder sonst einwirken – eine fast unendliche Vielfalt von Interpretationsmöglichkeiten.

Hier setzt die Intuition des Astrologen ein. Wir aber sind noch nicht so weit und müssen nun die einzelnen Teile des Horoskops unter die Lupe nehmen, von denen wir bislang nur gehört haben.

Das Tierkreiszeichen kennen wir schon. Es ist ein genau umrissener Ausschnitt des Himmelsgewölbes, in dem die Sonne steht, wenn ein Säugling seinen ersten Schrei von sich gibt, wobei einige Minuten auf oder ab keine sonderliche Rolle spielen.

Etwas komplizierter liegt die Sache mit den »Häusern«. Stellen wir uns vor, wir stünden im Mittelpunkt einer Kugel von riesiger, eigentlich unbegrenzter, Ausdehnung. Im Sinne der modernen Kosmologie ist das auch irgendwie der Fall, aber schweifen wir nicht ab.

Das Volumen dieser Kugel wird nun in zwölf Abschnitte geteilt, vergleichbar mit Orangen- oder Melonenscheiben. Der »Anschnitt« der Scheiben erfolgt so, daß ihre Längsrichtung (die Innenkanten) von Süden nach Norden, beziehungsweise umgekehrt läuft.

Da wir im Kugelmittelpunkt stehen, wölbt sich zwangsläufig über und unter uns eine Halbkugel, so daß sich sechs dieser Häuser-»Abschnitte« über und sechs unter uns befinden. Auf die Erde bezogen heißt das: Sechs Häuser liegen über dem Horizont und sechs darunter. Im Grund leicht vorzustellen.

Nun steht bekanntlich nichts still, die Erde und andere stellare Objekte am wenigsten. So kommt es zur Häuserbelegung.

Die Astrologie zählt die Häuser abwärts vom Aszendenten aus. Dieser (das aufsteigende Zeichen) ist der Teil des Tierkreises am östlichen Horizont.

Vergessen wir nicht: Alles bezieht sich auf genauen Geburtzeitpunkt und -ort.

Also weiter: Die Himmelregionen unmittelbar über dem östlichen und westlichen Horizont müssen daher das 12., bzw. das 7. Haus sein – und sind es auch.

Nicht einfach mit den Häusern, doch wir dürfen nicht innehalten. Schließlich hat alles und jedes im Leben gewisse Aspekte. Auch die Astrologie, nur sind sie hier exakter definiert.

Wir haben sie schon kurz kennengelernt, als von den Grundbestandteilen des Horoskops die Rede war. Nun wollen wir mehr über sie erfahren.

Die astrologischen Aspekte sind eine konkrete Meßgröße, und zwar die scheinbaren Winkel zwischen Planetenpaaren oder anderen wichtigen Punkten, die noch angesprochen werden.

Fünf Aspekte gelten als die grundlegenden:

- Die *Konjunktion*. Sie bedeutet einen Winkel von Null Grad, also zwei Planeten nebeneinander, über- oder hintereinander. Auch in der Astronomie kein unbekannter Begriff.
- Das *Sextil*. Davon spricht man, wenn zwei Planeten zueinander in einem Winkel von 60 Grad stehen.
- Das *Quadrat*. Es repräsentiert naheliegender Weise einen (rechten) Winkel von 90 Grad.
- Das *Trigon*. Hier liegt ein Winkel von 120 Grad vor, und
- die *Opposition*. Sie repräsentiert ein Gegenüberstehen und daher 180 Grad.

Astrologen bezeichnen Aspekte von 90° und 180° als hart, disharmonisch oder schwierig, Aspekte von 60° und 120° als leicht oder harmonisch. Konjunktionen sind zwischen weich und hart angesiedelt.

Natürlich sind solche Einteilungen gewissen Unschärfen unterworfen, die *Orbis* genannt und einkalkuliert werden, sofern die Ungenauigkeit im 5-Grad-Bereich liegt. So spricht man beispielsweise bei einem Bereich von 85 bis 95 Grad von einem Quadrataspekt mit 5 Grad Orbis.

Zu diesen Grundparametern können je nach Schule, Horoskopart und Astrologen, weitere Faktoren dazukommen. Zum Beispiel Knoten (Mondknoten), Asteroiden, Eklipsen, Halbsummen, Deklinationsparallelen, Rückläufigkeiten, Distanzen, Harmonieaspekte und vieles andere, dem wir uns nicht im einzelnen widmen wollen. Viele Begriffe sind einfach zu verwaschen.

Auch Strittigkeiten innerhalb der Astrologie selbst (so gibt es Uneinigkeiten, wo der Anfang des Tierkreises zu suchen ist, wie Häuser einzuteilen sind, welche Orbes Gültigkeit haben usw.) lassen wir dahingestellt. Ähnliche Dispute kennzeichnen schließlich auch die »seriöse« Wissenschaft nur allzu oft.

Bleiben wir lieber bei den Wurzeln.

Die Astrologie operiert also mit einer Vielzahl von Größen. Auch wenn ihre Einsatzweise differieren mag, so bleibt zu klären, wie sie im einzelnen überhaupt festgelegt werden. Wie soll man über Winkeldifferenzen zweier Planetenkonstellationen uneins sein, wenn man nicht weiß, wie man diese erst einmal errechnet?

Dazu gibt es die *Ephemeriden*, eine umfangreiche Tabelle der täglichen Planetenpositionen.

Der Name leitet sich vom griechischen *ephemeros* ab, was »nur einen Tag dauernd oder lebend« bedeutet. Darum heißt auch die Eintagsfliege auf griechisch *Ephemera.*

In der Astronomie stehen besagte Ephemeriden nicht weniger im Gebrauch als in der Astrologie. Es sind meist sehr umfangreiche und weit zurückreichende tabellarische Nachschlagewerke, in welchen der Stand der Sonne, des Mondes und der Planeten täglich zur Mittagsstunde zu Greenwich angegeben ist. Von besonderer Präzision sind »Raphaels's Astronomical Ephemeris of the Planet's Places«, die für jedes Jahr ab 1800 erhältlich sind.

Man kann jährlich erscheinende Gestirnstabellenhefte kaufen (die sogenannten »englischen« Ephemeriden) oder komplette Bücher.

Natürlich ist es – wieder einmal – nicht damit getan, besagte Tabellen zu kaufen, nachzuschlagen, und das wär's auch schon. Selbst erfahrenste Astrologen können in stundenlangen Diskussionen die Bedeutung eines bestimmten Planeten in einem bestimmten Tierkreiszeichen nicht immer festlegen. Nicht unähnlich mit Forschern, die über die Aussage einer Gleichung oder einer Teilchenspur auf einem Leuchtbildschirm rätseln.

Das soll uns nicht abhalten, tiefer in die Materie einzudringen. Dabei stoßen wir unentwegt auf neue Wirkungsfaktoren und Vollzugsschritte. Immer ferner rückt das Illustriertenhoroskop . . .

Skeptiker mögen einwenden, daß allein die bisher genannten Teile des Horoskops eine schwindelnde Unzahl von Varianten ergeben, während Mathematiker genüßlich auf den deutschen Astrologen Noel Tyl hinweisen, der die geringste Anzahl von Kombinationsmöglichkeiten der verschiedenen astrologischen Parameter berechnet hat. Sie beträgt $5{,}4 \times 10^{67}$, eine Zahl mit 67 Nullen, die größer ist als die Gesamtsumme aller Atome im Universum.

Nicht sehr ermutigend, aber keine Sorge, so genau braucht ein Horoskop bzw. kann es in seiner ersten Phase auch gar nicht sein. Die

Feinheiten ergeben sich erst aus dem gezeichneten und mit Einzelsymbolen belegten Grundmuster. In dieser Stufe der höheren Schule tritt dann auch zum Know-how die intuitive Kraft des Astrologen hinzu. Eine Synthese, die durch das Wälzen von noch sovielen Werken oder Tabellen nicht wirklich beeinflußt werden kann. Dieser Faktor – der verblüffende Ähnlichkeit mit der Heisenbergschen Unschärferelation aufweist, die den Tanz der Elementarteilchen für immer unserem endgültigen Zugriff entzieht und gleichzeitig auch für gewisse tiefliegende Gehirnprozesse charakteristisch ist – trennt die erfolgreichen von den weniger erfolgreichen Astrologen.

Damit sind wir wieder zum Anfang zurückgekehrt: zum Zeichnen des Grund- oder Radixhoroskops.

Mittlerweile haben wir schon eine gewisse Vorstellung, was es enthalten soll, und worum es sich bei den Einzelelementen prinzipiell handelt. Nicht aber, wie sich all das zusammenfügt. Was brauchen wir also, um konkret an die Arbeit zu gehen? Die Scheibe (das Tierkreiszeichen-Diagramm) und die notwendigen fünf Daten: Tag, Monat, Jahr und Stunde der Geburt sowie den Ort (Länge und Breite; unvermeidliche Längengradunterschiede scheinen in einschlägigen Werken auf. Dies sei nur am Rande erwähnt.) Nun kann es eigentlich losgehen, wenn auch natürlich nicht ohne ausgiebige Kleinarbeit bei jedem Schritt. Die Probleme stellen sich augenblicklich ein.

Wie ist der – für das Horoskop entscheidende – Geburtsmoment festzulegen? Das Auftauchen des Kopfes, der erste Schrei, das Abnabeln, oder was sonst bestimmt den gesuchten Zeitpunkt?

Obwohl sekundengenaue Festlegung astrologisch irrelevant ist, wollen wir diesen Fragen nicht aus dem Wege gehen. Der erste Schrei – so sehr er auch junge Eltern mit tiefer Rührung erfüllen mag – ist nicht der »Beginn des Lebens«, sondern das erste Luftholen und damit die »Inbetriebnahme« der Lunge. Zudem ertönt er beim Ausatmen, so daß ein Zeitraum vorangeht, in dem sich die Lungen bereits außerhalb des Mutterleibes mit Luft gefüllt haben.

Noch fernliegender ist der Gedanke, die Abnabelung könnte den Moment definieren. In Wirklichkeit wird nur bereits funktionsloses Gewebe durchtrennt, das das Neugeborne im Mutterleib ernährt hatte (Plazenta beziehungsweise Mutterkuchen) und nun als Nachgeburt erscheint.

Nein, das kann es nicht sein.

Auch ein Lauern mit der Stoppuhr in der Hand, wann exakt der erste kindliche Teil – der nicht zwangsläufig der Kopf sein muß – sichtbar wird, wäre nicht notwendig. Im Normalfall dauern die notwendigen Handgriffe, die einen neuen Erdenbürger in unserer Welt ankommen lassen, nur einige Minuten. Aus diesem Grund werden Horoskope auf der Basis von Minutenangaben errichtet.

Damit erhebt sich die Frage nach der »richtigen« Zeit, um mit ihrer Hilfe die örtlichen Koordinaten der Geburt ermitteln zu können. Obgleich heute einfache Taschenrechner die erforderlichen Umrechnungen vornehmen – die früher »händisch« gemacht wurden –, ist ein informativer Blick auf das Zeitzonensystem unserer Tage vielleicht ganz interessant. Als typisches Produkt der modernen Zivilisation muß es in Übereinstimmung mit alten astrologischen Praktiken gebracht werden beziehungsweise umgekehrt. Was aber nicht sehr schwierig ist und uns in unseren Tagen durch »Freund Computer« gänzlich abgenommen wird, der die erforderliche Umrechnung von Zonenzeit auf Ortszeit blitzartig vornimmt, so daß die Horoskoperstellung weitergehen kann. Im Mittelalter mußte sich niemand mit Zeitzonen herumschlagen. Es gab nur einen einzigen Begriff, die Ortszeit, gemessen an der Kulmination (dem mittäglichen Höchststand) der Sonne. Ein »wahrer« Sonnentag war einfach die Zeit zwischen einer Kulmination und der darauffolgenden. Dank dieser »wahren Sonnenzeit« konnte jeder Astrologe sofort aktiv werden und das Horoskop in Angriff nehmen. Gerechnet wurde erst später.

Mit der industriellen Revolution, der Erschließung der Welt, heranwachsenden Infrastrukturen, Verkehrsverbindungen und Nachrichtenwegen hatte der »wahre Sonnentag« ausgedient. Für den Bürgermeister eines Dorfes mochte die lokale Sonnenzeit auch noch im 19. Jahrhundert ausreichen. Problematischer wurde es, wenn er sich mit einem anderen – weit entfernten – Bürgermeister über »die Uhrzeit« unterhalten wollte und feststellen mußte, daß es gewichtige Differenzen gab.

Zuerst riefen die Eisenbahnen nach einer Regelung dieses unhaltbaren Zustandes. Es entstand die *Bahnzeit*.

Damit begnügte man sich in Europa vorerst. Wenn es auf einem Hauptbahnhof Mittag war, dann auch auf allen Stationen. Wer sich nach der dörflichen Kirchturmuhr richtete, versäumte eben den Zug, sein Pech.

Nun gibt es aber auch die »Neue Welt« Amerika, präziser gesagt, den nordamerikanischen Kontinent. Dort sind die Distanzen erheblich größer als in der »Alten Welt« Europa. Entsprechend weit voneinander entfernt sind auch die zeitangebenden Hauptbahnhöfe, mal an der West-, dann wieder an der Ostküste. Wo sich die Züge des riesigen US-Eisenbahnnetzes kreuzten, gab es regelrechte Zeitsprünge, die einem Science-fiction-Roman hätten entnommen sein können. So konnte es nicht weiter gehen, und ging auch nicht. Es entstanden die *Zonenzeiten*.

Sie sind auch heute noch gültig. Praktisch für Reisende, den internationalen Kommunikationsfluß, die Weltwirtschaft und viele Zivilisationsfaktoren – weniger ideal für Astrologen.

Diese müssen sich – in Europa – mit der osteuropäischen (OEZ), mitteleuropäischen (MEZ) und westeuropäischen (WEZ) Zeit herumschlagen, die auch Greenwicher Zeit (GZ) genannt wird, da der Nullmeridian durch das englische Greenwich verläuft. Besagte GZ wird auch noch Weltzeit genannt, weil alle Zeitabweichungen sich nach ihr richten.

Dies klingt im ersten Moment verwirrend, doch so schlimm ist die Sache glücklicherweise nicht, denn, und das soll nochmals betont werden: die einzig relevante Zeit für die Horoskoperstellung ist die Ortszeit (OZ). Sie zu berechnen stellt wie gehört auch kein Problem dar (die in Görlitz in der Oberlausitz Geborenen haben es sogar noch um eine Spur leichter, da dort MEZ und Ortszeit (OZ) identisch sind).

Da im 20. Jahrhundert Europa nicht mehr »die Welt« ist, erfordert das Erstellen eines Horoskopes für einen Menschen, der in den Vereinigten Staaten von Amerika zur Welt gekommen ist, noch weiteres Handwerkszeug, und zwar:

- Eine Feldertabelle der US-Breitengrade.
- Angaben über die Längen- und Breitengrade aller Orte in den USA.
- Angaben über die Zeitverschiebungen in den USA (einschließlich der Sommerzeiten).
- Eine Ephemeride für das betreffende Jahr.
- Eine Tabelle mit proportionalen Logarithmen.

Und das alles nur, um die Zeit in den Ort umrechnen und überhaupt erst anfangen zu können?

Leider ja, aber kein Grund zum Verzagen. Erstens hört es sich grimmiger an, als es ist – tatsächlich erwirbt man recht schnell Übung in diesen Rechenoperationen –, und zweitens eilt die moderne Technik zu Hilfe. Heutzutage sind sehr preiswerte »Horoskop«-Taschenrechner erhältlich, die buchstäblich auf Knopfdruck sämtliche Parameter zum Eintragen in das jeweilige Horoskopformular ausspucken. Auf sie wurde bereits hingewiesen. Dennoch lohnt es sich, den Ablauf zur Erlangung der gesuchten Parameter durchzuspielen. Man dringt nicht nur in den Geist der Astrologie ein, sondern bekommt auch ein Gefühl für die »astrologischen Züge« einer Person, die sich bereits in den Grunddaten manifestieren. Dies wird bald einsichtig, wenn wir sukzessive weiter voranschreiten.

Nun wird es Zeit für ein konkretes Beispiel.

Ist ein Mensch um fünf Uhr früh in Wien geboren, so galt für ihn die mitteleuropäische Zeit (MEZ), welche sich unschwer durch Nachschlagen als vier Uhr früh Greenwicher Zeit (GZ) eruieren läßt.

Na und? Schließlich braucht unser Astrologe weder MEZ, noch GZ, sondern OZ (die Ortszeit) wie in den »guten alten Zeiten« mittelalterlicher Zeitzonenlosigkeit. Hier kommt der zeitliche Abstand zu Greenwich ins Spiel. Unsere Tabellen geben Auskunft, daß dieser Zeitabstand für Wien eine Stunde und fünf Minuten beträgt.

Damit steht der Rückrechnung zur Ortszeit nichts im Wege:

> Fünf Uhr früh MEZ = vier Uhr früh GZ, dazu kommt der Zeitabstand zu Wien (1 Stunde, 5 Minuten) = fünf Uhr früh und fünf Minuten OZ.

Wer glaubt, nun könne er zum Sprung von der relevanten zeitlichen zur ebenso relevanten örtlichen Festlegung ansetzen, der irrt. Es bedarf noch einer Zwischenstufe: der Umrechnung der OZ (die eine »wahre Sonnenzeit« darstellt) in die sogenannte *Sternzeit*.

Hier hilft ein Griff zu den Ephemeridentabellen. Die Sternzeit des betreffenden Tage ist hier entweder für zwölf Uhr Mittag oder zwölf Uhr Mitternacht angegeben. Meist ist schon am Umschlag der jeweiligen Ephemeridentabellen angegeben, ob sie sich auf Mittag oder Mitternacht beziehen. Zudem wird bei gewisser Übung von selbst erkennbar, wenn man sich dabei geirrt hat. So fällt es wohl automatisch auf, daß die Sonne bei einem Mittagshoroskop kaum unter dem Horizont zu finden sein dürfte.

Nun muß addiert werden, und zwar die aus den Ephemeriden herausgesuchte Sternzeit zur bereits errechneten Ortszeit (OZ).

Im Detail geht das so vor sich:

Sternzeit
\+ Korrektur der Sternzeit
\+ Ortszeit
= Sternzeit der Geburt
= KP (kulminierender Punkt, bzw. MC)

Moment, Moment, was sind das für neu eingeführte Begriffe, und was muß bei der Sternzeit korrigiert werden?

Der MC *(Medium Coeli)*, der Kulminationspunkt, leitet sich von den lateinischen Worten für »in der Mitte des Himmels« ab und gibt jenes Zeichen des Tierkreises an, das während der Geburt am höchsten Punkt über dem Horizont stand, respektive das 10. Haus. (Ihm gegenüber liegt der IC *(Imum Coeli)*, die »Himmelstiefe«).

Was die Korrekturen betrifft, so tragen diese dem Faktum Rechnung, daß sich die Sternzeit aufgrund der Eigenbewegung unseres Heimatplaneten täglich um drei Minuten und 56 Sekunden verschiebt. Im Laufe eines Jahres wird daraus ein ganzer Tag mit 24 Stunden.

Nun wird mit den Häusertabellen weitergearbeitet, die auch den MC angeben. Doch: Der Begriff der »Häuser« ist nicht bindend. Auch Ausdrücke wie »Felder«, »Örtlichkeiten«, »Orte«, »Sektoren« etc. sind in Gebrauch. Das soll uns nicht verwirren, denn sie bedeuten alle dasselbe, nämlich Ausschnitte der Himmelskugel.

Der Begriff der Häuser stammt aus antiker Zeit, in der die ursprünglich mystische Himmelskunde zögernd begann, ein mathematisches Gewand anzulegen.

Doch jetzt kann es bereits ans Zeichnen gehen.

Man nimmt das Horoskopformular zur Hand und zeichnet die einzelnen Felder (Häuser) ein. Sie werden – vom Aszendenten ausgehend, der die Nummer I ist – gegen den Uhrzeigersinn mit römischen Ziffern numeriert (die römischen Ziffern sind den Häusern vorbehalten. Alle anderen Zahlenangaben erfolgen in arabischen Ziffern). Die Häusertafeln geben immer den Aszendenten, das zehnte Haus und die sogenannten Zwischenhäuser an. Von diesen Basisangaben aus kann man weiter operieren.

Zwischenwertberechnungen (Planeteninterpolationen) mögen erforderlich sein, um Häuserspitzen auf Minuten und Sekunden festzulegen, sind jedoch meist nicht erforderlich. Von solchen »Feinheiten« brauchen wir uns nicht irritieren zu lassen. Im Normalfall reicht ein gradgenau gezeichnetes Horoskop vollkommen aus. Es ist empfehlenswert, von Anfang an die Achse I-VII rot und die Achse IV-X blau zu zeichnen.

Nach Einzeichnen des Aszendenten greift man zu den Ephemeriden-Tabellen und trägt die einzelnen Planeten ein. Was den Mond betrifft, so muß unser Erdtrabant auf die Greenwicher Zeit bezogen werden. Für diese Berechnung braucht man eine Diurnal-Logarithmentafel, die in so gut wie allen Ephemeriden enthalten ist (mit Anleitung zu ihrer Verwendung).

Nicht zu vergessen die bekannten Horoskoptaschenrechner und einschlägige Computerprogramme.

Als letztes zeichnet man die einzelnen Aspekte ein, indem man die Winkelabstände zwischen den Planeten mit Hilfe eines Rades mit einer 360°-Einteilung ausmißt.

So, jetzt sollte ein sehr, sehr einfaches Grundhoroskop vor uns liegen (wenn wir alles ohne allzu große Ver- und Abirrungen hinter uns gebracht haben).

Nicht mit der Astrologie Vertraute werden an diesem Punkt sicher einwenden, daß sie nach diesen »Anleitungen« einiges vor sich liegen haben mögen, aber sicher kein fertig gezeichnetes Horoskop.

Das wäre auch zuviel verlangt. Selbst mit dem nötigen Handwerkszeug – Ephemeriden, Häusertabellen etc. – muß man sich erst einmal hinein- bzw. durchbeißen. Dabei sind astrologische Standardwerke, deren Inhalt natürlich weit über die hier und jetzt gegebenen Informationen hinausgeht, mehr als nützlich, meistens sogar unerläßlich.

Was, so mag man sich weiter fragen, bringt dann eigentlich dieser gewundene Exkurs ins Reich der Astrologie?

Der Interessent mag irritiert und der Insider gelangweilt sein. Das sollten sie aber nicht sein ... Klarerweise läßt sich »die Astrologie« nicht in einem einzigen Buch erschöpfend abhandeln – schon gar nicht in einem Buch*teil* –, aber, und das ist der springende Punkt, sie läßt sich von *verschiedenen* Seiten ausleuchten. Und es läßt sich (für den Nichtfachmann) eine generelle Marschrichtung darstellen, wie ein Horoskop *überhaupt zustandekommt.*

Dessen ungeachtet sollte ein praktisches Beispiel mit sämtlichen Details (auch solchen, die hier nur peripher angedeutet werden konnten) nicht fehlen. Kurzum: ein komplettes Horoskop, auf dem (fast) alle Parameter aufscheinen.

Der Einfachheit halber nehme ich ein Horoskop, bei dem ich absolut sicher sein kann, das die Ausgangsdaten stimmen – nämlich mein eigenes.

Eine astrologische Zeichenerklärung soll weitere Informationen vermitteln.

Nach dem Einleitungsteil, der die Praxis der Horoskoperstellung behandelte, wollen wir uns mit dem im Grunde viel interessanteren Teil der Astrologie auseinandersetzen: Mit dem »Geist dahinter«, mit der Philosophie, also mit der »Lehre an sich«.

Dazu müssen wir uns die Natur des menschlichen Erkenntnisgewinnens in Erinnerung rufen. Sie ist ebenso vielschichtig wie die Natur des

VERWENDETE ZEICHEN DER ASTROLOGIE

	Die Planeten	Die Aspektzeichen
♈ : Widder	☉ : Sonne	☌ : Konjunktion
♉ : Stier	☾ : Mond	⚹ : Sextil
♊ : Zwillinge	☊ : Mondknoten (aufsteigender)	□ : Quadrat
♋ : Krebs	☿ : Merkur	△ : Trigon
♌ : Löwe	♀ : Venus	☍ : Opposition
♍ : Jungfrau	♂ : Mars	
♎ : Waage	♃ : Jupiter	
♏ : Skorpion	♄ : Saturn	
♐ : Schütze	♅ : Uranus	
♑ : Steinbock	♆ : Neptun	
♒ : Wassermann	♇ : Pluto	
♓ : Fische		

RADIX- UND SOLARHOROSKOP

Name:	FARKAS, VIKTOR			Geb.-Tag	30. 5. 1945
Geb.-Ort:	WIEN	Geb.-Zeit	9 h 15 m	Sternzeit	h m s
Geogr. Länge:	– 16° 23' O	Greenwich-Zeit	8 h 15 m	+/– Ortszeit	h m s
				+/– Korrekt.	h m s
Geogr. Breite:	48° 12' N	Orts-Zeit	h m	Stzt. der Geb.	h m s

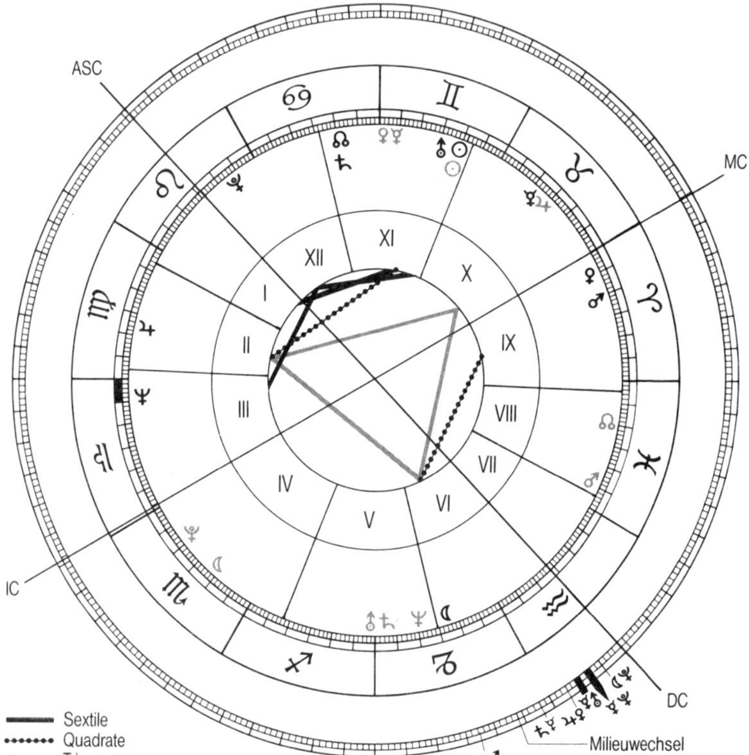

Sextile
Quadrate
Trigone
Oppositionen

Planetenstände						Häuser			Häuser		
☉	8° 33'	♊	♅	12° 58'	♊	MC	29° 20'	♈	ASC	14° 08'	♌
☽	16° 18'	♑	♆ R	3° 43'	♎	XI	7° 45'	♊	II	3° 08'	♍
☿	20° 31'	♉	♇	8° 13'	♌	XII	14° 28'	♋	III	27° 26'	♍
♀	26° 01'	♈	☊	10° 53'	♋	Feuer			üb. d. Horizont		
♂	20° 57'	♈	Kard.			Erde			unt. d. Horizont		
♃	17° 54'	♍	Fest			Luft			Osthälfte		
♄	9° 36'	♋	Veränd.			Wasser			Westhälfte		

Homo sapiens. Die Astrologie spiegelt dies deutlich wider. Horoskope sind keine Milchmädchenrechnungen, sondern etwas sehr Diffiziles. Es gibt unterschiedliche Ansätze, Gesichtspunkte und Deutungsmethoden, die in einen Irrgarten führen können – vorbei an der Idee der Astrologie. Facettenreich und voll unterschiedlicher Betrachtungsmöglichkeiten entfaltet sich die Kunst des Horoskoperstellens. Die Spezialisierung erinnert oft frappant an die modernen Wissenschaftsunterdisziplinen, deren Vertreter einander nicht selten kaum mehr verstehen können. Viele Astrologen wissen dies.

Noch problematischer ist die Situation für den »Nichtfachmann«, der die Astrologie erst einmal »schnuppernd« kennenlernen will. Verstrickt er sich ausschließlich in die Praxis, werden sich für ihn dann meist nur Sackgassen auftun. Ihm geht es wie den Raumfahrern in der bereits erwähnten Sf-Story von Robert Sheckley »Ask a foolish Question«, die keine Antwort bekommen, weil sie nicht »richtig« fragen können (soll heißen, nicht schon die halbe Antwort kennen).

Nun haben wir als Einstieg die Grundzüge der Praxis kennengelernt. Jetzt müssen wir lernen, »richtig zu fragen«, denn das ist das eigentliche Wesen der Astrologie. Vielleicht erwacht dabei sogar in manchem Skeptiker und Ablehner esoterischen Wissens eine gewisse Skepsis der eigenen Skepsis gegenüber, wenn er entdeckt, daß hinter der Astrologie weit mehr steckt, als lediglich ein kompliziertes System von Berechnungen, die – vordergründig – mit den astronomischen Tatsachen wenig gemein haben.

Von diesen Hintergründen, die das Wesen der Astrologie ausmachen, kam bislang nur wenig ans Licht. Das ist kaum verwunderlich, ging es doch vorerst primär um die *Technik*. Die astrologische *Lehre* jedoch ist ein Wissens*system*, das spirituelle und meßbare Quantitäten verbindet, besser gesagt, vereinigt. Dessen muß man sich bewußt sein, denn schon hier liegt eine der Wurzeln für die Mißverständnisse, Fehldeutungen und offenen Angriffe der Neuzeit. Befaßt man sich nur mit dem »Handwerklichen«, übersieht man zwangsläufig Wesentliches.

Die Gefahr, am Vordergründigen hängenzubleiben, ist allerdings groß und naheliegend. Immerhin hat die Astrologie denselben Ursprung wie die Astronomie, aber sie ist dennoch keine archaische Himmelsmechanik. Sie ist der Ausdruck einer menschlichen Sehnsucht. Der Sehnsucht nach dem Begreifen, was *hinter* der beobachtbaren Realität ist (die, wie wir heute wissen, ohnedies keinen Anspruch auf Existenz erheben kann). Und gleichzeitig die Sehnsucht nach einem Sinn von allem, nach einem Zusammenhang von kosmischem und persönlichem Geschehen, nach einem Prinzip im Chaos.

Im Grunde begann schon in den fernsten Tagen der Antike eine Spaltung des Weltbildes in die heutigen monolithischen Blöcke von »Greifbarem« und »Nicht-Greifbarem«. Daß diese Blöcke gerade in unseren Tagen am Zerbröckeln sind und in ihren nunmehr sichtbar werdenden Kernen verblüffende Züge des jeweils anderen Blocks offenbaren, ist einer der skurrilen Treppenwitze, an denen die menschliche Geschichte so reich ist. Fast könnte man provokant von einer Dualität (Yin- und Yang-Natur) menschlicher Erkenntnis überhaupt sprechen und – noch provokanter – spekulieren, ob diese Dualität nicht ihrerseits ein »Naturgesetz« ist.

Doch bleiben wir beim Thema. Es ist komplex genug. Verfolgt man die Entwicklungsfäden zurück, so zeigt sich, daß aus der frühgeschichtlichen Astronomie das Kalendersystem, die Zeitmessung, die klassische Astronomie und schließlich die Astrophysik entstanden sind.

Die frühgeschichtliche Astrologie jedoch entwickelte sich in Richtung kabbalistischer Magie bis hin zur heutigen Persönlichkeitsastrologie, die in letzter Konsequenz der etablierten Individualpsychologie so fern nicht steht.

Seltsamkeiten wie der bekannte Maya-Kalender mögen hier hineingehören . . .

Schau, schau, damit haben wir gar nicht gerechnet. Offenbar wurden aus der Psychologie – aus welchen Gründen auch immer – magisch/esoterische Elemente sorgsam entfernt. Ein Faktum, das selten genug von Psychologen überhaupt auch nur erwähnt wird. Eine Ausnahme ist C. G. Jung, der Wesentliches zur Mystik/Astrologie/Esoterik gesagt hat und sogar eine Theorie skizzierte, die Astrologie und exotische wissenschaftliche Beobachtungen harmonisch vereinigt.

Ansonsten tat okkultes Wissen gut daran, seinem Namen Ehre zu machen und sich zu verbergen (okkult = verborgen) und nicht weiter aufzufallen. Welche Strafen auf unerwünschtes Wissen stehen, könnten die heilkundigen »weisen Frauen« berichten, hätte man sie nicht über Jahrhunderte verfolgt und schließlich bis zur letzten ausgerottet.

So sind die alten esoterischen Lehren der Zensur von Ratio und Vernunft, die sich in einer seltsamen Allianz mit blindwütigem Eifertum verband, zum Opfer befallen.

Sie durften »Steigbügelhalter« der Wissenschaften sein, aber nicht dazugehören . . .

So ist die Alchimie ein direkter Vorläufer von Chemie, Physik, industrieller Produktion und Atomistik. Alchimistische Laboratoriumsmethoden und Elementelehren wurden freudig übernommen und zu dem weiterentwickelt, was wir heute unter moderner Naturwissenschaft verstehen. Jene Teile jedoch, die Alchimie und Astrologie gemeinsam haben, sucht man vergeblich im sogenannten modernen Denken. Es sind dies die Lebenskraft, der geistig-vitale Ursprung der Elemente, die Möglichkeit spirituell/esoterischer Transformation, Astral(Energie)körper und ähnliche Konzepte des »Mehr-als-Materiellen«. Daß sich gerade solche Vorstellungen heute ohne große Gedankenakrobatik aus der »neuen Physik« herausholen lassen, beziehungsweise von ihr nachdrücklich vertreten werden, steht vorerst auf einem anderen Blatt.

Nicht anders ging es den alten Wissenschaften Heilkunde und Botanik. Ihre geistig vitalen Inhalte wurden als primitive Magie links liegengelassen, ihre zugrundeliegende ganzheitliche Sicht der Dinge (auch des menschlichen Körpers) galt als »unwissenschaftlich«.

Die rein mechanischen Inhalte wurden in Medizin und Pharmazeutik aufgenommen und haben zu einer »Gesundheits«situation geführt, an der in unseren Tagen erste Zweifel laut werden. Mehr noch – man ruft immer unüberhörbarer nach einer neuen (in Wirklichkeit alten) ganzheitlichen Sicht. Der Mensch, so meint man, ist mehr als die Summe seiner Teile und sollte nicht wie ein altes Auto behandelt werden, dem man bis zum letzten Moment einfach Ersatzteile einsetzt.

An der Schwelle zum dritten Jahrtausend ist eine erstaunliche Welle der Neuentdeckung uralter Wissenschaften in Gange. Man benennt sie neu und preist sie als Wende und neuen Höhenflug im wissenschaftlichen Denken. *De facto* hat lediglich die Vergangenheit die Gegenwart eingeholt.

Man spricht von Parapsychologie, um Phänomene wenigstens zu definieren, die früher archaische Künste und Rituale waren. Durch sie wurden »Wunderheilungen« herbeigeführt, die Zukunft entschleiert, Regen gemacht und vieles andere bewirkt, das heute im »Okkult-Getto« sein Dasein fristen muß. Solches bringt der menschliche Geist auch heute noch zustande – nur soll es wenigstens anders heißen.

Es ist nicht auszuschließen, daß auch die Astrologie in nicht allzuferner Zukunft Eingang in die wissenschaftliche Gemeinde finden wird (Ansätze lassen sich entdecken). Ebenso wahrscheinlich ist allerdings, daß man dann »dem Kind einen anderen Namen geben wird«, damit es auch »legitim« ist. Eigentlich traurig . . .

Die uralten Wissenschaften waren ein Komplex in sich selbst. Es gab keinen Bruderzwist. Esoterisches Wissen umschloß alles: Mensch und Tier, Pflanze und Mineral, Sterne und Staubkörner, Heilen und Magie, Mechanik und Spiritualität etc. Jene Techniken und Lehren, die wir heute als größte Triumphe menschlicher Erkenntnisfähigkeit und Ingenieurskunst bezeichnen, wären für einen Esoteriker vergangener Epochen nur ein Bündel von Nebenerscheinungen. Abfallprodukte auf dem Weg zur *wirklichen* Erkenntnis. Was die »alte« Physik, Chemie, Astronomie usw. eben damals auch war.

Heute spielt der »Abfall« die erste Geige in einem – wie es überdeutlich scheint – globalen Untergangsorchester. Sehen wir nur hin: Alles ist aufgesplittert, chaotisch, detailbezogen. Das Wissen der Menschheit ist ungeheuer – aber leider weder zu überschauen noch sinnvoll anzuwenden. Düsteres Erbe des Mittelalters und der Renaissance, als der Harmonie von Mensch und Kosmos der Garaus gemacht wurde und die »Krone der Schöpfung« aufbrach, sich den Erdenkreis untertan zu machen. Und das mit Erfolg.

Wenigstens herrschte fortan Klarheit. Es war reiner Tisch gemacht worden. Jetzt konnten sie kommen, die willkürlich mechanistischen Gesetzesbringer eines amoralischen Universums. Der Mensch war bereit. In der Vergangenheit jenseitsorientiert und heute nihilistisch, gibt es schon lange keine ethische oder sonstige Begrenzung mehr für entfesselte Höhenflüge hemmungslosen Maschinendenkens. Spirituell-vitales Denken hatte ausgespielt. Es war okkult und damit suspekt. Männer wie Rudolf Steiner – der der Menschheit viel zu geben gehabt hätte und bezeichnenderweise von Anfang an angefeindet wurde – könnten davon ein Lied singen.

Die Astrologie ist interessanterweise diesen Hexenjagden und anderen Säuberungen entgangen. Auch sie hat in der Renaissance ihr Scherflein zum damaligen Zeitgeist beitragen müssen, trotz allem besteht sie immer noch in ihrer alten, archaischen Form. Das ist eine Sonderstellung. Ausdauernd und geduldig verkündet sie seit Jahrtausenden die Einheit von Raum, Zeit und Persönlichkeit und hat es irgendwie geschafft, diese Botschaft über alle Stürme der Zeiten hinwegzuretten. Ihre Wurzeln liegen wahrscheinlich in der Steinzeit vor zehn- bis zwölftausend Jahren. Sie wurde von den Zivilisationen des Nahen Ostens übernommen, durch die Griechen bewahrt und konnten im mittelalterlichen Europa als alexandrinisch-ptolemäische Kosmologie durch Verbindung der örtlichen Sternenmythologien mit der allgemeinen hermetisch/gnostischen Wissenschaft überleben.

Astrologieerhaltend war sicher auch die allgemeine Verbreitung des Tierkreises, stellarer Konstellationen und mannigfaltiger Formen der Sternweissagung. Man stößt darauf bei den alten chinesischen, ägyptischen und südamerikanischen Zivilisationen.

Die Vorstellung, die Sterne seien eine Spiegelung irdischen Geschehens, scheint archtetypisch zu sein.

Die Frage, *wie* Sterne und Individuen Spiegelungen sein *können*, dünkt sinnlos wie jene nach dem Zustand des Universums *vor* dem Urknall, ist es aber nicht.

Während die Kosmologen und Astrophysiker sich an der Beschreibung des Universums »davor« sicher noch lange die Zähne ausbeißen werden, entzieht sich die Vorstellung von »wie oben so unten« nicht jeglicher Deutung. Auch nicht wissenschaftlicher.

Dem bereits erwähnten Schweizer Psychologen C. G. Jung, der sich mit einer Reihe von »unpsychologischen« Themen wie Mythologie, Parapsychologie, Astrologie etc. auseinandergesetzt hat und zu richtungsweisenden Erkenntnissen gelangt ist, verdanken wir unter anderem das Konzept der Archetypen und die Synchronizitätslehre. Letztere spielt in der Erklärung astrologischer Einflüsse eine bedeutende Rolle und hat zudem unerwartete Unterstützung aus den Reihen der Physiker erhalten (unter ihnen Albert Einstein).

Die Vorstellung von »Archetypen« ist primär psychologischer Natur. Sie geht davon aus, daß in jedem von uns – aufgrund der Evolution der Spezies – gewisse vorgegebene Strukturen (Archetypen) vorhanden sind, die einen Eskimo in einer gegebenen Situation ebenso handeln lassen und dieselben Assoziationen in ihm wecken, wie das bei einem Inder oder einem Wall-Street-Manager der Fall ist. Menschliche Grundprägungen könnte man sagen. Diese haben mit der Astrologie nicht unmittelbar zu tun (abgesehen davon, daß sie vielleicht für die Gleichartigkeit der Symbolik zu allen Zeiten und auf allen Kontinenten verantwortlich sind; darunter Tierkreis, Astralreligionen, etc. . . .).

Die Synchronizität spielt eine weit wichtigere Rolle. Ihre Grundaussage lautet vereinfacht: Dinge sind miteinander verbunden, die sich ähnlich sind.

Das klingt kryptisch, und auch wenig wissenschaftlich. Diese Beurteilung wäre ebenso ungerecht wie vorschnell.

Jung nimmt ein der »Wirklichkeit« zugrunde liegendes tiefes Ordnungsprinzip an, das losgelöst von Raum und Zeit jene ewige und unendliche Einheit des Kosmos bewerkstelligt, hinter der die Quantenphysiker unserer Tage so verbissen herjagen.

Was wir als »seltsame Zufälle« abtun und *ad acta* legen, könnten Indizien für diese phantastische Theorie sein. Wer hat nicht schon von solchen Vorkommnissen gehört? Wir sprechen dann oft vom »Gesetz der Serie«, ohne damit etwas anderes zu tun, als Unerklärliches pseudorational zu benennen. Wohl um Seltsamkeiten wie die folgende besser vergessen zu können: Man hört im Radio einen Namen und will anschließend ein Telefongespräch mit einem Freund führen. Dabei verwählt man sich und stellt eine falsche Verbindung mit einem Menschen her, der denselben Familiennamen hat wie der Unbekannte aus den Rundfunknachrichten.

Solche Vorkommnisse sind Legion. Auch bei berühmten Persönlichkeiten. Beispielsweise rätselt man heute immer noch herum, was Napoleon Bonaparte veranlaßt haben mag, als Kind in sein Schulheft die schicksalsträchtigen Worte »St. Helena, eine kleine Insel« zu kritzeln. Noch seltsamer mutet eine andere Episode aus dem Leben des Franzosenkaisers an: Auf dem Höhepunkt seiner Macht ritt Napoleon an der Spitze einer Truppeneinheit durch das besetzte Österreich. Eine idyllische Landschaft in der Nähe von Baden bei Wien erregte seine Bewunderung, und er sagte spontan zu seinem Begleiter, Marschall Berthier: »Es müßte herrlich sein, an diesem Ort, im Tal von St. Helena, sein Leben zu beschließen.«

Was Napoleon meinte – ohne zu wissen, wo er sich gerade befand –, war das vielbesungene Helenental, durch das die Schwechat fließt. Benannt ist es nach einer kleinen Kirche, die der Heiligen Helena geweiht ist. Also doch das Tal von St. Helena . . .!

Verblüffend, nicht?

Gegen solche geschichtsschwangere Synchronizitäten/Koinzidenzen muten alltägliche Vorfälle dieser Art trivial an, mögen sie noch so absonderlich sein.

Wie zum Beispiel die große »Rosinenpudding-Korrelation«. Der österreichische Biologe Paul Kammerer ging um die Jahrhundertwende statistischen Forschungen nach und baute dabei eine beachtliche Sammlung von Fällen auf, die vor Synchronizitäten geradezu strotzen.

Am stärksten beeindruckte Kammerer die Geschichte vom Rosinenpudding, der einen Franzosen namens Dechamps über Jahrzehnte hinweg »verfolgte«. Als kleiner Junge erhielt Dechamps in Orléans von einem gewissen Monsieur de Fortgibu ein Stück Rosinenpudding. Zehn Jahre später wollte Dechamps in einem Pariser Restaurant eine Portion Rosinenpudding bestellen. Dies war jedoch nicht möglich, da der ganze Pudding für einen Monsieur de Fortgibu reserviert war. Viele Jahre danach wurde Dechamps zu einem speziellen Rosinenpuddingessen eingeladen. Während er aß, sagte er zu seinen Freunden, jetzt fehle lediglich noch Monsieur de Fortgibu. In diesem Augenblick öffnete sich die Tür und ein sehr alter und bereits vom Tode gezeichneter Mann trat ein. Es war Monsieur de Fortgibu, der Mann aus Dechamps' Kindheit. Besagter Fortgibu – der nicht eingeladen war – hatte eine falsche Adresse erhalten und war in die tafelnde Gesellschaft hineingeplatzt.

Aufgrund solcher »Ereignisbündel« dachte auch Kammerer an akausale Verknüpfungen jenseits von Ursache und Wirkung; eine der Natur zugrundeliegende Harmonie. Albert Einstein hielt Kammerers Schlußfolgerungen für »originell und keineswegs absurd«. Damit sind wir wieder bei den weltberühmten Erforschern mysteriöser Zufälligkeiten. In vorderster Reihe steht C. G. Jung.

Weidlich bekannt ist der »Skarabäus-Zwischenfall« während einer Therapiesitzung einer jungen Frau bei C. G. Jung. Sie berichtete von einem Traum, in dem ihr ein solcher Rosenkäfer *(Cetonia aurata)* erschienen sei. Dabei ertönte ein Klopfen am Fenster. Als der Psychiater nachsah, flog eben ein solcher Skarabäus zum Fenster herein.

Nicht so oft kolportiert, aber bei weitem bizarrer ist ein Geschehnis während einer Diskussion zwischen Freud und Jung im Jahre 1909.

Freud war eben dabei, außersinnliche Wahrnehmungen in Grund und Boden zu verdammen, als eine Explosion in Freuds Bücherschrank erfolgte. »Das war ein katalytisches Exteriorisationsphänomen«, sagte Jung, worauf Freud erwiderte: »So ein Unsinn«.

Jung war unbeirrbar. »Zum Beweis meiner Behauptung sage ich voraus, daß es gleich nochmals einen Krach geben wird«, erklärte er. Sogleich dröhnte eine zweite Detonation aus Freuds Bücherschrank. Daraufhin wurde das Thema fallengelassen (nachzulesen in Jungs Autobiographie »Träume, Erinnerungen, Gedanken«; aufgezeichnet von Aniela Jaffé).

Synchronizität, Serialität, wie immer man es nennen will, die Vorstellung verborgener Zusammenhänge taucht immer wieder auf... Besonders der 1875 geborene Luftfahrtingenieur und Autor J. W. Dunne bemühte sich um das Konzept einer »seriellen Zeit«, die Jungs Ansätzen in vielem ähnelt. Beachtlich ist, daß Dunne zu diesem Konzept durch eine Reihe von eigenen Präkognitionen angeregt wurde, die *nach* dem Eintreten der jeweiligen Voraussagen verifiziert werden konnten (Beschießung der englischen Küstenstadt Lowestoft im Ersten Weltkrieg, Vulkanausbruch des Mt. Pelée auf der Insel Martinique, usw.).

Hier scheinen wir einen der Fälle vor uns zu haben, in denen der »Magier« eine Erklärung seiner eigenen Fähigkeiten sucht.

Zurück zur Erklärung selbst.

Ursprünglich versuchte C. G. Jung gemeinsam mit dem österreichischen Physiker Wolfgang Pauli (Nobelpreisträger und Entdecker des nach ihm benannten Prinzips, das einer der Grundpfeiler der Quantentheorie ist), eine Art neues Kausalitätsprinzip zu entwickeln.

Einfach war das nicht.

Schließlich schälte sich – vorerst vage – das Konzept der »Verknüpfung durch Gleichzeitigkeit und Bedeutung« heraus. Dieses wäre natürlich hochgradig esoterisch. Es würde darüber hinaus sogar eine Rechtfertigung der astrologischen Symbolismen durch die analytische Psychologie zulassen (hier kämen auch wieder die Archetypen ins Spiel). Kurz gesagt: Astrologie könnte – auch – das kollektive, historische Wiedererkennen elementarer Grundstrukturen im Universum sein.

So weit, so gut. Auch die Psychologie ist nicht eben eine Wissenschaft des Meß- und Wägbaren und leicht zu Wiederholendem.

So stellt sich gebieterisch die Frage, ob die Synchronizität auch auf dem Prüfstand der nackten Naturwissenschaft bestehen kann oder ein mehr oder minder philosophisches Konzept bleiben muß.

Auf den ersten Blick erfüllt sie nur eine Forderung der modernen Wissenschaft, und zwar die von Niels Bohr: verrückt zu sein.

Als Jung sie skizierte, hatte er keine Beweise – nur die genannten Absonderlichkeiten und Ungereimtheiten. Das von ihm geforderte Prinzip akausaler Zusammenhänge, das Raum und Zeit auf Null reduziert, erklärt »das Gesetz der Serie und des Zufalls« wie auch Vorauswissen erkenntnistheoretisch, nicht aber mathematisch.

Noch fehlte der Schritt über die Theorie hinaus. Er müßte, so wäre man geneigt anzunehmen, immer fehlen, scheint es doch unbestreitbar, daß kein kausaler Mechanismus beispielsweise für eine Informationsübertragung in die Vergangenheit (Präkognition) in Frage kommt, welcher Vorgang sehr wohl zur Synchronizität gehört (und zur Esoterik).

Vor Einstein, Bohr, Schrödinger und anderen Giganten der Physik blieben solche Konzepte nur Wortspiele – selbst wenn sie aus dem Mund von C. G. Jung kamen. Jetzt sieht die Sache anders aus.

Die heutige Mathematik kennt eine Reihe von akausalen, »zeitlosen« Gleichungen, die Wissenschaftler wie David Bohm und John S. Bell aufgestellt haben, und die C. G. Jungs Vorstellungen plötzlich mathematisch untermauern (auch wenn das nicht ihre ursprüngliche Absicht war). Die Mehrzahl dieser Gleichungen – die durchaus »reales« Verhalten von Wellen, Teilchen, Atomen etc. beschreiben – gilt nämlich für ein Universum auf verschiedenen Ordnungsebenen: C. G. Jungs Universum.

»Unser« ursprüngliches Universum von hier und jetzt, vorher und nachher, Ursache und Wirkung ist – so scheint es – nur ein Teilaspekt des nun enthüllten größeren Universums. Uns sind lediglich Erscheinungen wie Kausalität und örtliche Begrenztheit *als erste* aufgefallen.

Das ist alles.

Und der Beweis?

Im vierten Teil des Buches werden wir die Esoterik – und nicht »nur« die Astrologie – im Spiegel der Wissenschaft betrachten und auf interessante Konzepte der »neuen Physik« stoßen, die phantastischer sind als Magie. Synchronizität und Serialität begegnen uns dort nochmals aus anderen, erweiterten Blickwinkeln. Für den Moment nur soviel:

1964 postulierte der Physiker John S. Bell die Theorie des »Kosmischen Kitts«. Er ging dabei von einem Gedankenexperiment von Albert Einstein, Nathan Rosen und Boris Podolsky aus (genannt E/P/R-Experiment), das eine überlichtschnelle, akausale und durch nichts begrenzte Verbindung *aller* Elementarteilchen (also auch größerer Objekte und Vorgänge) annahm. Das Vorhandensein eines solchen verborgenen Netzwerks von Verknüpfungen mußte zwar das Bild des Kosmos sprengen, würde aber gleichzeitig störende Ungereimtheiten beseitigen (speziell das regelrecht verdrängte Statistik-Paradoxon, das ohnedies die singulare Existenz isolierter Einheiten – von Elementarteilchen über Gasmoleküle bis hin zu Autokolonnen und Galaxien – in Frage stellt. Niemand kann nämlich sagen, woher einzelne Teilchen »wissen«, *wann* sie *wo* zu sein haben, um als Gesamtheit ein statistisches Verhalten an den Tag zu legen). Was jahrzehntelang ein Streitpunkt zwischen den unterschiedlichsten Disziplinen der theoretischen wie praktischen Physik war, konnte 1982 unzweideutig von dem französischen Physiker Alain Aspect gemeinsam mit J. Dalibard und G. Rogers im Versuch bewiesen werden. Man spricht seitdem vom »Aspect'schen Aspekt«, der Raum und Zeit, eben alles und jedes, zu einer untrennbaren, harmonischen Einheit macht, die auf einer sehr tiefen Ebene eindeutig zusammenhängt. Das Universum ist seither für die Wissenschaftler ein anderes geworden – für die Esoteriker war es immer schon so . . .

Was bringt uns diese Erkenntnis eigentlich?

Gut, die moderne Physik ist in ihren exotischsten Konzepten auf Prinzipien – oder wie immer man es nennen will – gestoßen, die die Astrologie (und andere esoterische Lehren) aus der Ecke der Magie herausholen könnten.

Na und? Kann man nun leichter ein »guter« Astrologe werden?

Gewiß nicht. Die Grundlage dafür ist sicherlich zumindest ein Minimum an Befähigung. Wie bei allen anderen Künsten auch.

Aber – besagte Befähigung (und sie ist bei jedem, der sich für etwas interessiert, meist irgendwie vorhanden) kann wie jede andere auch gefördert oder behindert werden. Förderlich für einen Astrologen ist sicherlich eine möglichst breite Basis des Verstehens und Akzeptierens. Wer Horoskope zeichnet wie eine Maschine, mag ein guter Handwerker des Esoterischen sein, nur: gerade hier bedarf es viel, viel mehr.

Natürlich haben wir die Grundlagen der Anfertigung eines der wesentlichsten Horoskoptypen durchackern müssen, um die elementaren Abläufe intus zu bekommen. Zum Zeichnen reicht das noch nicht ganz, wohl aber zum Beginnen. Mit weiteren Fachwerken ist das rein »Technische« bald kein Problem mehr. Taschenrechner nehmen ohnedies die Vorarbeit ab, desgleichen Computerprogramme. Dies war, wie bereits gesagt, die Grundschule. Ein Anfang wurde gemacht.

Denn das fertige Horoskopformular ist nur der Anfang. Der schwierige Teil kommt noch, und für den sollen die vorhergegangenen Ausführungen rüsten.

Wie das? Genügt es nicht, sich für eine Schule, einen Horoskoptyp, eine Interpretation zu entscheiden?

Im Prinzip schon, aber man sollte die Übersicht niemals verlieren, um es provokant auszudrücken.

Die Astrologie ist – das mußte herausgearbeitet werden – zwar eine esoterische, aber *der Natur nicht widersprechende* Kunst. Sie spiegelt im Grund unbegreifliche kosmische, aber auch subatomare Geschehnisse in unseren Gehirnen (oder unserem Geist, wer sich nicht so materiell ausdrücken will) wider. Abläufe, die wir in der Morgendämmerung des Menschengeschlechtes noch direkt wahrnehmen konnten, seit Jahrtausenden aber schon lang nicht mehr. Es sei denn, wir haben ein »Vehikel« zur Aktivierung dieser latenten Kräfte, eine Art

»Krücke«, auch wenn der Ausdruck selbst sehr hinkt beziehungsweise viel zu eng gefaßt ist. Wie auch immer: Die Astrologie ist – wie andere esoterische Disziplinen – offenbar ein solches Hilfsmittel. Man kann sich seiner bedienen, um gleichzeitig in die dunklen Tiefen von Zeit und Raum und in die verborgenen Kammern des eigenen Ichs zu blicken.

Eines aber sollte man auf jeden Fall sein: offen.

Wer sich auf *ein* System einschwört, mag erfolgreich sein – und wird sogar wahrscheinlich erfolgreich sein, wenn es wirklich *sein* System ist.

Wir sind nicht in dieser Lage. Für uns gibt es vorerst kein bestimmtes System. Alles ist noch offen und fließend, bis man sich entschieden hat. Dann ist »unser« System plötzlich jenes, das in der Tat funktioniert.

Ähnlichkeiten mit der Beobachterhypothese der Quantenphysik, die eine spezielle Wirklichkeit erst durch die Beobachtung aus einer Reihe von Wahrscheinlichkeiten heraushebt und verfestigt, sind weder zufällig noch unbeabsichtigt. Aus diesem Grund sind auch Meinungsverschiedenheiten innerhalb der Astrologie eigentlich sinnlos.

Symbole haben eben eine subjektive Realität und wirken innerhalb dieser Grenzen durchaus real.

So kommt es, daß immer wieder astrologische Aussagen statistische Signifikanz aufweisen, auch wenn die unterschiedlichsten Systeme Anwendung fanden.

Der Mensch ist schlußendlich der letzte bestimmende Wirkungsfaktor bei esoterischen Techniken – und nicht nur dort.

So untersuchte der Physiknobelpreisträger Dr. Brian Josephson, nach dem die quantenmechanischen, revolutionierenden Josephson-Dioden benannt sind, Anfang der sechziger Jahre ein seltsames Phänomen. Es handelte sich dabei um den Umstand, daß europäische und amerikanische Physiker bei völlig identischen Versuchsanordnungen über Teilchenverhalten regelmäßig zu diametralen Ergebnissen gelangten. Ein Effekt, der schlichtweg unmöglich sein mußte, aber nicht war.

Dr. Josephson kam letztendlich zu dem Schluß, die einander widersprechenden Testergebnissse seien ausschließlich auf die gegensätzlichen Erwartungshaltungen der amerikanischen und europäischen Wissenschaftler zurückzuführen. Das Gegenteil konnte ihm nicht bewiesen werden.

So also sieht es mit der unzerstörbaren Wahrheit der »Welt an sich« aus, die man messen und wägen kann. Man kann eben nicht.

Aus diesem Blickwinkel läßt sich auch die erste wissenschaftliche Studie über Astrologie nicht durch noch soviel spätere Gegenstudien entkräften. Sie wurde von C. G. Jung durchgeführt, der sich nicht mit schöner Theorie begnügen wollte. Er untersuchte Geburtshoroskope von 180 Ehepaaren und fand eine Reihe von signifikanten Aussagen in bezug auf Wechselwirkungen von Planetenpositionen, Aspekten, Aszendenten usw. Sie waren durch »normalen« Zufall nicht zu erklären. Ebensowenig übrigens wie andere Studien, die überdurchschnittlich schlechte Horoskopaussagen auflisten. Auch eine solche Permanenz ist nicht »normal«. (Man spricht in der Parapsychologie sogar vom PSI-Missing-Effekt, wenn eine Testperson besonders viel *nicht* errät.) Kurzum, alles, was von der Statistik abweicht, signalisiert eine paranormale Komponente. Es bleibt jedem überlassen, Schlußfolgerungen zu ziehen, was wohl der Grund sein kann, wenn ein Astrologe besonders konsequent danebenliegt (vielleicht hat er »sein« System doch noch nicht gefunden . . .).

Also zusammenfassend: Es ist nicht generell festzuschreiben, welches astrologische System das »wahre« ist, ob man auf Mondknoten, Eck-, Mittel- oder sonstige Felder Schwergewicht legen soll, welche Eigenschaften den einzelnen Planeten und Häusen spezifisch zuzuordnen seien, ob Quadraturen, Glückspunkte, Transite oder was auch immer den Ausschlag zu einer bestimmten Deutung geben möge. Die Palette ist groß. Und wie bei jeder Palette muß man erst einmal auswählen, was einem liegt und was nicht. Dann erst kann erfolgreich gearbeitet werden. Wählt man das Falsche, wird es eine Quälerei.

Die Astrologie ist nicht das kleine Einmaleins, sondern ein ebenso vielschichtiges wie feingesponnenes Instrumentarium, dessen man sich einfühlsam – und intuitiv – bedienen muß. Sonst gibt es Mißtöne. Darum sollte man erst einmal in sich selbst hineinhören.

Ich habe bei einem Vortrag über Astrologie einmal von einem Vortragenden einen Satz gehört, der wahrscheinlich mehr über das Wesen dieser uralten Kunst aussagt als viele dicke Bücher.

Er lautete: »Seit zwanzig Jahren bin ich nun schon Astrologe, und plötzlich ist mir klar geworden, daß Sextile Herausforderungen sind. Ich habe es einfach gewußt!«

Aus dem Zusammenhang gerissen ist dieser Satz banal und verwirrend, auf keinen Fall aber überzeugend. Ist man der Astrologie jedoch ohne Vorurteile nahegetreten, so erkennt man ebenso spontan: Dieser Mann hat nach zwanzig Jahren einen weiteren Baustein »seines« Systems gefunden. Meines Wissens nach war er ein sehr erfolgreicher Astrologe und ist es immer noch (vielleicht sogar noch um eine Spur erfolgreicher als zuvor).

Damit glaube ich, haben wir eine erste Ahnung, was Astrologie sein kann. Sei sie nun europäisch, indisch oder chinesisch, auf Gestirne, Bäume oder was auch immer bezogen und nach den unterschiedlichsten Schulen orientiert.

Damit können wir daran gehen, dem Gebäude der Esoterik weitere Bausteine hinzuzufügen . . .

Weiterführende Gedankenexperimente – das Phantastische nimmt Konturen an ...

So seltsam es klingt: Das Verhalten schlichter englischer Schafe kann ein Fingerzeig auf eine verborgene – durchaus esoterische – Grundkraft sein, an die wir uns behutsam herantasten wollen.

In Großbritannien liegen vor Einfahrten zu Weideflächen Gitter mit Metallrollen. Sie sind kein Hindernis für den landwirtschaftlichen Verkehr, da man ohne Schwierigkeiten darüberfahren kann. Die Schafe aber werden dennoch durch sie auf dem Feld gehalten, da sie nicht gerne auf Rollen treten. Dieses Prinzip funktionierte bestens zum Nutzen der Schafzüchter und der Erzeuger von Gitter mit Metallrollen. Viele Jahre lang.

Bis ein Schaf den – für Schafe – fürwahr kreativen Einfall hatte, sich hinzulegen und über das Gitter zu rollen. Kurze Zeit danach geschah Seltsames: In allen Teilen der britischen Insel hatten andere Schafe dieselbe Idee. Eine regelrechte Massenflucht setzte ein. Was für die Grasfresser noch am Vortag eine unüberwindliche Barriere gewesen war, hatte seine abschreckende Wirkung verloren. Die Schafe rollten und rollten ...

Sollen sie. Nur – wo bleibt die Verbindung zur Esoterik? Die ergibt sich fast zwangsläufig, wenn wir die grundlegenden Überlegungen der vorhergegangenen Kapitel weiterführen.

Betrachtet man die Esoterik als »Transportmittel« zu neuen Erkenntnisse und zu größerer Sinnerfüllung, so sind die esoterischen Lehren und Techniken die Schalthebel, Steuerknüppel etc. unseres imaginären Gefährts. Am Kontrollpult jedoch sitzt der menschliche Geist. Er ist der vitalste Teil des Ganzen. Ohne ihn bleibt das komplizierteste esoterische Denkgebäude eine blutleere Hülle. Um das Wesen der Esoterik zu verstehen, muß man akzeptieren, daß man sie nicht abstrakt sehen kann, losgelöst von jenen, die mit ihr umgehen. Denn das Anwenden gehört zur »Esoterik an sich«.

Diese Verknüpfung ist gar nicht so einmalig. Die abstrakte Wissenschaft unserer Tage geht unbeirrbar davon aus, daß ein Experiment ohne menschlichen (beseelten) Experimentator sinnlos ist beziehungsweise die Teilnahme des Experimentators das Ergebnis mit hervorbringt.

Dies gilt für die Esoterik gleichermaßen.

Bereits die Astrologie zeigt anschaulich, wie das zu verstehen ist: ein Horoskop für sich ist eine interessante Graphik. Jedoch in der Hand des erfahrenen Astrologen wird daraus ein Präzisionsinstrument.

An diesem »menschlichen Faktor« ändert auch das Ausgraben verborgener Naturprinzipien nichts. Ist es also sinnlos darüber zu spekulieren, ob z. B. Synchronizität die unbekannte und schwer zu verstehende Basis der Astrologie sein könnte? Durchaus nicht. Theoretisch Interessierte bekommen Denkanstöße, praktisch Arbeitende können zum Experimentieren ermuntert werden, Befürworter und Verdammer der Astrologie erhalten neue Munition anderen »Kalibers«.

Wie auch immer: der Angelpunkt, entscheidende Faktor und »Antrieb« ist und bleibt der Mensch. Ohne seine Beteiligung – die mehr sein muß als ritualisiertes Vollziehen von Anweisungen – geht gar nichts. Dieser Gedanke zieht sich durch alle Bereiche der Esoterik. Hat man ihn erst einmal angenommen, so wird sich – im Laufe dieses Buches – ein Weltbild herausschälen, das Erforschtes und Nichterforschtes (»Seriöses« und »Phantastisches«) nicht länger als unerbittliche Gegner, sondern als unterschiedliche Partner präsentiert. Ein Weltbild, das wahrscheinlich der doppelgesichtigen Natur der »Wirklichkeit« viel mehr entspricht als die künstliche Spaltung in Wissenschaftler und Philosophen, die seltsamerweise auch noch als Fortschritt betrachtet wird.

Wie wollen wir diesem Weltbild nun näherkommen?

Schrittweise. Wir haben der Astrologie in die Karten gesehen und dabei die Synchronizität kennengelernt. Sie läßt vermuten, wie ein Horoskop vielleicht funktionieren könnte. Aus der Nähe betrachtet, ist nicht einmal der Erkenntnisgewinn überwältigend. Bei aller Theorie und selbst unter gebührender Beachtung des – zumindest für die wissenschaftliche Gemeinde sensationellen – Experimentalbeweises von Alain Aspect, daß alles mit jedem verknüpft ist, bleibt die Sache doch ziemlich vage und ungreifbar.

Viele Facetten der Esoterik wurden bislang nicht einmal gestreift. Zumindest scheint es so.

Bestenfalls entfaltet sich die theoretische Vorstellung einer diffusen Theorie hinter Horoskopen (und Astrologen), aber das wär's auch schon. Im Grunde wußte man ja ohnedies die ganze Zeit, daß die Intuition den ausschlaggebenden Unterschied zwischen einem erfolgreichen und einem weniger erfolgreichen Astrologen ausmacht (und wenn man es auch nur »rein intuitiv« wußte . . .).

Sind wir jetzt wieder am Ausgangspunkt?

Sind wir nicht. Wir haben die Spitze der vergrabenen Pyramide eines möglichen esoterischen Denkgebäudes freigelegt und festgestellt, daß es keine Widersprüche mit Naturgesetzen gibt. Ausgezeichnet – jedoch: was nun?

Noch ist alles im Grunde recht verschwommen. Synchronizität hin, Verknüpfung durch Ähnlichkeit her, eine erkennbare Form hat das Ganze nicht. Graben wir also weiter. Konkret gesagt: Nehmen wir esoterische Techniken unter die Lupe, an denen sich zeigen könnte, ob es nicht noch tieferliegendere, noch elementarere, noch universellere Prinzipien gibt. Prinzipien, auf welchen selbst so metaphysische Konzepte wie Synchronizität und Aspect'scher Aspekt nur *aufbauen*.

Was soll das nun wieder heißen?

Ganz einfach: Die Astrologie spiegelt den Satz »wie oben, so unten« beispielhaft wider, und die neue Physik mit ihren exotischen Höhenflügen hat ihn mit einem Gewand von Formeln und Theorien umkleidet (wenn auch nicht eben gewollt).

Andere esoterische Methoden, die – so könnte man vermuten – irgendwie zusammengehören, mögen vielleicht ans Tageslicht bringen, *warum* es »oben« wie »unten« ist...

Ehe wir diese beim Namen nennen, müssen wir ein wenig ausholen.

Die moderne Wissenschaft kennt vier Grundkräfte (elektromagnetische Kraft, starke und schwache Kernkraft und Gravitation), die für jedes Geschehen im Universum, wie auch im Subatomaren verantwortlich sind (bzw. sein sollen). Während die Physik verbissen hinter der Einheitlichen Feldtheorie herjagt, die Einstein angeblich mit ins Grab genommen hat und die aus den vier Teilkräften *eine* Grundkraft machen könnte, gehen Esoteriker (und manche Wissenschaftler) einen anderen Weg.

Sie denken an eine *fünfte* Kraft.

Wissenschaftler sehen eine solche Vorstellung zwar eher als Notlösung an, geben aber zu, daß derartige Behelfe auch in der »normalen« Physik zum Einsatz kommen (z. B. das Einführen von Unendlichkeiten in Gleichungen, die sich sonst spießen würden). Hin und wieder nehmen künstliche, imaginierte Größen plötzlich reale Form an, wie z. B. das Neutrino, welches postuliert wurde, um Energiedefiziten beim schwachen Kernzerfall einen Namen zu geben, und das heute seinen Platz im Reigen der Elementarteilchen hat.

Will man sie sehen, so offenbart sich eine gewisse Parallelität zwischen der Vorstellung einer fünften Kraft, die über die etablierten vier Kräfte hinausgeht, und der Redensart vom »sechsten Sinn« jenseits der fünf normalen Sinne.

Ein Wortspiel, zugegeben, aber trotzdem nicht gänzlich abwegig. Man muß nur den Mut zu unorthodoxen Ideen aufbringen. Unser Gehirn – konkreter unser Geist, denn das ist nicht zwangsläufig dasselbe – ist ein komplexes Gebilde. Niemand versteht es, und davon zu behaupten, es sei erforscht, ist das gleiche, als würde man nach der Mondlandung von der Erforschung des Universums sprechen.

Allein die Verschaltmöglichkeiten der über 100 Milliarden Zellen unseres Denkapparates sind um Faktoren höher, als die Gesamtzahl aller Atome des Universums. Gleichzeitig registriert es unglaubliche feine Einwirkungen (auch wenn sie oftmals direkt ins Unterbewußte gehen und wir nichts davon merken – zumindest nicht vordergründig). Besonders anschaulich macht dies die Tatsache, daß optische Gehirnregionen bereits auf ein einziges Lichtquant reagieren.

Ebenso beeindruckend ist der Umstand, daß Menschen unbekümmert weiterdenken, wenn ihr Gehirn geteilt, teilweise zerstört oder durch die unterschiedlichsten Ursachen *völlig funktionsuntüchtig* gemacht wurde.

Die Fallgeschichten solcher Unerklärlichkeiten sind Legion – Medizin und Biologe stehen (wieder einmal) vor einem Rästel.

Wollen wir nun weiterhin annehmen, daß unsere Hirne Aktivitäten entfalten, die unserem Bewußtsein entschlüpfen beziehungsweise nur sehr verwaschen von ihm registriert werden.

Eine Reihe von seltsamen Talenten – zusammengefaßt unter Begriffen wie ASW (Außersinnliche Wahrnehmung) oder ESP (extrasensory perception), Parapsychologie, okkulte Fähigkeiten etc. – scheint dies zu demonstrieren. Mehr noch: Phänomene dieser Art sind nicht mehr wegzuleugnen, auch wenn es konsequent versucht wird.

Der Gedanke, daß unsere verkannten »Superhirne« im Szenarium von Makro- und Mikrokosmos eine wesentlichere Rolle spielen, als ursprünglich vermutet, nimmt langsam Gestalt an. Und ein Nahverhältnis zur Esoterik wird spürbar.

Hier heißt es nachstoßen, und zwar bei einem der »sechsten Sinne«, der eindeutig (auch) esoterische Züge aufweist.

Gemeint ist die bereits angesprochene »Intuition«.

Sie präsentiert unserem erstaunten Wachbewußtsein immer wieder fix und fertige, anscheinend völlig ausgereifte und nicht selten sehr komplexe Dinge, ohne daß Entwicklungsprozesse erkennbar sind. Natürlich gibt es Theorien zuhauf über unbewußte Prozesse aller Art, die plötzlich als komplette Eingebung an die (Denk)Oberfläche dringen.

Dennoch: gänzlich befriedigend ist keine von ihnen und alles können sie nicht erklären. Wissenschaftler geben zu, daß wir oft mehr wissen, als wir dürften.

Da wir jedoch über das Gehirn ebensoviel wissen wie über die Oberfläche des Jupiter – also äußerst wenig –, wollen wir die moderne Hirnforschung ungestört weiterdiskutieren lassen, wie es zu solchen Vorgängen kommen könnte.

Die Versuchung, sich mit den unterschiedlichsten »Gehirnmodellen« auseinanderzusetzen, ist groß, bringt uns aber nicht weiter.

Halten wir uns an das Eingeständnis, daß eben ganz und gar nicht ergründet ist, was hinter unserer Stirn so vor sich geht. Und daß wir vielleicht Zugriff zu Informationen von »außerhalb« haben. Was es mit diesen auf sich hat, sei für den Augenblick dahingestellt. Nur soviel: *Es gibt sie.* Zwei signifikante Beispiele aus einer langen Reihe sollen dies verdeutlichen:

Raffael berichtete, daß er sein unsterbliches Gemälde der sixtinischen Madonna vor Arbeitsbeginn mit allen Details als Inspiration vor sich sah – und das malte er dann auch.

Noch bizarrer ist die Geschichte der »Battle Hymn of the Republic«, jenes mitreißenden Liedes, das nach Abraham Lincoln »die Union (die Nordstaaten) gerettet hatte«. Der wohl berühmteste US-Präsident konnte sich der Tränen nicht erwehren, als er dieses Lied das erste Mal hörte. Seine Entstehung war nicht weniger dramatisch als es die Worte waren, die schon bald auf den Lippen von Hunderttausenden Soldaten der Nordstaatenarmee sein sollten.

In der Nacht des 18. November 1861, als im amerikanischen Bürgerkrieg der Sieg der Konföderierten (der Südstaaten) unabwendbar schien, erwachte Mrs. Julia Ward Howe unerwartet aus tiefem Schlaf. Am Abend zuvor hatte sie aus dem Fenster des bekannten Willard-Hotels in Washington die endlosen Kolonnen der in einer Schlacht schwer geschlagenen Nordstaatentruppen beobachtet. Deprimiert und müde von der langen Zugreise aus Boston war sie in ihr Bett gefallen. Und nun fand sie sich – kurz vor Tagesanbruch – am Schreibtisch im Hotelzimmer sitzend. Sie hatte keine Erinnerung daran, aufgestanden zu sein und war vollkommen verblüfft, über das, was sie im Moment und offenbar seit einiger Zeit, tat. Sie schrieb.

Was sie schrieb, war ihr vollkommen unklar, nur – es reimte sich. Das war seltsam, denn mit Reimen hatte sie immer schon Schwierigkeiten gehabt. Davon war nun nichts zu spüren. Die Feder huschte wie ferngesteuert über das im Halbdunkel verschwommene Papier. Nachdem das rätselhafte Gedicht – oder was es sonst sein mochte – niedergeschrieben war, fiel die zarte Frau abermals und völlig ausgelaugt ins Bett.

Als sie am späten Vormittag zu sich kam, entdeckte sie ihr nächtliches Werk mit klarem Kopf. Es waren fünf Verse, die ihren Namen in die Geschichte eingehen lassen sollten. Das wußte sie natürlich nicht.

Auch wenn sie sich kaum vorstellen konnte, diese Zeilen geschrieben zu haben, gefielen sie ihr doch so gut, daß sie sie an die Monatszeitschrift *Atlantic Monthly* sandte. Das »Gedicht« wurde in der Februarausgabe 1862 abgedruckt und mit vier Dollar honoriert.

Wie sich zeigte, waren Zeit und Ort genau richtig für Mrs. Howes »Battle Hymn of the Republic« (Zufall oder was auch immer, darüber läßt sich kaum streiten).

Auf jeden Fall faszinierten die fünf Verse einen Zeitungsleser so sehr, daß er sie bei sich trug, als er in Winchester gefangengenommen und ins Libby-Kriegsgefangenenlazarett gebracht wurde. Dieser Leser war Kaplan Charles McCabe von den 112. Ohio-Freiwilligen. Intuitiv (!) erkannte er, daß diese fünf Verse ein nachgerade maßgeschneiderter Text zu der Melodie von »John Brown's Body« waren, viel packender als der Originaltext. Er sang die »Battle Hymn« seinen Mitgefangenen vor, und diese stimmten mitgerissen ein, bis die Gitterstäbe bebten. Nach seiner Entlassung aus der Kriegsgefangenschaft sprach Kaplan McCabe in einem Theater über seine Erfahrungen und erzählte von dem Lied, das ihn und seine Kameraden so ergriffen hatte. Und er stimmte es an. Plötzlich sangen alle Zuhörer mit. Der anwesende Präsident Lincoln sprang auf, Tränen strömten über seine Wangen, und er bat, das Lied nochmals zu singen.

So gingen die unvergänglichen Worte »I have seen Him in the watchfires of a hundred circling camps . . . Glory, glory, halleluja – His truth goes marching on . . .« in die Geschichte der Vereinigten Staaten von Amerika und in der Folge auch der Welt ein.

Bis zu ihrem 91. Lebensjahr, das war 1910, bestand Julia Ward Howe darauf, für die berühmten Verse nicht verantwortlich zu sein.

»Sie haben sich selbst geschrieben«, war ihre Meinung, und sie sollte es eigentlich wissen.

Verblüffend – oder?

Im Gegensatz zum »Raffael-Fall« haben wir es hier mit der Kanalisierung von Information, Wissen – oder wie man es sonst bezeichnen will – zu tun, das dem Empfänger irgendwie artfremd ist. Nicht ganz unähnlich den bekannten Seth-Botschaften und doch anders.

Der Geist von Mrs. Howe scheint sich in irgendeine (im Gegensatz zu Seth passive) Informationsquelle eingeklinkt zu haben, welche die »Battle Hymn of the Republic« auf Abruf bereithielt. Warum dies gerade geschah, als es sozusagen am notwendigsten war, steht vorerst auf einem anderen Blatt.

Wir stoßen jedoch erstmals auf so etwas wie einen direkten Draht zu universellem Wissen (das für antike Philosophen und fernöstliche Weise immer schon vorhanden war).

Ein Konzept, an das die unterschiedlichsten Wissenschaftsdisziplinen heute aus den verschiedensten Blickwinkeln herankriechen (herangehen kann man wirklich nicht sagen).

Manchmal schimmert es auch ungewollt durch.

Etwa bei den Sätzen in einem Brief von Albert Einstein an den Mathematiker Jacques Hadamard.

Der französische Mathematiker führte eine Untersuchung über die Kreativität bei Mathematikern durch und hatte Einstein gebeten, sich über die eigenen Denkprozesse zu äußern, soweit dies möglich sei. Es war dem Vater der Relativitätstheorie und einer völlig neuen Sicht des Universums möglich, auch seine eigenen Erkenntnisprozesse zu analysieren. Einstein führte unter anderem aus: ». . . Es scheint nicht so zu sein, daß die Wörter oder die Sprache irgendeine Rolle bei den Denkvorgängen spielt. Die psychischen Einheiten, die als Elemente des Denkens zu dienen scheinen, sind zweifellos die mehr oder weniger klaren Zeichen und Bilder, die sich willentlich reproduzieren und kombinieren lassen ... In meinem Fall sind die obenerwähnten Elemente visueller und einige auch *muskulärer* Art« *(behalten wir letzteres in Erinnerung; Anmerkung des Autors).*

In seinem Buch »Produktives Denken« befaßt sich der deutsche Psychologe Max Wertheimer besonders mit Einstein. Er erwähnt ein Gespräch, in dem der berühmte Physiker der Überzeugung Ausdruck gibt, er habe immer das Gefühl »... in eine Richtung, auf etwas Konkretes zuzugehen ...«

Damit entfaltet sich folgendes, bruchstückhaftes Bild:

- Unsere Gehirne sind sehr wohl keineswegs bloße organische Computer, sondern mysteriöse Mikrouniversen, in denen mehr vor sich geht, als sich die Schulweisheit träumen läßt. Einschließlich des plötzlichen Auftauchens von unerwarteten, »fremden« Inhalten, Informationen und Konzepten.
- Fünf Sinne reichen nicht aus, um so manches zu erklären, und
- die Wissenschaft spekuliert – wenn auch sehr vorsichtig – über weitere Grundkräfte, sei es nun eine fünfte neue Kraft oder eine generelle Einheitskraft, die alle anderen umschließt.

Sehr zusammenhängend klingt all das nicht. Noch nicht. Vielleicht lassen sich die losen Fäden verknüpfen. Stellen wir uns vor: Unter Umständen kann unser Geist, auf welche Weise auch immer, mit irgend etwas (fünfte Kraft, kosmisches Wissen, Bezeichnungen sind hier wirklich Schall und Rauch) in Wechselwirkung treten. Möglicherweise bemerken wir solches nicht jedesmal mit allen Weiterungen, manchmal bewußt auch gar nicht. Gelegentlich aber schon. In diesen Fällen schreibt ein Lied sich selbst, oder es kommt zu einem unerwarteten Aha-Erlebnis. Dann sprechen wir vom »sechsten Sinn«, Spontan- oder Fernwissen, Intuition, Eingebung ... Manche von uns erkennen (intuitiv oder durch Befassen mit den unterschiedlichsten Sachgebieten) das verborgene Potential. Und versuchen, es zu erschließen. Zum Beispiel durch esoterische Techniken, die beim Namen zu nennen sind.

Zuvor verlangt das Grundgerüst noch Abstützungen. Schon an der Basis: Wie sollte eine Wechselwirkung zwischen Geist und kosmischer Kraft (die auch noch auf den Prüfstand muß) überhaupt zustandekommen?

Möglicherweise durch Resonanz. Darunter versteht man in der Physik das Mitschwingen eines Systems bei Anregung durch eine Schwingung gleichartiger Frequenz. Dies geschieht auf zahlreichen Ebenen: bei Musikinstrumenten (akustische Resonanz), Rundfunkempfängern (elektromagnetische Resonanz) etc.

Vielleicht kann das Miniuniversum unter unseren Schädeldecken unter bestimmten Bedingungen mit gewissen Schwingungen des großen Universums der Sterne und Galaxien mitschwingen, also etwas empfangen.

Das erscheint nicht ausgeschlossen, nur – was kann es da zu empfangen geben?

Vielleicht Information – wir haben es ja schon angedeutet.

Vielleicht geistern irgendwo in den Tiefen der Atome Informationen herum. Geheime Naturkraft und vorfabriziertes Wissen, von dem die Weisen, Denker, Philosophen und Esoteriker seit Jahrtausenden als Weltwissen, kosmischem Bewußtsein, Tatwamahsi usw. sprechen und das heute in Bits oder Bytes aufgespaltet wird.

Wie es dazu kommen mag, daß das Universum von »Wissen« sozusagen durchflutet wird, lassen wir (wieder einmal) dahingestellt (wer dieser Frage sofort auf den Grund gehen will, kann im vierten Teil des Buches mehr über diese – mögliche – Grundstruktur des Kosmos lesen, die das Universum schlußendlich mehr als einen titanischen Gedanken erscheinen läßt, denn als eine riesige Anhäufung von Strahlung und Materie).

Keine tiefschürfenden Analysen für jetzt. Bleiben wir erst einmal bei den harten Tatsachen.

Harte Tatsachen? Ist es nicht reichlich vermessen, im Zusammenhang mit diesen sehr gewagten Überlegungen von »Tatsachen« zu sprechen? Schließlich wird sich kaum ein wissenschaftliches *Indiz* für einen kosmischen Informationsozean finden lassen, geschweige denn ein *Beweis*.

Oder doch?

Der berühmte Neurophysiologe und Hirnforscher Sir John Eccles deutet das Vorhandensein von formgebenden, gestaltenden, auf jeden Fall aber strukturierenden Feldern in Raum und Zeit an, die auf die menschliche Psyche einwirken. Er meint:

> »Die neurophysiologische Hypothese besagt, daß der ›Wille‹ die raumzeitbezogene Aktivität des neuronalen Netzwerks durch die Auswirkung von raumzeitbedingten ›Einflußfeldern‹ modifiziert. Diese werden wirksam durch die einzigartige Wahrnehmungsfunktion der aktiven Großhirnrinde. Es wird mit der Zeit deutlich werden, daß ›der Wille‹ oder der ›geistige Einfluß‹ selbst das Merkmal einer Art Raumzeitstruktur aufweist, welches ihm erst ein solches Eingreifen ermöglicht.«

Er stößt damit – wenn auch sehr zurückhaltend formuliert – in jene Bereiche vor, in denen sich Psychologie und *Para*psychologie überschneiden und gemeinsam in die Randbezirke von Quantenphysik, kosmischem Kitt und anderen exotischen Theorien der modernen Physik geraten. Theorien, die – spinnt man sie konsequent weiter – das Universum als Über-über-über-Gehirn erscheinen lassen. Es gibt Wissen in unseren bescheidenen Denkapparaten, warum nicht auch im

»kosmischen Gehirn«, wenn wir diese Vorstellung einmal akzeptieren wollen. Widerlegen läßt sie sich allerdings kaum, das nur zur Beruhigung.

Damit können wir selbst die gewagte Resonanzvorstellung gelassener hinnehmen. Dem kommt auch eine wenig bekannte psychologische Spezialdisziplin namens *Interaktionismus* entgegen. Sie postuliert, daß Gedächtnisinhalte nichtphysikalisch gespeichert werden (*de facto* weiß kein Mensch, wie sie wirklich gespeichert werden) und in der Folge wie ein »Gedächtnisreservoir« von Person zu Person weitergehen können beziehungsweise in Raum und Zeit von Gehirn zu Gehirn in einem Riesen-Pool verbunden sind.

Diese Spekulationen sind, man darf es nicht verschweigen, reichlich kühn.

Kühn schon, aber nicht unverschämt.

Der nie rastende Forschergeist ist nämlich im vorigen Jahrzehnt auf ein Naturprinzip gestoßen, das frappant an die genannten Vorstellungen erinnert.

Es hat auch einen Namen, und zwar »Das morphogentische Feld«, die sogenannte »formbildende Verursachung«.

Bereits in den siebziger Jahren begann der britische Biochemiker Dr. Rupert Sheldrake mit einem sehr heißen Eisen zu hantieren. Es ist so heiß, daß sich die Forschung bis dato lieber mit anderem befaßt hat.

Nicht so Rupert Sheldrake.

Er setzte sich mit vier grundlegenden Problemen der Biologie auseinander, die unter scheinbar klar definierten Prinzipien tückisch lauern.

Das erste lautet *»Auftreten von charakteristischen und spezifischen Formen (bei lebenden Organismen)«*, die folgenden nennen sich biedermännisch *»System-Regulation«*, *»Regeneration«* und *»Reproduktion«*.

Wo sind die Probleme?

Nun, im ersten Prinzip wird dezent darüber hinweggegangen, daß bereits das Entstehen spezifischer Formen ein absolutes Rätsel darstellt, im zweiten, dritten und vierten Fall über die unleugbare Unerklärlichkeit der genannten Vorgänge selbst.

Lediglich ein Konzept des Universums voll mit unsichtbaren Konstruktionsplänen – sozusagen Blaupausen für alle Formen und für jegliches Verhalten – würde die Vielgestaltigkeit der Materie (belebt oder nicht belebt) erklären. Vor einem solchen Konzept scheuten die meisten zurück; nicht so Rupert Sheldrake.

Erklärungen gab es zwar bereits, doch diese waren entweder philosophisch unbefriedigend oder wissenschaftlich unbefriedigend.

Man darf nicht vergessen, daß die genannten vier Phänomene als kausale Erscheinungen verstanden werden. Eine Form kann nicht

»aus dem Nichts« entstehen, ein System reguliert sich nicht »ohne Anlaß« und Regeneration wie Reproduktion erfolgen nicht »grundlos«.

Und da kommt es bereits zu heftigen Kollisionen mit den etablierten Anschauungen.

Die Philosophen oder Anhänger älterer Disziplinen haben es leicht. Sie sprechen von verursachenden *Vitalfaktoren, Lebenskräften* etc. Damit wird nichts wirklich analysiert, aber das Kind hat einen Namen.

Die Wissenschaftler führen genetische/chemische/physikalische, also im Grunde mechanistische Programme an, die im Prinzip wie Computerprogramme ablaufen. Damit ergeben sich bei näherer Betrachtung sofort ernsthafte Probleme. Es fehlt nämlich der Programmierer.

Wendet man ein, die Analogie von genetischen Programmen und »normalen« Computerprogrammen sei unzureichend, da ein genetisches Programm nur mit einem selbstorganisierenden, sich eigenständig erneuernden Computerprogramm verglichen werden müßte, so steht man vor der Schwierigkeit, daß es letztgenannte Computer(programme) nicht gibt. Selbst wenn es sie gäbe, würde es den Programmierer nicht überflüssig machen. Er käme nur früher ins Spiel.

Wie man es auch dreht und wendet, irgendwie läuft alles auf ein elementares Grundprinzip zurück, das nicht so einfach mit Evolution, Genprogrammen usw. abgetan werden kann. Die griechischen Weisen der Antike vermuteten Ähnliches, wenn sie den Begriff *en-telos* gebrauchten, der heute zum Terminus *Entelechie* geworden ist. Darunter versteht man, etwas trägt seinen Zweck bereits in sich. Mehr noch – wird der normale Entwicklungsweg gestört, strebt das System dem Endziel auf anderen Wegen zu.

In der belebten Natur stößt man allenthalben auf dieses Prinzip, man muß es nur zugeben.

Die Instinkte der Tiere sind ein Beispiel (damit ist der *Homo sapiens* als allesfressendes Säugetier nicht ausgenommen, das sich, so Schopenhauer, von der restlichen Fauna nur durch seinen aufrechten Gang und seinen schlechten Charakter unterscheidet). Instinktreaktionen lassen sich über ein »kollektives Gedächtnis« der Spezies weitergeben und werden über kurz oder lang zu einer »Gewohnheit« der gesamten Art. Einer Gewohnheit, die angeboren ist.

Der Parapsychologe W. Carrington sieht instinktives Verhalten wie das Weben eines Spinnennetzes als »die Einbindung des Individuums (hier die Spinne) in ein umfassendes System. Noch weiter geht der Zoologe Sir Alister Hardy.

Für ihn übernimmt gemeinschaftlich getragene Erfahrung die Funktion einer »innewohnenden Blaupause«.

Schreitet man bis zur letzten Konsequenz voran, so erweist sich die

Entelechie als sozusagen aufprogrammierter Gedächtnisprozeß. Eine Art entwickelt sich demnach zu ihrer schlußendlichen Form, weil sie auf das »Gedächtnis« aller früheren Entwicklungsstadien aufbaut – in jeder Phase der Evolution beziehungsweise der Individualentwicklung.

Das ist wirklich kühn, aber nicht abwegig; wenn auch erklärungsbedürftig. Schließlich ist noch nicht klargeworden, wieso die vier angesprochenen Probleme der Biologie von so tiefgreifender Bedeutung sind.

Nehmen wir einmal das Problem der *Form.*

Es präsentiert sich harmlos. Keine Ungereimtheiten in Sicht. Wohl strotzt die Welt von zahllosen Formen, und der Rest des Universums wird sicherlich noch unzählige zu bieten haben, aber was hat es mit ihnen auf sich? Konkret: Sind nicht ihr Vorhandensein, ebenso wie ihre Vielfalt Beweis genug dafür, daß sie es eben geschafft haben, Formen anzunehmen.

Durchaus – nur: wie *konnten* sie es schaffen?

Die Frage klingt haarspalterisch. Schließlich sind Selektionsdruck und Mutation bekannte Größen. Sie erklären, wie eine Form sich durch eine lange Kette von Entwicklungsschritten herauskristallisiert und zur jeweils letzten findet. Komplex, aber nicht geheimnisvoll.

Klopfen wir elementare Vorgänge im elementarbiologischen Bereich unter diesem Gesichtspunkt auf ihre Funktionsweise ab, werden wir erstaunt feststellen, daß sie nicht ganz so funktionieren können.

Makromoleküle (z. B. Proteine), deren Polypeptidketten (Spaltprodukte des Eiweißstoffwechsels) sich zu komplizerten dreidimensionalen Formen zusammenschließen, demonstrieren dies anschaulich, wenn auch frustrierend für klassische Biologen.

In zahlreichen Experimenten hat man Proteine (Eiweißmoleküle) durch chemische Einwirkungen dazugebracht, sich aufzufalten. Hörte die Einwirkung auf und die ursprüngliche chemische »Umwelt« erstand wieder, fielen die aufgefalteten Gebilde wieder zu ihrer Normalstruktur zurück.

Das Interessante ist, daß sie stets zum gleichen strukturellen »Endziel« gelangen, auch wenn die Ausgangszustände und die Auffaltungswege verschieden sind.

Nun muß dieser stabile Endzustand nicht die einzig mögliche Struktur minimaler Energie sein (so bezeichnet man stabile, »ideale« Endgleichgewichte, denen Strukturen nach den Gesetzen der Thermodynamik zustreben).

Berechnungen zeigen, daß zahllose andere Endstadien gleichen Energieniveaus vorhanden und gleich wahrscheinlich sind. Dennoch kommt es immer nur zu der einen, vorprogrammierten. Seltsam.

Eine umfangreiche Fachliteratur setzt sich (wenig schlüssig) mit dem »Multipel-Minimum-Problem« bei der Proteinauffaltung auseinander.

Man könnte vielleicht einwenden, daß ein solches Beispiel aus interzellulären Tiefen weit unanschaulicher ist, als etwa die – ebenso mysteriöse – Formgebung eines Fliegenbeins oder eines Fruchtsegments. Dieser Einwand ist jedoch nicht stichhaltig. *De facto* tritt die Unerklärlichkeit des Immer-wieder-Ausprägens einer bestimmten (nicht unbedingt zwingenden) Struktur bei »einfachen« Gebilden weit deutlicher zu Tage, als bei komplexen, differenzierten Zellmengen.

Welche Erklärung hat Sheldrake nun anzubieten, die alle der eingangs erwähnten biologischen Problemstellungen in einem Aufwaschen klärt? Und wo ist die Querverbindung zur Esoterik?

Es gibt, so der britische Biochemiker und die Wissenschaftler seiner Forschungsrichtung, eine »formbildende Verursachung«, die durch Raum und Zeit bestimmt, was wie auszusehen hat.

Sie ist unter dem Ausdruck *morphogenetisches Feld* in die moderne Wissenschaftsterminologie eingegangen.

Man kann dieses Feld am besten mit einem Bauplan vergleichen, der vorschreibt, *welche* Art von Gebäude mit einem zur Verfügung stehenden Quantum von Ziegeln, Mörtel, Holz, Trägern usw. errichtet werden soll. *Möglich* wären die unterschiedlichsten Gebäudeformen, *gebaut wird jedoch nur die eine, geplante.*

Die Idee eines »Feldes«, das jenseits der bekannten elektromagnetischen oder gravitatorischen Felder Geheimnisvolles bewirkt, ist nicht so neu. Die bereits *ad acta* gelegte Theorie des »Weltäthers« erinnert daran.

Das morphogenetische Feld ist jedoch keine Neuauflage dieses alten, von Einstein und anderen zertrümmerten Konzeptes, sondern etwas vollkommen revolutionierendes. Unsichtbar, nicht zu hören, zu berühren, zu schmecken oder irgendwie sonst registrierbar – was auch für Gravitation und Elektromagnetismus gilt –, organisiert es »die Form der Dinge« (und noch so manch anderes).

Das würde vieles erklären, an vorderster Front die unbefriedigende Tatsache, daß die Formen von komplexen chemischen Systemen durch die bekannten Naturgesetze nicht hinlänglich erklärt werden können. Die physikalischen Gesetze gestatten eine Reihe von möglichen Formen; ausgewählt wird jedoch stets nur eine.

Von wem?

An diesem Punkt spalten sich wiederum die Geister. Die metaphysisch-philosophische Fraktion der Wissenschaftler (und davon gibt es in den Tagen der »neuen Physik« mehr, als man gemeinhin vermuten würde) nimmt die Haltung von Plato und Aristoteles ein. Besonders Aristoteles war von der ewigen Beständigkeit spezifischer Formen überzeugt. In seinem Kosmos herrschte hinter dem Chaos der beobachtbaren Welt ein verborgenes Ordnungsprinzip, das aus dem Wirrwarr Strukturen hervorzwang.

Diesen Standpunkt halten manche Physiker trotz Quantenunsicherheit und Wahrscheinlichkeitsfunktionen für gar nicht mehr so altertümlich.

Im anderen Lager ist man der Ansicht, Formen werden nicht deshalb gebildet und wiederholt, weil sie von Anbeginn der Zeit an vorbestimmt waren, sondern weil sie einem kausalen Einfluß vergangener Formen unterliegen.

Auch das klingt nicht eben greifbar. Bis vor kurzem gab es die Schwierigkeit, daß nur eine Wechselwirkung dafür verantwortlich sein konnte, die über Raum und Zeit hinausreichte, also weder die Zeit noch die Lichtgeschwindigkeit als Grenze ansah und damit keine Ähnlichkeit mit jeder bisher bekannten physikalischen Einflußgröße aufwies. Seit dem kosmischen Kitt von John S. Bell und Alain Aspects Beweis universeller Sofort-Verknüpfung aller Teilchen des Universums, sind letztere Bedenken geschwunden.

Das einzige Streitobjekt ist die Theorie selbst. Sheldrakes Hypothese löste in der englischen Wissenschaftswelt einen regelrechten Glaubenskrieg aus, der schließlich in der Aussetzung eines Preises gipfelte.

Die »Tarrytown Conference« – eine amerikanische Vereinigung, die sich die Förderung neuer Ideen in Wissenschaft und Technik zur Aufgabe gestellt hat – stiftete eine Summe von 10 000 Dollar für jeden Beweis beziehungsweise jede Widerlegung des morphogenetischen Feldes. Weitere Organisationen schlossen sich an. Noch ist die endgültige Entscheidung nicht gefallen.

Im Grunde ist die Auseinandersetzung über Vorbestimmung oder Selbstorganisation ebenso sinnlos wie jene darüber, ob Henne oder Ei zuerst da war (manche meinen, der Hahn müsse als erster dagewesen sein), denn in jedem Fall bleibt unbeantwortet, was die Form *beim ersten Mal* ausgewählt hat. Vielleicht irgend etwas vor dem Urknall . . .

Interessanter ist es, sich mit jenen beobachteten Phänomenen zu befassen, die zu der umstrittenen Theorie geführt haben. Hier könnte nämlich eine fürwahr elementare – und durchaus auch esoterisch aufzufassende – Naturkraft am Werke sein.

Bezeichnenderweise wird in diesem Zusammenhang von *morphischer Resonanz* gesprochen (erinnert das nicht an die dargelegte Idee einer denkbaren Resonanz-Wechselwirkung zwischen menschlichem Geist und – einmal angenommenem – »universellem Wissen«?).

Da eine *morphische* Resonanz aufgrund dessen, was sie anscheinend bewirkt, weder mit Energie noch mit Masse etwas zu tun hat (wodurch sie sich von »normaler« energetischer Resonanz unterscheidet), müssen die Gesetze, die für die Bewegung von Körpern, Teilchen und Wellen gelten, sie nicht kümmern.

Frei von Beschränkungen räumlicher oder zeitlicher Art überlagert sie alles und jedes und prägt »den Dingen« geheimnisvolle Raum-Zeit-Muster auf, deren Vorhandensein man eben akzeptieren muß.

Eine interessante Vorstellung, nur eben doch ein wenig skurril. Man fragt sich unwillkürlich, wie nüchterne Wissenschaftler auf eine solche Hypothese kommen, die man eher in esoterischen Werken suchen würde.

Verzweiflung über nicht erklärbare Ungereimtheiten kann es doch nicht sein – oder?

Ist es auch nicht. An der Wiege der Theorie standen zwei Grunderkenntnisse. Sie lauten:

- Es gibt Formen – und zwar zu viele, und
- neue Formen entstehen beim ersten Mal langsam und mühsam – in der Folge aber schnell und mühelos.

Die morphogenetische Resonanz bringt nicht nur beides unter einen Hut, sondern erklärt auch, warum das so ist und wie es zusammenhängt. (Wo *sie selbst* herkommt, steht natürlich auch auf einem anderen – esoterischen – Blatt. Für Wissenschaftler mag das nicht gänzlich befriedigend sein, für Esoteriker schon.)

All diese theoretischen Ausführungen entheben uns nicht des Zwanges, wenigstens handfeste Indizien auf den Tisch zu legen, wenn die Beweise schon so strittig sind.

Seit geraumer Zeit sind Chemiker darüber verwundert, daß die Synthetisierung neuer Stoffe mit einer seltsamen Dynamik abläuft. Die erste Kristallisation ist meist ein zeitaufwendiger Prozeß, der nur sehr stockend in Gang kommt. Mit zunehmender Zeit beschleunigt sich die Sache jedoch auf rätselhafte Weise, und schließlich kristallisieren die Stoffe zügig und schnell (als würden sie nunmehr einem innerlichen Bauplan folgen).

Ebenso irritierend – und mit dem ersten Phänomen zweifellos artverwandt – ist das spontane, unerwartete Auftreten neuer Kristalltypen.

Dazu ein Auszug aus einem Buch über Kristalle:

> »Vor etwa zehn Jahren betrieb eine Gesellschaft eine Fabrik, die große Äthylendiamintartratkristalle durch Lösung in Wasser gewann. Die Gesellschaft verschickte die Kristalle von diesem Werk aus über viele Kilometer zu einem anderen, wo sie für industrielle Zwecke geschnitten und geschliffen wurden. Ein Jahr nach der Eröffnung der Fabrik zeigten sich beim Wachstum der Kristalle negative Veränderungen. Andersartige Kristalle verwuchsen mit ihnen und wuchsen sogar schneller. Das Mißgeschick griff alsbald auf das andere Werk über: Die geschnittenen und geschliffenen Kristalle zeigten an ihrer Oberfläche die

gleiche »Krankheit« . . . Sie war ein Monohydrat der ursprünglichen Kristalle, das sich in der dreijährigen Forschungs- und Entwicklungszeit für die Produktion ausgebildet hatte. Danach schien es diese Keime überall zu geben.« (A. Holden und P. Singer, *Crystals and Crystal Growing*, London 1961.)

Erinnert das nicht frappant an die geschilderte »Flucht-Epidemie« der britischen Schafe . . .?

Natürlich gibt es konventionelle Erklärungen für den Umstand, daß Substanzen nach dem ersten Mal schneller kristallisieren und die Kristallisation in der Folge an Mühelosigkeit zunimmt (über die Schafproblematik wurde ohnedies nicht viel theoretisiert). Man geht einfach davon aus, daß Bruchstücke früherer Kristalle die nachfolgenden Lösungen »infizieren«. Geschieht dies an weit auseinanderliegenden Orten, quält man sich zu der »Erklärung«, die Keime würden eben von Luftströmungen auf wundersame Weise von einem Laboratorium zum anderen (nicht selten von einer Stadt zur anderen) transportiert. Sogar die Bärte der Forscher mußten als Beförderungsmittel herhalten. Ein Zufall; immer willkommen, wenn er gebraucht wird.

Begreiflicherweise sind solche Interpretationen sehr zerbrechlich, wenn man sie gründlich abklopft. Tatsächlich treten die genannten, im Grunde unerklärlichen Effekte unliebsamerweise viel zu häufig und vielfältig auf, um konventionell erklärbar zu sein.

Die Atmosphäre müßte geradezu gesättigt sein mit »Kristallisationskeimen« aller Art, die sich noch dazu gezielt dorthin bewegen, wo sie späteren Kristallgenerationen beim Herausbilden behilflich sein können.

So selektiv ist nicht einmal der Zufall. Setzt man an seine Stelle das »morphogenetische Feld«, so entkrampft sich die Erklärungsproblematik. Jetzt werden sogar die im Alltag immer wieder zum Erstaunen führenden, parallel auftretenden Wellen von Neuerungen verständlich. Beispielsweise bemerkte ein Londoner Verleger mit Verwunderung, daß es nicht selten zu unerkärlichen Übereinstimmungen bei Manuskripten kommt, auch wenn sie aus unterschiedlichen Ländern stammen. So wurden in einer einzigen Woche im Jahr 1969 neun Stories eingereicht, die eine fast identische Handlung aufwiesen, die noch dazu völlig neuartige Gedanken enthielt.

Gänzlich bricht der klassische Ansatz bei der *biologischen* Morphogenese in sich zusammen. Die Biologie sagt selbst, daß biologische Entwicklung *epigenisch* ist. Das heißt: es treten neue Strukturen auf, deren Form nicht dadurch erklärt werden kann, daß Entfaltung oder Wachstum eben schon im Ei angelegt wären.

Die bereits erwähnten weiteren Unlösbarkeiten – *Regulation*, *Regeneration* und *Reproduktion* – sind nur Weiterführungen des Grunddilemmas. Stößt man noch dazu auf vererbbare Strukturen, für die es nicht einmal einen genetischen Bauplan geben kann, bleibt kein anderer Ausweg als ein Anfreunden mit dem fast mystischen »morphogenetischen Feld«. Wie sonst ließe sich etwa das wiederholende Verhalten des Meeresbewohners »Flattidium« erklären, dessen Kolonien zur Tarnung eine äußere Gestalt annehmen, die *in der Natur nicht existiert*? Einmal entwickelt – immer nachgeformt ...

An diesem Punkt scheint eine Atem- und Denkpause angebracht. Mittlerweile haben wir uns nahezu rettungslos im Dickicht moderner Wissenschaftstheorien verstrickt, von denen manche – z. B. die eben diskutierte – keinen Anspruch auf völlige Unbestrittenheit erheben können.

Wohl ist die Versuchung groß, Stellung zu beziehen, doch gibt es dafür Berufenere. Auch wäre die Marschrichtung falsch. Es geht nicht wirklich darum, ob die Theorie des morphogenetischen Feldes schlußendlich alle Behauptungen verifizieren und alle strittigen Probleme klären kann, die zu lösen sie angetreten ist.

Der »springende Punkt« ist ein anderer, nämlich die Vorbereitung auf einen weiteren Bereich der Esoterik; auf Techniken, die durch das Vorgesagte vertrauter werden können, operieren sie doch mit gewisser Wahrscheinlichkeit wie ein »direkter Draht zu universellem Wissen«. Zu einem Wissen – oder moderner ausgedrückt, einem »Informations-Pool« –, das im wahrsten Sinne des Wortes allgegenwärtig ist. *Die* verborgene Kraft, auf die viele Gesetze aufbauen (auch die der Astrologie) und die, in letzter Konsequenz, wohl alles und jedes *formt* (darum der Ausflug in die Gefilde der Morphogenese).

Die angeschnittenen Theorien und Hypothesen sollen lediglich die erstaunliche Tatsache zum Ausdruck bringen, daß jenes uralte Konzept alles erfüllenden Wissens auch an den Randgebieten der »hard science« herumgeistert.

Halten wir also fest: Wir haben uns durch die beiden Seiten menschlicher Erkenntnis – spirituelle und naturwissenschaftliche – vorgearbeitet und dabei Stück für Stück die Verwandtschaft des scheinbar Unvereinbarlichen entdeckt.

Gleichzeitig wurde immer deutlicher, daß ein Element der Drehpunkt von allem ist: *der Mensch.*

Er arbeitet letztlich intuitiv mit dem Horoskop und ist dabei um so erfolgreicher, je besser seine Übereinstimmung mit dem Widerhall des Kosmos ist. Ob man dies nun Synchronizität, Serialität, Koinzidenz, Morphogenese oder Astrologie benennt, ist im Grunde unerheblich.

Erheblich ist das Funktionieren der Worte »Wie oben, so unten«. Daß sogar die moderne Wissenschaft um sie immer weniger herumkommt, wollen wir als zusätzlichen Bonus betrachten und auf eine weitere »Emanzipierung« der Esoterik hoffen. Erfolgt sie nicht, so ist das auch nicht weiter schlimm, denn schon ein altes Sprichwort sagt, daß es der Wahrheit völlig egal ist, ob man sie erkennt oder nicht.

An diesem Punkt des Weges wird für uns ein Faktor immer unübersehbarer: die »Sprachrohrfunktion« des menschlichen Geistes.

Der Astrologe zeichnet »sein« Horoskop und wird dadurch in die Lage versetzt, das Unausgesprochene, aber Existente, zu verstehen. Dieses Prinzip tritt bei anderen Techniken noch deutlicher, noch unmittelbarer zu Tage. Bei ihnen reagiert »das Sprachrohr« direkter, das Instrumentarium wird einfacher. Die Verbindung mit jenem Universalwissen, das Mikro- und Makrokosmos durchflutet, bedarf vielleicht elementarerer Hilfsmittel, als es z. B. ein Horoskop darstellt. Das Wissen des Universums spricht unmittelbar zum Befähigten und/oder Ausgebildeten. Wie sagte Einstein über seine eigene Intuition: »In meinem Fall sind einige der Elemente auch muskulärer Art . . .«?

Nun wird es Zeit für die noch nicht namentlich genannten esoterischen Techniken zur direkten Kanalisation außerkörperlicher Informationen.

Radiästhesie: Pendel und Wünschelrute

Der Vietnamkrieg war ein Phänomen in vielerlei Hinsicht. Durch ungeheueren Materialeinsatz gelang es dem Militärgiganten USA zwar, das Mekongdelta und andere Gebiete Südostasiens vorübergehend zu entlauben, Nordvietnam und Kambodscha in Grund und Boden zu bomben und ein bis dato wenig bekanntes, geleeartiges Naphthenat-Palmitat-Gemisch unter dem Namen »Napalm« weltberühmt zu machen, aber damit endet auch schon die Liste der »Erfolge«. Sieben Millionen Tonnen Bomben (das 2 ½fache aller Bomben des Zweiten Weltkrieges) und 300 Milliarden Dollar Kriegskosten konnten unzulänglich ausgerüstete Gegner in schwarzen Pyjamas nicht in die Knie zwingen.

Der Vietnamschock löste das – heute noch nachklingende – amerikanische Vietnamtrauma aus und führte zur Abschaffung der allgemeinen Militärpflicht in den Vereinigten Staaten. Nachdem die Kampfhandlungen endgültig verebbt waren, reklamierten beide Seiten den Sieg, was bis dato nur bei Sportereignissen, Wahlschlachten oder ähnlichem an der Tagesordnung war. Später einigten sich die USA darauf, zwar nicht gewonnen, aber auch nicht verloren zu haben.

Es ist anzunehmen, daß die westliche Führungsmacht auch dann ihren ersten Nicht-Sieg hätte einstecken müssen, wenn die Wissenschaftler des US-Verteidigungsministeriums der Radiästhesie gegenüber aufgeschlossener gewesen wären. Was sie aber nicht waren, als dem Pentagon ein interessanter Vorschlag gemacht wurde.

Er kam allerdings aus einer exotischen Ecke. Louis Matacia, ein Landvermesser und Wünschelrutengänger aus Virginia, schlug Marineoffizieren vor, unterirdische Höhlensysteme, Waffenlager, Minen, Tunnels etc. durch Radiästhesie ausfindig zu machen.

Die Angesprochenen waren nicht abgeneigt, da die unterirdische Welt des Vietcong den US-Streitkräften große Sorgen bereitete. Zu recht, wie sich später in noch stärkerem Maße zeigen sollte.

Auf jeden Fall war man in der gegenwärtigen Situation selbst für absurde Ideen zugänglich. Louis Matacia wurde zu einer Armeebasis gebracht, wo die jungen »Marines« für ihren Vietnameinsatz trainierten. Dieser Trainingsparcours umfaßte auch die komplette Nachbildung eines vietnamesischen Dorfes mit der obligaten »Unterwelt«: Tunnels, Geheimkammern, Waffen- und Vorratslager, ausgedehnte Höhlen, in denen Truppen sich verbergen konnten usw. Ein riesiger Kaninchenbau mit unergründlichen Verzweigungen, wie sie in Vietnam an der Tagesordnung waren. Sie bereiteten den US-Militärs nicht weniger Alpträume, als der undurchdringliche Dschungel mit seinen lauernden Fallen.

Was die kompliziertesten Such- und Meßapparaturen überforderte, schaffte Louis Matacia auf Anhieb. Er bog aus einem Kleiderhaken eine Wünschelrute und war in kürzester Zeit in der Lage, sämtliche unterirdischen Einrichtungen des Trainingscamps zu lokalisieren. Nicht das kleinste Geheimkämmerchen entging ihm.

Das verblüffte die Offiziere grenzenlos, wenn auch auf das Angenehmste. Der Vorschlag des Wünschelrutengängers wurde weitergegeben und stieß auf einen Widerstand, der sich mit dem des Vietcong messen konnte.

Die Wissenschaftler innerhalb und außerhalb der Militärbehörden, die man um ihre Stellungnahme bat, winkten in seltener Einhelligkeit ab. Solches *durfte* es einfach nicht geben. Schließlich lautete das finale Urteil, es könne sich nur um Zufall gehandelt haben.

Die Peinlichkeit, Louis Matacia dies ins Gesicht zu sagen, umging man elegant. In einem Schreiben teilte ihm das Verteidigungsministerium mit, die von ihm angewandte Technik würde bei den Kommandeuren im Feld auf keine Gegenliebe stoßen, da die Gefahr von Falschalarmen zu groß sei.

Tatsächlich hätte die kämpfende Truppe das Risiko gern in Kauf genommen, denn die permanente Bedrohung, aus dem Nichts attakkiert zu werden, war extrem zermürbend.

Schließlich sickerte die Story bis nach Südostasien durch und führte dazu, daß zahlreiche Dschungelpatrouillen der US-Marines neben ihren High-tech-Waffen – die gegen Fallgruben mit Bambusspießen oder Überraschungsangriffe ohnedies wenig ausrichteten – auch Wünschelruten mit sich führten. Ein gefundenes Fressen für die Presse des Landes, die es gehörig ausschlachtete.

Der Ausgang des Vietnamkrieges wäre sicherlich durch die offizielle Verteilung von Wünschelruten an die amerikanischen Soldaten nicht verändert worden, aber vielleicht hätten dann nicht 45 928 von ihnen das Leben lassen müssen.

1973 sprach der Autor, Biologe und Anthropologe Christopher Bird beim *Ersten Internationalen Kongreß für Parapsychologie und Psychotronik* in Prag über Matacias Rolle am Rande des fatalen US-Engagements in Südostasien. Sie ist charakteristisch für die ambivalente Stellung der Radiästhesie in unserer Welt.

Man *kann* Radiästhesie nicht leugnen, aber man *muß* sie deshalb nicht akzeptieren – und genauso wird es auch gehandhabt. Dabei liegen zweifellos große Potentiale brach, machen Menschen von ihren eigenen Fähigkeiten nicht Gebrauch. Und zwar viele Menschen. Diese Tatsache wird durch zahlreiche Feldstudien belegt.

Professor Yves Rocard in Paris stellte in ausgedehnten Versuchsreihen fest, daß an die 70 Prozent aller Testpersonen Talent zum Rutengänger oder Pendler besaßen. Bereits 1963 hatte der französische

Physikprofessor (er gehört der Pariser *École Normale* an, der führenden Lehrervereinigung des Landes) mit seinem Buch »Le Signal du Sourcier« (Das Signal des Rutengängers) Aufsehen erregt. Ein Washingtoner Kollege, der Physikprofessor und Berater des US-Verteidigungsministeriums Dr. Zaboj V. Harvalik, hält Rocards Ergebnis von 70 Prozent für zu niedrig. Harvaliks Experimente, die sich über Jahrzehnte erstreckten, lieferten die erstaunliche Zahl von 90 Prozent Begabter.

Die Tests dieser beiden (und anderer) Wissenschaftler beinhalteten den Einsatz modernster Apparaturen und Meßgeräte. Somit sind die Ergebnisse abgesichert, wie dies beim gegenwärtigen Stand der Technik nur irgend möglich ist.

Abgesehen von der durchaus ermutigenden Vorstellung, daß fast jeder Mensch das Zeug zum Pendler oder Rutengänger in sich hat (er muß es nur versuchen), fördern solche Untersuchungen immer wieder erstaunliche Einzelheiten zu Tage.

Beispielsweise entdeckte Dr. Harvalik, daß zwei Glas Wasser die Sensibilität des Wünschelrutengängers Wilhelm de Boer nachprüfbar verzehnfachten, wärend seine Empfänglichkeit nach einem guten Mahl um den Faktor 1000(!) absank. Professor Rocard wiederum konnte einen unteren Wert von drei Zehntausendstel Gauß ermitteln, der von Pendlern oder Rutengängern bei Veränderung des Erdmagnetfeldes registriert werden kann. (Gauß ist die Einheit der magnetischen Induktion in ferromagnetischen Stoffen, benannt nach dem großen Mathematiker, Physiker und Astronomen Carl Friedrich Gauß. Jeder bessere Stabmagnet hat eine hundertfach höhere Gaußzahl, als die von manchen Sensitiven erspürten drei Zehntausendstel Gauß. Ein solcher Wert kann nur von den leistungsstärksten Magnetometern registriert werden, auf keinen Fall aber von einem menschlichen Wesen; so die bislang etablierte Lehrmeinung.)

Schon 1947 hatte der holländische Geologe Professor Solco Tromp experimentell festgestellt, daß Radiästhesisten mit verbundenen Augen magnetische Schwankungen erkennen konnten (»Psychical Physics«). Dank seinem Kollegen Yves Rocard gibt es nun auch eine Vorstellung, wie minimal die registrierten Schwankungen sind. Die Forschungen Dr. Harvaliks lieferten weitere Bestätigung des Unglaublichen. Wilhelm de Boer – eine seiner herausragendsten Testpersonen – war sogar in der Lage, 10^{-10} Gauß zu registrieren, also eine Veränderung des Erdmagnetfeldes, die nur ein Milliardstel dieses Feldes ausmachte. Selbst für Pendler und Rutengänger eine ungeheure Empfindlichkeit.

Dr. Paul Fatt, der Leiter der Neurophysiologischen Abteilung des University College in London, hielt diese Ergebnisse für schlichtweg undenkbar. Nachdem er sich mit ihnen vertraut gemacht hatte, mußte er ihre Stichhaltigkeit zugeben und meinte mit Bezug auf de Boer resignierend: »Wie kann dieser Mann überhaupt auf unserer Erde leben?« Er kann, und er leidet unter dem Ansturm unsichtbarer Informationen offensichtlich ebensowenig wie ein Hund unter seinem (für uns wenig wünschenswerten) Geruchssinn, der um eine Millionmal empfindlicher ist, als der des *Homo sapiens*.

Wird man, wie de Boer, mit einer solchen Fähigkeit geboren, paßt man sich ihr wohl auch an beziehungsweise empfindet sie nicht als störend. Erwirbt man sie, lernt man die Anpassung währenddessen. Dies bezeugt eine Vielzahl von Fallgeschichten.

Damit erhebt sich die Frage, wie man ein »normaler« Radiästhesist – wenn auch kaum ein Wilhelm de Boer – werden kann.

Der Weg ist gar nicht so gewunden – und er steht auch wirklich jedem von uns offen.

Immer wieder entdecken Nichtbeteiligte, z. B. Zuschauer, bei der Suche nach Wasseradern etc. plötzlich, daß in ihnen dieselben Kräfte schlummern wie in dem Rutengänger, den sie bei der Arbeit beobachten.

Man denkt unwillkürlich an die »Nebenerscheinungen«, die oft bei Parapsychologieexperimenten auftreten. Möglicherweise sind in dem Zusammenhang die Gabelbiegeorgien, Uhrenbeeinflussungen und andere Seltsamkeiten zu sehen, die regelmäßig in zahllosen Haushalten auftreten, wann immer der Israeli Uri Geller im Fernsehen agiert. Vielleicht sind seine Kräfte, wenn sie arbeiten, eine Art Katalysator, der verwandte Fähigkeiten aktiviert.

Wie es auch sein mag. In den meisten Fällen reicht es wohl nicht aus, einfach nur in der Nähe zu sein, wenn eine Wünschelrute ausschlägt oder ein Pendel kreist. Rutengänger demonstrieren ihre persönliche Kraft oft durch die Aufforderung, ein Laie möge die Rute nehmen und neben ihnen hergehen. Dann geschieht normalerweise nichts. Wird der Weg nochmals abgegangen und der Rutengänger hält die Gabel (oder welches Instrument sonst zum Einsatz kommt), so reagiert sie in der Regel. Bemerkenswert ist jedoch folgendes: Halten Fachmann und Laie die Rute gemeinsam – also jeder ein Ende –, schlägt sie üblicherweise aus.

Das heißt im Klartext: bereits ein wenig Hilfe genügt. Entscheidend ist allerdings, daß man selbst an den Erfolg glaubt.

Die Geschichte der Mullins-Dynastie demonstriert dies überzeugend.

Der Brite John Mullins wurde 1838 in Colerne, einem Dorf nahe Chippenham in der Grafschaft Wiltshire, geboren. Er lernte das Maurerhandwerk, und sein Leben schien in diesen Bahnen vorgezeichnet. Sein Talent zum Rutengänger entdeckte er im Alter von 21 Jahren, konzentrierte sich jedoch erst mit 44 voll darauf. In den darauffolgenden zwölf Jahren bis zu seinem Tod wurde er zum berühmtesten Wasserfinder und Brunnenentdecker ganz Englands, vielleicht Europas. In zahlreichen Fällen war er erfolgreich, wo ganze Expertenteams aufgeben mußten. So erschloß er General Sir Mildmay Willson einige Wasseradern auf seinem Gut in Raunceby, Yorkshire, worauf dieser die Geologen davonjagte, die zuvor viel Zeit und Geld des Generals ohne jegliches Resultat verbraucht hatten.

Mullins verbrauchte wenig von beidem. General Willson empfahl ihn anderen Grundbesitzern weiter und sagte immer wieder: »Ich habe nie von einem Fall gehört, bei dem sich Mullins geirrt hätte.«

Trotzdem befürchteten viele von Mullins Auftraggebern irgendeine Form von Betrug und trafen die ausgeklügeltsten Vorsichtsmaßnahmen. Man hielt jegliche Information von Mullins fern (selbst die simpelste), stellte ihn durch falsche Angaben auf die Probe und belauerte ihn auf Schritt und Tritt. Das störte den rundlichen, gutmütigen Exmaurer nicht. Auch seine Erfolge wurden dadurch in keiner Weise beeinträchtigt. Mullins hatte mit geologischen Angaben, genauen Karten, Untersuchungsergebnissen usw. wenig im Sinn. Er vertraute seiner Wünschelrute bzw. seinem Talent, und wenn er genauere Angaben machte, dann rein intuitiv (!).

Manchmal waren sie allerdings weit präziser als jedes geologische Gutachten.

Mullins berühmtester und am ausführlichsten dokumentierter Fall demonstriert dies. Besonders eine Untersuchung. Die Überprüfung war von Sir William Barrett von der *Society for Psychical Research* mit äußerster Gründlichkeit durchgeführt worden. Diese Gesellschaft ist eine ebenso seriöse wie ernstzunehmende Vereinigung. 1882 unter dem Vorsitz des Cambridger Professors Henry Sidgwick gegründet, widmet sie sich der wissenschaftlichen Untersuchung paranormaler Phänomene. Die Organisation besteht immer noch und ist über jeden Zweifel erhaben. Unter ihren Präsidenten finden sich drei Nobelpreisträger, ein englischer Premierminister, achtzehn Professoren, elf Angehörige der Royal Society und zahlreiche berühmte Persönlichkeiten, beispielsweise Arthur Koestler. Da die Vereinigung von Anfang an die Entlarvung von Betrug und die Bestätigung von Echtem auf ihre Fahnen geschrieben hatte, war sie mit der oft schwierigen Beweisführung in Zusammenhang mit parapsychologischen/esoterischen Phänomenen vertraut und vergrößerte ihre Erfahrung von Fall zu Fall. Ihre Fachleute wohnten den Auftritten von Hellsehern, Medien und Wundertätern bei und waren bei Seancen anzutreffen. Eine lange Reihe von Scharlatanen konnte von den Mitgliedern der *Society for Psychical Research* trotz kompliziertester Ausrüstung und raffiniertester Betrugsmanöver entlarvt werden.

Bei John Mullins gab es allerdings nichts zu entlarven. Seine Arbeit für eine Firma in Waterford, Irland, durch die er im Jahr 1888 das Unternehmen rettete, gehörte zum Echten, das die Society voll unterstützte.

Ursprünglich dachte niemand bei der Firma in Waterford an John Mullins. Man trat an Fachleute heran, um Wasser zu finden. Unter ihnen G. H. Kinahan, Senior-Geologe der Irischen Geologischen Gutachter und Autor zahlreicher einschlägiger Sachbücher und Traktate.

Drei Bohrlöcher wurden in die Erde getrieben. Als die Kosten einige Tausend Pfund Sterling ausmachten, ohne daß auch nur ein Tropfen Wasser an die Oberfläche gefördert wurde, begann die Firmenleitung nervös zu werden. Jemand erinnerte sich des Rutengängers Mullins, und man beschloß, eine verzweifelte Situation mit außergewöhnlichen Maßnahmen zu bekämpfen. John Mullins wurde verständigt.

Wenige Minuten nach seinem Eintreffen bezeichnete er eine Stelle, wo ». . . mindestens 1500 Gallonen Wasser pro Stunde aus einerTiefe von ungefähr 80 Fuß gefördert werden könnten . . .«

Die entsprechende Bohrung erschloß eine Wasserader in einer Tiefe von 79 Fuß. Die Ausbeute betrug 1672 Gallonen pro Stunde.

G. H. Kinahans geologischer Bericht (nach dem Finden der Ader) führt aus, daß es sich bei dieser um eine von nur zwei Adern im ganzen Gebiet handelt. Eine zufällige Entdeckung war sehr unwahrscheinlich. Die andere hatte Mullings bereits zuvor gefunden . . .

Das für uns besonders Interessante an der Mullins-Story ist der Umstand, daß er selbst ursprünglich überzeugt war, als einziger der Familie über diese Gabe zu verfügen. Seine beiden Söhne teilten die Meinung, ihr Vater sei »auserwählt«.

Dennoch begannen dieselben Fähigkeiten in ihnen zu erwachen, als sie Jahr für Jahr mit Vater John durch die Lande zogen. Schließlich brachen sie sich Bahn, und die Söhne führten Mullins Tätigkeit nach seinem Tod wie ein Familienunternehmen weiter. Zuvor hatten sie schon einige Zeit mit ihm zusammengearbeitet.

Die Bilanz von »Mullins & Co« und später »Mullins' Son's« ist fürwahr beeindruckend:

Über 5000 Quellen wurden gefunden. Hilfestellung bei der Wasserversorgung für 700 Häuser, Brauereien, Fabriken, Farmen etc. konnte erfolgreich gegeben werden. Nicht viele »unesoterische« Firmen können eine solche ununterbrochene Reihe von Erfolgen über einen Zeitraum von insgesamt mehr als drei Jahrzehnten aufweisen.

Damit sind wir wieder bei der Frage: Wie wird man nun Rutengänger, Pendler, oder schlicht und einfach ein Sensitiver, der sich dieser Tatsache auch bewußt ist und sie praktisch nutzen kann?

Ist das Talent sehr stark ausgeprägt, hat man es etwas leichter.

Besonders Begabte können Ruten sofort ausschlagen lassen, ohne vorbereitet oder trainiert worden zu sein. Fast alle der berühmten, professionellen Rutengänger berichten, ihre »Initiation« hätte stattgefunden, als sie – bei welcher Gelegenheit auch immer – eine Wünschelrute in die Hände nahmen. Wie ein Blitz aus heiterem Himmel erkannten sie ihre eigenen Fähigkeiten, die nicht selten ebenso groß (oder größer) waren wie die des Rutengängers, der ihnen das Instrument gegeben hatte. Es kann sogar zu dramatischen Sofortreaktionen kommen. Manchmal bäumt sich die Rute in den »fremden« Händen geradezu auf oder wird regelrecht weggerissen. Diese unter Umständen erschreckenden Phänomene sind nur ein Zeichen der Kraftwechselwirkung zwischen dem Werkzeug und dem – bislang unwissenden – Sensitiven. Daß gelegentlich erhebliche Kraft im Spiel ist, zeigt sich, wenn Ruten so heftig reagieren, daß sie sich verdrehen oder sogar zerbrechen. Ein Effekt, der bei einzelnen Rutengängern immer wieder zu beobachten ist.

Auf ein so deutliches Aha-Erlebnis darf natürlich nicht jeder hoffen. Das macht nichts, auch nicht ganz vordergründige Begabungen lassen sich erwecken, trainieren und schließlich zu echtem Können hochpäppeln. Wenn man weiß, wie.

Der erste Schritt sollte der sein, Vertrauen in die eigenen verborgenen Fähigkeiten zu schaffen. Wenn man einmal am eigenen Leib erlebt hat, daß »es geht«, fallen alle weiteren Schritte doppelt leicht.

Wo aber beginnen?

Es gibt eine einfache Übung, mit der die Wechselwirkung zwischen Geist und Körper im wahrsten Sinne des Worts spürbar wird. Man nimmt ein »radiästhetisches Instrument«; für den inredestehenden Test am besten ein Pendel, wobei es absolut gleichgültig ist, ob es sich dabei um ein »wirkliches« Pendel oder um einen Ring, Tannenzapfen oder was immer an einer Schnur handelt. Sobald es vollkommen ruhig herabhängt, beginnt man sich darauf zu konzentrieren und »spricht« im Geist zu ihm. Man gibt Anweisungen wie: »Pendel: drehe dich im Uhrzeigersinn! Pendel: schwinge von rechts nach links!«. Was genau »befohlen« wird, ist unerheblich.

Nach kurzer Zeit wird das Pendel gehorchen. Es wird Drehungen beschreiben, hin- und herschwingen, je nach der betreffenden Anweisung. Dieser Test funktioniert hundertprozentig, bei jedem Menschen. Voraussetzung ist nur, ihn wie beschrieben präzise durchzuführen.

Toll, so einfach ist es also, Radiästhesie zu betreiben! Ist es nicht. Dieser simple Versuch ist weder der Schlüssel zur verborgenen Pendelmacht noch zu den Mysterien des Rutengehens. Der »geheimnisvolle Einfluß auf die tote Materie« entpuppt sich nämlich als rein psychosomatische Reaktion.

Was auf diese Weise überall und jederzeit demonstriert werden kann, ist ein Effekt, der sogar immer wieder als Argument *gegen* die Radiästhesie herhalten muß.

Er beweist nämlich lediglich, daß der Körper den Befehlen des Geistes unwillkürlich Folge leisten muß, auch wenn derartiges nicht beabsichtigt (oder gewußt) wird.

Tatsächlich können wir solche Befehle nicht ignorieren. Die Anweisungen an das Pendel gehen in Wirklichkeit an die Hand, die es hält. Ohne unser bewußtes Zutun beginnen Arm und Hand Mikrobewegungen auszuführen, die das Pendel schwingen oder sich drehen lassen. Diese Übung wird oft vor Beginn eines Kurses in Autogenem Training gemacht. Sie soll den Trainierenden die Gewißheit vermitteln, daß ihr Körper geistigen Anordnungen folgt, im vorliegenden Fall den Anweisungen, Wärme, Schwere etc. zu produzieren.

Skeptiker weisen nicht selten auf diesen rein physiologischen Mechanismus hin, um Pendeln und Rutengehen als – gelinde ausgedrückt – Selbsttäuschung zu entlarven.

Im ersten Moment ist man versucht, diese Beweisführung zu akzeptieren. Wenn es also im Endeffekt der Radiästhesist ist, der die Rute ausschlagen oder das Pendel zirkulieren läßt (auch wenn er dies nicht bewußt tut), was bleibt dann noch übrig an Esoterischem?

Genug.

Die Argumentation läßt sich nämlich auch umdrehen. Dann tauschen lediglich z. B. Rute und Rutengänger den Platz, das heißt, der Mensch ist »die Antenne« und die Rute die ausschlagende Anzeige – und schon paßt wieder alles zusammen. Der menschliche Geist registriert jenen unsichtbaren Informationsstrom, der auch die Nachricht über unterirdische Wasseradern, verborgene Gegenstände und vieles mehr mit sich führt und bewirkt Muskelkontraktionen, die das Pendel zum Schwingen oder die Wünschelrute zum Aufbäumen bringen.

Der Mensch also kanalisiert das kosmische Wissen, über dessen Natur und universelle Wirkung wir uns schon einige Gedanken gemacht haben. Er empfängt, er reagiert und er interpretiert in letzter Instanz auch noch.

Ein Wechselspiel des Intuitiven. Der Empfänger empfängt, zeigt unbewußt an, daß er empfangen hat, erkennt, daß eine Botschaft eingetroffen ist und kann sie dann bewußt von sich geben.

So könnte es und so wird es nach dem Stand der Dinge wohl auch sein. Radiästhesisten sind Menschen mit offenem Geist für das Informationsmeer, durch das wir alle mit verschlossenen Sinnen waten. Manchmal bemerken wir etwas von ihm, doch der »gesunde Menschenverstand«, den unsere Kultur hervorgebracht hat, winkt ab. Und so waten wir weiter . . . Wir können aber unseren Geist öffnen.

Mit der beschriebenen Pendelübung haben wir einen Anfang gemacht: Wir wissen, daß sich durch ein Pendel oder eine Wünschelrute ganz feine, unmerkliche Sensationen, die unsere Einheit von Körper und Geist durchströmen und an sich unbemerkt bleiben müßten, bis zur Bemerkbarkeit verstärken lassen. Ganz genau so wie ein Meßgerät Magnetismus, Radioaktivität, Infrarotlicht und vieles andere durch tanzende Zeiger oder was auch immer in unser Bewußtsein hebt.

Damit sind wir wieder zur Natur der auf diese Weise registrierbar gewordenen Informationen (vielleicht sollte man besser von »Eingebungen« sprechen) zurückgekehrt.

Die mehrmals angesprochene übermenschliche Empfindlichkeit von Radiästhesisten wie Mullins oder de Boer für Einflüsse, die nur durch gewichtige Meßgeräte feststellbar sind, kann zu dem Trugschluß führen, daß hier die Erklärung liegt. Doch ganz so einfach ist es nicht.

Schwankungen im Erdmagnetfeld, wie sie die genannten Superstars unter den Radiästhesisten zu registrieren vermögen, können wohl kaum Aufschluß darüber geben, wieviel Gallonen Wasser aus welcher Tiefe stündlich zu fördern sind. Schon gar nicht erklärbar wären auf diese Weise Leistungen wie das Auspendeln von Wasserläufen, unterirdischen Ruinenfeldern usw. auf einer Landkarte. Was es nämlich auch gibt. Wir kommen noch darauf zu sprechen.

Solches kann man dem unschuldigen Erdmagnetismus einfach nicht in die Feldlinien schieben. Dies ist auch nicht beabsichtigt. Die erwähnte Superempfindlichkeit für Einflüsse, die an einem normalen Zeitgenossen völlig vorbeigehen, ist nur ein unübersehbarer Hinweis darauf, daß diese Personen eben besonders sensitiv sind. Für Meßbares – und für *nicht* Meßbares. In diesem Nichtmeßbaren muß jene Information sitzen, die Radiästhesie – konkreter die Radiästhesisten – zum Sprachrohr, besser gesagt zum Trichter, für Information »von außen« macht. Information, die wir mit keiner Apparatur auffangen könnten, sonst gäbe es schon lange funktionierende Pendelcomputer und Wünschelrutenprogramme.

Es wäre verlockend darüber zu spekulieren, wieso sich der Rutengänger auf ganz spezifische Inhalte (Wasser, Metall und andere eingegrenzte Bereiche) spezialisiert, während Pendler fast jede gewünschte Information aus dem Weltwissen herausfiltern können, doch würde damit der Bogen der legitimen Spekulation überspannt.

Es könnten Resonanzphänomene im Spiel sein, ebensogut mag der individuelle Hintergrund eines Menschen den Ausschlag geben, und zwar bereits in der Phase, wo er zur Wünschelrute oder zum Pendel greift; die Möglichkeiten sind mannigfaltig. Keine ist schlüssiger als die andere, und die Chance, daß in Wirklichkeit alles ganz anders ist, besteht durchaus. Halten wir daher fest: Radiästhesisten sind »schlicht und einfach« supersensitiv. Nicht mehr und nicht weniger. Das Faktum der selektiven Informationsauswahl, des zielgenauen »Einklinkens« in jene »Abteilung« der Erleuchtung, in der die gesuchten Antworten bereitgehalten werden, kommt auch – man höre und staune – in wissenschaftlichen Untersuchungen zur Sprache.

Der bereits erwähnte Dr. Zaboj V. Harvalik stellte zu seinem Erstaunen fest, daß der gelernte Sattler Wilhelm de Boer wie ein Detektor auf zwei Beinen unterschiedliche Radiostationen anpeilen konnte. Dr. Harvalik sagte dem Sensitiven dann nur noch, welchen Sender er empfangen sollte, und de Boer drehte sich (mit der Rute in der Hand), bis er die entsprechende Station identifiziert hatte. Zahlreiche Experimente dieser Laufrichtung konfrontierten die wissenschaftliche Gemeinde mit der unleugbaren Selektivität radiästhetischer Fähigkeiten. Praktische Feldversuche bestätigten, was die Sensitiven immer schon behauptet hatten: Sie haben in der Tat die Wahl, was sie registrieren wollen.

Rutengänger können ihr Instrument darauf programmieren, Erze anzuzeigen und Wasser zu ingorieren. Und umgekehrt. Die Theorie, spezielle Wünschelruten würden eben auf spezielle »Strahlungen« (von Wasser, Metall etc.) reagieren, vernachlässigt die Tatsache, daß die meisten Rutengänger dasselbe Gerät für unterschiedliche Ziele benutzen.

Gar nicht zu erklären ist durch die fast schon konventionelle Strahlungshypothese die Tatsache, daß Sensitive mit Wünschelruten oder Pendeln einzelne Gegenstände, die beispielsweise unter einem Tuch verborgen sind, messerscharf herausfinden können. Dabei kann es sich um alles und jedes handeln. Mediziner, Biologen und andere Wissenschaftler wenden gelegentlich ein, daß eine solche Selektivität nicht »übermenschlicher« ist als unsere Fähigkeit, in einem stimmenerfüllten Raum mit weiteren Nebengeräuschen gezielt einer bestimmten Unterhaltung zu folgen.

Das ist zweifellos richtig – nur: *das Stimmengewirr* und *die Nebengeräusche*, aus denen der Radiästhesist »seine«, für ihn interessante »Unterhaltung« herausfiltert, hört sonst niemand. Auch keine Apparatur. Nur sein Pendel oder seine Wünschelrute. Die ganz spezifische Information, um die es jeweils geht, läßt sich auf konventionelle Art nicht erlangen. Außer durch Radiästhesie . . .

Ganz verschämte Hinweise auf die Besonderheit der Signale, die Radiästhesisten aufzufangen in der Lage sind, finden sich immer wieder in Dr. Harvaliks Versuchsreihen.

So ließ der Wissenschaftler Rutengänger mit verstöpselten Ohren mit dem Rücken zu einer Mauer stehen. Von der anderen Seite näherten sich in unregelmäßigen Abständen Personen. Dabei zeigte sich eindeutig, daß dergleichen den getesteten Sensitiven nicht zu verheimlichen war. Die Wünschelruten schlugen mit schöner Regelmäßigkeit aus, wenn jemand jenseits der Mauer etwa drei Meter herangekommen war. Faszinierende Aspekte nahm das Experiment an, als Dr. Harvalik die Personen, die sich an die Radiästhesisten heranpirschten, aufforderte, »erregende Gedanken« zu denken.

So dachten die meisten naheliegenderweise an Sex, und siehe da: Nun wurden sie von den Sensitiven bereits in doppelter Entfernung durch beziehungsvolles Aufbäumen der Wünschelrute ausgemacht.

Dr. Harvaliks Untersuchungen erinnern nicht selten an die Analyse von Mullins erstaunlich akkuraten Aussagen aus dem vorigen Jahrhundert. In vielen Fällen listet er detaillierte Angaben von Pendlern und Rutengängern auf, die der berühmten Voraussage von John Mullins um nichts nachstehen.

Das Originelle – und für uns besonders Interessante – ist die Tatsache, daß Dr. Harvalik im Zuge seiner Versuchsreihen entdeckte, daß er selbst zum Radiästhesisten geworden war. Und zwar zu einem beachtlichen.

In Australien entdeckte er ein Wasserreservoir aus beträchtlicher Distanz und nannte sogar die Entfernung – 12,6 Meilen – vollkommen exakt. Der Wassertechniker, der Dr. Harvalik befragt hatte, war darüber so verblüfft, daß er ihn aufforderte, die Tiefe der Wasserader zu nennen. Dr. Harvalik gab sie mit 68 Fuß an. »Ziemlich genau«, meinte der Ingenieur, »nur sieben Fuß daneben.« Am nächsten Tag stellte sich heraus, daß Dr. Harvaliks Angabe nicht ziemlich genau war, sondern ganz genau. Der Grundwasserspiegel war in den letzten Tagen um sieben Fuß gesunken und befand sich exakt in der genannten Tiefe von 68 Fuß.

Die offenbar schlummernden und durch seine Untersuchungen geweckten Fähigkeiten des Wissenschaftlers konnten sich schlußendlich mit denen der beachtlichsten Radiästhesisten messen. Als er die bereits erwähnte Kunst, durch Suchen auf einer Landkarte Verborgenes aufzuspüren, testete, stellte Dr. Harvalik auch diese Begabung bei sich selbst fest.

Es ist in dem Zusammenhang erwähnenswert, daß große Öl- und Mineralfirmen in unseren Tagen Radiästhesisten auf ihren Lohnlisten haben, die Öl-, Kohle-, Metall- und viele anderen Vorkommen mit Hilfe einer Karte und einer Wünschelrute – häufiger mit einem Pendel – kostengünstig lokalisieren. Der berühmteste dieser Fachleute ist Uri Geller. Die Tatsache, daß seine *Erfolgs*honorare ihn zum vielfachen Millionär gemacht haben, spricht für sich.

Betrachtet man alle Verzweigungen der Radiästhesie, so zeigt sich, daß sie buchstäblich in der Lage zu sein scheint, fast jede gewünschte Information aus dem – poetisch ausgedrückt – großen Lagerhaus des Wissens herauszuholen, in dem wir scheuklappenbewehrt herumtappen.

Beispielsweise konnte der Schweizer Edgar Devaux, den die Behörden gerne, wenn auch diskret, um Hilfe bitten, mit der Fotografie einer vermißten Hausfrau, einer Karte von Basel und seinem Pendel exakte Aufklärung über das Schicksal der Frau geben. Die Fotografie »sagte«

ihm, daß die Vermißte nicht mehr am Leben war, und auf dem Baseler Stadtplan lokalisierte er den Aufenthaltsort der Leiche. Wo Taucher sie dann auch fanden.

Fälle wie diesen gibt es zahlreiche. Sie sind dokumentiert, analysiert und verifiziert. Eines aber sind sie nicht: wegzurationalisieren – oder auch nur zu erklären.

Der Forscher T. C. Lethbridge – ein englischer Archäologe, der auf dem Umweg über seinen Beruf zur Radiästhesie gekommen war, sie dann selbst ausübte und seine Kollegen permanent durch Angaben über verborgene Fundstellen irritierte – verfocht die Theorie »spezieller Schwingungsraten«. Eine Reihe selbst durchgeführter Experimente bestärkte ihn in der Annahme, das jeweils zu Entdeckende müßte mit einer unterschiedlichen Länge der Pendelschnur (oder Kette) korrespondieren.

Mit wissenschaftlicher Akribie katalogisierte er die entsprechenden Längen für Kohle, Kupfer, Zinn und andere Substanzen, machte aber selbst vor Gras, Früchten und ähnlichem nicht Halt. Auch hielt er den Umstand, daß ihm sein Pendel untrügerisch verriet, welche Steine aus einer Menge vor ihm liegender zuvor etwas »über sich ergehen hatten lassen« (beispielsweise waren sie gegen eine Wand geworfen worden) für eine Bestätigung seiner Theorie.

Als er begann, auch die Schwingungsraten (Schnurlängen) abstrakter Dinge wie Liebe, Sex, Evolution, Wut etc. in seinen Katalog aufzunehmen, hätte ihm eigentlich klar werden müssen, daß er das Pferd beim Schwanz aufzäumte. Im übertragenen Sinn ähnelte er manchen Physikern von heute, die immer größere Teilchenbeschleuniger fordern, um neue Teilchen zu entdecken, und dabei übersehen, daß diese durch die immer höheren Energien, die dann zur Verfügung stehen, überhaupt erst geschaffen werden.

Natürlich stimmte Lethbridges Katalog exakt – allerdings nur für ihn. Denn – und damit sind wir wieder bei unseren eigenen Überlegungen – Lehtbridge selbst bestimmte die Schwingungsraten, wenn er es auch nicht wußte. Sein Geist war der Selektionsfilter und nicht die Länge der Pendelschnur, das Material einer Wünschelrute oder welchem Parameter er sonst seine Theorie zugrundegelegt hätte. Wahrscheinlich blockierte die Überzeugung, sich auf der richtigen Spur zu befinden, seinen klaren Blick für die altbekannte Tatsache, daß Radiästhesisten ihre individuellen Antwortkriterien haben beziehungsweise auswählen können

Manche Wünschelruten schlagen bei ein und demselben Zielobjekt nach oben oder nach unten, nach rechts oder nach links aus oder führen sonstige Tänze auf. Pendel drehen sich für JA im oder gegen den Uhrzeigersinn, schwingen aber auch von rechts nach links beziehungsweise von links nach rechts oder vom Körper weg etc. Die Auswahl ist groß und steht Radiästhesisten *de facto* offen. Jene, die sich damit nicht herumschlagen wollen und lieber nach einer »klassischen« Methode vorgehen, haben auch dadurch natürlich eine Wahl getroffen. Aber das wissen wir ja bereits . . .

Man kann es drehen und wenden wie man will: *Wir* sind die Empfangsstationen in einem Informationsuniversum, wie es die Physiker heute bereits nennen. Pendel oder Wünschelrute spielen nur die Rolle von Verstärkern, damit wir überhaupt bemerken, daß wir eine Antwort empfangen haben.

Wilhelm de Boer sah die elektromagnetischen Wellen der Radiostation, die er gerade anpeilte, nicht selbst, seine Wünschelrute aber informierte ihn, wenn es soweit war. Jeder einzelne Fall zeigt den Ablauf der Vorgänge: *Suche nach der Information . . . Einklinken in die gesuchte Information . . . Einströmen der Information . . . körperliche Reaktion durch unbewußte psychosomatische Wechselwirkung* (Pendel schwingt, Rute schlägt aus) . . . *bewußtes Wahrnehmen der Information.* Und zuletzt: *Bekanntgeben der Information.* Als allerletzten Punkt könnte man vielleicht noch hinzufügen: Ringsum Auftreten von Unglauben und Verblüffung – gefolgt von Erstaunen, wenn die Richtigkeit des Angekündigten festgestellt ist.

Daß unser Sensorium in Wirklichkeit viel breiter ist als wir im Normalfall erleben (vielleicht, weil man uns beigebracht hat, daß wir nur fünf Sinne besitzen und wie begrenzt diese zudem sind), ist eine Tatsache.

Caspar Hauser konnte Infrarotlicht (Wärme) sehen, und Yuliya Vorobyeva nimmt Röntgenstrahlen war. Ähnliches gibt es noch in verschiedenen Varianten. Diese »Supereigenschaften« lassen sich offensichtlich nicht erlernen, sondern sind angeboren beziehungsweise durch ganz spezielle Bedingungen – siehe Caspar Hauser – hervorgerufen worden. So beeindruckend sie auch sein mögen, wirklich brauchen wir sie eigentlich nicht, und technische Geräte können sie leicht (und besser) nachahmen. Sie sind nur Indizien dafür, daß der Mensch die komplizierteste – und feinfühligste – »Maschine« ist, die es gibt. Immerhin hat das gesamte Universum etwa 20 Milliarden Jahre gebraucht, um sie hervorzubringen.

Irgendwie sind wir ein Teil des Universums und irgendwie können wir mit diesem kommunizieren. Beispielsweise durch Radiästhesie. Und das bringt kein Gerät aus Menschenhand zuwege.

Nun wird die Frage immer unüberhörbarer: Wie also macht man »es«?

Die Starthilfe mit den geistigen Pendelanweisungen haben wir schon kennengelernt und festgestellt, daß sie noch nicht der direkte Draht zum universellen Wissen ist. Die Folgsamkeit des Pendels demonstriert lediglich die unwillkürliche Wechselwirkung zwischen Geist und Körper, die uns unbewußt kleinste Arm- und Handbewegungen machen läßt, wodurch das Testpendel schwingt, kreist etc. Soweit so klar, nur: Wie geht es weiter? Es ist sicher eine Hilfe zu wissen, daß unser Körper einlangende Botschaften weitergibt und uns – z. B. durch ein Pendel oder eine Wünschelrute – zur Kenntnis bringt. Klar ist allerdings nach wie vor nicht, wie wir an solche Botschaften herankommen.

Der Weg dazu wurde allerdings schon angeschnitten. Er ist, schlicht und einfach, sich damit zu beschäftigen und sich ganz bewußt zu öffnen. Die Nähe eines praktizierenden Radiästhesisten kann den Prozeß beschleunigen beziehungsweise überhaupt erst in Gang bringen. Selbst dann, wenn man gar nicht beabsichtigt, Pendeln oder Rutengehen zu erlernen, sondern sich aus anderen Gründen mit Radiästhesie befaßt. Dr. Harvalik oder Tom Lethbridge sind gute Beispiele für diesen Effekt, dem auch andere Forscher immer wieder begegnen. Und nicht nur diese.

Der bekannte englische Autor Colin Wilson, der viel über Grenzwissenschaft und verwandte Gebiete publiziert (sein wohl bekanntestes Werk ist »Das Okkulte«), berichtet in seinem Buch »Beyond the Occult« von einem solchen Erlebnis. 1972 recherchierte er über die Fähigkeit des Sensitiven Robert Leftwich, einem bekannten Rutengänger.

Unter Leftwichs Anleitung versuchte Wilson, eine unterirdische Wasserader zu lokalisieren. Die Wünschelrute in der Hand schritt der Autor voran, wobei er sich von Leftwich entfernte, der ihm den Rükken zukehrte.

Als Colin Wilson über den unterirdischen Wasserstrom ging, zuckte die Rute in seiner Hand. Im selben Augenblick rief Leftwich: »Halt, Sie sind genau darüber!«, obwohl er in die entgegengesetzte Richtung blickte.

Solche Schützenhilfe haben wir allerdings normalerweise nicht. Glücklicherweise geht es auch ohne.

Damit sind wir wieder beim Thema.

Sich öffnen, damit befassen etc. sind nicht sehr klare Angaben. Was also soll man konkret *tun*?

Ganz einfach pendeln. Rutengehen ist für den Anfang kaum das Richtige, zudem bietet das Pendel generell (und für den »Hausgebrauch« ganz besonders) mehr Möglichkeiten. Auch in der Lernphase . . .

Grundschule: pendeln – aber richtig

Der schon erwähnte englische Archäologe T. C. Lethbridge pendelte erfolgreich mit einer Kugel aus Haselholz an einer Schnur von mehr als einem Meter Länge, während der Rutengänger Willie Donaldson aus Yorkshire eine Pennymünze als »Rute« verwendet, die in seiner ausgestreckten Handfläche zu springen beginnt, wenn er Signale erhält.

Diese Beispiele stehen für zahllose und für das gesamte Gebiet der Radiästhesie. Daraus ergibt sich im Augenblick folgende angenehme Konsequenz: Wir können die »Materialfrage« außer acht lassen und brauchen nicht zu überlegen »Welches Pendel soll ich benützen?«

Wohl stößt man auf die unterschiedlichsten Arten und Formen von Pendeln, wohl differieren die Materialien und schwören Pendler auf goldene oder silberne Pendel, wohl werden Gewichte, Schnurlängen und anderes diskutiert, doch stellt all dies *de facto* kein wirkliches Problem dar.

Sicher, fast jeder Radiästhesist arbeitet nur mit »seinem« Pendel und würde mit einem fremden wahrscheinlich bescheidene oder gar keine Resultate erzielen, aber das liegt nicht daran, daß er das »korrekte« Pendel benützt, sondern in seiner Entscheidung für *ein* Exemplar aus der vielfältigen Palette. Dieses ist dann *sein* Pendel und damit das – für ihn – korrekte (wäre das nicht so, gäbe es nur ein einziges, in Größe, Material, Form, Gewicht usw. klar definiertes Pendel, mit dem gearbeitet werden kann).

Man wählt also schlicht und einfach ein Pendel aus, das einem zusagt. Auch von grundsätzlichen Unterscheidungen nach *siderischen* (stellaren) und *physikalischen* (irdischen) Pendeln wollen wir uns nicht verwirren lassen. Sie sind bei Licht besehen ebenfalls künstlich und entspringen dem menschlichen Drang des Systematisierens, nicht der Natur der Radiästhesie. Noch einmal: Jedes Pendel ist in Ordnung, selbst ein Schlüssel an einer Schnur oder ähnliches.

Nun geht es an die Praxis. Wie hält man sein Pendel am besten?

Es gibt die unterschiedlichsten Haltungen. Die gebräuchlichste, und wohl auch praktischste, ist das Halten des Fadens oder der Kette zwischen Daumen und Zeigefinger der »Arbeitshand« (Linkshänder sind also in keiner Weise benachteiligt). Ebensogut kann der Pendelfaden in einer Schlinge beziehungsweise in einem Ring enden. Schlinge oder Ring wird über einen ausgestreckten Finger (meist der Zeigefinger) gestreift, so daß das Pendel wie der Haken bei einem Kran herabhängt. Ganz nach persönlichem Geschmack. Wichtig ist lediglich, daß das Pendel frei hängt und sich ungehindert bewegen kann. Es kann im Stehen oder Sitzen – wenn man unbedingt will, auch im

Liegen – gependelt werden, üblicherweise jedoch in sitzender Haltung. Von letzter sollten Anfänger Gebrauch machen.

Nun sitzt man also an einem Tisch, den Arm angewinkelt, das Pendel schwebt an seinem Faden oder seiner Kette einige Zentimeter über der Tischplatte oder über dem Gegenstand, an dem man üben will.

Nun beginnt der geistige Teil. Auch in diesen sollte man nicht kopfüber und unvorbereitet hineinspringen. Es liegt auf der Hand, die Pendelübungen nicht schnell-schnell in der Mittagspause einzuschieben. Auch soll man sich nicht dazu zwingen, wenn man im Streß ist, von Nervosität geplagt wird, eben eine Auseinandersetzung oder eine heftige Aufregung hinter sich hat. Bei bevorstehenden Konflikten und heftigen Sorgen gilt die gleiche Empfehlung: Finger weg vom Einstieg in die Radiästhesie. Ohne Ruhe, Zeit und klaren Kopf gar nicht erst beginnen.

Es ist trivial, muß aber gesagt werden: Morgenmenschen sollen nicht am Abend pendeln und umgekehrt.

Gut, die Voraussetzungen sind also erfüllt. Dann entspannt man sich erst einmal, bis man eine gewisse innere Ruhe in sich fühlt. Alles ganz locker. Verbissene Konzentration mit verkrampften Kinnladen führt nicht zur Entspannung, weil man sich auf Lockerung eben nicht konzentrieren kann. Nachdem die Gedanken einige Minuten frei und ungehindert geflossen sind und man sich so ziemlich unverkrampft fühlt, spricht man sein Pendel geistig an. Man sagt in etwa mental: »Pendel, zeige mir an, wenn du bereit bist, mir zu antworten«.

Einige Zeit lang wird nichts geschehen, dann aber werden sich in den meisten Fällen Pendelbewegungen einstellen. Zuerst zart und unmerklich, bald aber unübersehbar. Haben wir damit schon das Fenster zum kosmischen Wissen aufgestoßen? Ein wenig, einen ganz kleinen Spalt. Noch ähnelt diese Vorgangsweise der bereits erwähnten Grundübung, durch die man ein Pendel nach Belieben schwingen lassen kann, die *de facto* aber nur demonstriert, daß die Hand sich bewegt, wenn der Geist es befiehlt. Trotz dieser Parallelen handelt es sich um eine Weiterentwicklung, die in eine gänzlich andere Richtung geht. Verwendet wird nur dieselbe Technik.

Der »Trick« liegt in der Umkehrung des Prinzips. Zuerst haben wir die unbewußte Einflußnahme auf das Pendel bewiesen, und jetzt fordern wir das Pendel auf, uns anzuzeigen, wenn wir zufällig mit irgendeinem Informationsfragment »auf derselben Wellenlänge« sind, das durch Raum und Zeit vagabundiert.

Dergleichen geschieht offenbar ununterbrochen, doch wir merken es nicht oder kaum. Wenn wir es bemerken, dann nur sehr, sehr vage. Ein undefinierbares Gefühl beschleicht uns, wir spüren fremde Eindrücke, seltsame Gedanken, sind irritiert. Dergleichen geht schnell wieder vorbei, so als ob man bei einem Rundfunkempfänger die Frequenzbänder durchgeht und immer wieder ferne Stationen streift, die aber so undeutlich und schwach sind, daß man sie kaum bemerkt. Dazwischen rauscht es weiter. Man müßte bei jedem dieser fernen Sender anhalten, das Signal zu verstärken trachten und ganz fein abstimmen. Die Radiästhesie ist – so scheint es – das Instrument zu dieser Verstärkung und Feinabstimmung. Oder, um die Analogie auf die Spitze zu treiben: Unser Körper, besser gesagt, unser Geist, ist das Empfangsgerät und Pendel, oder Wünschelruten sind die Antennen. Durch sie erfahren wir, daß es ans Einjustieren gehen kann.

Für uns bedeutet das Nachfragen, welche Botschaft gerade hereingekommen ist. Dazu muß jedoch vorher erst ein Verständigungscode zwischen Pendel und Pendler etabliert werden, sozusagen eine »gemeinsame Sprache«.

Nachdem das Pendel sich also zu Wort gemeldet hat, geht man an die Ausarbeitung dieser Sprache. Durch Anweisungen wie: »Zeige mir, wie du mir JA mitteilen willst, wie NEIN, wie ich erfahre, daß ich meine Frage anders stellen muß, usw. . . .« entwickelt sich die »Gesprächsbasis«.

Man würde meinen, daß die Bewegungsmöglichkeiten eines Pendels sehr begrenzt sind, nämlich: zwei Arten von Kreisen und Hin- und Herschwingen vor dem Körper beziehungsweise zum Körper hin und wieder weg. Dem ist nicht so. Im Laufe des »Dialogs« kann sich ein ganzes System an Codes (elliptische Bewegungen, unterschiedlich große Kreise und Schwingungen und vieles andere) herauskristallisieren. Dieses vollkommen individuelle »Alphabet« ist der persönliche Draht zu einem Pendel. Der Umstand, daß viele Pendler nur mit ihrem ganz persönlichen Instrument arbeiten können und es reinigen (entoden) müssen, wenn jemand anderer es berührt hat, resultiert mit ziemlicher Wahrscheinlichkeit einzig und allein in der Überzeugung, daß es eben so sein muß. Theoretisch lassen sich die persönlich erarbeiteten Pendelsignale mit jedem Pendel produzieren, da es lediglich winzige Körpersignale verstärkt. In der Praxis ist es sicher besser, ein bestimmtes Pendel immer zu verwenden, da Vertrautheit und Gewöhnung (auch bei leblosen Dingen) starke psychologische Faktoren sind – und unsere Psyche spielt eine große Rolle bei der subtilen Kunst der Radiästhesie.

Nun hat man also die Gesprächsbasis hergestellt; die Antenne ist sozusagen einjustiert. Jetzt könnte man eigentlich darangehen, den Sender zu suchen, von dem man etwas hören will. In der Welt des Funkverkehrs dreht man in einem solchen Fall die Antenne.

Der Radiästhesist hat es sogar noch leichter, er braucht sich lediglich auf eine *bestimmte* Frage zu konzentrieren. Irgendwie – niemand kann sagen, wie und warum – beginnt dann offenbar der menschliche Geist sozusagen astrale »Frequenzbänder« abzutasten. Der Vergleich mit einem eingebauten Radarschirm, von dem eine Art mentaler Peilstrahl ausgeht, der suchend durchs Universum kreist, bis er den gewünschten Widerhall gefunden hat, bietet sich an.

Wie auch immer. Früher oder später kommt es zur Verbindung zwischen gesuchter und im Irgendwo gespeicherter Information. Dann geschieht »etwas« (man könnte es im weitesten Sinn als Resonanz bezeichnen, doch haben wir im Grunde die Ebene der gängigen Alltagsbegriffe hier schon verlassen).

Das Pendel bewegt sich. Es kann gezielt weitergefragt werden. Der direkte Draht zum universellen Wissen (zum morphogenetischen Feld, zur »Erleuchtung«, zur kosmischen Intuition, zum Informationssee) ist hergestellt.

Man ist zum Radiästhesielehrling geworden. Für alles Weitere gilt das Sprichwort: »Übung macht den Meister«.

Klingt eigentlich alles ganz einfach. *Zu* einfach, möchte man fast meinen.

Selbst wenn unser Unterbewußtes sich in einen Pool von Wissen oder Information einklinken kann, der unseren Kosmos ebenso durchflutet, wie die Myriaden von Neutrinos, die auch niemand bemerkt, so erscheint der hier aufgezeigte Zugang zu jenen verschlossenen Regionen unserer Psyche doch mehr als simpel.

Immerhin verbringen viele Menschen Jahre ihres Lebens bei Psychotherapeuten und erlangen mitunter nur sehr unvollständig Zugang zu ihrem Unbewußten. Manchmal auch gar nicht. Und mit einem Pendel soll derartiges sozusagen im Vorübergehen möglich sein?

In den siebziger Jahren entstand in den Vereinigten Staaten von Amerika ein völlig neuartiges Therapiesystem, in welchem exakt und simpel das praktiziert wird, von dem wir die ganze Zeit sprechen: Ein Dialog mit dem Unterbewußtsein.

Es nennt sich »Neurolinguistisches Programmieren« und ist in der Zwischenzeit unter dem Kürzel NLP zu einem unübersehbaren Faktor in Psychologie und Psychiatrie geworden (und nicht nur dort . . .). Geistige Väter dieses Systems sind die berühmten Gestalt-Therapeuten Milton H. Erickson, Fritz Pearls und Virginia Satir. Die Motoren der gegenwärtigen Verbreitung waren die Psychologen Richard Bandler und John Grinder. In unseren Tagen hat NLP aufgrund der ungeheuren *Sofort*wirkung die Grenzen der medizinisch-therapeutischen Welt gesprengt und ist bis in die Bereiche New Age, Esoterik, Gruppendynamik etc. vorgedrungen beziehungsweise eingedrungen. Auch wenn von Fachleuten beklagt wird, daß NLP die Hintergründe von unbewußten Prozessen links liegenläßt und »lediglich« – dafür aber schnell, schmerzlos und zielgenau – Konflikte löst, Blockaden aus dem Weg räumt und sogar schwerste Prägungen im Handstreich unschädlich macht, so stört das die Betroffenen wenig.

Was sie oft jahrelang quälte, wurde durch NLP in Minutenschnelle bereinigt. Selbst eine sehr dramatische innere Umstellung kann durch sogenanntes *Reframing* (am besten zu übersetzen mit Umdeuten) bewerkstelligt werden.

Erstaunlich, aber was hat dies mit Radiästhesie zu tun? Wahrscheinlich mehr, als es scheinen mag.

Im Zuge des erwähnten *Reframings* – ein absolut unanzweifelbarer, psychotherapeutischer Prozeß – nimmt man direkten Kontakt mit dem Unbewußten auf. Man kommuniziert im wahrsten Sinne des Wortes mit ihm. Und das wirklich kinderleicht (die Erkenntnis dieser Einfachheit war sicher eine der Ursachen für den Siegeszug von NLP).

Diese Kommunikation könnte in der Tat einfacher nicht sein: Man *fragt* sein Unbewußtes – und *es antwortet.* Natürlich kann man sich darunter kein normales Gespräch vorstellen, etwa in der Art: Geistige Frage: »Hallo Unterbewußtsein, ich würde mich gerne mit dir über meine Probleme unterhalten. Bist du einverstanden?« Geistige Antwort des angesprochenen Unterbewußtseins: »Aber natürlich, alter Freund, wurde auch Zeit, daß du mal gefragt hast.«

Ganz so läuft es nicht – aber auch nicht extrem anders.

In der Praxis findet diese Kommunikation durch eine Reihe von Signalen statt, die man zuerst einmal mit dem Unbewußten vereinbart. Man adressiert sein Innenleben etwa folgendermaßen: »Jener Teil meines Bewußtseins, der für das Verhaltensmuster X (hier nennt man, was einem Probleme bereitet) verantwortlich ist, wärst du bereit, mit mir zu kommunizieren und mich mehr über mein Problem wissen zu lassen? Wenn ja, gib mir ein Zeichen.« Dann lauscht man in sich. Antwortet das Unterbewußtsein, erhält man ein Zeichen: Es läutet im rechten Ohr, man spürt ein Ziehen in der großen Zehe oder sonst etwas. Dies ist der Beginn der Kommunikation. Durch nachstoßende Fragen und Anweisungen wird der (Gesprächs-)Signalcode etabliert (man bittet um Verstärkung des ursprünglichen Signals für JA beziehungsweise dieses wird von selbst schwächer, wenn das Unterbewußtsein NEIN signalisieren will usw.).

Klappt alles nicht sofort, kann man die Formulierungen variieren und sich immer wieder neu heranpirschen. Irgendeinmal kommt es dann meistens zur Verbindung, die nicht nur zufällig eine gewisse Verwandtschaft zur Kommunikation mit dem Unbewußten via Pendel (oder Wünschelrute) aufweist. Diese streifende Exkursion in das faszinierende, revolutionäre Gebiet des »Neurolinguistischen Programmierens« hat gezeigt, daß unser Unbewußtes absolut nicht unzugänglich ist. Man muß es nur direkt ansprechen (und natürlich wissen, wie). Mit NLP holen wir heraus, was in uns *vorhanden ist*, und mit Radiästhesie, was in uns *einströmt*.

Ein Kosmos von Antworten

Nach einer unterschiedlich langen Zeit des Lernens und Übens, werden die meisten eine gewisse Routine im Hervorrufen von spezifischen Pendelreaktionen erlangt haben. Man nimmt die entsprechende Haltung ein, läßt seinen Geist einige Minuten »auslüften« und beginnt, sich dann immer mehr auf das Pendel zu konzentrieren. Üblicherweise mit einer Frage oder der Aufforderung um ein Lebenszeichen des Instrumentes.

Die gewünschten Reaktionen stellen sich dann gewöhnlich bald ein. Und damit gewisse Probleme. Die Probleme des »richtigen« Fragens, die bei der Radiästhesie durch eine zusätzliche Dimension noch verstärkt werden.

Ein Beispiel demonstriert dies am klarsten.

Man hat einen Schlüssel verloren und versucht herauszufinden, wo. An sich scheint das nicht weiter schwierig. Schon auf der elementaren Ebene der reinen JA/NEIN-Antworten müßte es möglich sein. Selbst für Anfänger scheinen keine Stolpersteine in Sicht.

Frohgemut beginnt man, das Verlorene einzukreisen. Gehen wir der Einfachheit halber davon aus, daß der Fragende nicht oft danebentippt. Also:

> *Frage:* »Befindet sich der Schlüssel im Haus?«
> *Antwort:* JA.
> *Frage:* »Befindet er sich in einem der ebenerdigen Räume?«
> *Antwort:* JA.
> *Frage:* »Befindet er sich im Wohnzimmer?«
> *Antwort:* NEIN.
> *Frage:* »Befindet er sich in der Küche?«
> *Antwort:* JA.
> *Frage:* »Befindet er sich im Küchenkasten?«
> *Antwort:* JA.
> *Frage:* »Befindet er sich in der obersten Lade?«
> *Antwort:* NEIN.
> *Frage:* »Befindet er sich in der mittleren Lade?«
> *Antwort:* NEIN.

Man atmet innerlich auf. Der Schlüssel ist gefunden, denn der Küchenkasten hat nur drei Laden. Die unterste *muß* es somit sein.

> *Frage:* »Befindet er sich in der untersten Lade?«
> *Antwort: NEIN.*

Verwirrung. Man hat doch keinen Fehler gemacht. Die Spur war klar und unmißverständlich. Wieso behauptet das Pendel jetzt, der Schlüssel sei nicht in der untersten Lade? Ist er jetzt doch nicht im Küchenkasten, oder was ist eigentlich sonst los?

Ganz einfach: Man hat nicht korrekt gefragt. Der geschilderte Vorgang zeigt nicht nur anschaulich, wie man zu Beginn sofort mit dem Pendel arbeiten kann, ehe man sich mit den Feinheiten befaßt (die wir gleich kennenlernen werden), sondern auch verborgene Fallstricke.

In einer solchen Situation kann eine einfache Kontrollfrage das Mysterium klären (und fördert gleichzeitig eine Besonderheit der Radiästhesie zu Tage). Sie lautet: »*Hat* sich der Schlüssel *zu irgendeinem Zeitpunkt* in der untersten Lade des Küchenkastens befunden?« Wahrscheinlich wird die Antwort dann JA sein.

Eine der verblüffendsten Seiten der Radiästhesie ist nämlich ihre Losgelöstheit vom Hier und Jetzt. Der postulierte Informationsozean erstreckt sich offenbar nicht nur durch den Raum, sondern auch *durch die Zeit*. Informationen können nicht nur aus der Gegenwart, sondern auch aus der Vergangenheit (und aus der Zukunft!) aufgefangen werden. Man muß sich dessen immer bewußt sein, dann werden weitere Fragen Klarheit bringen. Radiästhesisten, die dies nicht bedenken, können ein Lied von den damit verbundenen Problemen singen. Nicht selten wurde z. B. ein verborgener Schatz auf einer Landkarte lokalisiert, nur um festzustellen, daß er schon vor langer Zeit weggeschafft worden war.

Ein weiteres Indiz dafür, daß die erwähnten abstrakt-wissenschaftlichen Theorien tatsächlich im Spiele sind ...

Sind sie es wirklich? Die Vorstellung, *zukünftiges* Wissen anzuzapfen, ist nicht so ohne weiteres zu verdauen. Daran können selbst die exotischsten physikalischen Theorien wenig ändern.

Man bräuchte schon Greifbareres, um die Pendelarbeit mit der inneren Gewißheit durchführen zu können, daß man auf diese Weise auch ins Morgen blicken kann. Gezielt oder »zufällig«.

Nun ließen sich zahlreiche, hieb- und stichfest untermauerte Beispiele für Präkognition anführen. Sie haben naturgemäß den Charakter von Visionen, Erleuchtungen, Eingebungen etc. und sind nur in den seltensten Fällen das Resultat einer »handfesten Technik«, die sich mit dem Pendeln (oder Rutengehen) vergleichen läßt.

Darum wollen wir auf die klassischen Vorausschaufälle – so verblüffend sie auch sind – nicht näher eingehen. (In meinem Buch »Unerklärliche Phänomene – jenseits des Begreifens« habe ich dem Blick in die Zukunft ein Kapitel gewidmet und die erwähnten Fälle unter die Lupe genommen). Für angehende Pendler dürfte eine wissenschaftliche Versuchsreihe von Bedeutung sein, bei der sich zeigte, daß es sehr wohl so etwas wie einen »praktischen Zugang« zur Präkognition gibt. Bewußt und unbewußt!

Der deutsch-amerikanische Physiker Dr. Helmut Schmidt führte als erster Computeruntersuchungen paranormaler Fähigkeiten durch. Die nach ihm benannten »Schmidt-Maschinen« basieren auf dem radioaktiven Zerfall des Isotops Strontium 90. So können den Ergebnissen der Testpersonen absolut unverfälschbare Zufallswerte gegenübergestellt werden. Ein narren- und täuschungssicheres System. Überraschungssicher ist es allerdings nicht.

Die in Dr. Schmidts Laboratorium in Durham, Nord-Carolina, USA, aufgebaute Experimentalanordnung sah schrittweises Vorgehen vor. Als erstes mußten die Getesteten erraten, welche von vier Lampen aufleuchten würde. Da dieses Aufleuchten durch das radioaktive Element gesteuert wurde, regierte die Statistik mit harter Hand. Nach ihren unbefriedigenden, aber unbeugsamen Gesetzen durften die Versuchspersonen 25 Prozent richtig vorhersagen. Tatsächlich jedoch lag die Rate bei 27 Prozent. Es gab also bei 63 000 Versuchen siebenhundert Richtige mehr als erlaubt.

Nun forderte der Experimentator die Teilnehmer auf, das Aufleuchten der Lampen bewußt zu beeinflussen. Auch hier eine kleine – aber signifikante – Abweichung, und zwar 53 Prozent an Stelle der zu erwartenden 50 Prozent.

Eisern entschlossen, den Versuch bis über die Grenzen des Phantastischen zu treiben, nahm Dr. Schmidt eine Änderung bei der letzten Versuchsanordnung vor. Nicht mehr Zufallsabläufe beeinflußten das Aufleuchten der Lampen unmittelbar, sondern Magnetbänder mit *vorher festgelegten* Signalen. Damit konnte es genausowenig zu einer direkten Einflußnahme (durch Psychokinese) kommen, wie dies auf den Ablauf eines Films auf der Kinoleinwand möglich wäre. Zur größten Verblüffung des Wissenschaftsteams änderte sich gar nichts. Die Testpersonen waren nach wie vor in der Lage, vorher zu sagen, welche Lampen sie zum Aufleuchten »zwingen« würden (zumindest 53 Prozent, was nicht sehr beeindruckend klingen mag, aber jeder rationalen Erklärung dennoch den Todesstoß versetzt).

Ignoriert man sämtlich absurde, an den Haaren herbeigezogenen oder alles auf Meßunschärfen schiebende Erklärungsversuche, so bleibt nur eine einzige Deutung: *Präkognition.* Die »sensitiven« Teilnehmer des Experiments hatten zwar geglaubt, die Lampen telekinetisch zu beeinflussen (was unmöglich war), in Wirklichkeit aber »lediglich« abermals vorher gewußt, was gleich geschehen würde.

Man muß sich einmal in Ruhe klar machen, was das eigentlich bedeutet: Nicht mehr und nicht weniger als die ungeheuerliche Tatsache, daß der menschliche Geist Wunder zu vollbringen vermag, die so ziemlich jeder wissenschaftlichen Erklärung Hohn sprechen. Und das noch dazu unbewußt und nicht selten »im Vorübergehen«. Die genannten Trefferquoten repräsentieren immerhin – so bescheiden sie auch in

Prozenten erscheinen – Zufalls*un*wahrscheinlichkeiten von zwischen 1 zu 10 Millionen bis 1 zu 500 Millionen, den Umstand gar nicht berücksichtigt, daß Menschen den Verlauf von subatomaren Vorgängen vorhersagen können, was für die moderne Physik absolut unmöglich ist. Besser gesagt, von ihr als unmöglich deklariert wird. Im vorliegenden Fall haben wir es ziemlich sicher mit einer Art innerem Selbstregulierungsprozeß zu tun, der automatisch die »richtige« mentale Methode zur Bewältigung einer Aufgabe wählt, ungeachtet der Tatsache, was der Betreffende zu tun glaubt oder beabsichtigt. Dr. Schmidts Testpersonen waren der Meinung, Psychokinese anzuwenden, ihr Unterbewußtsein aber wußte besser, wie der Problemstellung beizukommen war ...

Ähnliches wird sich wohl auch bei der Radiästhesie abspielen. Wir stellen die entsprechende Frage, unser »innerer Empfänger« erwacht zum Leben, justiert sich selbst ein und meldet sich dann – über Pendel oder Rute.

Ein gezielter Blick in das Gebiet der parapsychologischen Forschung zeigt, daß dieser Mechanismus offenbar oft abläuft. Er wird wahrscheinlich nur selten erkannt. Manchmal aber schon.

Der britische Dozent für Mathematik am University College in London, Professor Samuel George Soal (1889–1975), der 1945 als erster mit einer Dissertation über Parapsychologie in England promoviert wurde und von 1949 bis 1951 Präsident der renommierten *Society for Psychical Research* war, stieß im Jahr 1939 gleich zweimal auf dieses verblüffende Phänomen, das zweifellos in vielen Versuchsauswertungen unerkannt schlummert.

Zu Anfang verlief die Testreihe mit einer Hausfrau namens Gloria Stewart ergebnislos. Sie schien nicht in der Lage, Bilder aufzufangen, die ihr telepathisch gesandt wurden. Im Verlauf des offenbar zu nichts führenden Experiments erkannte Professor Soal plötzlich zu seiner ungeheuren Verblüffung: Die Hausfrau hatte sehr wohl eine hohe Trefferquote, allerdings zeichnete sie immer das *nächste* Bild.

Da Mrs. Stewarts Testpartner das zu sendende Motiv aufs Geratewohl auswählte, hatte es geraume Zeit gedauert, um zu realisieren, daß die ESP-Fähigkeiten der Testperson in die Zukunft griffen. Der viel strapazierte Zufall schied aufgrund der Häufigkeit der richtigen Voraussagen aus. Identisches kann man auch in Professor Soals Testbericht über den Fotografen Basil Shackleton entdecken. In Anwesenheit mehrerer angesehener Wissenschaftler der *Society for Psychical Research* war der Getestete in der Lage, das Symbol der Karte aufzuschreiben, die als nächste an die Reihe kommen sollte. Er konnte diese Leistung beliebig oft wiederholen, und es spielte keine Rolle, ob die bekannten Rhine-Zener-Karten verwendet wurden oder solche mit Abbildungen, Farben oder spezifischen Worten. Shackletons Vorausschau war stets präzise in jeder Beziehung, und das mit einer Genauigkeit von 1 zu 10 hoch 35 (eine Zahl mit fünfunddreißig Nullen).

Der Cambridger Professor C. D. Broad berichtete über S. G. Soals Versuchsanordnung, die übrigens zu den best kontrollierten gehörte, die zu der Zeit möglich waren: »Es kann keinen Zweifel geben, daß die Ergebnisse geschehen sind und korrekt beschrieben wurden. Auch nicht darüber, daß sich die Wahrscheinlichkeit gegen zufällige Übereinstimmung auf bis zu Milliarden zu eins beliefen, und daß diese Vorgänge im Widerspruch zu einem oder mehreren elementaren Gesetzen der Physik stehen.«

Über die Frage, was unser Unterbewußtsein manchmal zu gar nicht verlangten »Fleißaufgaben« veranlaßt, könnte man endlos spekulieren. Für uns von Wichtigkeit ist die Feststellung, daß wir uns nicht den Kopf darüber zerbrechen sollen, *wie* unser Geist im Endeffekt an eine Aufgabe herangeht, und – daß methodische Zukunftsschau möglich ist (selbst wenn man es nicht *a priori* darauf anlegt).

Von besonderer Bedeutung ist gleichzeitig die fast schon »handwerklich« zu nennende Art und Weise dieses Vorgriffs auf Kommendes.

Genau auf dieses Handwerkliche im Bereich der Radiästhesie wollen wir ja hinaus; sozusagen auf Esoterik für den Hausgebrauch.

Kommt etwa beim Zeichnen eines Horoskops zuerst die »Technik« und dann die – im Wesentlichen intuitive – Auswertung, so besteht die Radiästhesie zum Großteil aus praktischer Anwendung (wenn die innere mentale Basis einmal geschaffen wurde . . .).

Ein elementarer Teil dieser Basis ist das Erkennen und Akzeptieren *aller* Möglichkeiten von Pendel (und Rute).

Nehmen wir es ruhig als gegeben hin, daß wir mit einem Pendel (in gewisser Form auch mit einer Rute) selbst Zukünftiges abfragen können. Der menschliche Geist ist zu einer Exkursion ins Morgen fähig – davon konnten wir uns eben überzeugen –, und somit besteht kein Grund zur freiwilligen Selbstbeschränkung. Nutzen wir ganz einfach die unbegrenzten Möglichkeiten des Pendels, worauf sie in letzter Konsequenz auch immer basieren mögen.

Fest steht jedenfalls: Alles, was geschehen ist und geschehen wird, ist Bestandteil des unbegreiflichen kosmischen Wissens, das angezapft werden kann. Im Grunde sind der Radiästhesie keine echten Grenzen gesetzt. Man kann sie auf jedem nur denkbaren Gebiet anwenden. Sie ist in der Lage, den (wahren) Charakter eines Menschen zu enthüllen, Karrierechancen aufzuzeigen, Partnerschaften klar zu sehen oder herbeizuführen, ja als regelrechtes »Liebesbarometer« zu dienen, verschwundene Personen und Verlorenes aufzufinden, seelischen Leiden auf den Grund zu gehen und körperliche ans Tageslicht zu holen, Medikamente, Lebens- und Genußmittel auf ihre Bekömmlichkeit zu untersuchen, Familienprobleme in den Griff zu bekommen, Treue beziehungsweise Untreue eines Partners festzustellen, Geldsorgen zu meistern, die richtige Berufswahl zu treffen etc.

Man muß sich all dieser Möglichkeiten nur bewußt sein. Einige Anregungen zur Ausarbeitung von Fragen und zum vielfältigen Einsatz des Pendels werden solches demonstrieren. Mit Ideenreichtum und konsequent eingesetzt, kann ein Pendel tatsächlich einiges zu Glück, Liebe, Befreiung von finanziellen Sorgen, Wohlbefinden und Sicherheit beitragen. *Kann* ist und bleibt das entscheidende Wort.

Noch sind wir aber bei der Handhabung, noch stehen Instrumentarium und Technik im Vordergrund.

Dann erst kommt die praktische Nutzung.

Das Instrumentarium besteht aus einem Pendel (und zwar aus einem beliebigen – was, wie schon erwähnt, auch für die Rute gilt).

Die Technik scheint simpel, ist es aber nicht.

Wir haben schon darüber gesprochen, daß erst einmal eine »Sprache« zwischen Pendler und Pendel etabliert werden muß.

Eine Sprache ist aber mehr als die bloße Fähigkeit, unterschiedliche Geräusche von sich zu geben. Wohl kann man sich auch durch Grunzen und andere Urlaute verständigen, aber diese Kommunikation ist sehr eingegrenzt. Mit komplexeren Inhalten wird man sich schwer tun.

Ein System von Dialogcodes, die man als Alphabet der ganz persönlichen Sprache eines Menschen mit »seinem« Pendel bezeichnen könnte, ist bereits angeklungen, doch nur andeutungsweise. Noch stehen wir auf der Schwelle der Urlaute, das heißt, der nicht sehr differenzierten Pendelantworten.

Wie gesagt: Der Dialog ist eine rein individuelle Angelegenheit. Es gibt keine fixen Vorgaben. Jede persönliche »Sprache«, die zu erkennbaren Antworten führt, ist in Ordnung.

Trotzdem, eine kleine Orientierungshilfe kann nicht schaden. Am besten durch ein Beispiel. Stellen wir uns vor, es geht um eine Charakteranalyse mit Hilfe einer Fotografie.

Man könnte den mühsamen Weg (der »Urlaute«) beschreiten und eine lange Reihe von Fragen mit JA oder NEIN beantworten lassen. Es ist klar, daß dieser Weg kein geradliniger ist, sondern ein sehr gewundener. Hat man eine Charaktereigenschaft herausgefiltert, so kann man ihren weiteren Verzweigungen, unterschiedlich starken Ausprägungen etc. auch mit der JA/NEIN-Methode nachspüren, aber nur mit viel Kleinarbeit. Erfahrene Pendler – und Radiästhesieforscher, was oft dasselbe ist – haben andere Wege entdeckt.

Frank Glahn, Professor Benedict, Amoretti, Schelling, Professor Oelenheinz, Hondorff, Johannes Bolte, Zechlin und andere arbeiten mit Tabellen klar definierter Pendelantworten. Greifen wir eine dieser Deutungsformen für unser Beispiel heraus.

Das Pendel schwebt also über dem Foto des zu Analysierenden. Der Pendler konzentriert sich und wartet auf die Antworten gemäß seiner Interpretationskategorie. Er weiß, welche Pendelbewegungen bei dieser Problemstellung kommen können, und er weiß, was jede von ihnen bedeutet, und zwar:

- Kleine, enge Kreise bedeuten ebensolchen Charakter.
- Eine senkrechte Linie weist auf Hartherzigkeit, Egoismus, Verbissenheit und Eigenbezogenheit hin.
- Enge Formen, die sich sukzessive erweitern, lassen darauf schließen, daß der Betreffende sich positiv entwickelt.
- Energische, lange Pendelausschläge sprechen für Tatkraft, verbunden mit Härte und Rücksichtslosigkeit.
- Nach innen spiralende Kreise oder Ellipsen verraten eine negative, immer mehr ichbezogene Entwicklung.
- Werden Kreise zu waagrechten Ellipsen, ist der Ausgependelte ein Menschenfreund.
- Ein deformierter Kreis, speziell wenn er oben eingedrückt ist, deutet auf Dummheit und Ignoranz hin, im weitesten Sinne auf einen Mangel an geistiger Kraft.
- Nach rechts ansteigende Schräglinien sind als Verstandesfunktion zu deuten, entsprechend der Länge der Pendelbewegung.
- Nach links ansteigende Schräglinien geben Auskunft über die Emotionalität.
- Kreise stehen grundsätzlich für Lebenskraft und Lebensfreude, Harmonie und Aktivität.
- Ellipsen treten bei unbewußten Konflikten auf.
- Waagrechte Linien antworten im Bereich des Materiellen. Nach Professor Wolff sind hier Blockaden und Hemmungen für das geistige Wollen zu erkennen.
- Pendelstillstand – besser gesagt, momentane »Pendelstarre« – beim Ergründen eines menschlichen Charakter ist, so Spiesberger, ein untrügliches Zeichen dafür, daß im Inneren des Menschen auf dem Foto derzeit ein Kampf zwischen »Gut und Böse« tobt, auf jeden Fall aber seelische Erregungen vorliegen.

Dieser komplex scheinende, in Wirklichkeit aber recht grobe Raster läßt sich noch sehr verfeinern, indem man den Effekt der Wiederholung einbezieht. Das bedeutet, je öfter eine bestimmte Pendelfigur (beispielsweise ein eingedrückter Kreis) auftritt, desto stärker ist die betreffende Eigenschaft der ausgependelten Person. Solche Informationsübermittlung kann bis zur Exaktheit eines Morsecodes ausgebaut werden (z. B.: zehn nach rechts ansteigende Schräglinien zeigen logisch analytisches Denken im Bereich des räumlichen Vorstellungsvermögens an, während zwanzig Rechtslinien Logik im Umgang mit Zahlen enthüllen usw.).

Man kann sogar noch weitergehen, wie die »Intelligenzuhr« von Professor Mohlberg zeigt. Sie baut auf dem dynamischen Kreis von Professor Bähr auf und definiert Abstufungen zwischen den Endpunkten *Idiotie* (0) und *höchste Genialität* (12).

Ein solches Testdiagramm ist leicht anzufertigen. Man zeichnet einfach einen Kreis, unterteilt ihn in zwölf Felder, in die man die Stufen der Intelligenz einträgt – von Genius bis zum Dorftrottel. Die Unterstufen können durchaus selbst definiert werden. Je nach eigener Vorstellung von dem irrlichternden Bereich der menschlichen Intelligenz beziehungsweise Nicht-Intelligenz.

Genausogut kann man solche Diagramme über viele Gebiete auch bei Fachverlagen (z. B. dem Schweizer Verlag für Radiästhesie; RGS) oder in Spezialgeschäften bekommen.

Zu leicht könnte jetzt allerdings der Eindruck entstehen, daß es einen gigantischen Katalog von Pendelantworten gibt (verborgen in Raum und Zeit oder im Angebot einschlägiger Produzenten), den man öich lediglich aneignen muß, und es kann losgehen.

Ganz so ist es nicht, wenn auch nicht vollkommen anders.

Es hat sich unzweideutig gezeigt, *wie* farbig der Dialog mit einem Pendel sein *kann* und in der Hand des Erfahrenen meist auch ist. Ob man sich vorfabrizierter Hilfsmittel wie Pendelplatten, Intelligenzuhren oder was auch immer bedient, oder seine eigenen Schwingungsformulare ausarbeitet, ist sekundär.

Die ins Detail gehende Exkursion in diesen Bereich sollte nur die Richtung weisen und Denkhilfen geben. Im Grunde kann man alles Gesagte ebensogut ignorieren. Waagrechte Ellipsen, die aus Kreisen entstehen, *müssen* ebensowenig Menschenliebe in einer Person anzeigen, über deren Foto das Pendel kreist, wie Pendelstarre der unzweideutige Indikator für innere Konflikte ein *muß*.

Nein, jede andere Interpretation ist ebenso gültig. Wenn wir uns innerlich auf sie geeinigt haben.

Das ist der springende Punkt: *Wir* sind es, die festlegen, was welche Antwort *für uns* bedeutet.

Die angeführten Beispiele waren – um es nochmals festzuhalten – Orientierungshilfen. Es liegt nur an uns, solche Frage/Antwortraster oder Kataloge) auszuarbeiten.

Die Wege dazu sind – wie Menschen auch – unterschiedlich. Nochmals zurück zur Charakteranalyse mittels Fotografie. Je nach persönlicher Neigung wird man auf unterschiedliche Weise den Grundraster erarbeiten, nach dem dann alle Charakteranalysen ablaufen können.

Man kann nach spezifischen Eigenschaften der Person auf dem Foto fragen und warten, welches Schwingungsmuster das eigene Unterbewußtsein einer bestimmten Eigenschaft jeweils zuordnet, oder von

Anfang an bewußt und gezielt ein bestimmtes Schwingungsmuster mit einer spezifischen Eigenschaft verknüpfen.

Es steht also ein aktiver und ein passiver Weg offen. Die Erfahrung spricht eher für den passiven Weg, da er dem Unterbewußtsein freie Hand läßt, aber wie schon gesagt: jeder nach seinem Geschmack ...

Wichtig ist und bleibt das Erarbeiten einer Vielfalt von Formen, die – wenn einmal etabliert – die Verständigung mit dem Pendel sicherstellen. Eine Kommunikation, die dann so gut verständlich ist wie eine solche mit Worten, deren Bedeutungen einem bekannt sind (soweit es überhaupt möglich ist, Wortinhalte klar zu definieren).

Wie auch immer, wenn ein Pendler einen gewissen »Wortschatz« seines Pendels aufgebaut hat, der nicht zweitdeutiger ist als der unserer Alltagssprache, so kann er zufrieden sein.

Dann kann er voll hineintauchen in das Meer an Antworten, Ratschlägen, Informationen, Hinweisen, Warnungen, Hilfestellungen, Entscheidungsfindungen usw., das die Radiästhesie vor uns ausbreitet. Mit der nötigen Phantasie gibt es auch für das Anfertigen der unterschiedlichsten Pendelhilfsmittel keine Beschränkung. Diagramme, wie die erwähnte »Intelligenzuhr« von Professor Mohlberg, eröffnen weite Perspektiven. Nirgendwo steht geschrieben, daß solche Diagramme nicht jedes beliebige Thema umfassen können, und es müssen auch nicht Abstufungen eines Themas ausgependelt werden, wie im Falle der Skala von Genius bis zu Schwachkopf.

Nein, es kann im Grunde alles erfragt werden, wobei Diagramme die Rolle des Filters oder des Ideengebers übernehmen können.

Man denke nur an die zahllosen Bereiche des täglichen Lebens, bei denen man Rat braucht – und oft gar nicht weiß, wie die Problemstellung ist. Hilfsmittel dazu können leicht angefertigt werden. Man kann sich eine Reihe von Rastern anlegen, die das mühsame Erarbeiten von Fragen überflüssig machen, wenn solche nicht auf der Hand liegen, man aber dennoch nicht auf den Rat des Pendels verzichten will (auch wenn diese Formulierung vielleicht überspitzt klingt).

Ideal ist natürlich die Kreisform. Diesen Kreis unterteilt man, so oft man will, und trägt auf den jeweils gegenüberliegenden Segmenten etwa solches ein: Verhandlungen, Aussprachen, Reisen, Partnersuche, Behördenwege, Arztbesuch, Gesundheitskontrolle, Familienprobleme usw. Jeder wird selbst am besten wissen, welche Bereiche für ihn interessant sind beziehungsweise welche noch in Frage kommen. Eine Begrenzung für solche Pendelmatrixen gibt es nicht. Wer für jeden Einzelbereich eine spezielle anfertigen will, um bis in die letzte Kleinigkeit hinunterzufragen, soll das tun.

Ein Limit ist nur die eigene Kreativität.

Alles, was man tun muß, um mit einer solchen Matrix zu arbeiten ist, das Pendel darüberzuhalten und eine Frage in der Art zu formulieren:

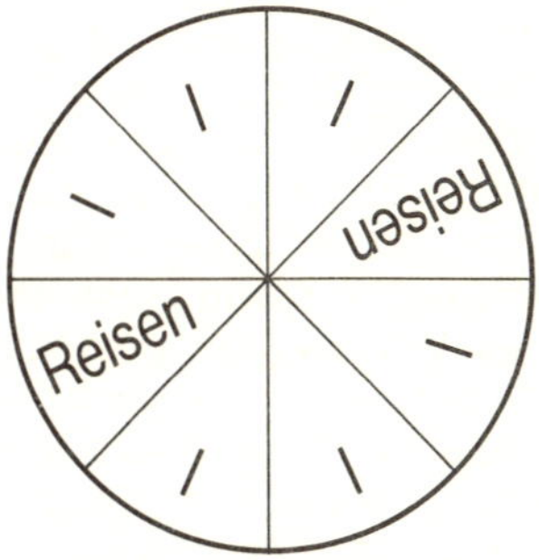

»Pendel, was würdest du mir heute raten, mir empfehlen usw.« Bildet sich eine Kommunikationsbrücke zwischen unserem Unbewußten und dem Informationsozean um uns, wird das Pendel beginnen, gerade hin- und herzuschwingen. Und zwar über dem jeweiligen Segment. Dann wissen wir, daß heute Familienprobleme ins Haus stehen oder eine Gesundheitskontrolle kein Fehler wäre.

Eigentlich ganz simpel, oder?

Für ein Pendel gibt es offenbar nur jene Einschränkungen, die auch für die Flüge des menschlichen Geistes (und Unterbewußtseins) gelten. Also keine.

Wenn man gelernt hat, Fragen auszuarbeiten beziehungsweise das nötige Rüstzeug zur Verfügung hat, ist die Bandbreite unbegrenzt. Man kann seine Mitmenschen besser beziehungsweise richtig einschätzen, in Partnerschaft und Sex (sprechen wir es ruhig aus) auf Nummer sicher gehen, verlorene Personen und Gegenstände auffinden, geheime Motive entlarven, seelischen und körperlichen Leiden auf die Spur kommen, Medikamenten auf den Zahn fühlen, richtige Ernährung erpendeln, Haustieren helfen, Einflüsse erkennen, finanzielle Chancen nutzen, Familienprobleme lösen, Zukunftsentscheidungen treffen usw., usf.

Die beste Übung ist, zu jedem der hier genannten Themen ein paar Fragen zu finden (z. B. Familie: Kann ich meinem Kind in der Schule helfen? Ist eine Versöhnung mit meinen Schwiegereltern möglich? Und dann weiterfragen: Soll ich einlenken, damit wir uns versöhnen . . . usw.).

Im Grunde nicht so schwierig. Mit der Praxis kommt auch die Routine und mit diser die Beherrschung der vielfältigen Möglichkeiten, Varianten und Feinheiten. Damit erhebt sich nach dieser kleinen Pendellehre die naheliegende Frage:

Und was ist mit der Wünschelrute?

Dieses zweite Standbein der Radiästhesie scheint nun zu kurz zu kommen, obwohl beeindruckende Erfolge des Rutengehens bereits Revue passiert haben.

Dies scheint nur so. Im Grunde besteht kein wirklicher Unterschied in der »Arbeitsweise« von Pendel und Rute. Beide zeigen an, daß unser Unbewußtes Signale empfangen hat, und beide dienen dazu, diese Signale zu verstehen. Das Pendel »äußert« sich lediglich differenzierter und bietet Zugang zu einer größeren Bandbreite von Fragestellungen. Die Rute scheint nicht ganz so universell, dafür aber besonders sensitiv für einen bestimmten Bereich – eben das Rutengehen.

Warum das so ist, läßt sich nicht mit Bestimmtheit sagen. Manche argumentieren, daß eine Holzgabel, eine Metallschlinge oder dergleichen einfach besser geeignet ist, um damit zu »gehen«, als ein frei schwingendes Pendel, andere sind überzeugt, daß die Trennung von Pendel und Rute willkürlich erfolgte und durch Tradition zementiert wurde. Dritte meinen weiteres.

Mit einem Wort: Nichts Genaues weiß man wieder einmal nicht.

Das spielt auch keine Rolle. Niemand weiß, was im einzelnen passiert, wenn wir Aspirin oder etwa 700 andere Medikamente schlucken (so eine Studie aus dem angelsächsischen Raum), doch geschluckt wird trotzdem. Und das mit einigem Erfolg.

Unsere Körperfunktionen sind so unerforscht wie die Tiefen des Weltalls. Von den verborgenen chemischen und physikalischen Geschehnissen in uns haben wir nur sehr, sehr vage Vorstellungen, die biologischen Kontrollmechanismen liegen zum Großteil im Dunkeln, und die Mysterien des menschlichen Geistes erweisen sich tatsächlich als solche.

Wen nimmt es wunder, daß Hunderte von Arzneimitteln auf Versuch-und-Irrtum-Basis geschaffen und etabliert wurden, wenn die Biologie nicht einmal zu erklären vermag, wie beispielsweise die Homöostase arbeitet, die unsere Körpertemperatur einigermaßen stabil hält, ob es nun schneit oder die Sonne herunterbrennt. Noch weniger kann man daher klarerweise den Finger auf jene geheimnisvollen Mechanismen legen, die Pendel schwingen und Ruten ausschlagen lassen, um deren Einsatzgebiete exakt einzukreisen.

Wahrscheinlich ist es schon so, daß irgendwann in grauer Vorzeit die Radiästhesie (wie immer auch ihr mystischer Name damals gelautet haben mag) in zwei Bereiche geteilt wurde. In den »häuslichen« und den »draußen«. In dunkler Vergangenheit, in der es noch keine Landkarten gab, über denen man hätte pendeln können, mußte der Sensitive, Zauberer, Weise etc. hinaus, um an Ort und Stelle mit der Rute Wasser zu suchen, während ein Pendel gute Dienste leistete wenn ein

Hilfesuchender zu ihm kam. So könnten unterschiedliche Disziplinen ein und derselben Kunst entstanden sein.

Und Traditionen haben die Eigenschaft, Überzeugungen zu schaffen. Vielleicht funktionieren Pendel und Wünschelruten seit Jahrhunderten so unterschiedlich, weil Generationen von Menschen es sich gar nicht anders vorstellen können.

Alles bis hierher Dargelegte würde dafür sprechen. Wie auch immer, ob psychologische Erwartungshaltung – und damit wirksame Prägung – oder unbekannte Naturprinzipien, Pendel kreisen üblicherweise und Ruten schlagen aus.

Es ist gut möglich, so unvoreingenommen an die Radiästhesie heranzugehen, daß man eine Art Morsealphabet für die Wünschelrute entwickelt und auf diese Weise mit ihr ähnlich arbeitet wie mit einem Pendel, während man letzteres dazu bringt, über Wasseradern unter freiem Himmel seine Kreise zu ziehen – doch wozu?

Praktischer ist es zweifellos so, wie es (traditionell) bislang gehandhabt wird.

Damit schließt sich der Kreis der Radiästhesie.

Sie ist, so hat sich ziemlich eindeutig gezeigt, ein praxisorientierter – fast könnte man sagen handwerklicher – Weg in die Tiefen unseres Unbewußten, wo wir auf unerforschte Weise mit dem Universum, mit Raum und Zeit kommunizieren. Und sie bietet gleichzeitig ein Instrumentarium für eine gezielte Kommunikation: Pendel und Wünschelrute.

Manche können auch ohne diese »Hilfsmittel« Stückchen aus dem großen Informationssee herausholen. Australische Eingeborene sind beispielsweise in der Lage, Wasser unmittelbar zu spüren. Sie wissen es ganz einfach, und Labortests zeigen, daß ihre Körper mit mikroskopischen Muskelkontraktionen darauf reagieren. Sie brauchen keine Wünschelrute.

Als Ausgleich dafür spielt jedoch offenbar die eigene »Gehirnkapazität« (das Wissen, der persönliche Horizont etc.) eine wichtige Rolle bei der individuellen Empfänglichkeit. Eine einströmende Information, mit der man innerlich »etwas anfangen kann«, wird scheinbar besser registriert als eine wesensfremde ohne eigene Entsprechung. Letztere wird wahrscheinlich überhaupt »vorbeirauschen«. Dies engt die Möglichkeiten der australischen Aborigines doch ziemlich ein und erweitert die unseren (zumindest in Bereichen, die für uns von Interesse sind). Da nimmt man schon gerne in Kauf, ein »Hilfsmittel« zu benötigen. Besonders, wenn es in der Lage ist, uns Unterschiedliches zu sagen. Verstehen müssen wir allerdings selbst . . .

Die Frau des bereits erwähnten Autors Colin Wilson machte Wünschelrutenversuche im öffentlich zugänglichen Kerker von Bodmin in der englischen Grafschaft Cornwall. Die erfahrene Rutengängerin wurde von zwei Anfängern begleitet. An zwei Plätzen in den düsteren Gewölben und Kellerräumen schlugen auch die Ruten der Anfänger aus. Wie sich hinterher zeigte, erfolgten diese unerwarteten Reaktionen in der Todeszelle, wo die Verurteilten auf ihre Exekution warteten, und im Hinrichtungsraum selbst. Welche »spezielle« Information hier wohl mittels der Wünschelrute angezapft wurde, ist wohl keine Frage, und auch die Beteiligten an dem Experiment hatten wenig Zweifel.

Zieht man in Betracht, daß der ursprüngliche Zweck des Versuchs das Aufspüren von unterirdischen Wasseradern war – die hier allerdings nicht sprudelten –, so wird deutlich, wie sensibel und überraschungsreich das »Dreiecksverhältnis« Information/Mensch/Rute (beziehungsweise Pendel) ist, und daß man um so mehr aus dem Universum an Wissen herausholen kann, je mehr Wissen sich in einem selbst befindet. Und man sich dessen bewußt ist. Ein »offener Geist« ist noch viel erstrebenswerter als es das bekannte Sprichwort sagt. Pendel und Wünschelrute können seine »Fühler« sein.

Wer meint, wir seien nun schon zu weit ins Schwarmgeistern und Wunschdenken ohne solide Grundlage geraten, dem sei versichert, daß es so nicht ist.

Der »offene Geist«, von dem auch Philosophen und Visionäre angetan sind, kann – was die Radiästhesie betrifft – mit *materiellen* Mitteln radikal »geschlossen« werden (damit ist nicht Mord und ähnliches gemeint).

Ein dünner Streifen Aluminium knapp über den Ohren um den Kopf gewickelt oder eine quadratische Aluminiumfolie auf die Stirn geklebt, und schon hört der Empfang radiästhetischer Signale auf. Wisenschaftliche Experimente haben dies ergeben. Selbst ein Wilhelm de Boer verliert dadurch schlagartig seine mehr als übermenschlichen Fähigkeiten.

So einfach ist das; und nicht viel komplizierter ist auch das Gegenteil: die Nutzung der zahllosen Möglichkeiten der Radiästhesie, und damit unserer latenten geistigen Kräfte . . .

Horoskop, Pendel und Rute sind natürlich nicht alles. Das »esoterische Instrumentarium« ist ebenso vielfältig wie unser Geist, der sich seiner bedient, und wie das verborgene Wissen, das es uns erschließt. Gehen wir also weiter und beginnen wir einen Dialog mit dem Universum, für den es bereits »Wörterbücher« gibt. Sie sind allerdings nicht ganz leicht zu lesen, denn ihr »Wortschatz« ist die Sprache der Symbole. Zwei solchen Systemen von grundlegender Natur wollen wir nun unsere Aufmerksamkeit widmen; und zwar *dem* östlichen und *dem* westlichen Orakel . . .

Die Macht der Orakel

Das »synchronistische« Kaiserreich

Die Kultur Chinas ist eine der ältesten. Sie kannte Perioden der Hochentwicklung schon zu einer Zeit, als die Bewohner Europas sich noch in Höhlen zusammenkuschelten, wenn es blitzte und donnerte.

Eine solche Epoche der Blüte und zivilisatorischer Leistungen aller Art fällt in die Bronzezeit, etwa um 1700 v. Chr. Sie wird dem Aufstieg der Shang-Dynastie zugeschrieben, deren Herrschaftsbereich die Region um den Gelben Fluß *Huangho* im Hochland von Tsinghai war. Unter deren Führung wuchsen die Städte, wurde die Landwirtschaft verbessert und ein System zur Getreidebevorratung eingeführt. Es gab unterschiedliche Handwerkerstände, die Wirtschaft florierte. Desgleichen Regierung, Verwaltung und Administration. Bauprojekte wie das der riesigen Mauer von Jinhuan konnten in Angriff genommen und planmäßig durchgeführt werden (besagte Mauer wurde von 10 000 Arbeitern in etwa zwölfeinhalbjähriger Bauzeit fertiggestellt).

Man sollte meinen, daß eine so effektive wie fortschrittliche Staatsführung auf grundsoliden Beinen stehen muß. Eine Grundlage, auf der das gesamte Leben der Shang-Völker basierte, gab es in der Tat. Ob man sie als »grundsolide« bezeichnen kann, ist Ansichtssache, handelte es sich dabei nämlich um – ein Orakel.

Und zwar um das Knochenorakel beziehungsweise – noch spezifischer – um das daraus entstandene »Schildkrötenpanzerorakel«. Im alten China war der Herrscher nicht einfach der oberste Staatsführer mit unbeschränkten Machtbefugnissen, sondern das Bindeglied zwischen dem erhabensten Himmel und seinem Volk. Kurz, der »Sohn des Himmels«.

Er fällte die wichtigsten Entscheidungen. Der Kaiser ernannte Beamte, schuf oder befand über Gesetze, ließ Straßen, Gebäude, Brücken und vieles andere errichten, wachte über Handel, Landwirtschaft, Handwerk und die Wissenschaften, erklärte Kriege oder beendete sie. Bei all dem stand ihm der Rat der Harmonien des Universums zur Seite, ein Rat, der in einer Weise ernst genommen wurde, die wir uns nur mit Mühe vorstellen können. Übermittelt wurde er durch das Orakel.

In der höchsten Blüte der Shang-Zeit ging ohne das Schildkrötenorakel buchstäblich nichts. Wie Fachleute errechneten, wurden allein in der späten Shang-Periode mehr als drei Millionen Mannstunden für die Arbeit mit dem Orakel der Schildkrötenpanzer aufgewendet. Der Kaiser überließ keine Frage seinem eigenen Dafürhalten oder gar dem (orakellosen) Zufall. Jeden Tag nahm er an den Weissagungsritualen teil, die stets mehrere Stunden dauerten. Kein Problem war davon ausgenommen, zur Sprache zu kommen. Ob zu Feldzügen, Bauvorhaben, Verwaltungsanordnungen, Ernteerträgen, Jagderfolgen und ähnlichem, das Orakel hatte das letzte Wort. Wollte der Kaiser über Träume, Krankheiten, Geburten und Todesfälle, die Treue seiner Konkubinen oder die Nöte seines Volkes Bescheid wissen, gab es nur eine Auskunftsquelle. Für das kaiserliche Orakel wurden solche Mengen an Schildkröten benötigt, daß sie aus den entferntesten Kantonen Chinas herbeigeschafft werden mußten. In einer einzigen Grube wurden über hunderttausend beschriftete und polierte Orakelpanzer gefunden, die wie Jade glänzten. Die Präparierung eines einzigen Panzers nahm Wochen in Anspruch.

Die Archäologen entdeckten dreieinhalb Jahrtausende nach der Shang-Zeit riesige Ablagesysteme für die Panzer, auf denen unermüdliche Schreiber jeweils das Resultat einer abgeschlossenen Befragung (oder eines Fragenzyklus, wenn es sich um etwas Komplexeres, wie etwa den Dialog mit einem Ahnherrn, handelte) eingetragen hatten.

Das Ausmaß der Riten in der Shang-Periode ist überwältigend. Das Schildkrötenpanzerorakel war der Drehpunkt des öffentlichen und privaten Lebens, es durchdrang alle Facetten der gesamten Zivilisation und stellte für jedes einzelne Mitglied der Shang-Völker den zentralen Vorgang des Lebens dar. Ohne das Orakel hätte man sich weder ein Gedeihen der Ernte oder ein Reifen der Früchte vorstellen können noch die Errichtung eines Bauwerks, die Zeugung eines Nachkommen oder das Abschließen eines Handels. Leben und Tod, Gedeih und Verderb der Shang – vom Kuli bis zum Kaiser, vom Säugling bis zum Greis – standen unter der Oberherrschaft des Schildkrötenpanzerorakels.

Um 1000 oder 1100 v. Chr. erlosch die Macht der Shang. Sie wurden von den aus dem Westen kommenden Shou unterworfen, die vom Schildkrötenorakel weniger hielten. Obgleich die Kenntnis davon bis in unsere Tage reicht, so erlangte es seit der späten Shang-Periode niemals wieder eine dominierende Rolle. Lediglich die Sinologen, Sprachwissenschaftler und Völkerkundler schätzen es auch heute noch hoch, da die etwa dreitausend auf den Panzern eingravierten Zeichen die Urform der chinesischen Schrift darstellen.

Man ist unwillkürlich versucht, sich zu fragen, wieso es erst fremder Eroberer bedurfte, um eine Kultur zu Fall zu bringen, die zur Gänze auf das Lesen der Sprünge eines Schildkrötenpanzers ausgerichtet war.

Der »gesunde Menschenverstand« sagte einem doch, daß eine so orientierte Zivilisation von selbst im Chaos versinken mußte.

Diese »vernünftige« Ansicht steht jedoch sogleich im Widerspruch zu der unvernünftigen Tatsache, daß die Shang eine der wichtigsten frühen Zivilisationen repräsentieren. Auf erstaunliche (für uns sogar groteske)

Weise konnten sie ihre vielfältige Hochkultur organisieren und über einen Zeitraum aufrechterhalten, der die Lebensdauer des britischen Weltreichs weit übertrifft. Ihre esoterische Weltsicht mit all ihren praktischen Auswirkungen existierte länger als die Wissenschaft der Nachrenaissance. Gerade weil sie von so langer Dauer war und weil das Orakel im Mittelpunkt von allem und jedem stand, wissen wir heute so viel darüber. Die Panzerarchive sind wahre Goldgruben, vergleichbar mit unerschöpflichen Bibliotheken, und die Panzer selbst wie Bücher beziehungsweise Buchseiten. Riesige Mengen von Einzelheiten sind auf ihnen peinlich genau niedergelegt. Ein Fundus an Informationen über politische Vorgänge, kaiserliche Entscheidungen, Wetter und Jahreszeiten, Geburten und Todesfälle, Verheiratungen und Kriegszüge, Kontakte mit anderen Völkern, wissenschaftliche Erkenntnisse (eine Inschrift berichtet sogar detailliert über das Erscheinen einer Nova am Himmel), Traditionen und Gebräuche, Lebensart und Staatsführung.

Obgleich von der Vorstellung geradezu besessen, daß kosmische Zusammenhänge sich in Schildkrötenpanzern manifestierten, lebten die Shang in einem stabilen Staatsgefüge und verfügten über eine persönliche Lebensqualität (wie der moderne Terminus lautet), die damals unerreicht war. Die Orakelkultur der Shang als Abirrung eines frühzeitlichen Volkes abzutun, hieße, der scheuklappenbewährten Ignoranz des 19. Jahrhunderts das Wort zu reden.

Das für uns schwer nachvollziehbare Erfolgsrezept der Shang-Völker mußte die Fähigkeit gewesen sein, als Kultur und Individuum relative Unabhängigkeit zu besitzen und gleichzeitig einen direkten Kontakt mit der Natur zu pflegen.

Dies klingt widersprüchlich, ist es aber nicht. Erinnern wir uns der esoterischen, ganzheitlichen Weltsicht. Sie transzendentiert die starr mechanistische Newtonsche Ordnung, auf die wir im Westen (vor Quantenphysik, Unschärfe und morphogenetischem Feld) so stolz waren, und deren letzte Scherben die neue Physik eben auf den Müll der Geschichte befördert.

Das uns immer bewußter werdende Dilemma zwischen der Kausalität, die uns eingebleut wurde, und der ganzheitlichen Harmonie, von der alte Weisheitslehren (und hypermoderne Wissenschaftstheorien) sprechen, trägt einen wesentlichen Teil zu der überall herrschenden Orientierungslosigkeit bei. Bis besagte Harmonie in uns eingesickert ist, wird die Erde noch so manche Umdrehung machen. Ob es je einen echten Konsens zwischen technologischer Zivilisation und einer harmonisierenden Sicht von Mikro- und Makrokosmos geben kann, steht im wahrsten Sinne des Wortes in den Sternen. Wahrscheinlich wird ein Zurück nicht möglich sein, zu groß sind die grundlegenden Diskrepanzen.

Vor diesem Problem standen die Shang nicht. So gelang ihnen ein in der bekannten menschlichen Historie einmaliger Balanceakt: eine tadellos funktionierende Gesellschaft zu organisieren, die mit einem Bein auf dem Boden der Tatsachen und mit dem anderen (mit dem Standbein!) auf einem universellen Bild des Seins ruhte. Quält man sich einen modernen Wissenschaftsterminus ab, so könnte man die Shang-Kultur als eine solche definieren, deren Grundlage *Synchronizität* war.

Sicher krampft sich bei den meisten Menschen alles bei der Vorstellung zusammen, die Muster von Sprüngen in einem Schildkrötenpanzer, die durch Feuer erzeugt wurden, seien ein Mittler zwischen Kosmos und Individuum. Für einen Shang war dieser Blickwinkel der einzig normale. Unsere Analysebesessenheit, mit der wir hinter Kausalketten herjagen und versuchen, die Natur in immer kleinere Einheiten aufzubrechen – nur, um festzustellen, daß alles mit jedem verbunden, es also *de facto* »wie unten, so oben« ist –, würde ihn befremden. Unsere Wissenschaft würgt heute an einem Weltbild, mit dem sich die Shang-Völker vor fast viertausend Jahren voll identifizierten.

Die akausalen Parallelitäten von Universum und Mensch waren für sie der okkulte »Geist im Atom«, der Urgrund von allem und jedem, die oberste Richtlinie. Eine Ansicht, der heute so mancher Forscher und Philosoph anhängt, auch wenn sie – man denke abermals an C. G. Jungs »Synchronizitätslehre« – meist sehr theoretisch formuliert wird.

Daß es auch eine Praxis gegeben hat beziehungsweise durchaus noch gibt, bringt eine neue Dimension ins Spiel. Wir kennen sie schon, sie lautet: Alles hier »unten« (der Mensch, die Natur etc.) ist ein Abbild der allumfassenden Realität, wie komplex sie auch sein mag (was bekanntlich der Fall ist). Brachte man es fertig, mit dieser kosmischen Harmonie den Gleichschritt zu halten, klappte die Sache. Die Shang-Völker schafften dies offenbar einige Jahrhunderte lang.

Es mag bezeichnend sein, daß ihre schließlichen Eroberer, die Shou, ein System der Weissagungen mit sich brachten, in dem die chinesische Sicht der Synchronizität ihre am weitesten entwickelte philosophische Ausprägung finden sollte. Ob es überlegen war und sie dadurch die Oberhand gewannen, ist unbekannt. Bekannt jedoch ist das System selbst – heute mehr als damals.

I GING – Das Buch der Wandlungen

Im Jahr 1929 sprach der berühmte Schweizer C. G. Jung während einer Vorlesung den damals noch ziemlich kryptischen Satz: »Synchronismus ist das Vorurteil des Ostens, Kausalität das moderne Vorurteil des Westens.«

Ein Jahr später wurde er bei einer Gedenkrede für den eben verstorbenen berühmten Sinologen, Erforscher chinesischen Denkens und Übersetzer des »I GING«, Richard Wilhelm, etwas deutlicher. Jung kam auf seine damalige Aussage zurück und führte sie weiter aus: »Die Wissenschaft des ›I GING‹ beruht nicht auf dem Kausalprinzip, sondern auf einem bisher namenlosen, weil unbekannten Prinzip, das ich versuchsweise ›synchronistisches Prinzip‹ nennen möchte.«

Es sollten noch fünf Jahre vergehen, ehe der endgültige Begriff geschaffen und näher definiert wurde. Jung erwähnte ihn bei einer Vorlesung in der Londoner Tavistock-Klinik: »Tao kann alles sein. Ich schlage ein anderes Wort vor, armselig, wie es auch sein mag. Ich will es *Synchronizität* nennen.«

Eine Begegnung mit dem österreichischen Physiker und Nobelpreisträger Wolfgang Pauli half Jung entscheidend weiter. 1952 veröffentlichten der Psychologe und der Physiker gemeinsam das Buch »Naturerklärung und Psyche«, in dem Pauli den Einfluß Jungscher Archetypen in Keplers Theorie der Planetenbewegungen diskutierte, und Jung das Wesen der Synchronizität.

So lange es ihnen möglich war, versuchten diese beiden großen Geister gemeinsam ein neues Naturprinzip zu formulieren, das Psychologie und Physik vereinheitlichte. Der darin zum Ausdruck kommende Gedanke, daß in der Psychologie eine *objektive* und in der Physik eine *subjektive* Komponente enthalten sei, war in der Tat revolutionär. Er bereitete jedem »ernsthaften« Naturwissenschaftler Magenkrämpfe, die erst in unseren Tagen im Lichte ebenso unwiderlegbarer wie bizarrer Erkenntnisse langsam verebben. Sehr langsam.

Den Gelehrten des alten China und den »Autoren« des I GING waren solche Verkrampfungen fremd, nein, unbegreiflich. Sie hätten die unorthodoxen Gedanken von Jung und Pauli verstanden und weise genickt, wenn davon die Rede war, daß Subjektivität und Objektivität im Grunde ein und dasselbe darstellten: Verschiedene Ausdrucksformen eines einzigen Phänomens.

1958 lagen solche Einsichten der wissenschaftlichen Gemeinde im großen und ganzen noch immer fern. So schrieb C. G. Jung zum Tode seines Freundes und Kollegen Wolfgang Pauli in diesem Jahr:

> »Es ist sehr betrüblich, daß Pauli so früh starb, da er ein Physiker war, auf den seine Zeit hörte, mehr als auf einen Psychologen, wie ich es bin. Doch die Chance besteht, daß die Zukunft ein besseres Verständnis der Psychologie des Unbewußten und seiner weitreichenden Fragestellungen entwickelt, und obgleich sie sich noch in ihren mittelalterlichen Vorstadien befindet, könnte die Synchronizität ein fruchtbarer Boden werden für die Probleme, die von Atomphysikern und Psychologen des Unbewußten aufgegriffen werden.«

Seither sind mehr als drei Jahrzehnte vergangen. Die Synchronizität ist mittlerweile ein unbestreitbar physikalischer Terminus geworden und das I GING ein Kultbuch in esoterischen Kreisen. Gelegentlich übernimmt es auch die Funktion eines exotischen Gesellschaftsspiels.

Damit sind wir auch gleich bei der Praxis. Sie demonstriert – beinahe erschreckend –, daß dieses uralte Orakelbuch buchstäblich durch nichts zu erschüttern ist. An seinem rätselhaften, zeitlosen Wissen prallt jeder Zeitgeist ab, beißen sich »Rationalisten« die Zähne aus. Weder der strapazierte Zufall, noch Einbildung in den Gehirnen der Anhänger des »Buchs der Wandlungen« kann als »vernünftige Erklärung« für seine Antworten herangezogen werden.

Ich selbst kenne einen Fall, der dies demonstriert: Zwei junge Männer wollen eine Geschäftsverbindung eingehen. Einer von ihnen ist sich noch uneins. Er zögert, ob er das unternehmerische Risiko auf sich nehmen soll. Unangenehme Erfahrungen aus der Vergangenheit wirken bei ihm nach. Bei einer Gesellschaft im Freundeskreis kommt dieses Problem zur Sprache. Die Gastgeberin schlägt vor, das I GING zu befragen. Alle sind begeistert, auch der Unentschlossene zögert in diesem Punkt nicht. Schließlich ist ihm jede Entscheidungshilfe recht.

Die Gastgeberin wirft Münzen – an Stelle des klassischen Schafgarben –, und der Unschlüssige konzentriert sich auf sein Problem.

Das I GING »antwortet« mit dem Trigramm 18 »Die Arbeit am (Wiederherstellung des) Verdorbenen« (GU). Die einzelnen Elemente des Zeichens werden vorgelesen.

Bei folgenden Zeilen erbleicht der Fragesteller:

> Zurechtbringen des vom Vater Verdorbenen. Wenn ein Sohn da ist, bleibt auf dem heimgegangenen Vater kein Makel. Gefahr. Schließlich Heil.

Er ist offensichtlich bis ins Mark erschüttert. Niemand versteht diese Betroffenheit. Daraufhin erklärt er nach kurzer innerer Sammlung: Bei dem Unternehmen, das er mit seinem Freund gemeinsam starten wollte, handelt es sich um den Familienbetrieb, den sein Vater zugrundegerichtet (»verdorben«) hatte.

Verblüffend, oder? Nun gut, hier mag man den altbekannten Zufall noch bemühen, aber wie ist es mit folgendem Fall?:

Der Experimentalphysiker, Dozent und Buchautor Dr. Roger S. Jones arbeitete an einem Traktat über die allgemeine Relativitätstheorie. Ein Teil wollte ihm nicht von der Hand gehen. Irgend etwas gelang ihm nicht. Er war mit der Arbeit unzufrieden, einige Punkte schienen noch erwähnenswert, aber er konnte nicht sagen, welche. Er wußte nur, »daß etwas fehlte«. In diesem Dilemma beschloß er, das I GING zu befragen.

Es nannte ihm das Hexagramm 16 »Die Begeisterung« (YÜ). In der englischen Fassung (übersetzt von Wilhelm-Baynes) stieß Dr. Jones auf folgenden Passus, der ihm in der Tat auf die Sprünge half:

> Die Unverletzlichkeit der Naturgesetze basiert auf dem Prinzip der Bewegung entlang der Linie des geringsten Widerstandes. Diese Gesetze werden den Dingen nicht von außen aufgezwungen, sondern verkörpern die Harmonie der Bewegung, die ihnen innewohnt. Darum weichen die himmlischen Körper nicht von ihren Bahnen, und alles Geschehen in der Natur hat seine feste Regelmäßigkeit ...

Ein Nichtphysiker vermag das Aha-Erlebnis vielleicht nicht nachzuvollziehen, das Dr. Jones bei diesen Ausführungen des I GING regelrecht überwältige. Er beschreibt dies in seinem Buch »Physics as Metaphor« so: »Einstein selbst hätte keine bessere Zusammenfassung der Relativität geben können.«

Kann das auch noch Zufall sein?

Ersparen wir uns die Überprüfung dieser Frage durch Auflistung eines unerschöpflichen Repertoires an ähnlichen Vorfällen. Es gibt sie, und das entkräftet die Zufallshypothese. Tatsächlich läßt sich im I GING ein solcher Schatz an verschlüsseltem Wissen entdecken – und zwar ohne dubiose Interpretationskunststücke und Gedankenakrobatik –, daß auch psychologische Faktoren schlußendlich als umfassende Erklärung ausscheiden.

Zu viel ist in den schlichten drei Linien der Hexagramm-Tripletts verborgen. Das »Buch der Wandlungen« enthält eine fundierte Kosmologie, Theologie und Philosophie. Und nicht »nur« diese.

Der Mathematiker Rüdiger Hauff ist vom abstrakten Formalismus des I GING fasziniert, das einer mathematischen Theorie nicht unähnlich scheint. Er ortet in der Dualität, die in dem Orakelbuch die Schlüsselrolle spielt, eine Vorwegnahme jener Erkenntnisse, mit denen sich die moderne Physik herumschlagen muß (Stichwort: Wellen/Teilchen-Dualismus) und die zur Zusammenführung sich widersprechender Kategorien zwingen.

Im I GING ist die Vereinigung diametraler Polaritäten natürlicher Ausdruck allen Seins. Es ist für Rüdiger Hauff eine klare Aufforderung zu polarem Denken.

Der Autor Martin Schönberger geht noch weiter. Für ihn ist bereits der Aufbau des I GING eine unübersehbare Analogie zur Grundlage allen Lebens, des genetischen Code in der DNS (Desoxyribonukleinsäure).

In seinem Buch »Verborgener Schlüssel zum Leben – Weltformel I GING im genetischen Code« präsentiert er den kühnen Gedanken, das mehr als 5000 Jahre alte »Buch der Wandlungen« würde eine der aufsehenerregendsten Entdeckungen des späteren 20. Jahrhunderts bereits vorwegnehmen. Und zwar nicht nur in Form verschleierter Analogien, sondern klipp und klar unzweideutig.

Seine Beweisführung ist absolut stichhaltig.

Bekanntlich erhielten die Forscher Crick, Watson und Wilkins 1962 den Medizin-Nobelpreis für die Entdeckung der spiralig gekrümmten Leiter des DNS-Moleküls, das entfernt an eine Wendeltreppe erinnert (daher auch die Bezeichnungen Doppelwendel, beziehungsweise Doppelhelix). Die DNS – deren Gesamtlänge im Durchschnittsmenschen 10 Milliarden Kilometer, also etwa den Durchmesser unseres Sonnensystems, beträgt – setzt sich aus zahllosen Einheiten zusammen, den sogenannten *Nukleotiden.* Ein Nukleotid besteht aus einem Molekül Zucker (Desoxyribose), einem Molekül Phosphorsäure und einer von vier *Basen* (Adenin, Thymin, Guanin, Cytosin; A,T,G,C). Dies ist der Bauplan des Lebens. Er ruht in jeder einzelnen lebenden Zelle.

Und nun zum I GING, dessen Wurzeln in allerfernster Vergangenheit liegen. Die Gegenüberstellung von »altem« und »neuem« Wissen ergibt folgende verblüffende Überschneidungen:

I GING	BIOLOGIE
• Basis des I GING sind die Urpole »Yin« und »Yang«.	• Basis des genetischen Code ist der Plus/Minus-Doppelwendelfaden der DNS.
• Vier Zeichen sind die Grundlage des I GING.	• Vier Buchstaben, die paarweise verbunden sind (A–T, C–G), beschriften den DNS-Doppelfaden.
• Drei der vier I GING-Zeichen bilden ein Triplett.	• Drei der vier DNS-Buchstaben bilden ein Codewort für die Eiweißsynthese.
• Es gibt 64 I GING-Doppeltripletts.	• Es gibt 64 DNS-Basen-Tripletts, die den Aminosäurenaufbau programmieren.
• Es gibt I GING-Doppeltripletts, die »vor« und »nach« der Vollendung definieren.	• Es gibt DNS-Anfang- und Endtripletts, die Codierungen begrenzen.

Solche verblüffenden Querverbindungen ließen sich auch zu anderen Gebieten der Naturwissenschaft knüpfen, an erster Stelle der Physik. Ob es sich um quantenphysikalische Paradoxa oder Unschärfephänomene handelt, überall läßt sich der Geist des I GING erahnen. Seine symbolhaft codisierten, aber dabei erstaunlich verständlichen Aussagen scheinen Erkenntnisse zu verraten, die von riesigen Elektronenrechnern eben erst ausgespuckt wurden. Man fragt sich unwillkürlich, ob wohl auch solche darin verborgen sind, die noch gar nicht gemacht wurden. Eine müßige Spekulation, denn in diesem Falle könnten wir sie ohnedies nicht erkennen. Für den Autor Martin Schönberger liegt im I GING nicht mehr und nicht weniger als »eine Weltformel vom Gewicht einer Wirklichkeitsordnung«, wie er schon im Titel seines Buches zum Ausdruck bringt. Es schließt bezeichnenderweise mit dem Satz: »›Das Buch der Wandlungen‹ ist ein Buch der Zukunft.«

Auch ohne in endlose Spekulationen zu versinken, denen fürwahr und mit Berechtigung Tür und Tor geöffnet sind, muß man sich fragen, *was* eine so *konkrete* Symbolik überhaupt ermöglicht, wie sie in den 64 Bildzeichen, im Bild selbst, in der Bedeutung der einzelnen Linien und im Urteil zum Ausdruck kommt.

Die meisten Kommentare, Analysen und Sekundärwerke zum I GING halten psychologische Faktoren für ausschlaggebend. Durch sie, so die generelle Meinung, kommt es im Zuge längeren Gebrauchs zu einem Nahverhältnis. Die einzelnen Linien werden immer vertrauter, die Routine steigt und das Interpretieren wird zusehends einfacher, ja, manche Deutungen, um die man früher noch ringen mußte, sind jetzt sofort von leuchtender Klarheit. Colin Wilson definiert das »Buch der Wandlungen« sinngemäß als Helfer, der unser Bewußtsein erweitert, und uns bisher Unbewußtes bewußt macht. Ein Weg, um aus der inneren Wirrnis von (bereits vorhandenen) Antworten, Entscheidungen, Einsichten, die *richtige* herauszufiltern. Mit einem Wort: ein Psychiater in Buchform.

Ganz so einfach kann es aber nicht sein (wenn man den Begriff »einfach« für unbewußte Prozesse einmal akzeptieren will). Die im Grunde ungeheure Simplizität des Aufbaus und der Prozedur, gekoppelt mit der unleugbaren Exaktheit der schlußendlichen Aussage, heben das I GING aus dem Wirkungsbereich der klassischen Psychologie. Es agiert, so ein Mathematiker, binär wie ein Computer (also mit JA/NEIN-Entscheidungen), weise wie ein Philosoph und unbegreiflich wie die Naturgesetze. Wenn auch nicht selten nur beiläufig, so gestehen sogar die verbissensten »I GING-Rationalisierer« dem »Buch der Wandlungen« mysteriöse Züge zu, einen persönlichen »Charakter«, eine alles durchziehende innere Konsistenz jenseits des Begreifens.

481 v. Chr., im Alter von 70 Jahren, sagte Konfuzius: »Wenn es mir vergönnt wäre, noch viele Jahre zu leben, würde ich 50 dem Studium des I GING widmen und dann vielleicht einen großen Fehler nicht machen«.

Dazu muß gesagt werden, daß Konfuzius bereits den größten Teil seines Lebens dem Studium des I GING gewidmet hatte.

Gibt es denn gar keinen Ansatz, dem Wesen dieses rätselhaften Buches wirklich auf die Spur zu kommen? Für die Schöpfer, jahrtausendelangen Verwender, Erweiterer und Ausleger des I GING – die Menschen Asiens – soll es den Fluß der Yin- und Yang-Energien prüfen und dem Suchenden den richtigen Kurs für sein künftiges Handeln aufzeigen. Einen fest vorgezeichneten Kurs gibt es nicht. Im steten Wechselspiel positiver und negativer Kräfte ändert sich alles und jedes von Augenblick zu Augenblick. »Alles fließt«, wie nicht nur die Griechen der Antike (genauer der Philosoph Heraklit um 500 v. Chr.) erkannten.

Die Chinesen formulieren es so: »Kein Mann kann zweimal in denselben Fluß springen, denn es ist beim zweiten Mal nicht derselbe Fluß – und nicht derselbe Mann . . .«

Genau so »arbeitet« auch das I GING. Sechsmal werden drei Münzen geworfen (Schafgarben hat man im Normalfall nicht ohne weiteres zur Hand, und sie sind auch mehr geschichtlicher als funktioneller Natur).

Daraus resultieren sechs Linien, die von unten beginnend nach oben (von der »Erde« zum »Himmel«) gezeichnet werden, und ein komplettes Hexagramm bilden.

Dies ist das I GING-Zeichen, eines von 64.

Jedes dieser Zeichen hat einen Namen, eine traditionelle Beschreibung und eine, gleichfalls traditionelle ausführliche Interpretation. Sie erstreckt sich auf das Zeichen selbst, beinhaltet den Text des Zeichens mit Kommentar, die Bedeutung der einzelnen Linien und zeigt Entscheidungen auf.

Auch wenn die erhältlichen I GING-Werke durch ihre große Zahl untereinander minimale Unterschiede aufweisen, so ist die Grundstruktur einheitlich. Als Basiswerk zum I GING gilt allgemein die erläuterte Übersetzung von Richard Wilhelm, doch kann der Interessierte ohne Zweifel mit jeder ernsthaften I GING-Übersetzung »arbeiten«, die ihm liegt.

Es würde zu weit führen, die genaue Technik des Zeichenerstellens darzulegen oder gar die 64 Hexagramme mit ihren Bedeutungen anzuführen. Dazu gibt es, wie gesagt, einschlägige Werke von absoluter Güte.

Für uns interessant ist und bleibt das »Wesen« des I GING. Ein Hinweis darauf verbirgt sich zweifellos im Phänomen der »Wandlung« von Zeichen.

Drei Münzen ergeben, wie man leicht feststellen kann, vier Kombinationsmöglichkeiten, die sich durch vier unterschiedliche Linien ausdrücken lassen, und zwar jeweils eine geteilte und eine ungeteilte Linie, beziehungsweise eine geteilte und eine ungeteilte Linie mit einer zusätzlichen Markierung. Je nach dem Liegen der Münzen

(• zweimal Rückseite – einmal Vorseite;
• einmal Rückseite – zweimal Vorseite;
• dreimal Vorseite;
• dreimal Rückseite)

kommt es zur »Wandlung« oder nicht. Die Linien, welche aus drei Vor- oder Rückseiten entstanden sind, wandeln sich – und damit klarerweise das gesamte Zeichen. Hier tritt die Verbindung des Taoismus mit der Philosophie des I GING am klarsten zu Tage, basiert doch der Taoismus auf dem Grundgesetz des Wandels, auf der ununterbrochenen Neugestaltung der gegensätzlichen und dabei komplementären Pole Yin und Yang. Ähnlichkeiten mit den abstraktesten Erkenntnissen der neuen Physik mögen durchaus kein Zufall sein (ein Gedanke, dem auch Naturwissenschaftler in zunehmendem Maße nähertreten).

Fest steht auf jeden Fall folgende unbestreitbare Tatsache: Der Rat des I GING ist kein leeres Geschwätz von kryptischer Vieldeutigkeit. Jahrtausende erfolgreicher Praxis beweisen es.

Der erste Staat der Welt mit einem Verwaltungsapparat, Beamten und Infrastruktur war China. Seine Grundlage: das I GING. Ob Regierungs- oder Alltagsgeschäfte, das Orakel wurde zu Rate gezogen. Auf Schritt und Tritt begegnete man den Wahrsagern, die ihre Schafgarbenstengel auf kleinen Tischen ausbreiteten. Das »Buch der Wandlungen« fehlte in keinem Heim, ob Palast oder ärmliche Bambushütte.

Im 20. Jahrhundert stand es im Osten nach wie vor im regen Gebrauch. Tschiang Kai-scheck pries es als Grundlage der höchsten Tugenden der Chinesen. Mao Tse-tung befragte es regelmäßig während der Jahre der Planung und des Kampfes, die in den Langen Marsch mündeten, und während des Zweiten Weltkrieges wurde manche militärische Entscheidung durch ein Hexagramm getroffen. Es galt als das führende Standardwerk für Taktik und war zwingende Pflichtlektüre für die Stabsoffiziere der asiatischen Streitkräfte. Noch heute ist die Ansicht verbreitet, daß die kaiserliche japanische Marine im Pazifik Sieger geblieben wäre, wenn nicht so viele japanische Offiziere in ihrer Verblendung das Orakel ignoriert hätten.

In unseren Tagen hat das I GING seinen Einzug im Westen gehalten. Geschäftsleute bedienen sich seiner ebenso selbstverständlich wie der Aktienvoraussagen. Softwarefirmen bieten Programme zur Erforschung numerologischer Systeme auf der Basis des I GING an, und die Vereinigten Staaten von Amerika (wie könnte es anders sein) waren Vorreiter bei der Entwicklung eines »I GING-Computers«, der das Münzenwerfen beziehungsweise Schafgarbenaufteilen übernimmt und primär von Börsenmaklern verwendet wird.

Der 1962 verfaßte und mehrfach preisgekrönte Alternativweltenroman (Sieg der Achsenmächte im Zweiten Weltkrieg) des ebenso berühmten wie eigenwilligen SF-Autors Philip K(indred) Dick

(1928–1982) »Das Orakel vom Berge« wurde sogar vom I GING regelrecht »geschrieben«. So sagte der Autor, dem man – nach aufmerksamer Lektüre des Romans – kaum widersprechen kann.

Ob die High-Tech-Entwicklungen in eine Sackgasse führen oder diesem uralten Weisheitsbuch eine neue, faszinierende Dimension hinzufügen, bleibt abzuwarten. Es wird in letzter Konsequenz wohl darauf ankommen, *was* der menschliche Geist aus all dem macht.

Dieser ist es nämlich, der auch beim I GING wieder voll zum Zug kommt, wenn auch in einer Weise, die über die klassische Psychologie weit hinausgeht.

Bei aller »Technik« (Münzenwerfen, Linien ziehen, wie auch der nachfolgenden Auswertung) darf nicht vergessen werden, was *während* der Befragung des Orakels *primär* zu tun ist.

Wie beim Pendeln muß der Fragende sich auch hier erst einmal einstimmen. Er muß sich sammeln, seinen Geist öffnen (oder »entleeren«, wie es eher der östlichen Denkweise entsprechen würde). So wird er bereit zum Fragen. Ist er es, muß das Problem eingegrenzt oder der benötigte Ratschlag ausdefiniert und schließlich die Frage präzise formuliert werden. Es ist bezeichnend, daß Fragestellungen am effektivsten sind, die – wie beim Pendel oder bei der Rute – mit einem einfachen JA oder NEIN beantwortet werden könnten (auch wenn das I GING weit mehr als nur JA oder NEIN sagt).

Die Frage selbst soll an das I GING persönlich gerichtet werden, wie an ein lebendes Wesen. Der Fragesteller muß sich voll auf sie konzentrieren, wenn er die Münzen (oder was auch immer) wirft. Ob die Frage nur im Geist artikuliert, leise gemurmelt oder laut ausgesprochen wird, macht keinen Unterschied.

Die zielführendsten Antworten erhält man, wenn die Frage einen ganzen Sachverhalt beschreibend umfaßt und auch einen Zeitfaktor enthält. Das heißt: will man wissen, ob man den Traumpartner finden wird, darf man nur mit einer diffusen I GING-Antwort rechnen. Fragt man jedoch, wie man sich selbst verhalten muß, um an besagten Traumpartner zu kommen, wird die Antwort klar sein. Ob es die ersehnte ist, steht natürlich auf einem anderen Blatt. Doch selbst dann ist nichts verloren. Ein neuer Wurf – ein neues Glück.

In dieser bewußt saloppen Formulierung steckt einer der Grundzüge des I GING: die Wandlung. Hat uns die erste Antwort deprimiert, so hat sie uns zugleich ein wenig geändert, verwandelt. So ist es zu verstehen, wenn ein und dieselbe Frage unter Umständen mehrere Antworthexagramme hervorruft. Die vorhergegangenen Linien sind »alt« geworden und zeugen »neue« Linien. Auch im berühmten T'ai Chi, das weit mehr ist als Schattenboxen, Fitness für taoistische Manager oder Kung Fu in neuem Gewande, findet sich die Philosophie, daß eine Kraft »alt« wird, sobald sie ihren Höhepunkt erreicht hat und sich sodann in ihr Gegenteil verwandelt. Modern gesagt, ist das I GING nicht »deterministisch«, sondern »unscharf« und damit in harmonischer Übereinstimmung mit den Bizarrheiten der theoretischen Physik, die uns in Teil IV »Esoterik im Spiegel der Wissenschaft« noch näher beschäftigen werden. Bizarrheiten, die – soviel vorweg – die nackte Realität darstellen (was immer man auch darunter verstehen mag).

Für die Praxis des I GING ergibt sich aus all dem eine kühne Hypothese. Wir wollen ihr mit gebotener Zurückhaltung, aber dennoch entschlossen, nahetreten, setzt sie doch dem großen esoterischen Weltbild einen weiteren Baustein hinzu, der sich nahtlos zu den bereits vorhandenen einfügt.

Wir haben uns mit dem Gedanken der Wechselwirkung zwischen menschlichem Geist und jenem (noch) unerklärlichen Informationssee »universellen Wissens« bereits einigermaßen angefreundet.

Irgendwie können wir uns in dieses Weltwissen (von den Hindus auch »Tattwamashi« genannt) »einklinken«. Zugänge gibt es unterschiedliche. Wir sind einigen davon schon bei der Astrologie und der Radiästhesie begegnet. Die Orakel verkörpern – so scheint es – ein weiteres System von solchen Zugängen. Auch sie erfordern Kreativität zur Interpretation und Übung in der Handhabung. Sie müssen gedeutet werden, aber nicht auf derselben Ebene wie ein Horoskop oder ein Pendelausschlag. Der Unterschied besteht in der »Vorarbeit« zahlloser Generationen durch mehrere Jahrtausende.

Bei vielen »ausgereiften« Orakeln erhalten wir bereits so etwas wie eine Rohinterpretation, die natürlich auch verstanden werden muß (was nicht immer ganz einfach ist). Das chinesische I GING nimmt zweifellos eine bedeutende Stelle in diesem Bereich ein, beziehungsweise kann unter Umständen als eine Art »Grundmuster« angesehen werden.

Lama Anagarika Govinda schreibt in seinem Vorwort zur neuen Übersetzung des I GING durch den renommierten Asienkenner und Tao-Schüler John Blofeld unter anderem:

> ». . . welches nicht das Werk eines einzigen Autors ist, sondern eine über viele Generationen gesammelte und mehr als dreitausend Jahre in der Praxis bewährte Weisheit . . . Sie hatten erkannt, daß Wandlung sich nicht zufällig oder einer Laune gehorchend vollzieht, sie entdeckten die Gesetze der Wandlung, nach denen sich ein Ding oder jeder Seinszustand nur in etwas verwandeln kann, das in seiner Natur schon beschlossen liegt . . . in einer höheren Raumdimension existieren alle Dinge oder Geschehnisse – wenn auch für unsere Sinne verborgen – gleichzeitig . . . unsichtbare Keime zukünftiger Ereignisse und

Erscheinungen, die noch keine greifbare Wirklichkeit angenommen haben. Das I GING behauptet, daß jene Meister ihres Schicksals sind, die die ›Keime‹ erkennen und die Gesetze der Wandlung wissen. Aber wie soll man die Keime, die für die Sinne doch noch nicht faßbar und dem Verstand nicht zugänglich sind, im Zustand gestaltloser Potentialität überhaupt erkennen? – Hier kommt eine Fähigkeit des menschlichen Bewußtseins ins Spiel, die der Mensch der Neuzeit vernachlässigt, wenn nicht sogar völlig vergessen hat: die geheimnisvollen Kräfte unseres Tiefenbewußtseins, unsere Intuition, die die Alten mit Hilfe von Trancezuständen oder Meditation hervorriefen oder durch religiöse Rituale und geheiligte Orakel beschworen, in denen das Individualbewußtsein zugunsten eines umfassenderen, universalen Bewußtseins in den Hintergrund trat ... Damit können wir uns der in symbolhafter Form, in Archetypen von tiefgründiger Bedeutung offenbarten Keime bewußt werden, die unsere Zukunft bestimmen ... Das I GING verbindet Intuition und Erfahrungswissen, indem es dazu anleitet, beides mittels einer folgerichtigen Methode auf eine gegebene Situation anzuwenden ... Das I GING zeigt uns, wie wir in Übereinstimmung mit den Kräften des Schicksals und der Wirklichkeit handeln können, denn in ihm sind die Wandlungsgesetze auf ebenso geniale wie einfache Weise formuliert. Das I GING benötigt dazu nur einen durchgezogenen und einen unterbrochenen Strich, um die Polarität aller Probleme darzustellen, sowie sechs Platzwerte, um ihre relative Stellung in der Zeit und ihre gegenseitige Bezogenheit im Raum darzustellen ... so wurde mit den Hexagrammen des ›Buches der Wandlung‹ ein System von Symbolen geschaffen, mit dessen Hilfe sich unendlich viele Kombinationen und Veränderungen ausdrücken und die ihnen innewohnenden Bewegungen und Wandlungstendenzen aufzeigen lassen, die praktisch alle Situationen des menschlichen Lebens abdekken. Wie die Symbole der Mathematik besitzen auch die Symbole des I GING den Vorzug, von der Sprache unabhängig und damit universal gültig zu sein ...«

Besser, als Lama Angarika Govinda es hier ausdrückt, kann man das Wesen des I GING wohl kaum umreißen.

In seinem Vorwort zu Martin Schönbergers »Verborgener Schlüssel zum Leben« wird der bedeutende Interpret der tibetisch-lamaistischen Religion und berühmte östliche Denker Govinda noch deutlicher:

»... In dieser Erkenntnis der Universalität des menschlichen Tiefenbewußtseins berührt sich die Weltanschauung des I

GING mit der des Mahâyâna-Buddhismus, dessen Hauptlehre in der Postulierung des ›Âlayavijñâna‹, des universellen Tiefen- (oder ›Schatzkammer‹-)Bewußtseins, besteht, das dem auf der Oberfläche Lebenden verschlossen und daher unbewußt ist, aber dem Sich-nach-Innen-Wendenden offenbar wird. ›In ihm sind‹, wie es im I GING heißt, ›die Formen und Bereiche aller Gestaltungen des Himmels und der Erde.‹ Unter dieser Voraussetzung wird es verständlich, daß das menschliche Bewußtsein imstande ist, die Gesetze des Weltalls widerzuspiegeln und in gedanklicher Verarbeitung das im Zustande meditativer Reflexion intuitiv Erfaßte oder Erschaute nachzuvollziehen und zu formuliern, so daß Ergebnisse modernster wissenschaftlicher Forschung wie der Astronomie, der Atomphysik oder die Biologie von den Sehern ferner Vergangenheit oftmals vorweggenommen und in der Symbolsprache ihrer Zeit ausgedrückt wurden . . . Das I GING ist also eine Art ›psychischer Computer‹, das heißt eine Kombination subjektiver und objektiver Faktoren, psychischer und mathematischer Gegebenheiten, wobei die richtige Beurteilung der ersteren die Voraussetzung für das Funktionieren der letzteren ist . . .«

Der Wissenschaftler José Argüelles sagte in seinem 1969 erschienen Artikel »Main Currents in Modern Thought« (Hauptströmungen modernen Denkens) mit anderen Worten so ziemlich dasselbe wie der Philosoph Govinda, und zwar:

»Das I GING funktioniert wie ein Computer, und sein Funktionieren hängt von der wahrheitsgemäßen Programmierung ab. Die Wahrheit (oder die den Tatsachen entsprechende Richtigkeit) des Programmierens hängt davon ab, wie die Person, die das Buch konsultiert, auf die Aussagen des ›Buchs der Wandlungen‹ reagiert. In anderen Worten, das I GING funktioniert nur insofern, als derjenige, der sich mit ihm beschäftigt, die in ihm niedergelegten Regeln und Gesetze akzeptiert und auf seine eigene Situation anwendet.«

Damit können wir zu der Formulierung zurückkehren, die den Abschnitt über die Kraft der Orakel einleitet: Orakel sind »Wörterbücher zum Dialog mit dem Universum«. Lesen muß man sie allerdings können.

Befaßt man sich eingehend mit dem I GING in seiner faszinierenden Gesamtheit, so lernt man es, die verschlüsselte und dabei verblüffend präzise Symbolik zu verstehen – und damit den direkten Draht zum »Weltwissen« zu etablieren, das darin auf unergründliche Weise niedergelegt ist. Diesen letzten Schritt brauchen wir nicht zu tun, denn dafür gibt es – wie bereits gesagt – zahlreiche, ebenso ausführliche wie ernsthafte Werke.

Wir gehen statt dessen weiter. Auch die westliche Kultur verfügt über ein Orakelsystem, das dem I GING an Berühmtheit nicht nachsteht. Betrachtet man es in die Tiefe gehend, werden Parallelen zum »Buch der Wandlungen« erkennbar. In seinem Werk »Supernature« weist der Marinebiologe, Fachmann für Tierverhalten und Bestsellerautor Lyall Watson auf diese Ähnlichkeiten hin. Allerdings charakterisiert er es als ungeschliffen-hartes Gegenstück zum elegant-subtilen I GING. Beide Systeme bedienen sich eines »Symbolalphabetes«, interagieren mit dem menschlichen Unterbewußtsein und präsentieren eine ziemlich genau definierte Antwort (für jene, die damit vertraut sind). Lyall Watson vergleicht das I GING mit einer feinfühligen Sonde des Unbewußten, während besagtes westliches System mit seiner düsteren Symbolik und der Betonung des Gewaltsamen mehr einer Keule statt einer Sonde ähnelt.

Kann man solches generell unwidersprochen akzeptieren? Sicher, die Vorstellung, das »Buch der Wandlungen« sei ein verständisvoll ratender Freund von unendlicher Güte, Weisheit und Subtilität, wird dem I GING zweifellos gerecht. Wird dadurch aber jedes andere System automatisch zum kruden Widerpart? Dies sicher ebenfalls nicht. Richten wir also den Scheinwerfer auf jenes Weissagungssystem, dem viele Generationen in unseren Breiten über Jahrhunderte vertrauten – und es auch heute noch, jedoch weltweit, tun. Nicht wenige Menschen halten es für die westliche Ausprägung desselben Prinzips, das im I GING zum Tragen kommt (wieder einmal Dualität) und damit für das zweite grundlegende Orakelsystem überhaupt. Und eine große Anhängerschaft sieht darin sehr wohl einen verständnisvollen Berater, dessen martialisches Erscheinungsbild auf seine geschichtlichen Wurzeln zurückzuführen ist, nicht auf ein innewohnendes Gewaltprinzip. Die Autoren Wulfing von Rohr und Gayan S. Winter haben sogar eine neue, »liebevolle« Sicht des alten Orakels vorgestellt.

Lassen wir aber nun das Orakel für sich selbst »sprechen«, und nennen wir es – endlich! – beim Namen.

Tarot – die Karten des Schicksals

Was könnte folgendes Bild bedeuten?:

Ein Mann hängt vom Querbalken eines Galgens herab, an den er mit einem Fuß gefesselt ist. Das andere Bein ist gebeugt, die Wade rechtwinklig hinter dem Oberschenkel des gestreckten Beins. Vergleichbar mit der Haltung eines Ballettänzers bei einer graziösen Pirouette, nur daß die Szene keinen Tanz zeigt, sondern etwas Grausames. Trotzdem ist das Gesicht des Gehenkten friedvoll, ohne erkennbaren Schmerz. Ein goldener Schein umrahmt den nach unten gerichteten Kopf.

Können all diese Widersprüche zu einem sinnvollen Ganzen zusammengeführt werden?

Diese Frage stellt sich Colin Wilson in seinem Standardwerk »Das Okkulte«. Für ihn sind Spekulationen über die zwie- beziehungsweise mehrspältige Natur der Tarotkarte »Der Gehenkte« der passende Einstieg in das Tarot, um dessen Entstehung sich seltsamerweise keine Legenden ranken (im Gegensatz zu nahezu allen anderen Orakel- und Weisheitssystemen).

Durch Aufzählung gängiger Interpretationen des »Gehenkten« macht Wilson die Problematik erst recht deutlich:

T. S. Eliot sieht in »Das wüste Land« Parallelen des Tarot-Motivs zum gehängten Gott in Frazers »Der goldene Zweig«. Dies befriedigt Wilson nicht, da die entsprechenden mythologischen Götter nicht kopfüber gehängt wurden.

Auch mit Basil Racoczis Theorie in dem Buch »Fortune Telling«, der »Gehenkte« sei ein »Novize« in einem bestimmten Stadium der Initiation, kann sich der englische Fachautor nicht anfreunden.

Ebenso verwirft er die Deutung von Robert Graves, der »Gehenkte« würde für den siebenten Buchstaben des zweiundzwanzigbuchstabigen Baumalphabets stehen. Dieser ist »D« (Duir), was Tür bedeutet. Da in vielen europäischen Sprachen das Wort für Eiche auch für Türe steht, hält Robert Graves die Analogie für signifikant. Colin Wilson nicht. Zwar ähnelt der Galgen in manchen Darstellungen durchaus einer Tür, aber die Haltung des Abgebildeten bleibt dennoch unerklärt.

Desgleichen vermögen weder Ouspenskys Gedichte über den »Gehenkten« in seinem Werk »Ein neues Modell des Universums« noch die elaborierten Ausführungen des Okkultisten Eliphas Levi (Alphonse-Louis Constant; 1810–1875) erschöpfend Aufschluß zu geben. Levi hatte die zweiundzwanzig Kapitel seines wichtigen Werkes »Dogma und Ritual der hohen Magie« nach den zweiundzwanzig Trumpfkarten im Tarot gegliedert. Im zwölften Kapitel (der »Gehenkte« ist die zwölfte Karte) spricht Levi von diesem Bild als dem Symbol des Prometheus, dessen Füße im Himmel schweben, während sein Kopf die Erde nur berührt – »der freie hingeopferte Adept, der vom Tod bedrohte Offenbarer«.

Allerdings befinden sich weder die Beine des »Gehenkten« in himmlischen Gefilden noch kann beim besten Willen die Rede davon sein, daß sein Kopf die Erde berührt.

Obwohl Eliphas Levi eine bedeutende Rolle in der Esoterik nicht abgesprochen werden darf – er ist einer der berühmtesten und gelehrtesten Okkultisten Frankreichs, mehr als 200 Werke tragen seinen Namen –, ließ auch er sich von mancher Tatsache eine Theorie nicht zerstören. Beispielsweise behauptete er, Abbot Trithemius, ein Scholar des 16. Jahrhunderts, und Knorr von Rosenroth, ein Kabbalist des 17. Jahrhunderts, hätten über das Tarot geschrieben. Dem ist aber nicht so.

Trotzdem hatte er zum Tarot durchaus etwas zu sagen und auch Einfluß auf die Gestaltung. Seine Schriften über den Symbolismus der Tarotkarten sind heute ebenso in Gebrauch, wie das von ihm entworfene Motiv der 14. Karte der »Großen Arkana«, *Die Mäßigkeit*. Es diente zahlreichen Okkultisten als Inspiration für ihre eigenen Kartenentwürfe, darunter MacGregor Mathers, ein früher Leiter der »Goldenen Dämmerung« (Golden Dawn), und die moderne Tarot-Designerin Miranda Payne.

Levis Lehren – allen voran seine drei fundamentalen »Dogmas« – haben Generationen von Esoterikern befruchtet. Auch Berühmtheiten wie Madame Blavatsky oder Aleister Crowley schmückten sich nicht mit fremden Federn, sondern gaben Levi als Urheber verschiedener Theorien an, die von ihnen erweitert wurden. Crowley – radikal wie immer – behauptete sogar, Levis Reinkarnation und sein okkulter Erbe zu sein, wurde er doch in Levis Todesjahr geboren.

Unbestreitbar ist jedenfalls, daß Levis Feststellung einer Korrelation zwischen den zweiundzwanzig Tarotkarten der »Großen Arkana« und dem kabbalistischen Baum des Lebens (Sephirah beziehungsweise Sephiroth) ein bedeutender Beitrag zum Okkultismus war.

Obgleich das Tarot bei weitem nicht den spirituellen Überbau zu besitzen scheint wie etwa das I GING, scheuen selbst eingefleischte Skeptiker davor, es als »antikes Kartenspiel« abzutun (auch wenn es der geschichtliche Vorläufer unserer heutigen Spielkarten ist).

Schon in den Weissagungen Hesekiels und in der Offenbarung lassen sich die Symbole und Zahlen des Tarot (auch Toth und später Tarock) entdecken. Es ist eine der Grundlagen für den mündlichen Unterricht in der Magie. Auf die erste klare schriftliche Erwähnung stößt man in Aufzeichnungen aus den Jahren 1377 bis 1379.

Seit Jahrhunderten hat das Tarot eine seltsame Wirkung auf die Menschen. Personen, die das erste Mal damit in Berührung kommen beziehungsweise ein Kartenset »einfach so« kaufen, empfinden spontan Unruhe, Verwirrung, wenn sie die Karten das erste Mal vor sich ausbreiten. Die Vielfalt, Dynamik und Aggressivität der Bilder und Symbole, mit denen man so unvorbereitet konfrontiert wird, hat etwas Aufwühlendes an sich. Allein dieser Effekt ist ohne Zweifel verantwortlich für viele Auseinandersetzungen mit diesem Spiel, das mehr ist als ein solches.

Der Münchner Psychologe und Schriftsteller Jürgen vom Scheidt verwendet unter anderem auch das Tarot in seiner therapeutischen Praxis, die neben der klassischen Psychologie auch esoterische Praktiken umfaßt. Diese sind für ihn ebenso taugliche Hilfsmittel zu Erschließung des Unbewußten, wie die Hypnose oder das von Sigmund Freud um 1900 geschaffene Verfahren der »freien Assoziation«, das eine neue Ära einleiten sollte.

Der amerikanische Science-fiction-Schriftsteller Piers Anthony (Jahrgang 1934) war vom Tarot so fasziniert, daß er einen ganzen Romanzyklus diesem Spiel widmete, der auf dem Planeten »Tarot« handelt.

Dort hat sich eine neue Religion mit einer Besonderheit etabliert: Die Existenz ihres Gottes läßt sich beweisen – des »Gottes von Tarot« (so auch der Titel des ersten Bandes). Etwas Göttliches scheint sich auf Tarot zu manifestieren, hervorgerufen durch die Symbole des Tarotkartenspiels. Bruder Paul, ein junger Kirchenmann der Erde, muß sich den Visionen und Erscheinungen stellen, um dem Mysterium auf den Grund zu gehen. Er bedient sich eines fiktiven »Animations-Tarot«, das aus dreißig »Triumphen« besteht. Sie ähneln – grob gesehen – den zweiundzwanzig Trümpfen des konventionellen Tarots, zusammen mit fünf unterschiedlich interpretierten Farben plus Aura.

Piers Anthony ließ die Thematik der Tarot-Trilogie (»Der Gott von Tarot«, »Die Visionen von Tarot« und »Die Hölle von Tarot«) auch in seinen umfangreicheren »Cluster-Zyklus« einfließen. Dazu schreibt er im Anhang zum 1. Band der drei Tarot-Romane: ». . . Entsprechend Bruder Pauls Vision von der Zukunft wird dieses Kartenspiel (*das Animationstarot*) vielleicht veröffentlicht, vielleicht sowohl in archaischer *Waldenser*- oder in zukünftiger *Cluster*-Form, wobei im ersten Fall mittelalterliche Bilder und im zweiten Fall Bilder aus den Myriaden von Kulturen des galaktischen Clusters des Jahres 4500 A. D. verwendet werden . . .«

Ob das Tarot zweieinhalbtausend Jahre nach uns tatsächlich seinen Siegeszug durch ein galaktisches Reich antreten wird, bleibt natürlich abzuwarten. Dieser Abstecher in den Bereich der phantastischen Literatur sollte zeigen, wie sehr das Tarot auch dort Fuß gefaßt hat, wo man es kaum vermutet.

Derzeit gibt es fast zweitausend Bücher zum Tarot und an die 300 verschiedenen Tarot-Kartendecks, dazu Tonband- und Videoanleitungen. Ein Berg, der selbst von ausgesprochenen Spezialisten nur mit Mühe und in jahrelanger Kleinarbeit zu erklimmen ist.

Dieser Herausforderung brauchen wir uns nicht zu stellen. Wer das Tarot praktizieren will, kann sich schnell einen ersten Überblick verschaffen und dann jenes System und Deck wählen, das ihm persönlich »sympathisch« ist. Beratung und Information sind leicht zu finden. Als unverbindlicher Hinweis soll erwähnt werden, daß das

1910 erstmals aufgelegte Rider-Tarot-Deck eines der populärsten geworden ist, doch – wie schon gesagt – jeder nach seinem Geschmack.

Besagter Aspekt ist und bleibt der entscheidende bei *allen* esoterischen Praktiken. Nur wenn unser Geist, besser gesagt unser Unbewußtes, mit einer Methode oder einem Hilfsmittel – sei es Pendel, Tarot oder was auch immer – perfekt harmoniert, öffnen sich die Pforten außersinnlicher (esoterischer) Wahrnehmung.

Liegt uns also ein Tarot, so bietet es uns durch die Befragung Bilder (Symbole) an, auf die wir intuitiv reagieren. Dies ist in der Anfangsphase zweifellos ein psychologischer Vorgang auf der Ebene der Jungschen Archteypen, der zu einem nicht klar festgelegten Zeitpunkt eine paranormale Komponente erhält.

Die Resonanz mit dem Weltwissen beginnt, der Dialog mit dem Universum findet statt. Es ist anzunehmen, daß der Prozeß in den Grundzügen derselbe ist, wie etwa beim Horoskop, I GING etc. etc.: Die »Resonanzfrequenz« der Frage tritt in Wechselwirkung mit jener der Antwort. Allerdings dürften solche, aus der Physik stammende Formulierungen die wahre Natur esoterischer Phänomene nur sehr vage beschreiben. Wenn überhaupt. Obgleich wir die Prinzipien bestenfalls entfernt erahnen können, so ist doch bekannt, wie sie in Gang gesetzt werden.

Es gibt die unterschiedlichsten Befragungsmethoden – je nach individueller Einstellung. Auch sie brauchen wir nicht im einzelnen durchzuspielen. Entscheidend ist abermals die innere Konzentration auf das Problem, die Fragestellung. Wie man die Karten legt, ist sekundär. Die Varianten sind mannigfaltig. Die allein aus den bekannten Methoden resultierenden Möglichkeiten liegen weit über den Gewinnwahrscheinlichkeiten jeder Lotterie (und diese bewegen sich in Bereichen von 1 zu 10 und mehr Millionen).

Ganz zu schweigen von verborgenen Systemen.

Eine davon war lange Zeit das gehütete Geheimnis einer okkulten Gesellschaft, der unter anderem der Dichter W. B. Yeats, die Schauspielerin Florence Farr, Constance Wilde, die Frau von Oscar Wilde, und andere namhafte Persönlichkeiten angehörten. Nach der Jahrhundertwende brach einer der Eingeweihten das Schweigen und verriet die Methode in einer Publikation, die auf 500 Exemplare limitiert war. Heute ist das System des »Inneren Ordens« allgemein verbreitet.

Wie viele solche Geheimnisse noch ungelüftet sind, kann nicht einmal vermutet werden. Für den einzelnen ist dies nicht von großer Bedeutung. Im Grunde schafft jedes längere Arbeiten mit einem Tarot eine eigene, ganz persönliche und auf den Benützer zugeschnittene Methode. Seine Methode.

Viele Anhänger des Tarot berichten, daß sich nach einiger Zeit ein intuitives Verständnis der Kartenkonfigurationen und der Bildbedeutung einstellt. Nicht selten bekommen die Symbole eine Bedeutung, die von der »offiziellen« Lesart abweicht – aber für den Betreffenden klar, sofort verständlich und richtig ist. Die Verbindung mit dem »kosmischen Informationsozean« steht.

Man ist versucht, den paranormalen Aspekt herunter- und den psychologischen heraufzuspielen. Schließlich erfordert das Tarot mehr eigene Interpretationsarbeit als etwa das unheimlich konkrete I GING.

Trotzdem wurden mittels Tarot – speziell im Frankreich des 18. und 19. Jahrhunderts – erstaunliche Aussagen erzielt, die weder psychologisch noch durch den überstrapazierten Zufall völlig zu erklären sind.

Beispielsweise konsultierte Kaiser Napoleon Bonaparte regelmäßig eine Madame Lenormand, um sich von ihr beraten zu lassen. Diese resolute Dame, die ein eigenes Tarot-Deck entwarf, das ihren Namen trägt, pflegte dem Herrscher aller Franzosen die Tarotkarten ins Gesicht zu werfen, wenn er vorhergesagte militärische Niederlagen nicht glauben wollte. Die Geschichte belehrte ihn eines Besseren, wie es scheinen will.

Solche Beispiele sind keine Seltenheit, doch sie führen am Wesen des Tarot vorbei. Wie schon beim I GING haben wir es sicher nicht mit einem Präkognitionsinstrument zu tun, sondern mit einer zart führenden Hand, die auf Möglichkeiten hinweist und Alternativen aufzeigt. Es ist vorstellbar, daß dem Franzosenkaiser die erwähnten militärischen Desaster nicht vorbestimmt waren, allerdings hätte er wohl mehr tun müssen, als sie für unmöglich zu halten. Hier wird die Parallele von Tarot und I GING offenkundig: Die Symbole weisen auf »Potentiale« hin und verlangen nach eigener Entscheidung, sobald man sich klar geworden ist, was sie bedeuten. Aus diesem Grund raten auch zahlreiche Tarotbücher davon ab, passive Fragen zu stellen (z. B. ob man einen Lottogewinn machen wird etc.).

Der Zugang zu diesen Symbolen ist allerdings schwieriger als beim I GING, das über sich selbst mehr Aufschluß gibt, als man beim Tarot an »Selbstdarstellung« finden kann. Colin Wilson schlägt einen einfachen, zutiefst menschlichen ersten Schritt vor.

Man suche ein Tarot-Deck aus, das einem zusagt und lasse die bunten Bilder dann ganz einfach auf sich wirken. So wie ein Kind die Seiten eines Bilderbuchs betrachet: staunend, unvoreingenommen, offen.

Da die Motive mittelalterlich und in den leuchtenden Primärfarben dieser Zeit gehalten sind, kann es von Vorteil sein, sich in den Geist dieser Epoche einzustimmen. Besitzt man nicht schon ein gewisses Gefühl für das Mittelalter, so läßt es sich leicht erlangen. Es gibt unzählige, reich bebilderte Werke, die einem helfen können, den Geist mit einem Kaleidoskop von solchen Eindrücken zu erfüllen: Mit Bildern von gotischen Domen, bunten Glasfenstern, Handwerkern und Bauern, Gauklern und Edelleuten und vielem anderen mehr. So könnte die erste »Kontaktaufnahme« mit dem Tarot erfolgen. Kann man sich mit diesem Einstieg gar nicht anfreunden, so dürfte das Studium des Tarot nicht das Richtige sein.

Schließlich sind die Elemente des Tarot ebenso westlich wie mittelalterlich (z. B. schuf der Gringonneur 1392 für den verrückten König Karl VI. ein Tarotspiel, von dem heute noch siebzehn Karten in der Bibliothèque National in Paris zu finden sind), auch wenn die Ursprünge viel weiter zurückgehen. Die 22 Motive der »Großen Arkana« sollen ihre Wurzeln in zwei Reihen von elf Gemälden auf den gegenüberliegenden Wänden des Tempels von Memphis haben. Weil sie die Zerstörung des Tempels vorausahnten, haben die Priester diese Bilder in Form von Spielkarten für die Nachwelt bewahrt. Eine interessante These, zudem durchaus im Einklang mit der menschlichen Natur. Der Spieltrieb ist tatsächlich ein weit stärkeres Mittel zur Aufrechterhaltung von Überlieferungen als Botschaften, Dogmen und Vermächtnisse.

Manche schreiben die Entwicklung des Tarots wiederum den wahrsagenden Zigeunern zu, doch sagt De Givry in seiner »Anthologie De L'Occultisme« (1931), daß es in Deutschland schon 1329, also ein Jahrhundert vor der Ankunft der Zigeuner in Europa, Berichte über das Tarot gegeben hat.

Im Grund sind die geschichtlichen Ursprünge nicht entscheidend, sondern der Umstand, daß die esoterisch hoch aufgeladenen Symbole einen geistig-psychischen Entwicklungsweg verkörpern, der – je nach bevorzugter Tradition – unterschiedlich verlaufen wird.

In seinem Buch »Tarot der Eingeweihten« unterscheidet der Diplomchemiker Joachim Winckelmann den »freimaurerischen«, den »spiritistischen«, den »alchimistischen« und den »kabbalistischen« Weg. Diese sind – klarerweise – nicht alles.

Um die eigene Sympathie oder Abneigung für das Tarot ausloten zu können, muß man es näher kennenlernen. Es besteht aus achtundsiebzig Karten, die in zwei Gruppen zerfallen: einem Satz Spielkarten (die »Kleine Arkana«), wie wir sie heute kennen (sie zeigen jedoch neben den Zahlen auch Bilder), sowie in zweiundzwanzig Karten (die »Große Arkana«) mit typisch mittelalterlichen Motiven (der Gaukler, der Tod, der Gehenkte, der Eremit, der Papst, etc.). Der Begriff Arkana leitet sich aus dem lateinischen Wort für Geheimnis (arcanum) ab.

Die 56 Karten der »Kleinen Arkana« reflektieren die physisch gelebte Welt und die 22 Trümpfe der »Großen Arkana« die tiefliegenden (archetypischen) Kräfte, die das Schicksal lenken. Man könnte auch sagen, daß in der »Großen Arkana« die Ideen verborgen sind, auf denen die stofflich-materielle Welt aufbaut. Die »Kleine Arkana« gliedert sich in vier Sätze zu 14 Karten, symbolisch für die einzelnen

Schritte zu immer größerer Erkenntnis. Durch die »Kleine Arkana« erfahren wir das stoffliche Leben und begreifen mehr und mehr die Zusammenhänge. Schließlich wird die Gleichheit von Gedanken und materieller Wirklichkeit offenbar. Die vier Sätze der »Kleinen Arkana« repräsentieren die vier Elemente: Feuer (Stäbe), Wasser (Kelche), Luft (Schwerter) und Erde (Münzen) – und damit vier unterschiedliche Wege, um das Dasein zu meistern.

Lassen wir den Joker (Die Null = Der Narr) beiseite, so erhalten wir bei der »Großen Arkana« drei Siebenergruppen von Trümpfen. Sieben ist eine ungeheuer magische Zahl, aber auch von geschichtlicher und mathematischer Signifikanz. Die Dreiheit oder Dreiteilung wiederum spielt in vielen Kulturen, Religionen und Wissenschaften eine bedeutende Rolle (die heilige Dreifaltigkeit; These, Antithese und Synthese in der Philosophie; Bewußtsein, Unterbewußtsein und Überbewußtsein in der Psychologie; Körper, Seele und Geist in der Metaphysik; Ladung, Impuls und Spin in der theoretischen Physik usw.).

- Die erste Siebenergruppe der »Großen Arkana« überdeckt den Bereich des Bewußtseins, den der äußeren (materiellen) Wirklichkeit.
- Die zweite Siebenergruppe behandelt das Unterbewußtsein. Hier beginnen wir die Reise in die innere (geistige) Realität.
- Die dritte und letzte Siebenergruppe beschreibt die universelle (spirituelle) Welt, den Bereich des Überbewußtseins oder Superbewußtseins, wie man heute gelegentlich sagt. Sie führt uns über die Grenzen der Individualität hinaus, hin zum Verständnis und zum Einswerden mit der Natur und den Gesetzen des Kosmos.

Es ist klar, daß zu jeder einzelnen Karte viel gesagt werden kann und auch wird. Dieses wollen wir den einschlägigen Werken überlassen. Uns geht es nach wie vor um das Wesen des Tarot und darum, wie man es grundsätzlich erschließt. Wie man eine Beziehung zum Tarot aufbauen kann, wissen wir bereits, ebenso, daß – wie beim I GING – die Konzentration auf die richtige Fragestellung alles entscheidend ist. Das Mischen der Karten hilft, innere Ruhe mit der erforderlichen Konzentration auf die Frage zu verbinden.

Nach dem Mischen und Legen nach dem jeweiligen System kommt der erste unbewußte Entscheidungsschritt: Man zieht eine der auf dem Kopf liegenden, gemischten Karten. Dies kann eine solche sein, zu der sich der Fragende »hingezogen« fühlt, oder die erste des zweimal abgehobenen Stapels. Auch hier und in jeder weiteren Phase gilt, daß jene Vorgangsweise die beste ist, mit der man intuitiv am besten umgehen kann. Eigene Methoden können natürlich entwickelt werden. Auf jeden Fall bietet das Tarot nicht nur Bilder, welche die eigene innere und äußere Situation widerspiegeln, sondern auch Ratschläge. Liegt eine

Deutung absolut neben der gestellten Frage, so sollte man prüfen, ob nicht im eigenen Inneren eine andere, wichtigere Frage vergraben ist.

Jeder Mensch hat zudem persönliche Karten. Sie können durch Rechenoperationen ermittelt werden (ich verweise abermals auf die entsprechende Literatur) oder auch auf direktem Weg (durch Meditation). Manchen Menschen ist es gelungen, »ihre« Lebenskarten einfach dadurch herauszufiltern, daß sie sich das Tarot-Deck-Motiv für Motiv in Ruhe und kontemplativ vorgenommen haben. Am Ende steht eine spezifische, individuelle Kartenabfolge, in der man das eigene Leben wiederfinden kann. Wie auch immer der Einzelfall – im Tarot läßt sich der Geist entdecken, der die Welt im Innersten zusammenhält (ihm auf die Spur zu kommen, war das höchste Ziel von Goethes »Faust«. Ein Ziel, für das er jeden Preis zu zahlen einwilligte).

Wie beim I GING ist die Grundvorstellung zum Wesen des Tarot jene, daß unser Geist mehr mit dem Zufall verknüpft ist und mehr weiß, als die nackte Ratio zuzugeben bereit wäre. Eine Verbindung zwischen den Schafgarbenstengeln und Münzen, deren man sich zur Befragung des I GING bedient, und den Stäben und Münzen, die mittelalterliche Tarotwahrsager verwendeten, könnte durchaus bestehen. Vielleicht ein weiteres Indiz für die esoterische (heute auch der Physik zu eigenen) Ansicht, daß alles mit jedem verwandt ist . . .?

Denkt man alles bisher Gesagte konsequent zu Ende, so liegt der Gedanke nahe, man bräuchte *de facto* kein spezielles Wahrsagesystem. Ein Schnürriemen müßte im Grunde ebenso gute Dienste leisten wie ein Pendel oder ein Comic strip wie ein Tarot-Deck, wenn man nur »den richtigen Geist« hat.

Das mag im Prinzip stimmen. Der Amerikaner Ted Serios bedient sich zwar eines »Gismo« (einer simplen Papprohre), um mittels Geisteskraft Bilder auf unbelichteten Film zu projizieren, doch *wirklich* benötigt er diesen »parapsychologischen Katalysator« natürlich nicht. Er könnte ebensogut darauf verzichten oder etwas anderes verwenden (beispielsweise eine abgespulte Toilettpapierrolle). Nur – ohne seinen »Gismo« geht es doch nicht. Weil er davon überzeugt ist.

Er hat eben nur *mit* seiner Papprolle »den richtigen Geist«. Genau diese Funktion haben wahrscheinlich die meisten esoterisch-okkult-paranormalen Hilfsmittel. Unser Geist braucht einen Halt, je konkreter, glaubwürdiger und ausgefeilter, desto besser.

Die esoterischen Techniken sind zweifellos ein solcher Halt. Unterschiedlich nur in der Art und Weise, in der sie die latenten Kräfte des menschlichen Geistes mobilisieren.

Das Tarot tut dies sogar zweifach: Die Symbole repräsentieren ein »Alphabet«, mit dessen Hilfe das Unterbewußtsein Informationen »buchstabieren« kann. Gleichzeitig stimulieren sie es durch die ihnen innewohnende Kraft.

Astrophysiker, Linguisten und Mathematiker arbeiten ebenso verbissen wie ohne erkennbaren Erfolg an der Ausarbeitung der sogenannten »Lincos« (Lingua Cosmis); einer Symbolsprache zur Kontaktaufnahme mit Außerirdischen. Das Problem liegt darin, daß diese Sprache gleichzeitig auch ihre eigene Meta-Sprache sein muß, das heißt, sie muß sich selbst erklären, damit ihre Botschaft verständlich wird. Ein schier unlösbares Unterfangen. Für I GING und Tarot scheint diese Schwierigkeit nicht zu existieren. Vielleicht gibt es sie auch nur in extrem rationalen Gehirnen. Eine Kommunikation mit Aliens wird wohl nur logisch-cool abzuführen sein, unser Unterbewußtsein jedoch ist weit zugänglicher.

Das kausale Denken findet sich nur schwer damit ab, daß Karten, die einem wahllos durchgemischten Spiel entnommen werden, eine reale Bedeutung zukommen könnte. Die Kausalität aber hat mittlerweile verstohlen die Weltbühne verlassen (sogar jene, auf der nur »wissenschaftliche Stücke« aufgeführt werden).

Was bleibt, ist – wie in der Quantenphysik – der »Beobachter« (der Fragende) und das Universum, mit dem er in *lebendiger* Wechselwirkung steht. Wie er fragt, ist letztlich seine Sache. Der Asiate denkt in Ganzheiten, ist selbstvergessen und akzeptiert Gegensätze als zusammengehörende Paare. Der westliche Mensch betrachtet sich selbst als den Nabel des Universums. Er hat eine persönliche Weltsicht, einen Entweder-oder-Standpunkt und einen individualistischen Gott.

Wen nimmt es da Wunder, daß die Symbolik des Tarot ichbezogener und grausamer ist als die des I GING? Dabei mildern sich die Unterschiede bei näherer Betrachtung. Wohl scheint das I GING hauptsächlich vornehm-weise Ratschläge zu geben, wie »der Edle« sein Schicksal meistern und mit kosmischen Gesetzen harmonieren kann, während das Tarot voll ungeschminkter Härte ist, doch nur vordergründig. Die unheilvollen Bilder des Tarot (der Gehenkte, der Tod, der Teufel, der vom Blitz getroffene Turm . . .) sollen nicht von unabwendbaren Katastrophen künden, sondern den Geist aufwühlen und aus den Gefilden des Alltäglichen herausschütteln.

Dafür lenken andere Motive (der Eremit, der Papst . . .) den Blick ohne Umweg himmelwärts. Zwei Ansätze, ein Ziel: Hinwendung zum Wesentlichen.

Zudem darf niemals übersehen werden, daß die Tarotkarten in Ideogrammen des Mittelalters zu unserem Inneren sprechen (darum das eingangs erwähnte Befassen mit jener Jahrhunderte entfernten Geisteswelt als Einstimmung in das Tarot).

Wenn wir das Tarot so verstehen – so nochmals Colin Wilson – und uns bemühen, die innere Realität seiner Symbole zu begreifen, dann dürfen wir es als das direkte westliche Gegenstück zum I GING auffassen . . . Damit hat sich der Kreis geschlossen.

I GING und Tarot sind wahrscheinlich zwei unterschiedliche, aber dabei komplementäre Grundpfeiler, auf denen das gesamte Gebäude der Orakel ruht (auch wenn viele älter zu sein scheinen). Wir haben uns mit beiden im Detail auseinandergesetzt. Obwohl natürlich noch lange nicht alles gesagt wurde und Einwände berechtigt sein mögen, dürften wir dem Verstehen nähergekommen sein. Damit bleibt uns nur noch ein abschließender Streifzug durch . . .

Die Orakel der Welt

Als das Zurückweichen der Wälder vor etwa 14 Millionen Jahren den hauptsächlich im Gebiet des nordindischen Sivalik-Gebirgsmassiv ansässigen *Ramapithecus* vor die unangenehme Entscheidung stellte, ob er Affe bleiben oder Mensch werden wollte (zumindest nach Ansicht der Anthropologen), war etwas Neuses im Begriff, die Weltbühne zu betreten:

Der Geist mit seinen ewigen Rechten, wie Heinrich Heine es so treffend formuliert.

Natürlich nicht über Nacht, sondern auf dem Wege über den *Australopithecus afarensis*, *Homo habilis*, *Homo erectus*, *Cro-Magnon* bis hin zum *Homo sapiens* (wenn man geneigt ist, der Evolutionslehre zu glauben und es auf ein paar »missing links« nicht ankommen läßt).

Wie auch immer das Vorhandensein von Geist – zumindest unter einigen Schädeldecken – tatsächlich zustandegekommen ist, wird noch lange strittig bleiben. Ebenso strittig wie die Frage, *was* er eigentlich ist (wir haben sie schon mehrmals angeschnitten). Folgt man den Spuren der Evolution, kann man ein durch und durch materielles Gehäuse für unseren Denkapparat zimmern und sich der Vorstellung hingeben, all das wäre identisch mit unserem Geist. Selbst die in uns allen mehr oder weniger intensiv brennende Frage nach dem Sinn von allem und jedem könnte man so auf Nervenzellen, biochemische Botenstoffe, feuernde Synapsen etc. zurückführen. Der Materialismus des 19. Jahrhunderts scheint frohe Wiederauferstehung zu feiern. Er scheint nur, denn dieses Bild von Geist als Sklaven der Materie ist ebenso eindimensional wie die Gleichstellung von Fernsehgerät mit Fernsehprogramm. Ohne das Programm wird man der Bildröhre nichts anderes entlocken können, als das unstrukturierte Rauschen des Kathodenstrahls – jenes Flimmern, vor dem Spätfernseher oft zu schlummern pflegen.

Irgendwo auf dem Millionen Jahre dauernden Weg der Menschwerdung dürfte es zu einer Synthese von Materie (unser Körper) und so etwas wie einem »kosmischen Programm« gekommen sein, das die Grundstruktur des Universums bildet. Wer es nicht aushält, mehr darüber zu erfahren, kann auf den vierten Teil des Buchs vorgreifen. Für den Augenblick finden wir mit dieser Vorstellung eines Zusammenwachsens von Mensch und Kosmos das Auslangen. Interessanterweise vertritt auch der Wissenschaftler und Bestsellerautor Hoimar von Ditfurth (1921–1989) in seinem Buch »Wir sind nicht nur von dieser Welt« den Gedanken, die kosmische Evolution würde sich in unseren Gehirnen widerspiegeln. Mehr noch: Für ihn ist die Evolution ein Prozeß von anwachsender Erkenntnisfähigkeit, die unseren Horizont erweitert und dabei permanent *Transzendenz in subjektive Wirklichkeit verwandelt*. Sechs Wochen vor seinem Tod am 1. 11. 1989 meinte Hoimar von Ditfurth im Gespräch mit Dieter Zillingen, Sender Bayern 3: »Der Geist entstand nicht in unseren Köpfen. Der (kosmische) Geist war immer schon da . . .«

Wenn wir dieses grandiose Konzept annehmen wollen, brauchen wir Indizien dafür. Die paranormalen (esoterischen) Fähigkeiten unseres Geistes sind ein Indiz, das Auftreten von Talenten ohne evolutionistischen Selektionsvorteil ein weiteres (mehr über solche Talente im anschließenden Kapitel).

Kurzum: In unseren Köpfen wuchs so etwas wie ein »menschliches Empfangsgerät« heran, das gleichzeitig denken, rechnen, fühlen und sich nach Höherem sehnen kann. Die Esoterik scheint seit Urzeiten jener Schalter gewesen zu sein, der unseren Geist für den Empfang bereitmacht, das richtige »Frequenzband« sucht und die einströmende Information aufbereitet. Hier liegt wohl auch die Wurzel der Orakel.

An ihnen mußte schon immer mehr als nur Lug und Trug drangewesen sein, auch wenn sie eine Einladung für Scharlatane und Abergläubische sind.

Dies wußten schon die Herrscher der Antike. Herodot berichtet, daß der bekanntlich sagenhaft reiche Lydierkönig Krösus durch die persische Expansion so beunruhigt wurde, daß er beschloß, bei Orakeln Rat zu holen. Skeptisch, wie alle Reichen und Mächtigen, wollte er zuerst herausfinden, auf welches Orakel Verlaß war und sandte »Orakeltester« aus.

Sie sollten am hundertsten Tag nach ihrer Abreise von Sardes dem jeweiligen Orakel die simple Frage stellen: »Was tut Krösus heute?«.

Die Antwort der Pythia des Orakels von Delphi lautete: »Der Duft einer Schildkröte in fester Schale kam zu mir. Kochend mit Fleisch zusammen vom Lamme in eherner Pfanne. Erz umschließt es von allen Seiten, so oben wie unten.«

Die eigenartige Aussagte stimmte, denn der praktische Krösus hatte sich für den Stichtag etwas ausgedacht, das unmöglich zu erraten war: Das Kochen einer Schildkröte und eines Lammes, gemeimsam in einem ehernen Kessel mit ehernem Deckel.

Plutarch fand es beachtlich, daß Pythia manche Fragen an das Orakel beantwortete, bevor sie gestellt wurden. Ähnliches läßt sich durch die Jahrtausende verfolgen, bedauerlicherweise vergraben in einem Berg von Täuschung, Humbug, Zaubertricks und bewußt kryptischen Mehrdeutigkeiten. Dennoch haben die Orakel jede Verfolgung, Widerlegung, Verteufelung und Ablehnung überlebt. Im Alten Testament finden sich zahlreiche ominöse Textstellen (z. B. heißt es im 5. Buch Mose, 13,6: »Der Prophet oder Traumseher soll mit dem Tode bestraft werden«), und auch im Römischen Reich – beispielsweise während der Regentschaft von Kaiser Konstantin (ca. 285–337 n. Chr.) – drohte Weissagern immer wieder die Hinrichtung.

Die menschliche Natur ist eben stärker als Verbote – selbst Todesurteile schrecken nicht, wie auch die Geschichte der Orakel beweist.

Das chaldäische Volk der Akkader, das etwa 4000 bis 2000 v. Chr. im Zweistromland (Mesopotamien) lebte und wahrscheinlich den Grundstein der Astrologie legte, benutzte ebenso intensiv ein ausgefeiltes »Pfeilorakel«. Daneben interpretierten sie die Form von Wolken, Blitze, Erdbeben, Feuer und Rauchsäulen, das Sprudeln von Wasser, Rauschen in Baumwipfeln, Geräusche von Tieren und Hausrat, Träume und persönliche Visionen. Es ist kein Zufall, daß in spätantiken Aufzeichnungen das Wort Chaldäer gleichzeitig »Sternkundiger« bedeutet.

All diese esoterischen Traditionen wurden von anderen Völkern übernommen und ihrer Lebensart angepaßt.

Mit dem Aufstieg des persischen Reiches kamen sie zu größter Blüte. Die Bezeichnung »Magier« stammt aus Persien und charakterisierte ursprünglich ein medisches Geschlecht mit erblicher Priesterwürde. Auch die uralte Weissagungskust der Inder ist primär eine solche der Orakel. In der *Weda*, der ältesten indischen Literatur (sie entstand etwa 1200 bis 600 v. Chr.) wimmelt es nur so davon. Die weitere Ausgestaltung des von Chaldäern und Persern erdachten Tierkreises soll auf indische Brahmanen zurückgehen. Auch die sogenannten »Magischen Spiegel« – Vorläufer der Kristallkugel wie auch moderner Hypnosetechniken – waren ihr Werk.

Im antiken Ägypten erlangten die Weissagungen des heiligen Apis-Stieres ebensolche Berühmtheit wie jene des griechischen Orakels von Delphi. Obgleich die antiken Hellenen als kristallklare Philosophen und logische Denker bekannt sind, denen orientalische Mystik widerstrebte, war das Wahrsagen ein Teil der Staatsreligion. Die berühmten Orakel wurden für alle öffentlichen und privaten Angelegenheiten in Anspruch genommen und standen auch befreundeten Völkern zu Diensten. Neben dem berühmten Spruchorakel des Apollo zu Delphi repräsentierte das Geräuschorakel des Zeus von Dodona in Ephesus einen anderen »Orakeltyp«. Er ist uns heute nicht so vertraut, wie das delphische, war jedoch in seinen Tagen von großer Bedeutung. Im römischen Imperium stand die Weissagungskunst – wenn sie nicht gerade verfolgt wurde – voll im Dienst des Staates. Die beamteten Auguren und Bewahrer der Sibyllischen Schicksalsbücher im Keller des Jupitertempels auf dem Kapitol agierten nur auf staatliche Weisung. Allgemein verbreitet in Rom war das Loswerfen. Die berühmten sibyllischen Weissagungen hatten ihre Quelle im Orakel von Cumae, wo sie in schriftlicher Form gegeben wurden. Nicht so bürokratisch war das Tiburische Orakel, wo die Priester in Ekstase den Stimmen der Götter lauschten.

Die Orakel der nicht so kulturell verfeinerten (man könnte auch sagen degenerierten) Germanen waren entsprechend radikal: Innereien von Tier- und Menschenopfern. Doch man interpretierte auch Tierstimmen und streute Runen.

Das europäische Mittelalter praktizierte eine schrecklich lange Zeit einen regelrechten Beschwörungstaumel, der heidnischen Dämonenglauben und Hexenverfolgung eigenartig harmonisch vereinigte. Gute und böse Geister führten das Zepter, und die aufgeklärtesten Männer ihrer Zeit betrieben jede nur bekannte Art von Magie.

Angeblich ist das Orakelwesen im 18. Jahrhundert fast von der Bildfläche verschwunden. Dies mag eine vorschnelle Schlußfolgerung mancher Geschichtsschreiber sein, denn die Masse okkulter Veröffentlichungen nahm im Zeitalter der Aufklärung eher ab als zu. Das »Unesoterische« daran war vielleicht der damit einhergehende Drang, alles und jedes zu rationalisieren (aus dieser Epoche stammen die ersten »wissenschaftlichen« Erklärungen über Vampire und sonstige Untote).

Einen echten Rückgang der Orakel kann man eigentlich nur im 19. Jahrhundert konstatieren, und dort auch lediglich in der feinen Gesellschaft und bei den zufriedenen Bürgern. Die einfachen Leute und die Landbevölkerung schworen auch in dieser saturierten Centurie auf seine traditionellen Orakel. Allerdings handelt es sich dabei hauptsächlich um Liebes- oder Eheorakel.

Im 20. Jahrhundert, in dem der erste Mensch den Mond betrat, das Feuer der Sterne unserem Befehl gehorcht und die menschliche Erbsubstanz formbar wird wie Ton, gibt es mehr Orakel als in allen antiken Kulturen zusammen.

Alte und neue. Noch immer lesen Menschen Handlinien und Pflanzenäderungen, interpretieren Naturphänomene und »zufällige« Formen, blicken in Spiegel oder Kristallkugeln, loten die Bedeutung von Träumen oder Namen aus, legen Karten oder deuten Muskelzuckungen. Der Bogen ist weit gespannt. Moderne Formen – wie z. B. das Motororakel – haben sich hinzugesellt.

Ein Sonderfall ist der afrikanische Kontinent. Afrika ist ein klassisches Orakelland. Die Menschen dort leben in gewissen Regionen immer noch einigermaßen im Einklang mit der Natur, und die meisten afrikanischen Traditionen fußen nach wie vor auf animistischen Religionen, das heißt auf dem Gedanken der Beseeltheit der gesamten Natur.

Das Orakel wurde in Afrika seit jeher als tauglichstes Instrument zur Verbrechensbekämpfung angesehen – und eingesetzt. Man unterscheidet genau zwischen intuitiven Orakeln – z. B. »erriecht« der Medizinmann den Schuldigen – und deduktiven. Letztere decken Tatbestände mittels einer exakten Technik auf. Beide bedienen sich in irgendeiner Form des menschlichen Geistes, doch letztere in mehr ritualisierter Form, womit sie primär auf der Linie unserer gegenwärtigen Überlegungen liegen.

Es gibt Ruten-, Holz-, Messer-, Topf-, Gift-, Wurzel-, Tier-, Reibebrett-, Karten- und hunderte andere Orakel im Schwarzen Kontinent. So seltsam sie im einzelnen auch anmuten mögen, jedes von ihnen ist für ein Volk von Bedeutung – und »funktioniert« für diese Menschen.

So praktiziert das Sudanvolk der *Zande* tagtäglich selbst bei den banalsten Fragen ein Giftorakel, dessen Aussage schlicht und einfach darin besteht, ob man eine Dosis einer strychninähnlichen Substanz übersteht oder nicht. Auch wenn man unter dem Einfluß der Weißen langsam dazu überging, Hühner anstelle von Menschen als Testobjekte einzusetzen, tut dies dem bedingungslosen Glauben an die Verläßlichkeit des *benge* (so der Name des Giftorakels) keinen Abbruch. Ohne reichlich Gift und Hühner ist ein Mann in dieser Gesellschaft so gut wie handlungsunfähig. Doch auch der arme *Zande* muß nicht verzweifeln, für ihn gibt es die Billigversion, das Termitenorakel, *dakpa* genannt. Und nicht nur dieses ...

Hier scheint eine Pause angebracht. Dieses Füllhorn an Orakeln ist klarerweise nur die Spitze des Eisbergs. Hunderte Seiten ließen sich mit Orakeln füllen und wurden bereits gefüllt.

Das brauchen wir nicht. Die angedeutete Vielfalt sollte nur demonstrieren, wie sehr der menschliche Geist mit dem »Orakelhaften« verbunden ist, nein, wie sehr es *seine Natur ist*. Tatsächlich wurzelt jede Form der Unterhaltung im Orakel, ist ein Versuch, auf spielerische Weise hinter die Pläne der Vorsehung zu kommen. Schach war ursprünglich ein rituelles Orakelspiel, alle Kartenspiele sind aus archaischen Urbildern hervorgegangen, und Kräftemessen aller Art ist nichts anderes, als eine Variation der orakelhaften Gottesurteile.

Damit haben wir den roten Faden wieder aufgenommen. I GING und Tarot sollten den ursprünglichen, alles durchziehenden »Geist der Orakel« so präzise als möglich transparent machen, und das aus einem östlichen und westlichen Blickwinkel. Zwei Seiten einer Münze. Dualität, ganz im Sinne unserer Betrachtungen. Natürlich erhebt die Darstellung keinen Anspruch auf Vollständigkeit oder gar »absolute

Wahrheit«. Vieles wurde sicher nicht gesagt, manches unorthodox dargestellt und noch mehr kühn interpretiert.

Alles zugegeben.

Sicher hätte sich unsere Beweisführung auch auf der Basis der Kabbalistik, der Numerologie, der Runenmagie oder der Geomantie (welche mit ziemlicher Sicherheit beim Tarot Pate stand) errichten lassen. Doch vielleicht nicht so exakt wie bei diesen beiden faszinierenden Orakelsystemen mit ihrem komplexen Aufbau, synchronistischen Charakter und elaborierter Symbolsprache. Sie sind nun mal, so scheint es, die Grundpfeiler. In ihnen manifestiert sich »das Prinzip« am klarsten. Weder Vorläufer-, Nachfolge- oder Parallelorakel sind so umgreifend, tiefgehend, zielgenau und konkret – wenn man mit ihnen umgehen kann.

Dieser Umgang kann erlernt werden. Man könnte ihn auch als Wekken und Trainieren latenter geistiger Fähigkeiten unterschiedlicher Qualität betrachten. Esoterische Techniken können offenbar das geheime Potential in uns ans Tageslicht bringen. Jede Methode eine andere Facette, immer im Einklang mit dem Naturell des betreffenden Menschen, der sie – wohl deswegen – gewählt hat. Ob Astrologie oder Radiästhesie, ob I GING oder Tarot, jedes System ist ein Hilfsmittel, um »der Kraft in uns« Gestalt zu verleihen. Durch sie können wir in Harmonie mit dem Allumfassenden gelangen, diese Harmonie gezielt einsetzen und spirituell wachsen. Auch bereits offenbar gewordene Kräfte lassen sich unzweifelhaft weiter ausbauen, trainieren, stärker machen.

Damit erhebt sich die Frage nach der Dimension dieser unserer latenten Fähigkeiten – und nach der Auswirkung ihrer Erweckung. Dabei stoßen wir unweigerlich auf die Problematik von Gut und Böse, von Schwarz und Weiß. Sie ist trügerischer, als man im ersten Moment glauben möchte.

Grundsätzlich haben die esoterischen Praktiken und Techniken beziehungsweise Lernschritte einen Selbstläuterungs- und Reifeprozeß sozusagen eingebaut (wir werden noch näher darauf eingehen). Wie aber steht es mit »Naturtalenten« und »Schwarzmagiern«? Dazu gleich vorweg: Vorsicht vor Klassifizierungen, auch wenn im einen oder anderen Fall eine Beurteilung legitim erscheint. (Mit solche Fällen befassen wir uns als Auftakt).

Generell sollte man sich im Bereich der Esoterik das Denken in herkömmlichen Kategorien besser verkneifen, denn: egal, wie »echte Esoteriker« auch vordergründig auftreten mögen und wie sie von ihren Zeitgenossen und der Nachwelt beurteilt werden – ihr wahres Ich ist kaum vollständig auszuloten. Dies gilt gleichermaßen für Hexer, Magier oder Gottkönige früherer Tage, wie für berühmte okkulte Persönlichkeiten der jüngeren Vergangenheit und Gegenwart.

Magier ... Okkultisten ... Übermenschen

Im Jahr 1934 wurde eine Frau wegen Mordversuchs an ihrem Ehemann festgenommen. Nachdem ihr Gatte dem letzten einer Reihe von seltsamen Unfällen beinahe zum Opfer gefallen war – das Bremsseil seines Motorrades riß plötzlich und er kam nur um ein Haar mit dem Leben davon –, hatte er Anzeige erstattet.

Das Verhör durch den Polizeipsychiater Dr. Ludwig Mayer brachte nicht nur die Tatsache ans Tageslicht, daß die junge Frau bereits fünf weitere Mordversuche unternommen hatte, sondern auch etwas anderes. Etwas Unheimliches ... Die Attentate – und nicht nur diese – waren gegen den Willen der Beschuldigten erfolgt. Zwar schieben Täter gerne einen großen Unbekannten vor, doch in diesem Fall existierte er tatsächlich.

Die junge Frau war ihm bei einer Zugreise begegnet, als sie zu einem Arzt fuhr. Dabei kam sie mit einem Mitreisenden ins Gespräch. Obgleich er ihr nicht sonderlich zusagte und seine Gegenwart sie nervös machte, unterhielt sie sich mit ihm, da er sich als Heiler und Homöopath vorstellte.

Plötzlich berührte er leicht ihre Hand, und ihre Individualität erlosch. Sie fühlte sich schwindelig und kraftlos. Nur ein einziger Wille beherrschte sie – der des Unbekannten. Er war der Marionettenspieler und sie die Marionette. Wie ein Automat folgte sie ihm in ein Zimmer in Heidelberg. Dort berührte er ihre Stirne, worauf sie in einen Dämmerzustand fiel.

Sie bekam zwar mit, daß der Fremde sie sexuell mißbrauchte, doch Widerstand war unmöglich.

Die Macht des Mannes – der später als der Kriminelle Franz Walter identifiziert wurde – beschränkte sich nicht auf direkten Kontakt.

Nachdem er seinen persönlichen Neigungen ausgiebig gefrönt hatte, ließ er die Unglückliche gehen – nicht aber frei.

Von nun an wurde sie von Walters dämonischem Willen auch aus der Ferne dominiert. Er zwang sie zur Prostitution, nachdem sie ihm bereits aus ihren Ersparnissen 3000,- Mark (eine im Jahr 1934 beachtliche Summe) ausgehändigt hatte.

Den Gipfel seiner Kontrolle stellten die Mordversuche dar, die die junge Frau auf den Mann unternehmen *mußte*, den sie von Herzen liebte.

All diese Fakten wurden von den Behörden eindeutig ermittelt und führten zur Strafverfolgung des »mentalen« Täters Franz Walter.

Besonders fasziniert war der Polizeipsychiater Dr. Mayer – er schrieb darüber in dem Buch »Verbrechen unter Hypnose« – von dem Umstand, daß das weibliche Opfer verzweifelt gegen die fremde Macht angekämpft hatte. Sie hatte gehaßt, was Walter mit ihrem Körper in seinem Zimmer anstellte, aber es war ihr unmöglich gewesen, ihn wegzustoßen oder sonst irgend etwas zu unternehmen. Um nichts geringer war ihr Ekel bei den zahlreichen Kunden, aber auch hier konnte sie sich nicht wehren. Wenige Male hatte sich alles in ihr dermaßen aufgebäumt, daß die geistigen Fesseln zu reißen drohten. Ein einziges »Kommandowort« von Walter jedoch genügte dann, um seine absolute Kontrolle wieder auf sie niederschmettern zu lassen.

Ein Einzelfall? Keineswegs. Gestalten wie Walter bevölkern die Geschichte.

Am 31. März 1865 klopfte ein zerlumpter Bettler, der durch einen Klumpfuß noch unheimlicher wirkte, an die Türe eines Hauses im Dorf Solliés-Farliéde in Frankreich. Er bat um etwas zu essen und ein Nachtlager. Die Familie – ein Landarbeiter mit einem fünfzehnjährigen Sohn und einer sechsundzwanzigjährigen Tochter – nahmen den Besucher auf, dessen Äußeres nur als extrem abstoßend bezeichnet werden kann.

Sein Name war Thimotheus Castellan und er gab an, ein arbeitsloser Holzfäller zu sein. Am nächsten Morgen begaben sich Vater und Sohn zur Arbeit. Tochter Josephine und der Fremdling, der trotz seines ungepflegten Aussehens harmlos zu sein schien, blieben zurück. Bis zum Mittag geschah auch nichts.

Während des Essens streckte Castellan unerwartet den Arm aus und bewegte die Finger wie zu einem Zeichen.

Damit war das Mädchen in seiner Gewalt.

Der Bettler trug sie in den Nebenraum und tat mit ihr, was Jahrzehnte später auch das vordringlichste Anliegen von Franz Walter in Heidelberg sein sollte.

Bei vollem Bewußtsein, jedoch vollkommen willenlos, war sie dieser Vergewaltigung ohne physische Gewalt ausgeliefert. Selbst als ein Nachbar an die Türe klopfte, war sie unfähig, einen Hilferuf oder auch nur ein Lebenszeichen von sich zu geben.

Obwohl sie mit ihrem Vater und ihrem Bruder glücklich lebte, verließ sie noch am selben Tag das Gehöft in Begleitung Castellans. Er zog mit ihr herum, ließ sie – durch Handbewegungen im wahrsten Sinne des Wortes ferngesteuert – wie eine Aufziehpuppe vor Leuten Kunststücke machen und legte sich sexuell keinerlei Zurückhaltung auf.

Nachdem sie durch Zufall seinem paralysierenden Einfluß entkommen konnte – der Bettler war durch Jäger abgelenkt worden –, hielten die Nachwirkungen noch mehrere Wochen an.

Was zeigen solche Vorgänge?

Zuerst einmal das ungeheuere, schlummernde Potential des menschlichen Geistes. Man wäre versucht, dieses *a priori* zu verteufeln, denn Fälle wie die beiden beschriebenen haben wenig Positives an sich. Die einzig naheliegende Schlußfolgerung ist jene, daß die unausrottbare Legende auf tönernen Füßen steht, niemand könne suggestiv gezwungen werden, etwas zu tun, das seiner Natur, Moral oder inneren Einstellung widerspricht. Das aber wissen Psychologen, Psychiater und Neurologen bereits seit langem.

Sind also Fähigkeiten, die man – je nach Standpunkt – als esoterisch oder paranormal bezeichnen kann, in ihrem Wesen »böse«, zumindest, wenn man sie in die Wiege gelegt bekommt? Sind sie nicht. Fälle wie die genannten würden dies auch gar nicht beweisen. Im Grunde sind sie nämlich Ausnahmen. Normalerweise – wenn man es so nennen darf – kann jeder von uns die Geheimkammern seines Geistes öffnen und schlummernde Fähigkeiten wecken. Fähigkeiten, die sich natürlich auch mißbrauchen lassen. Nur – ebenfalls »normalerweise« – geht derartiges nicht von heute auf morgen, erfordert Einsicht, Disziplin, Selbstbeherrschung und viele andere Charaktereigenschaften, die (normalerweise) nicht mit einer defekten, machthungrigen Psyche einhergehen.

Dazu kommt noch der Faktor, daß der Weg zum Erlangen außergewöhnlicher Fähigkeiten den, der ihn geduldig beschreitet, verändert. Und zwar zum Positiven ...

Natürlich bestätigen auch hier Ausnahmen die Regel, und natürlich kann auch ein besessener Machtwille die Triebkraft sein, um alles und jedes durchzuhalten, doch die Norm ist es kaum.

Für esoterisch paranormale Techniken gilt, was ein berühmter Karatetrainer einmal auf die Frage erwiderte, ob er nicht befürchte, unter seinen Schülern auch Gewalttäter zu haben, die dann – ausgerüstet mit dem Schwarzen Gürtel – noch gefährlicher für ihre Umwelt sein müssen. Er sagte: »Gewalttäter sind nicht diszipliniert genug, um den Schwarzen Gürtel zu erarbeiten.«

Gefährlich kann es nur werden, wenn Menschen mit Fähigkeiten geboren werden, für die andere Jahre ihres Lebens üben, meditieren, trainieren etc. müssen. Ohne eine solche Charakterschulung gibt es wenig Hemmungen. Zeitgenossen wie Franz Walter oder Thimotheus Castellan demonstrieren es ebenso wie geschichtliche Persönlichkeiten, denen »magnetische Kräfte« in die Wiege gelegt wurden.

Damit können wir der Gretchenfrage nicht länger ausweichen, was unter esoterisch-paranormalen Fähigkeiten eigentlich zu verstehen ist – und zwar bis zur letzten Konsequenz. Provokant gesagt: alles, was in den Tiefen unseres Selbst für uns bereitsteht.

So verblüffend manches auch sein mag, das wir an körperlichen und geistigen Spitzenleistungen zuwege bringen, es ist nichts gegen das Potential im Dunkel. Es ist fast ein Klischee, daß der menschliche Geist Unglaubliches zu vollbringen vermag. Von Paraphänomenen bis zum Niederringen von unheilbaren Krankheiten. Daß unser Körper in Extremsituationen Kräfte mobilisieren kann, die man übermenschlich nennen muß, gehört auch hierher. Körper und Geist sind nämlich eine untrennbare Einheit. Wer glaubt, die weltweit durch die Medien gegangene Superleistung einer Mutter, die einen Lastwagen mit einer Hand anhob, um ihr darunter eingeklemmtes Kind zu befreien, wäre mit einem explosionsartigen Adrenalinschub zu erklären, der irrt.

Die Psyche sitzt an den Schalthebeln und das Fleisch wächst über sich selbst hinaus. Entscheidend sind in solchen Fällen die Randbedingungen, die solche innerlichen Mechanismen aktivieren können.

In einem lateinamerikanischen Steinbruch wurde Schutt mittels Förderband in einem Abgrund »endgelagert«. Als ein Arbeiter, der eine Pause zu einem Nickerchen auf dem Förderband genützt hatte, durch Rüttelbewegungen wach wurde, befand er sich nur noch wenige Meter vom Ende des automatisch wieder angelaufenen Förderbandes entfernt – und bereits über dem Abgrund.

Mit bewundernswerter Geistesgegenwart begann der Unglückliche, gegen die Laufrichtung des Bandes zu rennen, wobei er um Hilfe brüllte. Nach einigen Minuten wurde seine ebenso groteske wie tödliche Situation bemerkt und der Antriebsmotor abgestellt. Spätere Berechnungen ergaben, daß der bestenfalls durchschnittlich sportliche Arbeiter die Sprint-Weltrekorde aller Zeiten beträchtlich überboten hatte.

Dieses Beispiel zeigt, daß Superleistungen nicht für Sekundenbruchteile aufflammen müssen, sondern über unbestimmte Zeit – hier mehrere Minuten – aufrecht erhalten werden können. Auch brennen sie weder den Organismus langfristig aus, wie irrigerweise geglaubt wird, noch bedarf es einer realen Bedrohung, um ein Wechselspiel zwischen Körper und Geist in Gang zu bringen, das scheinbar Unmögliches bewirkt. Es reicht völlig aus, an die Realität einer Situation zu *glauben*.

Die Arbeiter in einem großen Chemiekonzern wurden in Schulungen immer wieder auf die Gefährlichkeit der in bestimmten Kesseln gelagerten Säure hingewiesen und zur Einhaltung aller Vorsichtsmaßnahmen ermahnt. Durch einen Defekt spritzte der Inhalt eines der Kessel auf einen Arbeiter, der mit schweren Säureverbrennungen auf die Intensivstation kam. Nur (und das wußte er nicht) befand sich zu diesem Zeitpunkt aufgrund einer Kesselreinigung keine Säure in dem Behältnis, sondern lauwarmes Wasser.

Hier verabschiedet sich jede »körperliche« Interpretation, denn die Haut des Betroffenen registrierte nur lauwarmes Wasser. Sein Unterbewußtsein aber schrie: »Säure, Säure . . .«

Ähnlichen Mechanismen begegnen wir täglich, wenn auch meist in weniger dramatischer Form.

Jeder kennt das bestialische Geräusch, das entsteht, wenn Kreide über eine Tafel kratzt.

Und wir wissen, was wir dabei empfinden: Zusammenziehen der Kopfhaut, ein Schauer läuft durch den Körper, der Zahnschmelz scheint sich abzuheben und ähnlich Unerquickliches mehr. Nicht so bewußt ist wohl die Tatsache, daß die meisten Menschen dieselben Reaktionen – wenn auch nicht ganz so stark – produzieren, wenn nur davon *geredet* wird, daß eine Kreide über eine Tafel kratzt. Je plastischer die Schilderung, desto stärker die Reaktion.

Es ist durchaus wahrscheinlich, daß manche Leser nur durch die hier gedruckte Beschreibung des durchdringenden, die Nervenenden zum Vibrieren bringenden schrillen Kratzens von Kreide über eine Tafel Unangenehmes verspüren.

So geheimnisvoll, unerforscht und im Dunkel der Evolution verborgen solche Mechanismen auch sein mögen, wir sind ihnen nicht schutzlos ausgeliefert. Mehr noch, sie können durchaus positiv eingesetzt werden. Das bedeutet nicht, daß man sie wirklich verstehen *muß*.

Das bereits erwähnte »Neurolinguistische Programmieren« (NLP) ist ein – wenn auch bewußt mechanistischer – Ansatz dazu. Es will auch gar nichts anderes sein.

Milton Erickson, einer der Gründerväter von NLP, demonstrierte dies in seiner langjährigen Praxis immer wieder. Ein Beispiel ist besonders verblüffend.

Der Psychologe Richard Bandler, ein Bewunderer des Ericksonschen Weges, berichtet davon. Es handelt sich dabei wahrscheinlich um die kürzeste Therapie, die jemals stattgefunden hat.

Sie ging 1957 in einem Krankenhaus in Palo Alto, Kalifornien, USA, über die Bühne. Milton Erickson – damals bereits ein alter Mann mit zwei Krückstöcken – therapierte Problemfälle. Wie in einer Super-Ordination warteten zahlreiche Psychiater mit ihren jeweiligen Schützlingen in der Halle des Spitals. Einer nach dem anderen kamen Arzt und Patient gemeinsam an die Reihe. Erickson sagte stets einige oberflächliche Worte, machte ein paar Gesten und das war es auch schon. Hinterher sprachen die Psychiater miteinander und kamen meist zu dem Schluß, der gefeierte Therapeut sei ein Scharlatan. Hier irrten die Fachleute, denn sie konnten offenbar gar nicht begreifen, was dieser Mann getan hatte, der *noch mehr Fachmann* war als sie.

Später erkannten sie, daß doch etwas geschehen war, wenn auch unklar blieb, was.

Zu verblüffend waren die Veränderungen, die mit den Menschen vor sich gingen, die Erickson nur einmal und das ganz kurz gegenüber gestanden hatten.

Beispielsweise bei einem siebzehnjährigen Jugendlichen. Sein Problem war Aggression, die sich nicht selten tätlich äußerte. Von Vandalismus bis zu Gewalt. In Begleitung seines Therapeuten, eines jungen, idealistischen, geradlinigen Psychologen, hatte der Siebzehnjährige stundenlang in der Halle des Krankenhauses gewartet. Er sah, wie die vor ihm Behandelten zurückkamen – manche wirkten wie Schlafwandler –, und er fragte sich, was wohl mit ihm passieren würde. Er rechnete mit allem, von Hypnose bis zu Elektroschocks. Endlich war es soweit. Psychiater und Patient traten ein. Der Raum war voller Zuschauer. Im Zentrum ein Tisch, dahinter ein alter Mann mit Krükken. Sie gingen nach vorne zu Erickson. Dieser fragte: »Aus welchem Grund haben Sie den Jungen hierhergebracht?«

Der Psychologe erklärte den Fall. Erickson sah seinen jungen Kollegen an und sagte: »Gehen Sie und nehmen Sie Platz.«

Dann richtete er den Blick auf den Patienten und sprach: »Wie überrascht wirst du sein, wenn sich dein Verhalten schon in der nächsten Woche zu ändern beginnen wird?«

Der von Wut und Angst erfüllte Jugendliche antwortete: »Ich werde *sehr* überrascht sein!«

Darauf Erickson: »Du kannst gehen.«

Verwirrt entfernte sich der Psychologe mit seinem Schützling. Beide nahmen an, der »große Mann« hätte sich entschlossen, mit dem asozialen Patienten nicht zu arbeiten. Es war ihnen vollkommen entgangen, daß die Behandlung in diesen wenigen Minuten stattgefunden hatte.

Wie sich zeigte, ging in dem siebzehnjährigen, wütenden Jungen, der seine Frustration in Gewalt auslebte, bereits in der darauffolgenden Woche eine grundlegende Veränderung vor. Er wurde im wahrsten Sinne des Wortes ein neuer Mensch. Der Psychologe, der Bandler diese Episode erzählte, gab unumwunden zu, nie begriffen zu haben, wie Milton Erickson in kaum mehr als einer Minute den Heilungsprozeß in Gang setzen konnte.

Bei sehr großzügiger Lesart ließe sich hier ein Gegengewicht zu den ebenso wirksamen, aber weniger wohltätigen Fähigkeiten eines Franz Walter oder Thimotheus Castellan orten. Die Parallele zu den esoterisch/paranormalen Techniken beziehungsweise Fertigkeiten, um die es im Endeffekt geht, liegt sogar auf der Hand. Castellan, Walter und viele andere »Naturtalente« gingen keinen wie immer gearteten Weg der Erleuchtung, Initiation, Schulung etc., sondern konnten *es* ganz einfach. Entsprechend ungehemmt war auch der Einsatz ihrer Macht.

Was hat es nun mit dieser wirklich auf sich? Wo sind die Grenzen unserer Fähigkeiten und wie kann man sie erreichen?

Darauf gibt es mehrere Antworten.

Wahrheitsgemäß wird kein Biologe, Anthropologe oder Mediziner behaupten können, daß das Potential menschlicher Fähigkeiten erforscht sei. Das beginnt schon mit dem Wunder der Wunderkinder, das wir bereits als gegeben hinnehmen, obgleich es exotisch genug ist.

Jedes Gebiet hat seine Wunderkinder.

Musik: Mozart schuf zahlreiche unsterbliche Musikstücke, ehe er lesen konnte. Händel mit elf Jahren, Haydn mit sechs. Beethoven und Chopin traten mit acht Jahren öffentlich auf und Bach studierte Partituren. Mendelssohn und Liszt gaben ihre Konzerte im Alter von neun Jahren und »Spätentwickler« Schubert stand mit zwölf Jahren – in kurzen Hosen – auf dem Konzertpodium.

Literatur: In den fünfziger Jahren unseres Jahrhunderts sorgte ein Gedichtband, der in einem Pariser Verlag erschien, für eine Sensation. Die Kritiker überschlugen sich vor Begeisterung. Hymnisch schwärmten sie vom überströmenden Reichtum der Sprache, von der tief musikalischen Poesie und von der plastischen Treffsicherheit des Ausdrucks. Zur literarischen Sensation gesellte sich eine weitere: Minou Drouet, die Autorin, war sieben Jahre alt. Torquato Tasso lernte als Dreijähriger Latein und dichtete formvollendete Verse mit Zehn. Dante verfaßte mit neun Jahren sein berühmtes Sonett für Beatrice und Victor Hugo eine Tragödie als Dreizehnjähriger. Ebenso alt war Puschkin, als er seine ersten Verse schrieb. Rimbaud hatte mit neunzehn die Blüte seines Schaffens hinter sich . . .

Wissenschaft: Der berühmte deutsche Mathematiker Gauß und der französische Physiker Ampère konnten mit drei Jahren komplizierteste Rechnungen ausführen, ohne Ziffern oder gar das Einmaleins gelernt zu haben. Der französische Mathematiker und Philosoph Blaise Pascal legte mit zwölf Jahren verblüffende mathematische Arbeiten vor, mit sechzehn einen revolutionierenden mathematischen Essay und erfand mit achtzehn eine Rechenmaschine. Norbert Wiener beherrschte mit drei Jahren drei Sprachen perfekt, machte Abitur mit zwölf, wurde Doktor mit sechzehn und Dozent an der Harvard-Universität vor seinem zwanzigsten Geburtstag.

Einstein (er mußte ja kommen) und Robert Oppenheimer waren bereits im zarten Alter von elf Jahren Mathematiker und Physiker von Rang.

Der englische Naturforscher Francis Galton – ein Neffe von Darwin – schrieb mit vier Jahren an seine Schwester Adele: »Ich kann ein englisches Buch lesen. Ich kann alle lateinischen Adjektive, Substantive und aktiven Verben aufzählen, und ich weiß 52 lateinische Verse auswendig. Ich kann ein wenig Französisch lesen, und ich kenne die Uhr . . .«

Noch beeindruckender ist die umfangreiche Weltgeschichte, die der britische Historiker Thomas Barington Macaulay bereits mit sieben verfaßt hatte (sie wird auch heute noch hochgeschätzt).

Man könnte diese Aufzählung endlos weiterführen. Sie würde den Rest dieses und zahlreiche weitere Bücher füllen. Das lassen wir lieber. Uns genügt die Aussage, daß doch bemerkenswert ist, was in manchem von uns steckt. Nun gut, vielleicht sind solche Potentiale evolutionsbedingt und im Zuge der Stammesgeschichte wieder verschüttet worden – denkbarerweise durch unsere Technologie, die Fähigkeiten immer mehr durch Werkzeuge ersetzt.

Ganz so kann es nicht sein, denn in uns schlummern Talente, die wir im Lauf unserer Menschwerdung wohl nie einsetzen konnten. Welchen Sinn sollte es in düsterer Vorzeit gehabt haben, die Kapazität eines Computers oder einer Quartzuhr an den Tag zu legen?

Der fünfjährige Benjamin Blyth fragte seinen Vater nach der Uhrzeit und sagte wenige Minuten nach der Antwort: »Dann bin ich schon 158 Millionen Sekunden auf der Welt.«

Seinem Vater ließ dieses »Kindergeschwätz« keine Ruhe, und er nahm Bleistift und Papier zur Hand. Nach längerem Rechnen korrigierte er seinen Sohn mit den Worten: »Du hast dich um 127 000 Sekunden geirrt.« »Nein, habe ich nicht«, erwiderte das Kind, »*du* hast die beiden Schaltjahre vergessen.« Das hatte der Vater in der Tat.

Stammesgeschichtlich noch unbrauchbarer sind mathematische Superfähigkeiten. Im Bereich der abstrakt-theoretischen Mathematik nehmen die Primzahlen eine ganz besondere Stellung ein – im Leben des Durchschnittsmenschen nicht. Trotzdem gibt es immer wieder Personen, deren Gehirne geheime Kämmerchen aufweisen, in denen Primzahlenspielereien mit einer Leichtigkeit anzustellen sind, die Mathematiker und Computer (!) erblassen läßt.

Der Kanadier Zerah Colburn konnte – neben anderen Rechenkunststücken – augenblicklich sagen, ob eine zehn- und mehrstellige Zahl eine Primzahl war oder nicht.

Der Psychiater Oliver Sacks berichtet von New Yorker Zwillingen, die sich in einem Krankenhaus die Zeit dadurch vertrieben, daß sie fünfundzwanzigstellige (!) Primzahlen herunterratterten. Eine noch größere Unmöglichkeit, wenn dieser Begriff überhaupt zu steigern wäre.

Wozu in aller Welt sollte der *Homo sapiens* solches jemals gebraucht haben?

Oder noch fremdartigere Fähigkeiten?

Daß die Russin Yuliya Vorobyeva X-Strahlen sehen kann, wurde schon gesagt. Nicht aber, wie es dazu kam, und was sie sonst noch vermag. Die sowjetische Zeitung *Izvestia* schrieb im Juni 1987 über besagte Russin, die im März 1978 einen 380-Volt-Elektroschock erlitten hatte und als »Leiche« in die Leichenhalle gebracht worden war. Dort erwachte sie nach zwei Tagen zur allgemeinen Überraschung. Die Überraschungen gingen weiter. Yuliya schlief in den nächsten sechs

Monaten keine Minute. Dann sank sie in einen langen, Tage dauernden Tiefschlaf.

Als sie erwachte, besaß sie Fähigkeiten jenseits des Begreifens. Bei einem Einkaufsbummel entdeckte sie, daß sie durch Menschen hindurchsehen konnte wie ein Röntgenapparat. Sie demonstrierte diese Fähigkeit auch dem ungläubigen Reporter der *Izvestia*, indem sie ihm nach einem Blick auf seinen Magen korrekt sagte, was er zu Mittag gegessen hatte. Wer ihr gegenübertritt, erfährt in Sekundenschnelle, welche – oft ihm selbst unbekannten – Krankheiten in ihm sind. Daß sie auch ultraviolettes Licht wahrnehmen kann, ist nur eine von vielen Facetten der plötzlich hervorgebrochenen Parafähigkeiten der ungewöhnlichen Russin. Wie beim Comic-Helden Supermann durchdringt ihr Blick solide Materie. Laut *Izvestia* war sie sogar in der Lage, die Bodenstruktur unterhalb einer Asphaltschicht präzise zu beschreiben, und niemand vermag zu sagen, was hier eigentlich vor sich geht beziehungsweise gegangen ist. Unstrittig ist nur, daß sie vor dem Elektroschock Jahrzehnte ein völlig normales Leben geführt hatte.

Anscheinend gibt es in uns zahlreiche Programme (nennen wir es einmal so), die unter bestimmten Voraussetzungen aktiviert werden können. *Welche* Programme es sind und *wie* vielfältig ihre Auswirkungen sein mögen, steht in den Sternen.

Daß es sie gibt, weiß die Biologie seit langem, nur war man der Ansicht, man könne sie stammesgeschichtlich verstehen. In dieses Konzept paßt etwa der Molch »Axolotl«, in dem ein Genprogramm schlummert, das dieses Amphibium in ein – eigentlich gar nicht existentes – Landtier verwandelt, sobald dem Molch ein Schilddrüsenhormon verabreicht wird. Ist das Programm erwacht, beginnen die Beine zu wachsen, die Kiemen bilden sich zurück und die Schwanzflosse verschwindet. Und schon steht er da, der »neue« Axolotl, bereit zum Leben auf dem Festland. Daran ist nichts Geheimnisvolles. Es ist nur eines von vielen Beispielen dafür, daß die Natur im Überlebensspiel auf viele Karten setzt und noch mehr im Ärmel hat.

Während selbst die humanitärsten und demokratischsten Nationen wenig Hemmungen bei Tierexperimenten an den Tag legen, sind Menschenversuchen doch enge Grenzen gesetzt. So sind es meist ungeplante Vorkommnisse, die Erstaunliches in uns offenbar machen.

Hält es sich im Rahmen des Akzeptablen, geht man wieder zur Tagesordnung über. So rankten sich mehr Legenden um die mögliche hohe Geburt des mysteriösen Kaspar Hauser – von dem wir schon gehört haben, daß er Infrarotlicht wahrnehmen konnte – als um seine übermenschlichen oder nichtmenschlichen Talente.

Bekanntlich tauchte dieser rätselhafte junge Mann 1828 mit blutenden Füßen in Nürnberg buchstäblich aus dem Nichts auf. Er konnte keine Aussage über seine Herkunft machen. Bis heute ist nur eines sicher: Er war von Geburt an in einem finsteren Raum gehalten worden. Als Folge dieser untypischen Umgebung verfügte er über die Fähigkeit, im Dunkeln sehen zu können. Eine Fähigkeit, die ihrerseits unterschiedliche Facetten aufweist.

Das Erkennen von – für uns dunklen – warmen Objekten, wie beispielsweise ein Ofen, hat nichts Rätselhaftes an sich. Das menschliche Auge nimmt nur eine Oktave von 64 des elektromagnetischen Spektrums wahr. Dieser Bereich, genannt das optische Fenster, entspricht dem Hauptanteil des Sonnenlichtes, das durch die Atmosphäre, die Ozonschicht (so lange wir sie noch haben), Magnetosphären etc. dringt. Es ist evolutionistisch nur zweckmäßig, eine Spezies zur Empfänglichkeit jener Lichtwellen auszurüsten, die ihre Umgebung erhellen. Das bedeutet jedoch nicht, daß ein Umschalten auf andere Wellenlängen unmöglich ist, wenn ein Exemplar der Gattung in ein anderes Umfeld hineingeboren wird und hineinwächst. So erklärt sich Kaspar Hausers Infrarotsicht. Nicht aber die Tatsache, daß er in völliger Finsternis Bücher zu lesen vermochte.

Für dieses Können gibt es ebensowenig eine stammesgeschichtliche Deutung wie für die Kunststücke von Yuliya Vorobyeva oder der Primzahlen-Zwillinge. Auch keine naturwissenschaftliche Erklärung. Damals nicht und heute nicht.

Trotzdem ist und bleibt das Rätsel von Kaspar Hauser primär seine mögliche Abstammung aus der großherzoglichen Familie von Baden. Das umfangreiche Memorandum, das der Kriminologe und Rechtskundige Paul Johann Anselm Ritter von Feuerbach als Bericht für Königin Karoline von Bayern ausarbeitete, strotzt von möglichen Verwandtschaftsbeziehungen, morganatischen Ehen, vertuschten Fehltritten, geöffneten Vermächtnissen und geschlossenen Luftröhren unliebsamer Mitwisser. Auf ähnlichen Schienen läuft die gesamte lawinenartige Kaspar-Hauser-Literatur bis heute. Der eigentlich verblüffende Aspekt des Falles Kaspar Hauser, seine erworbenen Parafähigkeiten, werden bestenfalls als bizarrer Nebeneffekt erwähnt. Wenn überhaupt von etwas anderem als von hochadeligen Verschwörungen die Rede ist, dann davon, daß Kaspar Hauser nicht über normale menschliche Perspektive verfügte, sondern alles zweidimensional, nebeneinander wahrnahm. Eine verständliche Auswirkung seines Höhlendaseins. Mit den weniger verständlichen Auswirkungen schlug man sich lieber nicht herum. Das wollen wir auch nicht länger tun, denn die folgende Aussage dürfte auch so hinlänglich untermauert sein: Das in uns schlummernde Potential ist ungeheuerlich, vielfältig, transzendiert die Evolution und *kann* auf die unterschiedlichsten Arten geweckt werden, beziehungsweise als »Talent« auftreten.

Damit können wir hypnotische Naturtalente, durch äußere Einwirkungen hervorgerufene Superfähigkeiten, Zahlenakrobaten und andere Launen des Zufalls links liegen lassen und uns dem eigentlichen Kern zuwenden: der bewußten Erweckung esoterisch/paranormaler Kräfte. Und den Persönlichkeiten, denen dies im Laufe der menschlichen Geschichte anscheinend geglückt ist.

Hier bietet sich natürlich kein einheitliches Bild. Die Bandbreite der zu erweckenden Fähigkeiten ist geradezu infinit und kein »Nicht-Erweckter« kann mit Sicherheit sagen, woran jemand zu erkennen sei, der sich auf einer höheren Ebene — um bei einer esoterischen Terminologie zu bleiben – befindet. Schon gar nicht, wenn der Betreffende das zu verbergen sucht.

Diese Problematik wird immer wieder in der Science-fiction-Literatur abgehandelt, und selbst der bedeutende Sf-Autor A. E. van Vogt, der sich mit dieser Thematik am konsequentesten auseinandergesetzt hat, war sich der Unmöglichkeit treffender Schilderung bewußt. Sein Kollege John W. Campbell jr., der berühmte Herausgeber von *Astounding Science Fiction*, schrieb dazu 1941: Niemand geht zum Arzt, um seine totale Gesundheit bekanntzugeben oder zum Psychiater, um dort geistige Stabilität, Komplexfreiheit, innere Ausgeglichenheit und absolute Kontrolle über sein Leben zu demonstrieren.

So leicht lassen sich mögliche »Meister der Erde« nicht aufspüren. Wer wirklich den Schritt in höhere Sphären getan hat, wird wahrscheinlich auch der Versuchung entsagen, aus der Anonymität herauszutreten. Eine Versuchung, der »normale« Genies, wenn wir einmal so sagen wollen, nicht widerstehen.

Albert Einstein, der immerhin ein völlig neues Bild des Universums entwarf und geistige Wege beschritt, die vor ihm noch niemand gegangen war (zumindest nicht in der Öffentlichkeit), erntete Widerspruch, Feindseligkeit und krasses Unverständnis. Sein Leben lang. An dessen Ende erklärte er verbittert: »Wenn ich das gewußt hätte, wäre ich Klempner geworden.«

Wahrscheinlich hat Einstein aus dieser späten Einsicht Konsequenzen gezogen. Zahlreiche Indizien sprechen dafür, daß er die Jahrzehnte gesuchte »Einheitliche Feldtheorie« eines allumfassenden Elementarprinzips im letzten Moment nicht publizierte, sondern mit ins Grab nahm. Andere mögen von Haus aus im Dunkel geblieben sein beziehungsweise ihre Karten nur verdeckt auf den Tisch der Geschichte gelegt haben.

Vielleicht haben sie es auch offen getan, doch niemand konnte die Karten »lesen« . . .

Damit sind wir beim Problem der Andersartigkeit überhaupt. Es ist fürwahr nicht leicht, sich in jemand anderen hineinzudenken, nicht einmal, wenn er einem sehr ähnlich ist. Das permanente Scheitern von Partnerschaften, die im Himmel geschlossen und auf Erden zur Hölle werden, beweist dies.

Gänzlich unmöglich wird das Unterfangen, wenn eine Person einem ganz und gar nicht ähnlich ist. Die Motive mancher Menschen sind nun mal von niemand anderem nachzuempfinden. Nicht ohne Grund lautet ein Sprichwort: »Jemand mag für alle noch so verrückt sein – er selbst wird sich als absolut normal empfinden.« Auch hier kann die Geschichte mit zahlreichen Beispielen aufwarten.

Wenn man schon Schwierigkeiten hat, so zu denken, wie der Nachbar, der vielleicht nur etwas dümmer, etwas klüger oder von anderer Lebenssicht motiviert ist, wie sollte man jenen auf die Spur kommen, die die geheimen Pforten ihres Geistes aufgestoßen haben? Oder ihre Aktionen, Motive und Beweggründe verstehen?

Es gibt eben Grenzen – zumindest so lange, bis man sie selbst überschritten hat. Bis dahin gilt eine weitere Analogie: Wenn man einen Gorilla auffordern würde, einen »Super-Gorilla« zu beschreiben, so würde er sich in der Schilderung stärkerer Muskeln, dichterer Behaarung, größerer Zähne etc. ergehen. Einen Menschen würde der Gorilla nicht beschreiben. Weil ihm das unmöglich ist.

Vor demselben Problem stehen wohl auch wir, wenn es darum geht, imaginativ in Bereiche jenseits unserer Erfahrungen, Vorstellungsmöglickeiten und Lebensziele vorzudringen.

Überlieferungen und Lehren definieren ein Endziel: Erleuchtung, Läuterung, Erhöhung; ein empor zu Werten, denen nichts »Niedriges« mehr anhaftet. Das ist auch der Sinn nicht weniger Rituale und vieler Werke des Glaubens.

Wie sonst sind beispielsweise die Anweisungen zum Lesen der Thora, des Gesetzbuchs der Juden, zu verstehen? In einem kleinen, engen Raum müssen die Texte gemurmelt werden, so daß der Gläubige lernt, sich zu beugen und die Arme dicht am Körper sparsam zu bewegen. Fast keine Entfernung darf zwischen der Hand sein, die das Buch hält, und jener, die umblättert, und auch die Bewegung, mit der die Finger zum Umblättern befeuchtet werden, ist angegeben. Sie muß senkrecht zu den Lippen führen, als solle Matze zerteilt werden.

So, und nur so, durch einen Prozeß ununterbrochener Selbstdisziplin und Treue, kann die Wahrheit Stück für Stück errungen werden. Wäre sie direkt zugänglich, würde man sie gar nicht erkennen, denn man wäre nicht bereit, nicht gereinigt durch langes Suchen und Fragen. Beständigkeit ist absolut entscheidend. Geht der Kontakt mit dem Höheren verloren, weil der Suchende es sich leichter machen will, schließt sich das Tor des Glanzes wieder. Ein einziges Wort, das nachlässig behandelt wird oder verlorengeht, kann alles zunichte machen.

Solche Gedanken sind die Grundlage der meisten Religionen, Weisheitslehren, esoterischen Disziplinen und Philosophien. Im ersten Moment scheint jedem Mißbrauch ein eherner Riegel vorgeschoben, doch dann denkt man an das – oft alles andere denn weise und gütige –

Wirken mancher Persönlichkeiten, die offenbar über esoterisches Wissen (und Macht) verfügten. Zweifel tauchen auf. Was ist schiefgelaufen? Wie konnte Wissen ohne Gewissen erlangt werden? Läutern esoterische Prozesse doch nicht jeden, der sie durchläuft?

Auf diese Fragen gibt es nur eine Antwort: Sie sind sinnlos. In ihnen spiegelt sich der Standpunkt des Nicht-Initiierten wider. Was uns als verwerflich, böse oder diabolisch erscheint, kann aus einem anderen (ich möchte den Begriff höheren bewußt vermeiden) Blickwinkel bedeutungslos, ja selbst sinnvoll sein. Wir sind wieder bei dem bekannten Problem, daß es einen neutralen, elementaren Bezugspunkt in diesem Bereich ebensowenig geben kann wie in der Naturwissenschaft. Und bei der Unmöglichkeit, Andersartiges nach eigenen Maßstäben zu beurteilen.

Lassen wir also einige umstrittene Persönlichkeiten Revue passieren, die unzweifelhaft tief in die Esoterik eingedrungen sind und außergewöhnliche Kräfte zumindest erahnen lassen. Ob das ihre Absicht war, welchen Umfang ihre Fähigkeiten tatsächlich besaßen und was wirklich in ihrem Inneren vorging, muß natürlich immer Spekulation bleiben.

Was wir jedoch von ihnen wissen, ist beachtlich und widersprüchlich. Beginnen wir mit dem wohl »dämonischsten« aller Esoteriker und Okkultisten.

Aleister Crowley

Seine Macht über Menschen war ungeheuer. Mit seinem berühmten Basiliskenblick bezwang er jeden. Eine anschauliche Beschreibung gab Crowleys literarischer Agent Louis Wilkinson in einem Gespräch mit einem Einrichtungsberater des Hauses in Gloucestershire, wo Aleister Crowley lange Zeit gewohnt hatte.

Wilkinson bezweifelte die magisch-okkulten Kräfte seines Geschäftspartners Crowley, worauf der Einrichtungsberater erwiderte:

»Sie würden anders sprechen, wenn Sie erlebt hätten, was ich erlebt habe. Nach dem Essen sind wir in einen Raum im ersten Stock gegangen. Crowley war dort. Er kauerte neben dem Feuer. Außer ihm und mir befanden sich noch zwei Männer in dem Raum. Crowley begann zu sprechen und dann geschah es. Der eine der Männer sank zusammen. Sein Kopf kam wenige Zentimeter neben dem Feuer zu liegen. Der andere sprang auf, ließ sich auf allen vieren nieder und begann herumzukriechen und die Sessel zu beschnüffeln. Dabei bellte und heulte er wie ein Hund und kratzte an den Türen. Es war schlimm. Plötzlich erwachte der andere Mann, erhob sich und sprang, ohne ein Wort zu sagen, aus dem Fenster. Als er wiederkam, waren seine Kleider zerrissen und sein Gesicht blutverschmiert. Ich selbst konnte mich überhaupt nicht rühren. Als ich wieder Herr meiner selbst war, war Crowley schon zu Bett gegangen . . .«

Crowley selbst machte kein Hehl aus seiner Beherrschung anderer, demonstrierte sie freimütig – die Verwandlung von Skeptikern in Hunde war eines seiner Lieblingsspielchen – und verwahrte sich entschieden dagegen, er sei ein simpler Hypnotiseur. Was er praktizierte war – nach seinen eigenen Worten – *Magick*; die Wissenschaft und Kunst, Veränderungen in Übereinstimmung mit dem Willen hervorzurufen.

All dies läßt kaum an einen Beschreiter des Pfades innerer Erleuchtung und allumfassender Weisheit denken.

Er wurde von dem renommierten *Sunday Express* posthum als der verdorbenste Mann des Jahrhunderts bezeichnet – während die *Sunday Times* in ihm den »Picasso des Okkulten« sah – und galt als eine der verborgenen Wurzeln der satanischen Umtriebe im Dritten Reich. Auch für die Verkörperung des Tiers der Apokalypse wurde er gehalten, das nach der jüdischen Kabbalah durch die geheimnisvolle Zahl 666 symbolisiert wird (Crowley nannte sich selbst oft »das Tier«). Die drei Sechsen werden auch dem Antichrist zugeordnet, dessen Geburt noch bevorsteht.

In diese Kerbe schlägt die Tatsache, daß Adolf Hitler immer wieder das von Aleister Crowley verfaßte »Buch des Gesetzes« zitierte sowie Crowleys offen verkündetes Credo, Vergnügen sei der einzige Sinn des Daseins und seine sexuellen Ausschweifungen, die selbst bei römischen Orgien oder am Hofe von Lucrezia Borgia Aufsehen erregt hätten.

So präsentiert sich »das Tier« vordergründig. Durchaus »tierisch«, ist man versucht zu urteilen. Vielleicht war das Wesen des wohl bekanntesten Magiers zweier Jahrhunderte (er lebte von 1875 bis 1947) wirklich so, wie es sich darstellt: hedonistisch, machtbesessen, gemein und skrupellos.

Vielleicht ist seine Persönlichkei schlicht und einfach unverständlich, weil wir unsere Vorstellungen von Gut und Böse in einen Bereich hineintragen, in dem auch sie verändert sind. Auf jeden Fall ist Aleister Crowley ein gutes Beispiel für die Schwierigkeit des Einschätzens von Andersseiendem – wenn auch ein bewußt provokantes.

Leuchtet man sein ereignisreiches Leben von allen Seiten aus, so kommt die Hypothese vom maßlosen Satanisten, der Sex auf seine Fahnen geschrieben hatte und Menschenverachtung praktizierte, ins Wanken.

Waltharius sieht in Crowley (der auch als Meister Therion bekannt ist) *den* mystischen Lehrer der Gegenwart und Dr. Birven urteilt über Crowleys magische Werke, sie seien von hohem Rang und Originalität und verrieten umfassende wissenschaftliche Kenntnisse.

Nur der Verfeinerung sexueller Abartigkeiten kann sich Aleister (eigentlich Edward Alexander) Crowley also nicht gewidmet haben. Tatsächlich stößt man immer wieder auf weniger fleischliche Aktivitäten des »Tiers«, wenn diese auch nicht so ausposaunt wurden.

1905 versuchte Aleister Crowley die drei verwandten aber konkurrierenden Orden *Goldene Dämmerung* (Golden Dawn), *Der Silberne Stern* (Astrum Argentum) und den englischen Zweig *Silver Star* zu vereinigen, um Mißstände abzuschaffen, die speziell *Astrum Argentum* in Verruf gebracht hatten.

Ein Jahr später erlangte er in China den Grad eines »Tempelmeisters« und 1912 wurde ihm mit der Erreichung des 10. Grades (Supremer und Heiligster König) des *Ordens des Tempels des Orients* (O. T. O.) die Vertretung des Ordens für gesamt Britannien (mit Irland) übertragen. Das war mit der Verleihung des (von den Templern) geheiligten Namens *Baphomet* verbunden, mit dem Crowley nunmehr seine Briefe signierte. *Baphomet* ist übrigens auch eine bedeutende alchimistische Figur, doch dies nur am Rande.

Derselbe Crowley, der sich daran vergnügte, Menschen wie Vierbeiner agieren zu lassen, verfaßte zahlreiche Werke und Traktate, hielt Vorträge von philosophischer Tiefe und vertrat – wenn auch etwas zurückhaltender – die Ansicht . . . jeder Mann und jede Frau wären ein Stern . . . und . . . es sei der höchste Sinn unseres Daseins, den Abgrund zu überqueren . . .

Seine Arbeiten über Yoga sind heute noch Standardwerke, und nicht nur bei Anhängern »satanischer Lehren«. Mehr als sechzig Jahre, nachdem er mit Crowleys Arbeiten über Yoga in Berührung gekommen war, schrieb Dr. Israel Regardie im Vorwort zu »Aleister Crowley über Yoga«: ». . . man sollte es respektieren, es wegen seiner Tiefgründigkeit genießen und nach ihm üben, und sei es auch nur um seines uneingeschränkten Rationalismus willen. Noch einmal muß ich wiederholen, daß mir kein Autor der Neuzeit bekannt ist, der sich des Themas auf solch außergewöhnliche Weise angenommen hätte . . .«

Auch die Astrologie verdankt ihm ebenso originelle wie gründlich ausgearbeitete Impulse, die er, in Anlehnung an seine »Magick«, unter dem Begriff »Astrologick« zusammenfaßte.

Man stößt auf eine Vielzahl von Widersprüchen, versucht man, all das über Aleister Crowley im Umlauf Befindliche unter einen Hut zu bringen. Dabei sind hier nur wenige Facetten seiner exotischen Persönlichkeit gestreift worden. Sie bereits zeigen, daß es doch nicht ganz so leicht ist, die Besitzer esoterischen Wissens und Anwender magischer (korrekter wäre wohl paranormaler) Fähigkeiten einzuordnen und zu klassifizieren beziehungsweise abzuklassifizieren.

Da »das Tier« seine Aktivitäten hauptsächlich in unserem Jahrhundert entfaltete, lassen sie sich wenigstens bruchstückhaft zu einem

Puzzle zusammensetzen, das ein komplexes Bild zeigt. Vieles daran erscheint unschön, verzerrt und pervertiert, anderes seltsam, und manches läßt einen Crowley erahnen, der seinem eigenen Klischee widerspricht. Indizien für die provokante Behauptung, daß man im Grund nur wirklich beurteilen kann, was einem bekannt und verständlich ist? Vielleicht. Auf jeden Fall aber eine Bestätigung der altbekannten Tatsache, daß menschliche Wesen nicht eindimensional sind – und, daß sich vielschichtige Persönlichkeiten scheinbar widersprüchlich präsentieren.

Das zwanzigste Jahrhundert kennt nicht nur einen herausragenden »Magier«. In mancher Beziehung könnte ein Mann geradezu der Zwillingsbruder von Aleister Crowley sein, auch wenn äußerlich wenig Ähnlichkeit vorhanden war.

Georg Iwanowitsch Gurdjieff

Wie Crowley besaß der legendenumrankte, 1877 im kleinasiatischen Alexandropol (heute Leninakan) geborene und 1949 in Neuilly bei Paris gestorbene Mann eine suggestive Kraft, die jeden herkömmlichen Rahmen sprengte. Andere, nicht weniger erstaunliche Fähigkeiten – etwa der Umstand, daß Gurdjieff ohne Schlaf auskam und diese Fähigkeit auch seinen Schülern vermitteln wollte – sind kolportiert, aber nicht so dokumentarisch, wie die unglaubliche psychische Energie des seltsamen Mannes.

Der Autor Rom Landau beschreibt, daß er bei seiner ersten Begegnung mit Gurdjieff von einer physischen Schwäche ergriffen wurde, die sich unaufhaltsam steigerte. Es war ihm unmöglich, auch nur aufzustehen. Er wußte, daß seine Beine unter ihm wegsacken und er zu Boden fallen würde. Eine Berufskollegin Landaus erlebte in seiner Gegenwart ähnliches mit dem Unheimlichen.

Landau darüber: »Die Lady und ich saßen nahe Gurdjieff in einem Restaurant. Er fing ihren Blick auf und hielt ihn fest. Wir sahen, daß er auf ganz spezielle Weise zu atmen begann. Ich war überzeugt, nun wandte er eine der Techniken an, die er im Osten gelernt hatte. Sekunden später bemerkte ich, daß meine Bekannte weiß wie die Wand wurde. Sie stand kurz davor, bewußtlos zu werden. ›Der Mann ist unheimlich‹, flüsterte sie mir ins Ohr. ›Etwas Schreckliches geschieht . . . er hat mich so angesehen, daß ich sexuell aufgewühlt bin. Es war bestialisch . . .‹.«

Die Parallele zu Crowley's erniedrigenden Spielchen drängt sich auf. Doch auch bei Gurdjieff gibt es mehr als eine Seite. So berichtet der Franzose René Zuber, ein Schüler Gurdjieffs, über den Alltag im Umfeld des Meisters: »Wenn am Tisch von Monsieur Gurdjieff Kinder

Platz nahmen und wie Erwachsene zwischen ihren Eltern saßen, so war das für uns ein herzerfrischendes Ereignis. Sie zögerten nicht lange, gleichberechtigt teilzunehmen. Die gewandten und subtil formulierten Aufforderungen des Meisters ließen sie schnell und ohne Hintergedanken an der spielerischen oder dialektischen Geistesakrobatik teilnehmen, die er sich für sie – ihrem Alter entsprechend – ausgedacht hatte.«

Zwei Eckpunkte einer schillernden Persönlichkeit: hypnotische Gewalt mit sexuellen Untertönen und verständnisvolles Einfühlen in die kindliche Psyche. Faktum ist jedoch die überwältigende Kraft seiner Präsenz. Der Schock der ersten Begegnung mit diesem Mann, der – so Philippe Lavastine – aufgrund seiner Strenge als Bewußtseinserwecker (und wegen seines großen Schnurrbarts) dem Bodhidharma, dem Gründer des Zen-Buddhismus, glich, war für manche einfach zu groß. Sie flüchteten vor einer möglichen Erfahrung, die das Risiko einer Infragestellung aller ihrer bisherigen Vorstellungen in sich barg. Ein Eingeständnis, das manchmal später erfolgte. Meist jedoch hatten die so Abgeschreckten für alle Zeiten von Gurdjieff mehr als genug und trugen zur Darstellung seiner satanischen Züge bei.

Geheimnisse, Ungereimtheiten und Widersprüche gibt es jedenfalls um G. I. Gurdjieff genug, um klarzumachen, wie schwer man sich mit der Beurteilung eines Menschen tut, der über ein erweitertes Bewußtsein verfügt. Zumindest letzteres steht bei Gurdjieff außer Frage.

Auch wenn es ihm vorzüglich gelang, den Schleier des Geheimnisses über die Einzelheiten seines fürwahr bewegten Lebens zu breiten, so weiß man doch, daß er zu Anfang dieses Jahrhunderts nach Tibet ging, nachdem er 1896 in Kreta beim Aufstand der griechischen Patrioten gegen die türkische Herrschaft verwundet worden war. Seine Kindheit und Jugend wurde durch Wirrnisse geprägt und von einer Umgebung, in der sich Turkomanen, Tataren, Armenier, Iraner, Griechen und Russen mischten. Rund zwanzig Jahre wanderte er durch Zentralasien, zu esoterischen Lehrern, Weisen und Geheimgesellschaften auf der Suche nach dem Sinn des Seins.

Unzweifelhaft erwarb er auf dieser Suche Fähigkeiten, die man nur als magisch bezeichnen kann und ebenso unzweifelhaft zählt er zum illustren Kreis der rätselhaftesten Persönlichkeiten der Geschichte. Gleichzustellen mit Cagliostro oder dem Grafen von Saint-Germain, von denen wir noch hören werden.

Gurdjieff war Magier und Philosoph, Hypnotiseur und esoterischer Meister, Schriftsteller und Künstler, Charismatiker und Dämon – und wahrscheinlich noch vieles mehr. Allein der Umstand, daß Gurdjieff in persisch dachte, Witze in russischer und Begebenheiten in englischer Sprache erzählte, genügte, um die meisten Menschen in heillose Verwirrung zu stürzen. Und nicht selten in Panik.

Allein sein literarisches Werk ist faszinierend. Es wurde zwischen den beiden Weltkriegen niedergeschrieben, zu Gurdjieffs Lebzeiten jedoch ausschließlich in Lesungen vor einem exklusiven Publikum präsentiert und existiert heute nur in Übersetzungen, da die Originalmanuskripte in russischer und armenischer Sprache nie zur Veröffentlichung kamen.

Der Kritiker Frédéric Moreau meint dazu: »Das Werk Gurdjieffs läßt sich schwer in eine bestimmte Kategorie einbeziehen, sei sie moralisch, philosophisch oder literarisch, es umfaßt alle diese drei Gebiete ... Zusammengenommen stellen sie ein in sich einzigartiges Werk dar, eine Art philosophisches Monster.«

Besser ließe sich das gesamte Dilemma kaum beschreiben, auf das wir bei der Beurteilung von Magiern, Okkultisten und Übermenschen laufend stoßen, doch zurück zu den Tatsachen.

Wieder im Westen gründete Gurdjieff in Fontainebleau bei Paris ein »Institut zur harmonischen Entwicklung des Menschen«, über das Widersprüchliches laut wurde. Viele waren davon begeistert und gingen als neue Menschen aus den Gurdjieff-Kursen hervor, andere als Wracks. Ein Phänomen, das man auch in unseren Tagen bei »Selbstfindungsversuchen« und ähnlichem beobachten kann. Es kommt wohl doch darauf an, wer was versucht.

Gemeinsam mit seinem Co-Leiter, dem Naturwissenschaftler, Journalisten und Schriftsteller Peter Demianianovitsch Oůspensky, sorgte Gurdjieff jedenfalls durch seine Schule für Gesprächsstoff, der bis heute anhielt.

1920 war er in Deutschland, wo man ihn mit der Thule-Gesellschaft Karl Haushofers in Verbindung brachte, die durch die späteren Mitglieder Hitler, Himmler, Göring und den NS-Parteiideologen Alfred Rosenberg in Verruf geriet. Was jedoch Gurdjieff kaum angelastet werden kann, selbst wenn die vermutete Verbindung bestand.

Gurdjieffs Lehren vereinigten griechisch-orthodoxes Mönchstum, Sufismus, kabbalistische Kosmologie, neuplatonisches Gedankengut, Zahlenmystik, Buddhismus, Psychologie und vieles andere, das man gezielt herausfiltern müßte (wenn es überhaupt möglich ist).

Die praktische Seite seines Wirkens waren psychologische Übungen in Form rhythmischer Tänze und Bewegungsrituale. Dieses wahrscheinlich uralte, jedoch ultramodern anmutende – und durchaus wirksame – System hat auch in unseren Tagen viele Anhänger, speziell in Großbritannien.

Er selbst bezeichnete sein System nicht als Mosaik, sondern als unteilbares Ganzes. Ideenverbindungen mit den neuesten Erkenntnissen der Naturwissenschaft, die bereits angeklungen sind, weil sich in ihnen der esoterische Grundgedanke universeller Ganzheit widerspiegelt, sind wohl zulässig, wenn auch nicht zwingend.

Auf jeden Fall demonstriert ein Befassen mit dem Leben von G. I. Gurdjieff, wie mit seinem facettenreichen literarisch-philosophisch-kosmologischen Nachlaß, daß man aus einer komplizierten, vielschichtigen Quelle zwar Unterschiedliches herausholen kann, doch auch immer nur jenes, das einem selbst vertraut ist.

Damit sind wir wieder einmal bei der Problematik »objektiver« Beurteilung. Immerhin zog die Ausstrahlung und das titanische, für seine Zeit kaum verständliche Wissen dieses Mannes Persönlichkeiten vom Rang eines Aldous Huxley, J. G. Bennet (Physiker und Einstein-Schüler), Arthur Koestler oder A. R. Orage (ein berühmter englischer Literaturkritiker) in seinen Bann.

Gurdjieffs Grundeinstellung, menschliche Wesen wären »schlafende Maschinen« verrät wahrscheinlich eine tiefere Einsicht, als im ersten Augenblick zu vermuten. Tatsächlich deckt sich die esoterisch-mystische These, unser Wachbewußtsein sei nichts anderes als permanente Trance, aus der nur wenige jemals erwachen, mit Einsichten der Gehirnforschung, Psychologie und Neurophysiologie.

Von welcher Seite man diesen seltsamen Mann und sein nicht weniger seltsames Werk auch betrachtet – beides entzieht sich einer Katalogisierung. Es wäre simpel, Gurdjieff als Scharlatan abzutun, doch nicht korrekt. Zu hoch ist der Berg der Beweise für seine Außergewöhnlichkeit. Ähnliches gilt für sein literarisches und scholastisches Wirken.

Bliebe eigentlich nur noch der »Ausweg«, seine esoterischen Fähigkeiten zwar anzuerkennen, ihn selbst aber als Mißbraucher derselben an den Pranger zu stellen. Solches ist aber nur möglich, wenn man sorgsam darauf achtet, daß die eigenen Scheuklappen nicht verrutschen und der Blickwinkel begrenzt gehalten wird.

Die folgende Episode demonstriert, daß Gurdjieff seine Talente nicht ausschließlich dazu verwendete, telepathisch in die Sexzentren attraktiver Autorinnen einzudringen, wie es anscheinend in dem Restaurant geschehen war (wenn auch vielleicht nicht so beabsichtigt, wie es die als extrem sensitiv bekannte junge Frau empfand).

Was der amerikanische Ex-GI Fritz Peters 1945 in Paris mit Gurdjieff erlebte, gehört in eine andere Kategorie. Dazu kommt: Es war ein bewußter Vorgang. Gewollt, gezielt und nicht mißzuverstehen.

Peters kam zu dem berühmten Exilrussen, den er von früher kannte und von dessen erstaunlicher Karriere er natürlich wußte, um Hilfe zu suchen. Der Amerikaner konnte den Horror und den psychischen Verschleiß nicht überwinden, dem er an der Front ausgesetzt gewesen war. Er fühlte sich leer, depressiv, am Ende.

An der Schwelle zu einem innerlichen Zusammenbruch suchte er Gurdjieff auf und bat um ein Aspirin. Dies bekam er nicht. Gurdjieff begann vor den Augen des völlig entnervten Exsoldaten, der auf dem

Sessel vor dem Küchentisch zusammengesunken war, Kaffee zu machen. Dann drehte er sich um und richtete den Blick auf Peters. Mit diesem ging eine erstaunliche Veränderung vor. Als wäre er an eine unsichtbare Steckdose angeschlossen, begann eine nie für möglich gehaltene Energie in ihn zu strömen. Die Müdigkeit fiel wie ein Mantel von ihm ab, er fühlte sich nicht länger ausgelaugt, deprimiert und verzweifelt. Nach wenigen Minuten war er ein völlig neuer Mensch, erfüllt von Lebensfreude und einer inneren Kraft, die er noch niemals gekannt hatte. Nicht einmal in seinen glücklichsten Momenten.

Von diesem Tage an schwor Peters Stein und Bein, sein ehemaliger Jugendfreund beherrsche die Kunst, Energie direkt von Mensch zu Mensch zu übertragen. Er erinnerte sich sogar, daß in diesen Minuten in der Küche ein intensives blaues Licht von Gurdjieff ausgegangen sei.

Auch wenn dem Amerikaner seine Sinne in diesem Punkt vielleicht einen Streich gespielt haben, bleibt der Erfolg unbestreitbar. Beachtlich ist in dem Zusammenhang auch die Wirkung seiner Therapie auf Gurdjieff selbst. Peters beschreibt, der Russe sei während der »Energieübertragung« graduell verfallen. Von ersten Anzeichen leichter Müdigkeit bis zu völliger Ermattung. Peters sagte, er habe nie zuvor einen Menschen gesehen, der so erschöpft aussah wie Gurdjieff am Ende dieses erstaunlichen Vorgangs.

Der Amerikaner hatte den Eindruck, daß Gurdjieffs Kraftverlust parallel zu seiner eigenen Vitalisierung verlief, und so war es wohl auch.

Als der Prozeß abgeschlossen war, sagte Gurdjieff mit Mühe: »Sie sind jetzt in Ordnung . . . passen Sie auf das Essen auf . . . ich muß gehen . . .« und taumelte aus dem Raum.

Eine Viertelstunde später war er zurück, jetzt wieder voll Energie. Er wirkte jugendlich, alert, kraftvoll und gutgelaunt. Lächelnd meinte er: »Es war gut, daß wir einander getroffen haben . . .«

Fritz Peters konnte dieses Erlebnis nie vergessen und vertrat stets die Überzeugung, Gurdjieff sei nicht nur ein Mann mit magischen Fähigkeiten, sondern würde diese im buchstäblichen Sinne des Wortes »auf eigene Kosten« für seine Mitmenschen einsetzen.

Eine Überzeugung, mit der er nicht allein stand, auch heute nicht.

Gurdjieff, der zu jener Zeit bereits Ende sechzig war, strahlte zwar die Erhabenheit des Greises aus, verfügte aber gleichzeitig über die Geschmeidigkeit eines Fechters. Viele, die ihn damals kannten, beschreiben ihn genau so.

Soviel zu dieser beachtlichen Persönlichkeit fernab von Alltag, Durchschnitt und Beurteilung.

Aleister Crowley und Georg Iwanowitsch Gurdjieff sind (bewußt provokant gewählte) Musterbeispiele für die Schwierigkeit der Einordnung herausragender Individuen mit eindeutig esoterischem Wissen.

Obwohl beide in unserem Jahrhundert lebten, ihr Wirken bekannt und dokumentiert ist und beide umfangreich publizierten, gibt es keine einhellige Meinung über sie. Das, und nur das, ist der springende Punkt. Zwingt man sich zur größtmöglichen, fast schon selbstüberwindenden Objektivität, so wird man wohl eingestehen müssen, daß unsere Maßstäbe irgendwo immer zu kurz sein dürften. Was für uns verwerflich ist, muß es von einer anderen Warte aus nicht sein – und umgekehrt. Schon die Informationstheorie sagt, daß ein Teil des Systems weder das Gesamtsystem erkennen noch aus diesem heraustreten kann. »Echte« Esoteriker – zu denen wir die Genannten einmal zählen wollen – befinden sich zweifellos außerhalb *unseres* Systems, auch wenn diese Erkenntnis weder ein Freifahrtschein zum maßlosen Einsatz welcher Kräfte auch immer sein soll, noch ein Plädoyer für Crowley, Gurdjieff und andere.

Plädiert werden soll lediglich gegen jenes Schubladendenken, das sich aufdrängt, wenn über einen Menschen Konkretes bekannt ist (oder, was man für konkret hält).

Geht man weiter in der Geschichte der Esoterik zurück, so wird diese Versuchung geringer, denn die Informationen bekommen legendenhafteren Charakter.

Damit erhebt sich die Verlockung, sie in Bausch und Bogen ins Reich des Mythos zu verbannen. Auch ihr sollte man widerstehen.

Doch zuvor noch zwei esoterische Persönlichkeiten, die auch im Grenzbereich zwischen legendenhafter Vergangenheit und nüchtern kolportierender Gegenwart angesiedelt sind. Beiden kann die Aura des Mysteriums ebensowenig abgesprochen werden wie Crowley oder Gurdjieff, nur werden sie nicht primär mit »Sexualdämonie« in Verbindung gebracht, wie die Vorgenannten.

Im Sinne von »Ladies first« richten wir unsere Aufmerksamkeit auf

Madame Blavatsky (Helena Petrowna von Hahn)

Im Kriegswinter 1941 schien die Macht des Hakenkreuzes über Europa unwiderruflich. Nun war Rußland an der Reihe, und dem Rest der Welt stand augenscheinlich auch nichts anderes bevor. Innerhalb der Grenzen des bereits großen und unaufhaltsam weiter wachsenden Nazi-Imperiums liefen zahlreiche Programme zur Eliminierung »lebensunwerten« Lebens. Platz mußte geschaffen werden für die Ausbreitung der eigenen, »hochwertigen Rasse« und – noch geheimer, wenn auch eherne Doktrin – für die »Übermenschen und Gottkönige aus dem fernen Agarthi«, die nach dem »Endsieg« herabsteigen würden. SS-Stabsführer Otto Ohlendorff, Leiter der Zentralabteilung II des SD-Hauptamtes und der Einsatzgruppe D, nahm diese Aufgabe nicht nur ernst, sondern verfocht sie mit einer Inbrunst, die selbst bei seinen hartgesottenen Vorgesetzten und Kollegen Beachtung fand. Heinrich Himmler nannte den ehemaligen Anwalt Ohlendorff den »Gralsritter der NSDAP.«

Unzweifelhaft war der Träger dieses, selbst im Dritten Reich etwas exotischen Ehrentitels ein Intellektueller. Ebenso unzweifelhaft war er ein Anhänger von Madame Blavatsky, konkreter gesagt, ihrer theosophischen Lehre. Obgleich diese Lehre seit 1937 in Nazi-Deutschland offiziell gefördert wurde, war Ohlendorffs Fanatismus von einer Maßlosigkeit, die sogar innerhalb der SS-Ränge Befremden auslöste. Speziell SS-Generalleutnant Heinrich Müller (Gestapo-Müller), dem übertriebene Sensibilität kaum nachgesagt werden konnte, zeigte sich darüber besorgt.

Was faszinierte nun einen Mann von hoher Bildung und Geisteskraft, in dem der NS-Bazillus jedoch voll am Werke war, an den esoterischen Theorien einer Frau, die 1891 in London gestorben war – und wohl nichts im Sinn hatte mit Rassenhygiene und Völkermord? Dem nachzuspüren und gleichzeitig den Wegen der heute wie damals diskutierten russischen Abenteurerin (wie manche sie nennen) beziehungsweise Esoterikerin, Okkultistin und Philosophin (so das andere Lager) zu folgen, ist aufschlußreich.

1831 in Jekaterinoslaw in der Ukraine geboren, soll sie von Kindesbeinen an ein begnadetes Medium gewesen sein. Stets umgaben sie spiritistische Phänomene, so wird berichtet.

Kaum siebzehn Jahre alt, heiratete sie in Tiflis den russischen General N. V. Blavatsky, einen reifen Mann von angeblich siebzig Lenzen. Ganz freiwillig erfolgte diese Ehe wohl nicht, denn nach wenigen Monaten entfloh die junge Braut ihrem erfahrenen Ehemann. In Matrosenkleidern flüchtete sie nach Konstantinopel. Dort verliert sich ihre Spur bis zum Jahr 1873. Nur bruchstückhaft wird offenbar, daß Helena in der Türkei die russische Gräfin Kisselev kennenlernte und diese auf Reisen auf dem Balkan, nach Griechenland und nach Ägypten begleitete. In Kairo traf Helena Blavatsky den koptischen Magier Paul Metamon.

Nach mehrmonatigem Studium setzte sie ihre jahrelange Odyssee von Land zu Land beziehungsweise Kontinent zu Kontinent fort. Mehrfach versuchte sie, nach Tibet einzureisen, jenes Land, das auch heute noch eine ungeheure Anziehungskraft auf Esoteriker ausübt (oder solche, die sich dafür halten), wurde jedoch von den englischen Behörden zurückgewiesen. Über die Frage, ob einer ihrer Versuche, verkleidet nach Tibet zu gelangen, schließlich zum Erfolg geführt hat, herrscht nach wie vor Uneinigkeit.

Konfusion, dunkle Flecken und Widersprüche überschatten ihre Biographie bis zum Jahr 1873, in dem – so die meisten Interpreten – die eigentliche Geschichte der Theosophie und der Theosophischen Gesellschaft ihren Anfang nahm.

Helena Blavatsky verläßt also die Alte Welt, die sie so lange und auf so gewundenen Pfaden durchwandert hat, und kommt am 7. Juli 1873 in Amerika an. Schon im darauffolgenden Jahr wird sie in den Zirkel um die Eddy-Familie aufgenommen (die Eddy-Familie gilt als Begründer des modernen Spiritismus).

Ein Mitglied dieser Gruppe, der Journalist Colonel Henry Steel Olcott, war von den medialen Fähigkeiten Helenas so beeindruckt, daß er sie in die Medien brachte und später gemeinsam mit ihr einen eigenen spiritistischen Zirkel mit dem journalistisch reißerischen Namen »Miracle Club« gründete. 1875 wurde aus dem »Wunderclub« die Theosophische Gesellschaft.

Ihr Ziel war nicht länger reiner Spiritismus und dramatische Seancen, sondern die Erforschung alter magischer Lehren und Praktiken.

1877 trat Helena Blavatsky mit dem 1300 Seiten starken Buch »Entschleierte Isis« an die Öffentlichkeit, das als der erste Versuch betrachtet werden kann, die alten Religionen gegen die gängigen Vorurteile in Schutz zu nehmen und die Spreu vom Weizen zu trennen, das heißt, zwischen wirklicher Religion und Gauklertum zu unterscheiden. Kritiker wiesen auf Blavatskys ablehnende Haltung gegenüber dem Christentum wie auch der klassischen Wissenschaft hin und konnten sich mit der Reinkarnationsauffassung der Autorin nicht identifizieren, welche von allen gängigen Doktrinen abwich. Auch stößt man allenthalben auf Esoterisch-Unorthodoxes – beispielsweise sprach Madame Blavatsky von den dreifachen Prinzipien (Konstitution) der Welt, während im Okkultismus fast durchgehend vom siebenfachen Prinzip die Rede ist –, doch gibt es in diesem Bereich wohl kaum eindeutige Kriterien.

Mittlerweile war um ihre Person und ihr Wirken ein solcher Rummel ausgebrochen, daß sie und Olcott nach Indien flüchteten, wo beide 1879 zum Buddhismus übertraten.

In den Jahren darauf ging die Blavatsky nach Deutschland. Dort kam es 1884 zur Gründung der ersten deutschen Theosophischen Gesellschaft. Gleichzeitig begann sie mit der Abfassung ihres Hauptwerkes »Die Geheimlehre«. Wenige Jahre später – 1891 – starb sie.

Dieser komprimierte Lebenslauf einer ungewöhnlichen Frau klingt mehr nach Varietégrößen à la Houdini, als nach einer geheimnisvollen Persönlichkeit, die mit den »Meistern der Welt« in Verbindung gestanden haben soll. Gräbt man tiefer, wird dieses Klischee zumindest erschüttert. Dazu muß man den Kern der Blavatskyschen Philosophie oder Lehre unter die Lupe nehmen.

Eine Lehre, die einen SS-Stabsführer Ohlendorff zu noch blutigeren »Leistungen« anspornte, aber gleichzeitig Menschen wie den irischen Dichter, Dramatiker, Freiheitskämpfer und Nobelpreisträger William Butler Yeats zutiefst begeisterte (Yeats trat der Theosophischen Gesellschaft zu einem Zeitpunkt bei, an dem sich Madame Blavatskys Ruf durch Angriffe der *Society for Psychical Research* auf dem Tiefpunkt befand).

Zuerst einmal: Sie selbst behauptete stets, besagtes Gedankengut sei ihr aus einer verborgenen Quelle zugeflossen, genauer gesagt, diktiert worden, nicht unähnlich dem weltbekannten Seth-Material, über das ich in meinem Buch »Unerklärliche Phänomene« ausführlich geschrieben habe. Was Madame Blavatsky betrifft, so spricht sie von einem Schatz an uraltem Wissen, das von geheimen Meistern (Mahatmas) im Himalaya behütet und nur selektiv und in kleinen Dosen preisgegeben wird. Zu einer solchen Teilenthüllung gehören nach Ansicht der Theosophischen Gesellschaft beispielsweise »The Mahatma Letters to A. P. Sinnet« (Herausgeber A. T. Barker, Theosophical Publishing House, London 1932) – und natürlich »Die Geheimlehre« von Madame Blavatsky selbst.

Nach Ansicht »aufgeklärter« Menschen kann von Enthüllung hier wohl keine Rede sein, sondern lediglich von Wunschdenken. Schon immer sehnten sich die Menschen nach einem Meister oder Guru, der als oberste Instanz dem Chaos des Lebens einen Sinn verleihen sollte. Gehörte er – wie die tibetanischen Mahatmas – den *Kumaras* (nach Alice Bailey die höchsten, eigenbewußten Wesenheiten voll »himmlischer Reinheit«) an, um so besser.

Schon Plato spricht in seiner »Staatslehre« von den weisen Gottkönigen, die durch Wesensschau »das Ding an sich« erkennen und entsprechend entscheiden können. Diesem Wunsch konnte kein Diktator und keine wissenschaftliche Erkenntnis den Garaus machen (nicht einmal die Einsichten der neuen Physik, daß niemand das »Ding an sich« erkennen kann). Die These vom suchenden Menschengeist, der sich seine Meister/Gurus/Götter selbst schafft, ist naheliegend, vernünftig und zwingend. Sie macht die Theosophie zum Vehikel, das den alten östlichen Gedanken vom okkulten Meister lediglich in den Westen transportierte. Leider besteht, wie der englische Biologe, Zoologe und Anatom Thomas Henry Huxley (1825–1895) so treffend bemerkte, die große Tragödie der Wissenschaft darin, daß schöne Hypothesen durch häßliche Tatsachen ermordet werden. Dies gilt nicht nur für die Naturwissenschaft.

Eine solche häßliche Tatsache ist im vorliegenden Fall der Umstand, daß immer wieder Menschen von irgendeiner Seite an geheimes Wissen – das ja nur in unseren Wunschvorstellungen existieren voll – herankommen und handfeste Resultate vorweisen können.

Der bekannte Gurdjieff ist ein ganz besonders prägnantes Beispiel dafür. In dem 1968 erschienen Buch »Secret Talks with Mr. G.« (Institution for the Development of Harmonious Human Beings Publishers, Nevada, USA) wird minutiös aufgerollt, wie Gurdjieff nach den Prinzipien »objektiver Magie« suchte, Quellen esoterischen Wissens tatsächlich fand und dadurch schon in jungen Jahren jene Kräfte heranbildete, die ihm heute nicht einmal extreme Skeptiker absprechen. Darunter Telepathie, Hypnose, Psychometrie (die Fähigkeit, die »Erinnerungen von leblosen Gegenständen mental anzuzapfen, über die ich in »Unerklärliche Phänomene« mehr sage) und anderes mehr. Gurdjieff selbst beschreibt seinen Werdegang in diesem Buch und in seinem eigenen monumentalen Werk nicht anders.

Es verdient Beachtung, daß Gurdjieff etwa seine Methode rhythmischer Tänze von einem esoterischen Apparat ableitete, den er in einem Kloster in Turkestan entdeckte. Es handelte sich dabei um eine Säule mit sieben zur Seite gestreckten Armen, von denen jeder sieben Gelenke besaß. Dieses Gerät, das auf einem Dreifuß ruhte und in keiner Folterkammer aufgefallen wäre, hatte die Aufgabe, Priesterinnen die Körperhaltung bei heiligen Tänzen zu verdeutlichen. Die mechanische Säule war alt, das dahintersteckende Wissen noch älter – seine Wirkung jedoch vom Zahn der Zeit nicht angenagt. Was Gurdjieff praktisch demonstrierte.

Damit wieder zurück zu Madame Blavatskys Mahatmas. Vom Standpunkt des »gesunden Menschenverstandes« mußten sie Hirngespinste sein, die nur in den Gehirnen diesseitsfeindlicher Mystiker existierten. Wenn dem aber so war, dann *durfte* es keine Spuren von »wissenden Meistern« (und von ihrem Wissen) geben.

Scheinbar aber gibt es solche Spuren, auch wenn wir in unserer Begrenztheit mit der Nase darauf gestoßen werden müssen.

Ehe wir uns in das verlockende Dickicht von Weltverschwörungs- und Interventionstheorien begeben und mit gewisser Erleichterung die unverständlichen Bocksprünge der menschlichen Geschichte geheimer Lenkung durch die Freimaurer, Templer, Sufis, Neun Unbekannten, Assassinen, Mahatmas oder wem auch immer zuschreiben, sollten wir auf die Bremse steigen. Wohl ist der ebenso blutige wie absurde Verlauf der menschlichen Geschichte eine ununterbrochene Abfolge von extrem unwahrscheinlichen Vorfällen – man könnte wirklich sagen, daß sie gerade noch möglich waren –, doch reicht die stupid-brutale Narretei des *Homo sapiens* durchaus zu seiner Erklärung. Nein, zu weit brauchen wir nicht zu gehen.

Für uns genügt eine einfache Antwort auf die nicht ganz so einfache Frage, ob irgend etwas die rein theoretische Existenz von Lebewesen mit erweitertem Horizont und Bewußtsein – wobei nicht von LSD-Delirien die Rede ist – mit Sicherheit ausschließt? Und damit auch ein

Wissen, das nicht größer sein muß als unser altbekanntes, sondern einfach nur anders?

Damit sind wir wieder bei Madame Blavatskys Theosophie. Eigentlich ist es nicht ganz »ihre« Theosophie, denn es handelt sich dabei um einen uralten Begriff für mystische Philosophie. Es ist ein griechisches Wort und bedeutet Gottesweisheit. Der Unterschied zur »normalen« Mystik besteht im Blickwinkel, wobei die Theosophie Intuition, Phantasie und direktes Erleben einem analytisch-logischen Denken vorzieht. So findet man die Wurzeln der Theosophie im Orient des Altertums. Auf Entwicklung, Ausbreitung und Verzweigungen des theosophischen Gedankengutes wollen wir nicht im Detail eingehen.

Begnügen wir uns mit Madame Blavatskys Definition.

In »Glossary of Theosophy« nennt sie sie ». . . eine Weisheitsreligion . . . die Grundlage und der Extrakt aller Weltreligionen und Philosophien, gelehrt und praktiziert von einigen Auserwählten, seitdem der Mensch zu denken begann . . .«. Die herkömmlichen Definitionen lehnt sie als Unsinn ab. Dabei handele es sich um Unwissenheit, religiöse Vorurteile und Verfälschungen des wahren Geistes der alten Philosophen und der frühen Rosenkreuzer.

Neben diesem unorthodoxen Ansatz findet man in Madame Blavatskys »neuer« Theosophie den Anspruch, nicht nur zu glauben, sondern wissend und denkend zu *erkennen* (wodurch sie sich in der Tat von der »alten« Form grundlegend unterscheidet).

Mehr noch, die Russin war überzeugt, daß in jedem Menschen die Gabe zum Hellsehen und zu anderen Leistungen stecke. Diese latenten Fähigkeiten könnten geweckt und trainiert werden, so daß unter anderem auch bewußte Einsicht in die Welt des Unsichtbaren möglich würde.

Diese neue, »moderne« Form der Theosophie stand praktisch bei allen nach 1875 entstandenen okkulten und esoterischen Systemen Pate, auch wenn der Begriff Theosophie oftmals dezent verschwiegen wird.

Nun gut, überlieferte Traditionen im neuen Gewand sind so außergewöhnlich nicht. Außergewöhnlich ist hier jedoch, wie es zu dieser Neueinkleidung kam.

Wie schon angesprochen, stammen die kontroversen Einsichten und Lehrsätze, aber auch die unbestreitbaren exotischen Fähigkeiten der Madame Blavatsky, von den erwähnten unsterblichen Meistern, den Mahatmas, deren Schülerin *(chela)* sie in Tibet geworden war. So ihre eigenen Worte. Parallelen zu den geheimen Übermenschen, auf die man bei den Templern im 18. Jahrhundert immer wieder stößt, mögen vorhanden sein, oder auch nicht.

Jedenfalls soll es sich bei der neuen Theosophie um jene Weltsicht handeln, die im »ältesten Buch der Welt«, dem Buch Dzyan, niedergeschrieben ist, dessen Inhalt Madame Blavatsky durch die Mahatmas zugänglich gemacht wurde, und das in »Die Geheimlehre« wiedergegeben wird, genauer die »sechs Dzyan Cohans« (Strophen).

Rudolf Steiner, dem man kaum irgendeine Verstrickung mit schwarzer Magie nachsagen kann (seine Antroposophie gilt als schöpferisch, positiv und dem Menschen zugewandt), sagte 1910 über das Buch Dzyan: »So sind z. B. die Dzyan-Strophen Teile, die noch lange nicht voll verstanden sind, an denen noch lange zu zehren ist, Teile, die zu den größten Offenbarungen innerhalb der Menschheitsentwicklung gehören.«

Die Cohans selbst sind keine leichte Kost und auch Madame Blavatskys Deutungen verlangen Konzentration. Nicht weniger kraus muten die evolutionistischen Thesen von den sieben Rassen der Vorzeit, Entwicklungszyklen, Übermenschen und Tierrassen des Buchs Dzyan an. Ein weiteres Hemmnis auf dem Weg zur ernsthaften Auseinandersetzung ist das Wiederauftauchen der theosophischen Evolutionslehre im Rassenwahn des Dritten Reiches und der damaligen »Staatswissenschaft«, der Welteislehre von Hörbiger.

Es ist zweifellos diskriminierend für die Theosophie, wenn man bei den sieben esoterischen Wurzelrassen an fünfter Stelle auf die *Arier* stößt, begleitet von der »Unterrasse« der Semiten, die auch als fünfte rangiert. Dies erinnert fatal an zwölf Jahre, aus denen eigentlich tausend hätten werden sollen, in welchen solches in der offiziellen Rassen- und Volkslehre zu finden war. Übrigens auch bei Aleister Crowley, Rudolf Steiner (1861–1925), der Okkultistin und Schriftstellerin Dion Fortune (= Violet Mary Firth, 1891–1946) und anderen.

Daß sich aus solchen Vorstellungen die scheinbar rationale Basis für Herrenmenschenideologien bis hin zur Massenvernichtung von »Unterrassen« ziehen läßt, liegt auf der Hand, wenn auch, was erwähnt werden muß, eine Aufforderung zu solchen Unmenschlichkeiten nirgendwo in der Theosophie zu entdecken ist.

So gesehen, enthalten viele Ideologien, Glaubensrichtungen, selbst wissenschaftliche Disziplinen, ein Potential, das von Fanatikern, Wahnsinnigen, Irregeleiteten, Sadisten und was der Spielarten des Menschlichen noch mehr sind, mißverstanden oder – was weit schlimmer ist – mit Feuer und Schwert in die Tat umgesetzt werden kann. Man braucht sich nur der Blutspuren zu erinnern, die zum Beispiel manche Glaubenbewegungen durch die Jahrhunderte gezogen haben.

Helena Blavatsky war sich scheinbar dieser Gefahr bewußt, denn sie vertrat stets die Ansicht, praktischer Okkultismus solle nicht allgemein zugänglich gemacht werden, damit Unvorbereitete nicht in Versuchung gerieten, Macht über andere auszuüben.

An dieser Stelle erscheint eine Atempause angebracht. Von der Person der sicherlich nicht alltäglichen Helena Blavatsky sind wir unversehens in die Untiefen seltsamer Lehren, verdrehter Ansichten von der menschlichen Evolution, freudianischer Projektionen bis hin zu den Monstrositäten einer nicht allzu fernen Vergangenheit geraten. Sind wir überhaupt noch beim Thema?

Ich glaube, ja.

Erinnern wir uns des roten Fadens, der die vielen Facetten der Esoterik miteinander verbinden soll. Er nahm seinen Anfang bei den bekanntesten esoterischen Methoden (von Astrologie über Radiästhesie zur Kraft der Orakel). Dabei zeigte sich schnell, daß es im Grunde nur einen Angelpunkt gibt: den Menschen. Seine unergründlichen Fähigkeiten, seine latente Gabe, mit verborgenen kosmischen Prinzipien in Wechselwirkung zu treten, machen das Wesen der Esoterik aus.

Damit erhob sich die Frage nach der möglichen Bandbreite unserer eigenen vergrabenen Fähigkeiten – und danach, wie solches wohl auf die Umwelt wirken muß.

So machten wir Bekanntschaft mit zwei grundverschiedenen »Kategorien« von Menschen mit außergewöhnlichen (man könnte auch sagen paranormalen) Zügen: mit Naturbegabungen, deren Motive klar, einleuchtend und zutiefst menschlich waren, was sich im hemmungslosen Mißbrauch ihrer Fähigkeiten zeigte, und mit jenen, die nach esoterischem Wissen gesucht hatten. Hier liegen die Dinge nicht ganz so klar.

Die Beurteilung ist schwer bis unmöglich, die Grenzlinien zwischen Humbug und Mystik fließend, höhere Einsicht läßt sich nicht klar von höherem Unsinn unterscheiden und ein Blickwinkel scheint sogleich den anderen auszuschließen, obwohl gerade Dualität ein Grundzug der Esoterik ist (wie der Naturwissenschaft auch).

So lassen wir Leben und Wirken geheimnisvoller Persönlichkeiten mit esoterischem Background für sich selbst sprechen. Dazu gehört das Buch Dzyan ebenso wie Gurdjieffs Tänze oder Aleister Crowleys Ausschweifungen. Keine der Biographien erhebt einen Anspruch auf Vollständigkeit oder Unfehlbarkeit. Gegner könnten auf dies und das hinweisen, Anhänger anderes ins Scheinwerferlicht rücken. Entlarvungen überschneiden sich mit unwiderlegbaren paranormal-esoterischen Vorgängen, politische Machenschaften mit okkulten Dogmen – es ist ein ebenso weites wie trügerisches Feld.

Wer gängige Beurteilungen unreflektiert wiederkäut, wandelt, so meine persönliche Ansicht, auf dünnem Eis. Kontroversen liegen in der Natur der Sache. Gäbe es sie nicht, hätten wir es nicht mit Magiern, Okkultisten und Übermenschen zu tun beziehungsweise mit Berühmtheiten, die es immerhin verstanden, von einer großen Zahl von Menschen – auch mit höchster Bildung und Intelligenz – für außergewöhnlich gehalten zu werden (was auch nicht eben alltäglich genannt werden kann).

Bereits die wenigen Beispiele demonstrieren, daß man weder Madame Blavatsky noch andere kurzerhand abtun sollte. Die Historie der sogenannten »sachlichen« Wissenschaft zeigt, daß »Verrücktes« oft wahr sein kann, auch wenn nicht zwangsläufig jeder Wirrkopf ein Genius sein muß. An »Verrücktem« herrscht jedenfalls kein Mangel in Madame Blavatskys Weltbild. Die Frage ist nur: Ist es *de facto* verrückt oder betrachten wir es einfach aus dem falschen Blickwinkel?

Noch können wir diese Frage nicht einmal mit einem entschiedenen »vielleicht« beantworten. Trotzdem mußte sie gestellt, wenn auch für den Moment auf Eis gelegt werden. Wir werden auf sie zurückkommen, wenn wir im vierten Teil »Esoterik im Spiegel der Wissenschaft« den kühnen Versuch machen, esoterische Wahrheiten und Erkenntnisse wagemutig aus einem Blickwinkel zu betrachten, der (für die Esoterik) tatsächlich unorthodox ist (und für die »ernsthafte« Wissenschaft fast eine Zumutung . . .). Dabei werden wir auf weitere interessante Zusammenhänge stoßen, doch für den Moment Geduld.

Begnügen wir uns mit der Einsicht, daß wir nicht wirklich vom Thema abgewichen sind. Vor uns breitet sich nach wie vor ein Kaleidoskop rätselhafter – oder zumindest unbestritten umstrittener – Esoteriker und Okkultisten aus, deren geheime Einsichten, mystisches Wissen und spirituellen Kräfte zur Diskussion stehen. Ehe wir ins Dunkel fernerer Vergangenheit tauchen, gebührt nun der zweiten erwähnten Persönlichkeit der Jahrhundertwende das Rampenlicht.

Fulcanelli (Jean-Julien Champagne?)

Obgleich offizielle Quellen seine Lebensspanne von 1877 bis 1932 angeben und sein Grab auf dem Pariser Friedhof Arnomeille les Gonesse zu finden ist, tauchen immer wieder Hinweise auf eine alternative Lesart auf. Der berühmte Alchimist und esoterische Schriftsteller, zu dessen Schülern unter anderem die gleichfalls renommierten französischen Esoteriker Eugène Canseliet und Jules Boucher zählten, soll nämlich nicht auf dem genannten Friedhof begraben sein. Auch auf keinem anderen, und zwar aus einem sehr naheliegenden Grund. Er ist nämlich, so heißt es wiederholt, unsterblich. Nicht als einziger Esoteriker, übrigens.

Autoren wie Louis Pauwels und Jacques Bergier vertreten die Ansicht, daß seine Identität immer ein Rätsel bleiben wird. Was ist von all dem zu halten?

Sofern leichte Verdrehtheit, unkonventionelles Auftreten und exotisches Gebaren Indizien für Unsterblichkeit sind (dergleichen läßt sich auch bei anderen »Unsterblichen« entdecken), käme Fulcanelli/ Champagne in die engere Wahl.

Immerhin wies er seine Schüler an, große Säcke mit Kohlen mit ins Bett zu nehmen, damit sie die wahre Natur des Feuers verstehen könnten. Weitere Exzentrizitäten lassen sich aufspüren. Aus dem Zusammenhang gerissen wirken sie eher läppisch, doch sollte man – ganz besonders im Bereich der Esoterik und des Okkulten – es tunlichst vermeiden, auch nur das kleinste Detail isoliert zu bewerten.

Nur ein Bruchteil der Puzzlesteine sind offenbar, aus denen sich das Bild Fulcanellis zusammensetzt und bereits sie geben zu denken.

Wie seine gesamte Geschichte, soweit sie überhaupt bekannt ist – und die richtige Person mit ihr in Zusammenhang gebracht wird . . .

Buchstäblich aus dem Nichts tauchte im Paris der zwanziger Jahre immer wieder ein Name auf: Fulcanelli. Okkultisten, Esoteriker und Alchimisten, und auch jene, die sich für diese Gebiete lediglich interessierten, raunten einander zu: ». . . ein wahrer Meister ist unter uns . . .«

Die Gerüchteküche begann zu brodeln. Wer war der Geheimnisvolle, der den Stein der Weisen und das Elixier ewigen Lebens besitzen sollte? Er schien sich, so manche Indizien, im Umfeld des damals sehr bekannten Esoterikers Eugène Canseliet zu befinden. Der Verdacht fiel auf den Bohemien und Künstler Jean-Julien Champagne, der zweiundzwanzig Jahre älter war als Canseliet und mit diesem im selben Gebäude wohnte.

Zirkel bildeten sich, Enthüllungen machten die Runde, doch der geheime Meister blieb geheim.

Bis 1926. In diesem Jahr erschien das Buch »Le Mystère des Cathédrales« (Das Geheimnis der Kathedralen). Der Autor war Fulcanelli. Ursprünglich in einer limitierten Luxusausgabe von nur 300 Exemplaren von Jean Schemit, Rue Lafitte 45, herausgegeben, gilt es heute als rares Standardwerk über die unleugbaren Rätsel der großen Kathedralen, deren Baumeister – wie Fulcanelli – die Weltbühne scheinbar aus dem Nichts betreten hatten. Das Vorwort zu diesem Buch stammte von Eugène Canseliet und die 36 Illustrationen von Jean-Julien Champagne. Verschleierte Andeutungen Canseliets im Vorwort – er wies unter anderem auf die phonetische Ableitung des alchimistischen Namens Fulcanelli von den Götternamen Vulcan und Helios hin – heizten die Diskussion neu an. Man vermutete, Fulcanelli sei ein Abkömmling der französischen Herrscherfamilie der Valois, die sich mit Mystik und Magie befaßt hatte. Sie galt zwar seit dem Tod Heinrichs III. im Jahr 1589 als erloschen, doch trifft derartiges auf einen Unsterblichen natürlich nicht zu.

Zahlreiche Fulcanelli-Kandidaten wurden unter die Lupe genommen und wieder verworfen: der esoterische Buchhändler und Okkultist Pierre Dujols (er schrieb selbst unter dem Pseudonym Magophon), die praktizierenden Alchimisten F. Jolivet Castelot und Dr. Jaubert sowie jene mit den Pseudonymen Auriger und Faugerons und schließlich der Schriftsteller J. H. Rosny d. Ä.

Das wahrscheinlichste Alias ist und bleibt Jean-Julien Champagne. Seine künstlerische Ader mochte ihn zur Kunst der Kathedralen – und zur Einsicht in ihre verborgenen esoterischen Botschaften und Symboliken – geführt haben. Dem stellte sich die Tatsache in den Weg, daß Champagne in dem Ruf stand, ein Großmaul, Trinker und chronischer Witzbold zu sein, dem man ein ebenso revolutionäres wie fundamentales Werk wie »Le Mystère des Cathédrales« nicht zutrauen wollte. Schlimmer noch, er selbst disqualifizierte sich durch die gelegentliche Behauptung, Fulcanelli zu sein. Ein Verhalten, welches dem esoterisch/alchimistischen Schweigegebot kraß zuwiderlief.

Allerdings wäre ihm – so er tatsächlich Fulcanelli war beziehungsweise im Fall von Unsterblichkeit immer noch ist – durch diese Angeberei die Wahrung seiner geheimen Identität weit besser gelungen, als durch jedes Abstreiten oder gar düstere Wortlosigkeit.

Die Geschichte berichtet, daß Jean-Julien Champagne nach jahrelangen Alkoholexzessen im Alter von 55 Jahren an Gangrän starb. Auf seinem Grabstein steht: »Hier ruht Jean-Julien Champagne, apostolisch hermetischer Wissenschaftler, 1877–1932.«

Wenn dies tatsächlich so ist, kann Champagne auch kaum das zweibändige Werk »Les Demeures philosophales« (Die Heimstätten der Philosphen) zugeschrieben werden, das unter der Autorschaft von Fulcanelli drei Jahre vor Champagnes Tod erschien.

Krankheit, Alkoholismus und permanenter Verfall hätten es ihm unmöglich gemacht, diese tiefgehende Studie spezieller architektonischer Elemente (z. B. Deckenverzierungen) von Häusern und Schlössern des 12. bis 15. Jahrhunderts auszuarbeiten, die akribisch auf darin verschlüsseltes alchimistisches Wissen eingeht.

Bis heute ist Fulcanellis Identität nicht enthüllt worden. Mehr als eine Person will ihm selbst in unseren Tagen begegnet sein, was ihm ein respektierliches Alter von bald 130 Jahren verleihen würde (*wenn* er Champagne ist und *wenn* dessen Geburtsdatum stimmt).

Canseliet war nicht davon abzubringen, daß er seinen Meister Fulcanelli 1954 zum letzten Mal gesehen habe, der trotz seiner beinahe 80 Jahre wie ein junger Mann wirkte. Ähnliche Begegnungen sind aktenkundig, manche davon – gelinde gesagt – seltsam . . .

So berichtet der Autor Jacques Bergier von seinem Zusammentreffen mit einem beeindruckenden Fremdling, der ihn bat, eine Warnung an den Physiker Andrè Helbronner weiterzuleiten, dessen Assistent Bergier damals war. Bis zu seinem Tod im Jahr 1979 vertrat Bergier die Überzeugung, der Warner sei Fulcanelli gewesen.

Unerklärliches rankt sich um diesen Vorfall, der sich im Pariser Gasforschungslaboratorium ereignet hat.

Der Unbekannte bat den Wissenschaftler Bergier, die Welt – durch Professor Helbronner – vor den Gefahren der Uranspaltung zu warnen. Er deutete uraltes Wissen an und verriet gleichzeitig Kenntnis über die Kernenergie. Eine Kenntnis, dic crst Jahre später verifiziert werden konnte, denn als die Warnung ausgesprochen wurde, schrieb man erst das Jahr 1937. Das Element Plutonium wurde erst 1941 von dem Physiker Glenn T. Seaborg am Berkeley-Institut in Kalifornien isoliert. Die erste Atombombe explodierte 1945 in der Wüste von Neu-Mexico.

Der Fremde (Fulcanelli?) jedoch kannte schon 1937 das Element 94, wie Plutonium ursprünglich hieß und wußte, was sich damit anfangen ließ.

Nach Kriegsende 1945 führte Bergiers Bericht aus dem Jahr 1937 dazu, daß das OSS *(Office for Strategic Services*, die Vorgängerorganisation der CIA) tatsächlich Jagd auf Fulcanelli machte. Man fürchtete Verrat von Atomgeheimnissen an »die andere Seite«, ganz besonders durch eine Person, die diese Geheimnisse offenbar zu einem Zeitpunkt besaß, als man sie selbst noch gar nicht hatte.

Fulcanelli konnte nicht gefunden werden.

Da Bergier ein fotografisches Gedächtnis besaß, waren seine Angaben so präzise – er konnte jedes Wort wiederholen –, daß Wissenschaftler (und das OSS) lange und erfolglos daran kauten. Offizielle Stellungnahmen gibt es jedenfalls keine.

Freunde der Science-fiction werden diesem Vorfall vielleicht weniger Gewicht beimessen, erinnert er doch an eines der klassischen Beispiele für die Voraussagekraft dieser Literaturgattung.

Im Jahr 1944 stellten FBI-Männer das Büro von J. W. Campbell jr., dem Chefredakteur des berühmten Sf-Magazins *Astounding* auf den Kopf, da in seinem Magazin eine »hochverräterische« Story erschienen war. Sie hieß »Deadline« und stammte aus der Feder des Sf-Autors Cleve Cartmill. In ihr war nicht mehr und nicht weniger beschrieben als die Atombombe, an der die US-Regierung in dem heute bekannten Manhattan-Projekt damals unter höchster Geheimhaltung bastelte. Trotzdem konnte man in *Astounding* detailliert über jene Superbombe lesen, die Nazi-Deutschland gerade noch, dem imperialen Japan aber nicht erspart bleiben sollte. Geheimnisverrat – das war klar. Campbell und Cartmill konnten jedoch unwiderlegbar beweisen, daß alle Informationen aus damals bereits veröffentlichten Wissenschaftsartikeln über Atomenergie stammten und die Story nur eine geschickte Extrapolation war.

Danach endete die »Verräterjagd« wie das Hornberger Schießen. Campbell nahm den Regierungsbeamten sogar die Freude, ihm wenigstens alle zukünftigen Veröffentlichungen in dieser Richtung zu untersagen, da er darauf hinweis, plötzliches Stillschweigen sei noch verdächtiger und würde feindliche Agenten erst recht hellhörig werden lassen.

Ließe sich Fulcanellis Auftritt nicht auf derselben Ebene ansiedeln?

Nein, denn 1937 ist eben nicht 1944. Was einem intelligenten und kreativen Sf-Schreiber mit wissenschaftlicher Ausbildung ein Jahr vor Hiroshima und Nagasaki möglich gewesen war, stellte sieben Jahre vorher eine Unmöglichkeit dar. Um damals den atomaren Feuersturm vorherzusagen, *mußte* man Hellseher sein – oder Träger unbekannten Wissens . . .

Wie man Fulcanellis irrlichternde Persönlichkeit und sein sporadisches Erscheinen (nicht selten verbunden mit unglaublichen alchimistischen Demonstrationen) auch drehen und wenden mag, es stellen sich im Endeffekt mehr Fragen, als beantwortet werden können. Allein die Interpretationen seiner beiden Werke »Das Geheimnis der Kathedralen« und »Die Heimstätten der Philosophen« füllen ganze Bibliotheken. In der Verbindung mit dem Mysterium seines Lebens (das vielleicht noch andauert, wer weiß?) ergibt sich ein gordischer Knoten an Spuren, Hinweisen, Abirrungen, Sackgassen, Verzweigungen, Fata Morganas und was des Irritierenden noch mehr ist. Wenn wir es nicht mit einem Gaukelspiel von titanischen Dimensionen zu tun haben, das den verrufenen Terminus »Weltverschwörung« verdienen würde, so bleibt uns nur die Meinung von Louis Pauwels und Jacques Bergier: Fulcanelli ist ein Rätsel.

Und das in unserem Jahrhundert!

Um wieviel schwerer tut man sich darum mit einem anderen »Unsterblichen«, der Fulcanellis (um Jahrhunderte) jüngerer Bruder gewesen sein könnte. Vielleicht *ist* er es noch.

Der Graf von Saint-Germain (Claude-Louis de Saint-Germain)

Wenn man der Geschichtsschreibung glaubt, so starb dieser Alchimist, Dichter, Künstler, Universalwissenschaftler, Sprachvirtuose, Diplomat – aber auch Abenteurer, Scharlatan, Quacksalber, Betrüger und ähnliches – im Jahr 1780 bzw. 1784 bzw. 1874 (!), im Jahr . . .?

Dessen ungeachtet versuchte eine von Napoleon III. (1808–1873) eingesetzte Kommission Jahrzehnte später seiner habhaft zu werden, widmete die berühmte französische Sängerin Emma Calvé ihm 1897 ein persönliches Autogramm auf einer Fotografie und sprach Madame Blavatsky wiederholt von ihm als einem der verborgenen unsterblichen Meister der Welt. Was von dem Auftritt des Parisers Richard Chanfray zu halten ist, der 1972 als Graf von Saint-Germain im französischen Fernsehen zu sehen war und mit Hilfe eines Camping-Gasofens Blei in Gold verwandelte, sei dahingestellt.

Rätselhaft, unergründlich und greifbar wie Luft ist die Lebensgeschichte des Grafen allemal.

Erste Aufzeichnungen über den Mann, der von sich selbst sagte, er habe von König Cyrus von Babylon den magischen Stab des Moses erhalten und sei dadurch einer der unsterblichen Illuminaten geworden, findet man etwa ab 1740. Ein junger Adliger, der an Stelle von Geld stets eine Handvoll Diamanten bei sich trug, exzentrisch, aber erlesen gekleidet war und eine Aura des Mysteriösen um sich verbreitete, sorgte für Gesprächsstoff in den blasierten Adelskreisen am Wiener Hof. Desgleichen wenig später in Paris. Dort nahm die Legende – wenn sie eine ist – ihren Anfang.

Bei einer Soirée der nicht mehr jungen Gräfin von Gregory kam es zu einem seltsamen Gespräch zwischen ihr und dem als Gast geladenen Grafen von Saint-Germain.

»Graf«, fragte sie, »habe ich Sie nicht schon in Venedig gesehen, als mein verstorbener Mann dort Botschafter war? Oder kann das Ihr Herr Vater gewesen sein?« »Nein«, erwiderte der Graf von Saint-Germain, »ich persönlich hatte die Freude, Ihnen zu begegnen, verehrte Gräfin. Ihre Schönheit ist mir bis heute unvergeßlich geblieben.«

Das charmante Kompliment beirrte den Scharfsinn der alten Dame in keiner Weise, und auch nicht ihre Erinnerung, die ihr sagte, daß der Graf von damals mindestens vierzig Jahre alt gewesen sei, und sie ein junges Mädchen.

Im Gegensatz zu ihr sah *er* um keinen Tag älter aus.

»Wie ist das möglich?« rief sie verwirrt.

»Madame«, sagte der Angesprochene lächelnd, »ich bin nicht mehr ganz jung.« (Genaugenommen mußte er mehr als hundert sein, denn die Begegnung am Hof in Venedig war um 1670 erfolgt).

Solche Geschichten sind Legion. Natürlich ist es keine besondere Kunst, auszustreuen, man wäre 3000 Jahre alt, mit Pontius Pilatus und mit den zwölf Aposteln persönlich bekannt gewesen, trage den Stein der Weisen in der Tasche, oder sei die Reinkarnation von Christian Rosencreutz, des ersten britischen Märtyrers St. Alban und von Roger und Francis Bacon (1214–1292 und 1561–1626). Besonders in der guten Gesellschaft der vergangenen Jahrhunderte.

Es würde zu weit führen, die gesamte Laufbahn des exotischen Grafen im Detail aufzurollen, so faszinierend sie auch ist. Immerhin zählten Cagliostro, Casanova, Dr. Mesmer, Voltaire oder Kaiserin Marie-Antoinette (die er vor der französischen Revolution warnte) zu seinen Bekannten, und auch seine Gegner konnten sich sehen lassen.

Auf jeden Fall bewegte er sich permanent in den höchsten Kreisen, erfüllte nachgewiesenermaßen zahlreiche diplomatisch-politische, aber ebenso »geheimdienstliche« Missionen und war auch sonst alles andere denn ein reicher Müßiggänger mit spleenigen Neigungen.

All das qualifiziert ihn noch nicht für die Anwartschaft auf die Zugehörigkeit zu möglichen Magiern/Okkultisten/Übermenschen.

Anderes schon. So sprach der Graf mindestens Französisch, Englisch, Deutsch, Italienisch, Spanisch, Russisch, Portugiesisch, Arabisch, Türkisch, Persisch, Chinesisch, Indisch und zahlreiche alte Sprachen, die nur Experten geläufig waren, besaß ein medizinisches Wissen, das sich auch heute sehen lassen könnte (und demonstrierte es oftmals), zeigte sich in buchstäblich allen Wissenschaften nicht nur bewandert, sondern seinen Zeitgenossen weit voraus, beherrschte viele Musikinstrumente, war ein brillanter Juwelier und Goldschmied mit anachronistischen Kenntnissen in Metallurgie (die niemand verstand) und hätte auch als Maler ein gutes Auskommen gehabt. Ferner betrieb er Textilherstellung und Porzellanmanufaktur. Eine beeindruckende Bilanz. Skeptiker schreiben seine ungeheuren Kenntnisse schlicht und einfach »Erfahrung« zu. Einer Erfahrung allerdings – so ist man versucht einzuwenden –, die in einer einzigen Lebensspanne und voll integriert in die Artigkeiten höfischen Lebens, kaum anzuhäufen ist.

Auf jeden Fall ist der Graf von Saint-Germain ganz sicher kein Vortäuscher, denn auch dafür hätte er Jahrzehnte (Jahrhunderte?) der Vorbereitung gebraucht. Hinweise auf seinen Background, sein Weltbild und sein okkultes Wissen lassen sich aus seinem berühmten Werk »Die heiligste Trinosophie« herausfiltern, das als einer der bedeutendsten Beiträge zur mystischen Tradition des Westens gilt. Wahrscheinlich erschließen sich dem Laien nur Brosamen, verglichen mit dem Gesamtbild.

Wie auch immer, der Graf von Saint-Germain kann nicht mit einigen Worten abgetan oder »schubladisiert« werden. Seine immer wieder andere Gestalt annehmende Persönlichkeit – ein besonderer Gag von ihm war, Gesellschaften in einer Verkleidung aufzusuchen, sie dann sozusagen durch eine Türe zu verlassen und abermals als ein anderer durch die nächste wieder zu betreten, und keiner erkannte ihn – entzieht sich der endgültigen Einordnung.

War er Adept der Rosenkreuzer, hoher Freimaurer, Malteserritter, Illuminat und Alchimist, oder alles zusammen? Genau wird man es nie wissen. Hatte seine Eigenheit, niemals in Gesellschaft Nahrung zu sich zu nehmen, Showcharakter, geheimnisvolle Gründe oder war er, wie Colin Wilson meint, einfach ein Vegetarier? (Jedenfalls sagte der Graf einmal zu Giacomo Casanova: ». . . meine Nahrung ist für keinen Menschen geeignet.«) Tatsache scheint, daß er durch die Jahrhunderte geistert. Unverändert, mysteriös und immer seiner Zeit um einen Schritt voraus. Er sagte die französische Revoluiton voraus, machte den Schwedenkönig Gustav III. 1789 auf kommende Gefahren aufmerksam und versprach der Chronistin Mademoiselle d'Adhémar, daß er ihr noch weitere fünf Male gegenübertreten würde, was auch geschah. Die letzte Begegnung fand 1820 in der Nacht vor der Ermordung des Herzogs de Berri statt. Saint-Germain wirkte auch damals wie ein Mann von Mitte vierzig. Seltsam, seltsam und – aus welchem Blickwinkel man es auch betrachten mag – bestenfalls durch eine jahrhundertelange Verschwörung oder Posse einer unbestimmten Anzahl teils hochgestellter Personen »vernünftig« zu erklären. Sicher ist nur eines: man kann ihn nicht der Einfachheit halber zur Gänze wegrationalisieren.

Er hat seine Spuren nun einmal hinterlassen, sogar wo man nicht erwarten würde, auf sie zu stoßen. So beeindruckte sein Wirken den jungen Karl May dermaßen, daß er einige der Eigenschaften des Grafen auch den von ihm erdachten Figuren verlieh. Die Unerschöpflichkeit der Talente und Fähigkeiten von Old Shatterhand/Kara Ben Nemsi spiegelt nicht zufällig die tatsächliche Universalität des Grafen wider. Aus dem Umstand, daß der sächsische Literat sich am Höhepunkt seiner Schriftstellerlaufbahn allen Ernstes mit der Gestalt des Old Shatterhand/Kara Ben Nemsi identifizierte, läßt sich ziemlich schlüssig der in der Psychologie bekannte Vorgang der Projektion ableiten. Unbestreitbar ist jedenfalls die Tatsache, daß Karl May eingehendes Quellenstudium zur Person des Grafen von Saint-Germain betrieb. Ein weiteres Indiz kann das von Karl May zu Anfang gewählte Pseudonym Ernst von Linden sein, denn ein Baron dieses Namens traf dereinst mit dem Grafen von Saint-Germain in Wien zusammen (so nachzulesen in Franz Gräffers »Kleine Wiener Memoiren«, Teil 2, Wien 1845). Die Tatsache, daß Karl May sich in späteren Jahren von seinem bewunderten Vorbild abwandte und seine Novelle über den Grafen »Aqua benedetta« (ursprünglich erschienen im Dresdner Wochenblatt »Frohe Stunden«) überarbeitete und mit dem neuen, wenig schmeichelhaften Titel »Ein Fürst des Schwindels« versah, verrät, wie sehr ihn der Geheimnisvolle beschäftigte. Karl May-Forscher, wie der Wiener Autor Peter Krassa, sehen in dieser Kehrtwende einen Versuch Karl Mays, seine eigene, kurz zurückliegende kriminelle Phase zu verdrängen und auch literarisch zu »bewältigen«.

Kurzum: ein Kaleidoskop an Meinungen über einen Mann, von dem nicht einmal das (offizielle) Geburtsdatum feststeht. Meist wird zwar 1710 angegeben, doch auch 1707 und andere Daten tauchen auf.

Auch wenn er selbst nicht unsterblich sein mag, so kennt der Mythos des Grafen von Saint-Germain jedenfalls kein Altern. Der Geheimnisvolle düpierte die Menschen seiner Epoche, ließ die Nachgeborenen herumrätseln, und trat sogar im 20. Jahrhundert im Fernsehen auf.

Nicht so widersprüchlich ist ein Zeitgenosse, Freund und Schüler des Grafen, ein Mann, dessen Betrügereien, Abenteuertum – und vor allem sein Ableben – verbürgt sind. Trotzdem verdient er eine Erwähnung.

Graf Cagliostro (Guiseppe Balsamo)

Der von 1743 bis 1795 auf Erden wandelnde Glücksritter Balsamo/ Cagliostro war unleugbar kriminell (auch nach unseren Maßstäben und nicht nach jenen des 18. Jahrhunderts, in dem es ein todeswürdiges Verbrechen darstellte, wenn ein Verhungernder einen Laib Brot stahl).

Er war in variantenreiche Gaunereien verstrickt und betrieb routinemäßig Hochstapelei, betrog Adlige und reiche Bürger, war den Großteil seines Lebens auf der Flucht und endete im Kerker des Kastells San Leo bei Montefeltro. Angeklagt und verurteilt der Freimaurerei und des Ketzertums, verbrachte er die letzten Jahre seines bewegten Lebens qualvoll in einem stinkenden Loch, das jeder Insasse nur ein einziges Mal durch eine Öffnung in der Decke betrat. Eine grausame Ironie, für ein »Verbrechen« eingekerkert zu werden, das man heute Gedankenfreiheit nennen würde, während die weltlichen Verfehlungen des Grafen auch in unseren Tagen beispielsweise vor einem US-Gericht durchaus für eines der dort üblichen originellen Strafmaße von »zweihundertfünfzig Jahren und dreimal lebenslänglich« ausgereicht hätten.

Ein Krimineller, ohne jeden Zweifel. Warum ihn überhaupt beachten? Weil er in die berühmte, hochpolitische Halsbandaffäre der Königin Marie-Antoinette verwickelt war oder weil er zahlreiche Dichter – darunter Dumas und Goethe – inspiriert hat?

Nein, ähnliche Berühmtheit könnten auch Dschingis Khan oder Billy the Kid aufweisen. Cagliostro ist eben doch mehr als ein gewöhnlicher Gauner, Quacksalber und Abstauber, den sein eigener Mythos dämonisiert und die schreibende Zunft unsterblich gemacht hat (zumindestens literarisch).

Vordergründig verkörpert er *den* Vertreter des 18. Jahrhunderts schlechthin: schillernd, naiv-gerissen, geldgierig und großzügig, mystisch, visionär und abergläubisch. Der ideale Repräsentant einer dekadenten, morbiden Gesellschaft und gleichzeitig der für diese Gesellschaft maßgeschneiderte Parasit. Die Potentaten der Macht und des Geldes ließen sich von ihm nicht genial-manipulativ ausnützen, sie verlangten danach.

Soweit klingt alles vertraut und »normal«. Ganz so kann es aber nicht sein. Ein Element des Absonderlichen stört. Das Klima der Zeit begünstigte Exzesse, Mystiker, Erleuchtete und Vertreter des Bizarren. Nur – sie durften nichts wirklich durcheinanderbringen. Das tut Cagliostro. Am 14. November 1776 findet die Ziehung der englischen Staatslotterie statt. Cagliostro ist anwesend und auch der schottische Edelmann Lord William Scott mit seiner Frau (in Wirklichkeit ist der »Lord« ein Betrüger und die »Mylady« seine Geliebte Mary Fry, die mit ihm und drei Kindern in wilder Ehe lebt).

Cagliostro nennt aus Gefälligkeit die Zahl zwanzig. Scott setzt und gewinnt. Drei Tage später gibt Cagliostro eine weitere Gewinnzahl bekannt, die dem »Lord« den ansehnlichen Betrag von einhundert Louisdor einbringt. Am 18. November 1776 findet abermals eine Ziehung statt. Nun wird Cagliostro von seinen Freunden bestürmt. Er bezeichnet zwei Zahlen, durch die der heruntergekommene Schauspieler Domenico Aurelio Vitellini, die verarmte Gesellschaftsdame Madame de Blévary und – notabene – »Lord« und »Lady« Scott ein kleines Vermögen gewinnen.

Diese »Sabotage« an der sakrosankten königlichen Lotterie ließ Cagliostro ins Gefängnis wandern. Er verließ danach das Land, reiste herum und kam nach Frankreich, wo er durch unerklärliche Heilkünste Aufsehen erregte. Sein Rezept der physischen Regeneration des Menschen brachte ihm die Freundschaft von Kardinal Rohan ein. Er fand Eingang in den französischen Hof, wo er den berühmten, auch heute anerkannten Magnetiseur und Arzt Dr. Franz Anton Mesmer (1734–1815) ablöste, auf den der Mesmerismus zurückgeht.

Weitere Ungereimtheiten dieser Art lassen sich in Cagliostros Biographie zuhauf entdecken – wenn man sie entdecken will. Ein läppisches Detail, und doch bezeichnend: Gegner Cagliostros schildern ihn durch die Bank als protzig gekleidet, mit Schmuck behängt, zumeist einen mit Federn verzierten Dreispitz auf dem Kopfe, während seine Freunde und Anhänger – ebenfalls einhellig – von seiner einfachen und natürlichen Kleidung sprechen. Clemente Vanetti schrieb in einem Tagebuch: ». . . seine (Cagliostros) Kleider waren sauber, jedoch ohne jeden Luxus . . .« Ebenso sinnlos widersprüchlich ist das extrem unterschiedliche Aussehen der Darstellungen von Cagliostro, seien es Bilder, Stiche, Plastiken. Betrachtet man die Cagliostro-Büste von Houdon im Museum von Aix-en-Provence, Francesco Bartolozzis Cagliostro-Stich, der in London gedruckt wurde, oder das Cagliostro-Porträt von J. B. Chapuy, käme niemand auf die Idee, ein und dieselbe Person vor sich zu haben. Persönliche Beschreibungen differierten gleichfalls ganz extrem, und nicht nur in bezug auf Kleidung.

Cagliostro provoziert ausschließlich Extreme: für die einen war er ein Idol, für die anderen ein verabscheuungswürdiger Teufel. Dazwischen gab es nichts. Auch ihm selbst waren Zwischentöne fremd. Er betrog ohne Skrupel, war aber gleichzeitig hilfsbereit und verteilte Ratschläge, Arzneien und Geld großzügig. Und – im ausschweifenden 18. Jahrhundert geradezu eine Perversion –, er hatte keine Laster. Nicht einmal seine fanatischsten Feinde sagten Cagliostro Liebschaften nach. Er blieb seiner Frau selbst dann noch treu, als sie mit seinen Widersachern gemeinsame Sache machte.

Es ist erwiesen, daß er vom Orden der Malteserritter in die Geheimnisse des heiligen Johannes, die Offenbarungen der Kabbalah und in die okkulten Wissenschaften eingeweiht wurde. Der von ihm 1785 initiierte Ägyptische Freimaurerritus wird auch heute noch praktiziert (daraus entstand später jener von »Memphis-Misraim«, dessen Großmeister auch Rudolf Steiner war). Der Ritus erhöhte die Hochgrade auf neunzig und gewährte – völlig neuartig – auch Frauen Zutritt. Wie auch immer, fest steht, daß ihm außergewöhnliche Fähigkeiten von Freund und Feind einhellig attestiert wurden.

Damit wollen wir Alessandro, Graf von Cagliostro weiter durch eine verworrene und dubiose Vergangenheit wandern lassen, aus der für ihn – im Gegensatz zu seinem Meister, dem Grafen von Saint-Germain – keine Brücke ins Heute führt. Er ist und bleibt gestorben. Er soll den Reigen von (möglichen) Magiern/Okkultisten/Übermenschen beschließen.

Warum, so mag der verständliche Einwand lauten, nur ein so seitenlastiger Querschnitt? Die Genannten sind zwar berühmt, dafür aber auch verrufen. Gibt es nicht noch mehr esoterische Persönlichkeiten von Rang, von Hermes Trismegistos bis Rudolf Steiner, von Arthur Machen bis Karl Haushofer, von Meister Eckhardt bis Dietrich Eckart und Friedrich Hielscher . . .?

Auch Männer wie Paul Twitchell (1908–1971), der amerikanische Begründer der modernen Eckankar-Bewegung (ECK), oder Samuel Lidell McGregor Mathers (1854–1918), der angeblich von »geheimen Meistern« Inspirationen für sein okkultes Wissen empfing und die Begegnung mit einem dieser Unbekannten nicht überlebte (so Mathers Frau), oder Dr. John Dee (1527–1608), der einzige Magier ohne okkulte Kräfte, würden fairerweise Aufmerksamkeit verdienen.

Das ist richtig, nur nicht zielführend. Selbst die Biographien *aller* bekannten Esoteriker würden eine abschließende Beurteilung ihres Wirkens, ihrer Fähigkeiten und – das vor allem – ihres tatsächlichen Wissens nicht gestatten. Darum sind wir den umgekehrten Weg gegangen. Wir haben jene auf den Prüfstand gebeten, die bekannt (und umstritten) sind, über die ausführliches Material vorliegt und deren Name auch heute wirksamer Zündfunke für Meinungsverschiedenheiten aller Heftigkeitsgrade ist. Die Auswahl war – ich sagte es bereits – selektiv, provokant, eingeengt . . . aber nicht unrepräsentativ. Die Lebensgeschichten der Genannten konnten nur bruchstückhaft sein, in einzelnen Punkten vielleicht sogar angreifbar, doch das war nicht das Wesentliche. Das Wesentliche bestand im Anlegen eines Maßstabes, der mehr als eine Seite messen sollte. Sofern mehr als eine Seite überhaupt vorhanden war. Letzteres konnte, so meine feste Überzeugung, etabliert werden. Mehr noch: weitere Seiten lassen sich bei allen unseren »Kandidaten« legitim vermuten. Man glaubte, über Persönlichkeiten wie die unter die Lupe Genommenen im Grunde Bescheid zu wissen, doch – siehe da . . .! Gut, aber – was ergibt sich aus all dem?

Sind sie *nun unter uns, oder nicht?*

Noch einmal kurz zu den Wurzeln. Während im Westen seit Aufklärung, industrieller Revolution und technokratischen Orgasmen die »Rationalität« des Erkennbaren Orgien feiert und uns Umweltzerstörung und den Overkill gebracht hat, der kürzlich auf eine Tötungskapazität von 60 Milliarden Menschen »reduziert« wurde, herrscht im Osten seit Jahrtausenden die Überzeugung, alle Vorgänge auf Erden seien der Lenkung durch eine höhere Erkenntnisebene unterworfen.

Diese Philosophie hat dort bereits die Gestalt einer konkreten Legende angenommen. Sie spricht davon, die Gezeitenrhythmen der Geschichte würden von intelligenten Wesenheiten gesteuert, deren niedrigster Ebene (der »Exekutive«) der gelegentliche Kontakt zur Menschheit obliegt. Betrachtet man den blutigen Irrsinn, der kennzeichnend für den *Homo sapiens* und sein Tun ist, so müßte auch für einen liberalen Zivilisationsmenschen die Vorstellung weiser, jedoch undurchschaubarer Führung etwas tröstliches an sich haben. Neben diesem psycholgisch erklärbaren Aspekt gibt es aber noch einen anderen. Er lautet: Ist etwas dran? Seit ungleich kürzerer Zeit als im Osten und im Orient, kennt auch die westliche Mystik solche Vorstellungen, spuken verborgenes Wissen, geheime Gesellschaften, initiierte Adepten, Magier und Eingeweihte durch die gewundenen Gänge der Jahrhunderte.

Am 10. Februar 1969 erschien in den *London Evening News* der Artikel »Do these Supermen Exist?«, in dem der Autor im Rahmen einer Buchrezension eine ebenso scharfsinnige wie kompakte Zusammenfassung der im Westen verfügbaren Materialien gab. Dem kann man auch heute, mehr als zwanzig Jahre später, kaum etwas hinzufügen.

Der Inhalt ist, komprimiert und sinngemäß wiedergegeben, folgender:

Seit Menschengedenken kursiert im Osten die Vorstellung, daß an einem verborgenen Ort eine Gruppe von Wissenden/Gottkönigen/Meistern die wahre Regierung der Welt sei. Obgleich von mehreren Zentren oder *Markas* (»Krafthäusern«) die Rede ist, spielt das Zentrum im Hochland von Zentralasien, genauer in Tibet, die wesentlichste Rolle.

Diese detailreiche Legende kam durch die Kreuzzüge in den Westen. Von den Rosenkreuzern wurde sie 1614 erneuert und schließlich in der Neuzeit von Madame Blavatsky, dem französischen Diplomaten Louis Jacolliot, dem englischen Schriftsteller Talbot Mundy (Autor von »The Nine Unknown« (Die neun Unbekannten) oder dem Mongolenreisenden Ferdinand-Antoni Ossendowski neu angefacht.

(Auch in den Nürnberger Kriegsverbrecherprozessen ist im Umfeld des berüchtigten »Ahnenerbes« von solchen Zentren die Rede. Namen wie *Shampullah*, *Agarthi*, *Shangri La* fallen, werden jedoch nicht zur Kenntnis genommen, später heruntergespielt beziehungsweise eliminiert oder einfach dem Wahnsinn der leitenden Persönlichkeiten des sinistren Forschungsamtes zugeschrieben. Anmerkung des Autors).

Zurück zum Zeitungstext:

In besagten Zentren agieren Menschen, die sich weit über jede normale Ebene hinaus entwickeln konnten. Sie sind Statthalter von Mächten jenseits menschlichen Vorstellungsvermögens.

Mit Hilfe von Abgesandten, die sich unter die Leute mischen, kommt es zu Eingriffen in die Geschichte, wird unauffällig, aber konsequent am »Großen Werk«, *(Magnum Opus)*, gearbeitet, dessen Natur bestenfalls schemenhaft – wenn überhaupt – zu erahnen ist. Daß es um eine Art von Evolution geht, die jedoch mit dem uns geläufigen Begriff wenig gemein hat, liegt auf der Hand.

Nachdem der Verfasser des Artikels zahlreiche Veröffentlichungen zu diesem Thema gewürdigt hat, deren Bogen sich durch die Jahrhunderte bis in die Gegenwart spannt, kommt er zu der Schlußfolgerung, daß von jener fernen und geheimnisvollen Quelle ein ununterbrochener Strom von Impulsen ausgeht, die uns Wohlbekanntes beeinflußt oder initiiert haben. Einige Beispiele in bunter Abfolge: Die arabische Dichtkunst, die Wiederbelebung der Kultur nach Dschingis Khan, die Kunst der Troubadoure, Renaissance und Freimaurertum, kirchliche Orden und die Hochkultur der Sarazenen, ja selbst das Auftauchen des Jokers in unseren Spielkarten soll auf mögliche mystische Wurzeln zurückgehen.

Gräbt man intensiv, entdeckt man, daß Vorstellungen Jungscher und Freudscher Psychologie bereits im 11. Jahrhundert auftauchen, wie auch andere »Anachronismen«, die von der klassischen Wissenschaft »nicht einmal ignoriert werden«.

Daraus schließt der Zeitungsautor auf das Vorhandensein von Indizien für Interventionen in kritischen Phasen der Menschheit. (Bedenkt man, wie oft der *Homo sapiens* allein seit dem Zweiten Weltkrieg gerade noch davon gekommen ist, erscheint einem derartiges so abwegig nicht). Soviel – mit kleinen Anmerkungen – zu jener Zeitungsanalyse aus dem Jahr 1969.

Stützt sie unsere bisherigen Überlegungen? Und, was ist mit jenem breiten Spektrum esoterisch-okkulten Wissens (und den dadurch zu erlangenden Fähigkeiten), das keine Entwicklungskette »Kreuzzüge . . . Rosenkreuzer . . . Madame Blavatsky . . . Bulwer-Lytton . . . S. L. Mathers . . . Aleister Crowley . . . Adolf Hitler« (um nur eine denkbare zu skizzieren, die sich aus dem Vorgesagten errichten ließe) aufweist?

Diese Fragen können nicht beantwortet werden. Sie müssen es auch gar nicht. Im Grunde waren sämtliche angestellten Überlegungen nur ein Verwirrspiel (der Leser möge es mir verzeihen, denn die dahintersteckende Absicht dient der Erkenntnis). Und das Aha-Erlebnis? Ganz einfach: Wir haben uns trotz allem aufs Glatteis führen lassen, haben versucht, im Bereich der Esoterik zu tun, wovon wir schon glaubten, uns befreit zu haben. Wir haben Kategorien errichtet, Schubladen herausgezogen, um die »Bestandteile« der Esoterik fein säuberlich abzulegen, und wir haben »logische« Zusammenhänge geknüpft.

Solches ist, man darf es nicht leugnen, höchst befriedigend. Besser, im Grafen von Saint-Germain einen Geheimnisträger zu sehen, der sich zwar seltsam gebärdet (zumindest für Nichtgeheimnisträger), aber dennoch seine mysteriösen Hände durch die Jahrhunderte über die amoklaufende Menschheit hält, als gar kein Halt.

Lieber ein tibetanisches Übermenschendirektorium als Eigenverantwortung für den Zustand unseres geschundenen Planeten.

Und das Allerschönste: Unverständliches braucht nicht länger erklärt zu werden. Endlich kann man solchen Absurditäten den Laufpaß geben, wie der Behauptung, das Dritte Reich sei durch Wirtschaftskrisen zu erklären, das unvorstellbare Gestümper der Mächtigen zu allen Zeiten wäre einfach menschliche Fehlbarkeit oder gar, das Phänomen der Macht ließe sich irgendwie begreifen.

Genug mit diesen Sackgassen, Spiegelfechtereien und archetypischen Traumvorstellungen. Solchem sollte die Begegnung mit Crowley, Gurdjieff, Madame Blavatsky, Fulcanelli, Saint-Germain und Cagliostro nicht Vorschub leisten.

Worum ging es dann?

Um die konkrete Begegnung mit der Enge des Bewußtseins. Die Genannten sind keine Alltagstypen. Ihre Kräfte können nicht geleugnet, bestenfalls heruntergespielt werden. Sie haben esoterisches Wissen auf ihre Fahnen geschrieben, okkulte Fähigkeiten entfaltet, Seltsames getan und noch Seltsameres verkündet. Ihr Leben ist bekannt und gibt Anlaß zu Staunen, wie zur Empörung. Sie waren – wenn man völlig objektiv sein will – weder gut noch böse, sondern *anders*. Ebenso fremdartig ist das Gedankengut, das sie vertraten. Es stammt aus Quellen, auf deren Grund man nicht zu schauen vermag. Geht man mit dem Handwerkszeug des Naturwissenschaftlers an all das heran, lassen sich krause Theorien zusammenbasteln.

Mit der wohl umfassendsten und in sich kohärentesten – jener von den »Meistern der Welt« – haben wir Bekanntschaft gemacht. Andere ließen sich in beliebiger Menge errichten, doch wozu?

Wir würden uns nur im Kreise bewegen, vergleichbar mit einem Hund, der sich dreht, um seine Schwanzspitze zu fassen. Wer die Esoterik »fassen« will, wird immer daneben greifen. Akzeptieren ist das

Schlüsselwort. Erkenntnis zu erzwingen ist ebenso unmöglich, wie sich auf Entspannung zu konzentrieren.

Auf Einsicht stößt man im wahrsten Sinne des Wortes. In unseren Tagen ist der Begriff »Chaos-Physik« in vieler Munde, der wie ein Widerspruch in sich selbst wirkt (was er semantisch gesehen auch ist).

Basierend auf den »fraktalen Gleichungen« und »Attraktoren« des Physikers Benoit Mandelbrot sowie auf anderen mathematischen Absonderlichkeiten, bei denen – wie nicht anders zu erwarten – Computer die führende Rolle spielen, zeigte sich eine tiefliegende Ordnung, mit der niemand gerechnet hatte. Löst man im Zuge spezieller Prozesse Strukturen in immer kleinere Bestandteile auf, so zeigt sich in der Computersimulation nach längeren Zwischenphasen wilder Unordnung plötzlich Harmonie. Die Mini-mini-mini-Strukturen sehen plötzlich aus wie die große Ausgangsstruktur.

In seinem Science-fiction-Roman »Contact« setzt der Wissenschaftler und Autor Carl Sagan »die Signatur des Künstlers« als Schlußgag. Diese Signatur besteht im unerwarteten Auftreten von Ordnung an der zillionsten Stelle der geheimnisumwitterten und niemals zu Ende zu berechnenden Zahl *Pi*.

Klingt irgendwie esoterisch, der Roman und die »nüchterne«, chaos-physikalische Wirklichkeit, oder?

Damit hat sich in gewisser Weise der Kreis geschlossen, sind wir wieder einige Schritte weitergekommen. Es präsentiert sich nach wie vor kein einheitliches Bild, doch das war von Beginn an nicht zu erwarten. Die Puzzlesteine sind zu verschieden und ihr Zusammenhang ist ein vager. Und doch schimmert immer und überall ein verbindendes Element durch: der menschliche Geist.

Er bedient sich der Astrologie und der Radiästhesie, befragt Orakel und deutet die Sprache der Symbolik, um sich mit jenem universellen Informationsozean »kurzzuschließen«, über dessen Natur wir im vierten Teil »Esoterik im Spiegel der Wissenschaft« spekulieren wollen.

Doch das ist scheinbar nur der Anfang, besser gesagt, ein Anfang. Arbeitet man entschlossen – und lange – genug an der Erweiterung des eigenen Bewußtseins, Weltbildes, Horizonts (die Ansatzpunkte können verschieden sein), so zeigt sich in den meisten Fällen Wirkung. Eine Reihe von psychologischen, meditativen und neuerdings durch sogenannte »Mind Machines« gestützte Techniken demonstrieren es. Nicht ganz so klar sind die zu erwartenden Ergebnsse, wenn der Suchende den Weg der Esoterik wählt.

Klar ist nur: irgend etwas geschieht.

Welcher Art diese Erkenntnisse, Transformationen oder Weiterentwicklungen sind, wird wohl durch eine Vielzahl von Faktoren bestimmt: Innere Einstellung, persönliche Reife, Wahl der esoterischen Richtung etc. Am Ende der Suche (wenn sie je ein Ende nimmt) steht ein großes Fragezeichen. Für den Esoteriker selbst mag es immer kleiner und kleiner werden, und vielleicht sogar ganz verschwinden – für alle anderen bleibt es bestehen.

Weder Aleister Crowley noch Cagliostro können sich für eine Aufnahme ins große Buch der Wohltäter, Heiligen und Weltverbesserer qualifizieren. Eines läßt sich jedoch nicht bestreiten: sie sind auf etwas gestoßen, das sie verändert hat.

Bei allen esoterischen Techniken und Methoden wird offenbar, daß die Esoterik den Esoteriker verändert. Die Begegnung mit berühmten Magiern/Okkultisten/Übermenschen hat gezeigt, daß die Veränderung sehr ausgeprägt, sehr weitgehend und sehr exotisch sein kann. Wer sich dessen bewußt ist, dem verschließt sich keine der vielfältigen Kammern der Esoterik.

Welche davon Aleister Crowley oder der Graf von Saint-Germain geöffnet haben, wissen wir nicht. Auch wird ihre »esoterische Erscheinungsform« sicher nicht die einzig mögliche sein. Und – noch sicherer – keine endgültige. Die Esoterik selbst unterscheidet zwischen Initiierten und Mystikern.

Die Initiation ist ein abgründiger, absolut intimer Prozeß, eine graduelle, viel Zeit beanspruchende Umwandlung von Geist und Körper. Sie führt zum intuitiven Verständnis der Mysterien und zum Erwerb höherer Eigenschaften (einschließlich universeller Weltsicht und Unsterblichkeit). Nach außen manifestiert sie sich kaum. Innere Erleuchtung und Distanz sind ihre Eckpfeiler. Der Initiierte kontrolliert und beherrscht die Kräfte, deren Sklave der Mystiker ist. Initiierte können von niemandem erkannt werden, nur von anderen Initiierten. Mystiker hingegen sind theatralisch, stellen ihre Kräfte zur Schau, erleiden Ekstasen und rufen heftige Reaktionen in ihrer Umgebung wie auch bei der Nachwelt hervor. Mystiker machen die Symptome der großen Geheimnisse sichtbar, denen sich die Initiierten in langer Askese und Selbstbemeisterung genähert haben (und die sie weiter geheimhalten). Wenn wir diese Zäsur akzeptieren – und es wird uns kaum anderes übrigbleiben –, wird klar, daß selbst die großen esoterischen Persönlichkeiten nur *eine* Seite repräsentieren. Doch bereits diese ist faszinierend und vielgestaltig. Gleichzeitig werden Grenzen erkennbar.

Jenseits des Mystizismus blicken zu wollen, verspricht soviel Erfolg wie der Versuch nachzusehen, was hinter dem Ende des Universums (der sogenannten »roten Grenze«) ist. Die Naturwissenschaft macht diesen Versuch gar nicht erst, sondern wählt den deduktiven Weg der Auseinandersetzung mit den Gesetzen innerhalb unseres Kosmos. Hat man diese einmal durchschaut, so findet man vielleicht Fingerzeige, wie es jenseits des Bekannten weitergehen könnte. So sollte man sich auch der Esoterik nähern. Sie bietet unserem Geist ein breites Spektrum an Hilfsmitteln, um neue Zusammenhänge zu erkennen.

Teil II

Weltverständnis durch Esoterik

Die nichtstoffliche Wirklichkeit

Im Herbst des Jahres 1966 lud die Astronomische Gesellschaft der Universität Cambridge, England, zu einem astrophysikalischen Vortrag besonderer Art ein. Der Referent, ein Mr. John Bradbury aus Ashton-under-Lyne, sprach über eine revolutionierend-neue Kosmologie. Obgleich im Hauptberuf Fußpfleger, war er in der Lage, die Ausbeute seiner jahrelangen wissenschaftlichen Studien durch eine komplette – ebenfalls neuartige – mathematische Theorie zu untermauern. Er hatte auch ein Spezialteleskop konstruiert, mit dessen Hilfe das von ihm Entdeckte sichtbar wurde, wenn auch nicht ganz problemlos.

Vor einem Auditorium durchaus aufmerksamer Astronomen entrollte der Vortragende über eine Stunde lang das Bild eines Universums, das von Metallerz umhüllt ist und auch sonst nicht ganz den orthodoxen Vorstellungen entspricht. Beispielsweise gliedert sich das Weltall in Vakuum, Semi-Vakuum und Subsemi-Vakuum, der Mond ist von der Erde nur 330 Kilometer entfernt und zudem von einer Schicht Schwefelplastik umhüllt, während die Form von Erde und Mond nicht einer abgeplatteten Kugel, sondern einer Konvexlinse ähnelt. Auf die eher kühle Sonne stößt man bereits nach 600 Kilometern und ihre Strahlen sind nicht so schnell wie das Licht (immerhin 300 000 km/sec.), sondern bewegen sich mit unendlicher Geschwindigkeit. Licht hat – so John Bradbury – nur eine Farbe, nämlich Grün, in der alle anderen enthalten sind und ist *per definitionem* »erleuchtete Dunkelheit«. Dies sind nur sehr bruchstückhaft die Grundzüge der Bradbury-Kosmogonie.

Der renommierte englische Astronom, Astrophysiker, Planetologe und Mond-Fachmann Patrick Moore war unter den Zuhörern. In seinem Buch »Can You speak Venusian?«, das Professor Moore den sogenannten »Independent Thinkers« (Unabhängigen Denkern) gewidmet hat – jenen Menschen, die unbeirrbar unkonventionelle Wege beschreiten – berichtet er über diesen denkwürdigen Abend.

Er konnte sich eines Respektes für Bradburys kühne und allen Lehrmeinungen zuwiderlaufenden Gedankengänge nicht erwehren. Auch seine Kollegen honorierten die ungeheure Denkarbeit, die der Vortragende in seinen Ausführungen und der anschließenden Diskussion bewies, mit ehrlichem, lang anhaltendem Applaus.

Von dem späteren persönlichen Gespräch mit dem »unabhängigen Denker« Bradbury war Patrick Moore ebenfalls durchaus angetan. Dem tat auch die Exotik des Themas keinen Abbruch. Der Astronom und der Fußpfleger hatten nämlich offensichtlich ein Band gemeinsam, das viel zu selten Fachleute gleicher Disziplin verbindet: Mut zum grenzüberschreitenden Denken.

Klarerweise konnte Patrik Moore John Bradburys Ideen nicht annehmen. Was er jedoch akzeptieren konnte, war die gigantische und – subjektiv gesehen – absolut ernsthafte Forschung seines Gesprächspartners. John Bradbury war ohne Zweifel ein echter Pionier. Ein Mann, der nie behauptete, alle Welt (zumindest die wissenschaftliche) habe sich durch Nichtanerkennung gegen ihn verschworen. Statt dessen feilte er an seinen Theorien, konstruierte geduldig Teleskope, Speziallinsen und anderes und vertraute der Zukunft. Im Herzen ein wahrer Wissenschaftler, wenn auch kein orthodoxer, erläutert Mr. Bradbury ebenso ausführlich wie schlüssig sein Konzept in Vorträgen an Universitäten, in Radiosendungen und bei TV-Auftritten. Er ignoriert die neuesten Erkenntnisse der Naturwissenschaft keineswegs, sondern inkorporiert sie in sein Weltbild – wenn auch unter einem anderen Blickwinkel. Die drei Jahre nach besagtem Vortrag erfolgte Mondlandung konnte ihn nicht schwankend machen. Für ihn besteht der Mond nach wie vor aus Kohle und schwebt 330 Kilometer über der Erde, bedeckt von einer Schwefelplastikhülle. Im Gegensatz zu »Spinnern« – von welchen Patrik Moore die »unabhängigen Denker« dezidiert abgrenzt –, kann John Bradbury sein Festhalten auch begründen: Die Apollo-Mondmission wurde von den äußeren Magnetkräften seitlich abgeleitet und landete schließlich in Tibet, und zwar in einer Region mit extrem dünner Luft. Die Rückreise verlief auf demselben Umweg. Anders konnte es nicht sein, denn bei einem verbissenen Weiterfliegen in die ursprüngliche Richtung wäre die Apollo-Rakete zuerst auf eine Schicht flüssiger Luft gestoßen, hätte sich in der Folge ins Sub-semi-Vakuum durcharbeiten müssen und wäre sodann durch das reine Vakuum geschossen, um an der Metallerzschale des Kosmos zu zerschellen.

In seinem Vorwort zu jenem Buch über unabhängige Denker und (von der klassischen Wissenschaft) unabhängige Denkgebäude, distanziert sich Patrick Moore verständlicherweise von den meisten Inhalten. Er kann sich weder mit einer scheibenförmigen Erde anfreunden noch mit der Vorstellung wilder Planetenkollisionen in der jüngsten Vergangenheit unseres Sonnensystems. Seine Hoffnungen auf die Erfindung eines »Perpetuum mobile« sind gering und von der Methode, Erdbeben durch Spaltung des Mondes zu verhindern, hält er nicht viel.

Wovon er jedoch sehr viel hält, ist das Infragestellen von Überkommenem. Die Grenzen zwischen »Erwiesenem« und reiner Spekulation sind nämlich fließend. Und sehr, sehr schwer zu ziehen. »Gesichertes Wissen« erweist sich oft genug als reine Schlußfolgerung.

Gut, wir können das Licht ferner Galaxien analysieren, spektrographisch feststellen, woraus Gaswolken am Rand des Universums (ein strittiger Terminus an sich) sind, und Proben von Mond, Erde und Venus analysieren. Raumsonden senden Informationen von den äußeren Planeten unseres Sonnensystems und Computer »verstärken« sie zu Sinnvollem.

Damit sind wir auch schon unversehens auf trügerischem Grund. Über das Make-up des Universums, dem wir auf diese und andere Weise nachspüren, ist nichts Endgültiges bekannt, und über das Bekannte herrschen geteilte Ansichten. Fast täglich muß »Gesichertes« über Bord geworfen werden.

Bis vor wenigen Jahren glaubte man, Sterne würden aus Wasserstoffgas kondensieren. Computersimulationen zeigen jedoch, daß bei dem angenommenen Verdichtungsprozeß keine Hydrogenkugel entsteht, die unter ihrem eigenen Massedruck zu brennen beginnt, also ein Stern wird, sondern ein Torus, ein ringförmiges Gebilde.

1989 machten Astrophysiker die peinliche Entdeckung, daß selbst der Ursprung der Elemente nicht so war, wie bisher angenommen. Man vermutete bislang – nein, es war bereits ein Dogma –, die gesamte Palette der Elemente würde im Schmelzofen von Novaen herausgebacken und durch Supernovas im All ausgestreut. Bekanntlich sind lebenstragende Planeten wie unserer davon durchtränkt, andernfalls gäbe es weder Viren noch Nobelpreisträger. Seit kurzem weiß man: ganz so kann es nicht sein. Um die Theorie am Leben zu erhalten, müßten nämlich sechzig mal soviel Sonnen laufend explodieren, als tatsächlich der Fall ist.

Da es uns nun einmal gibt, zimmert man an einer neuen Erklärung für diese irritierende Tatsache.

Eine solche existiert auch bereits. Ihr steht noch der Test in der Praxis bevor. Ein Test, den nur ganz wenige Hypothesen wirklich bestehen können, denn wie sagte schon Einstein sinngemäß: »Millionen Versuche können die Relativitätstheorie nicht absolut beweisen, *einer* aber kann sie schon morgen widerlegen.«

Die Unbeweisbarkeit von allem und jedem ist nämlich die ultimate Crux. *Unmittelbar beweisen* läßt sich weder das Kreisen der Erde um die Sonne noch die Existenz der Welt überhaupt. Wer das bezweifelt, möge versuchen, die Philosophie des Solipsismus zu widerlegen, der davon ausgeht, das Universum existierte nur im eigenen Kopf.

Das war demagogisch, zugegeben, wenn auch nicht so demagogisch, wie es sich anhört. Selbst erzkonservative Physiker werden sofort der Behauptung zustimmen, daß wir über den gegenwärtigen Zustand des Universums nichts Genaues wissen können. Ein völlig logisches Zugeständnis. Immerhin erhalten wir unsere diesbezüglichen Informationen übermittelt. Der Transport ist – wenn wir den »kosmischen Kitt« einmal ignorieren, da er mit Informationsübertragung nichts zu tun hat – maximal lichtschnell. Im alltäglichen Leben spielt eine Verzögerung von Mikro- oder Nanosekunden keine Rolle. Das Bild unseres Mondes ist jedoch immer schon ca. 1,5 Sekunden »alt«, das der Sonne acht Minuten und ferne Milchstraßensysteme präsentieren sich uns, wie sie vor Millionen oder Milliarden von Jahren waren. Ein Blick in Weltraumtiefen ist automatisch ein solcher in ferne und fernste Vergangenheit – bis hin zu jener Frühphase des Universums, als es für Lichtwellen noch undurchdringlich war. Womit jeder Einblick enden muß.

Mit einem Wort: Wir haben nicht die geringste Ahnung, was *jetzt* zum Beispiel im Andromedanebel in zwei Millionen Lichtjahren Entfernung vor sich geht beziehungsweise ob er überhaupt noch existiert. Würde unsere Sonne explodieren, könnten wir uns noch acht Minuten an ihrem Schein laben, ehe die Erde zum ausgeglühten Schlackenhaufen wird (keine Sorge: man rechnet mit solchem erst etwa in fünf Milliarden Jahren).

Trotz dieser Unsicherheit kann man natürlich davon ausgehen, daß der Kosmos im Prinzip so ist, wie man es erwartet, daß er sein Verhalten nicht über Nacht radikal ändert und daß seine Gesetze überall Geltung haben. Das Problem ist nur: Wir kennen sehr wenige dieser Gesetze, und die bekannten sind immer für Überraschungen gut.

Soll man nun das Kind mit dem Bade ausgießen und alles umkrempeln? Dies ist der Weg der »unabhängigen Denker«. Sie kehren zu den absoluten Wurzeln zurück, manchmal bis *vor* den Big Bang (Urknall), sofern sie ihn überhaupt anerkennen, bezweifeln *alles* und beginnen neu. Dadurch können sie mit konventioneller Argumentation kaum widerlegt werden, wie Patrick Moore in seinem Buch zugibt.

Wem soll man also in letzter Konsequenz glauben? Dem »approbierten« Experten? Das würde bedeuten:

- daß die Marsmonde künstliche Gebilde sind, wie der führende russische Astronom Dr. Iosif Shklovskij meinte;
- daß die herkömmliche Biologie und Genetik zum alten Eisen gehört, so der sowjetische Chefbiologe Trofim Denissowitsch Lyssenko (seine wirren Ideen über Vererbung und Veränderung von Arten beherrschten die russische Biologie von den dreißiger Jahren bis zum Sturz Chruschtschows 1964, verursachten ein Agrardesaster nach dem anderen und warfen die Landwirtschaft der UdSSR um Jahre zurück), oder
- daß die Kernverschmelzung der Sonne auf dem heimischen Herd bewerkstelligt werden kann (um einen weiteren Flop aus westlichen Gefilden anzuführen).

Diesen und anderen wissenschaftlichen Schiffbrüchen steht ein ungeheurer Berg an Erkenntnissen gegenüber, die auch in der Praxis ihren Mann stehen. Vom Flaschenzug bis zum Transistor . . .

Und wie verhält es sich mit den genial-intuitiven Laien? Natürlich stützt wenig die Existenz einer scheibenförmigen Erde oder die Gültigkeit der Übersetzungen von Shakespearetexten in »Venusisch« und »Plutonisch«, mit denen ein Mr. Bernard Byron aus Romford, England, aufwartet. Andererseits

- gelang dem Laien und Gymnasiallehrer Georg Friedrich Grotefend die Entzifferung der Keilschrift, an der Legionen von Fachleuten verzweifelt waren;
- entdeckte der Amateur Hapgood die Kontinentalverschiebung und der Dilletant Boucher de Perthes die Altsteinkultur.

Auch hier läßt sich eine beeindruckende Liste zusammenstellen, wahrscheinlich angeführt von dem Paradenichtfachmann und Trojaentdekker, dem deutschen Kaufmann Heinrich Schliemann.

Eine Pattstellung?

Nur, wenn man darauf besteht, Scheuklappen zu tragen. Tatsache (in diesem Zusammenhang ein deplaziert wirkendes Wort) ist, daß wir die Entstehung des Universums und des Lebens, das Wesen der Zeit, die Natur der Gravitation, das Verhalten von Elementarteilchen, ja sogar den Ablauf unserer eigenen Geschichte nicht verstehen. Wo immer wir auch entschlossen zu graben beginnen, stoßen wir im Endeffekt auf ein Buch mit sieben Siegeln. Es ist zwar zu bezweifeln, daß »unabhängige Denker« im Regelfall tiefer in die Geheimnisse aller Dinge eindringen als die Forscher in weißen Laborkitteln und die Mathematiker hinter den Computerkonsolen, doch sollte man sich davor hüten, phantastisch mit absurd gleichzusetzen.

Wir alle wissen, wie absurd die Vorstellung einer nicht um die Erde kreisenden Sonne Jahrhunderte lang galt und welches Ansehen das Modell eines riesigen »Uhrwerkuniversums« eine ebenfalls beachtliche Zeit hindurch genoß. Beides war logisch, einsichtig, in Übereinstimmung mit allen Beobachtungen – und falsch.

Dieses Dilemma ist wohlbekannt. Auch in der wissenschaftlichen Gemeinde werden Auswege gesucht und angeboten. Der Wissenschaftsphilosoph Paul K. Feyerabend – einer der radikalsten Kritiker seines früheren Lehrers Sir Karl Popper – hat ein »dadaistisches« Modell der Erkenntnistheorie entwickelt. Er unterscheidet, simpel, aber bestechend, zwischen zwei Vorgangsweisen: erstens logisch einwandfrei und zweitens brauchbar. Auf die Frage nach der »richtigen« naturwissenschaftlichen Forschungsmethodologie brachte er seine Erkenntnis mit folgender Antwort auf den Punkt: »Anything goes.«

Diese Betrachtungsweise führte vor Quantenunschärfe und Beobachterparadoxen eine humanistische Weltsicht in die kühl-abstrakte Wissenschaft ein.

»Wissenschaft an sich gibt es nicht«, dies war seine Überzeugung, »sie ist nur ein Aspekt der Gesamtwirklichkeit des Menschen.«

Ein großes Wort gelassen ausgesprochen, ist man versucht zu sagen. Die »Gesamtwirklichkeit« geisterte immer schon in den Köpfen von Denkern, Dichtern und Philosophen herum. Die Wissenschaftler glaubten sie – speziell im 19. Jahrhundert – zum Greifen nahe, nur um im 20. Jahrhundert zu erkennen, daß derartiges nicht möglich war. Eine bittere Erkenntnis und unakzeptierbar für viele. Oder, wie es der Wissenschaftstheoretiker Thomas S. Kuhn kurz und bündig ausdrückte: ». . . Die Gegner von neuen Paradigmen werden nicht überzeugt, sondern sie sterben aus . . .«

Heute sind sie mehr oder weniger ausgestorben. Neben der bizarren Feststellung der neuen Physik, daß Unbeobachtetes *de facto* auch nicht existiert, werden weitere subjektive Komponenten als Bestandteile der wissenschaftlichen Fortentwicklung anerkannt. Eine Hypothese beinhaltet also selbst dann soziale, psychologische, ethnische, ökonomische, religiöse, soziale und irrationale Anteile, wenn sie die Häufigkeit von Antimaterie im All beschreibt.

Diese Einsicht hilft zwar dabei, die Kluft zwischen Geisteswissenschaft und Naturwissenschaft zu schließen, macht aber die »Gesamtwirklichkeit« nicht faßbarer. Wer sie mit stofflichen Mitteln bestürmt, dem wird sie wohl auch nur ihren stofflichen Bereich enthüllen, und der ist nur ein bescheidener Ausschnitt des unerforschlichen Ganzen.

Es gibt ganz offensichtlich eine weit größere, nichtstoffliche Realität, die auch den klassischen energetischen Bereich der Materiewellen, des elektromagnetischen Spektrums und aller anderen Arten von Strahlung hinter sich läßt. Man muß nur auf sie zugehen . . .

Während die Naturwissenschaft mit bewundernswerter Selbstverleugnung versucht, über ihren eigenen materialistischen Schatten zu springen und kosmologische Modelle von metaphysisch-mystischer Verschwommenheit am Fließband produziert (wir werden diese später noch näher kennenlernen), erforderte das esoterische Weltverständnis von alters her weder krampfhafte Gehirnakrobatik noch intellektuelle Selbstkastration.

Für die Weisen in Ost und West war der Kosmos niemals eine riesige Uhr, sondern eher ein allumfassender Gedanke. Sie schlugen sich kaum mit der Entweder-oder-Problematik herum, hatten keinen Zweifel am Sinn des Daseins, so grausam und blutig es auch sein mochte und fürchteten weder das endgültige »Aus« nach dem Niedergang der stofflichen Hülle noch jene grenzenlose Verlassenheit des *Homo sapiens* in einem grenzenlosen und grenzenlos feindlichen Universum, die Naturwissenschaftler gelegentlich empfinden.

Warum sich einsam fühlen, dem Großen Nichts entgegenzittern, an der Bestialität der Menschheit verzweifeln und über die Unlösbarkeit der »letzten Fragen« resignieren, wenn doch all das nur *einem* Bereich unserer Existenz zugeordnet werden muß?

Dem *stofflichen* Bereich. Ihm sind wir üblicherweise so sehr verhaftet, daß wir nichts erkennen können, was jenseits seiner engen Grenzen liegt. Mehr noch: Wir werden von der Gesellschaft durch unsere Erziehung zum »praktischen Leben« und zum »gesunden Menschenverstand« (was immer das im Endeffekt auch sein mag, einschließlich Verbrecherverhätschelung und Rassenwahn) zum Wegschauen konditioniert. Ein bissiger Scherz über die Psychotherapie lautet: »Ein Psychiater bringt den Patienten dazu, Dinge nicht zu sehen, die sehr wohl da sind.« Im Bezug auf esoterische Weltsicht sind die meisten (besonders die »aufgeklärten«) Menschen Patienten.

Dabei gibt es genug zu sehen, wenn man sich traut. Das meiste davon ist weit sinnvoller und tröstlicher als die eisige Sinnlosigkeit der materiell-materialistischen Welt mit ihrer sogenannten Vernunft und ihrem absehbaren Ende ...

Das Leben endet nie

Als der englische Geschäftsmann Ernest Dyer seinen Partner Eric Tombe im Jahr 1922 in dem Rennstall heimtückisch ermordete, den sie gemeinsam betrieben, fühlte er sich absolut sicher. Es gab keine Zeugen. Weder für die Bluttat, noch für das Verschwindenlassen der Leiche. Dyer hatte seinen Expartner in einer von vier Senkgruben auf dem Gestüt in Kenley zur letzten Ruhe gebettet. Eine große Steinplatte verschloß die grausige Grabstätte.

In aller Ruhe übersiedelte der Mörder wenig später nach Scarborough, wo er seinen Lebensunterhalt mit dem Ausstellen gefälschter Schecks bestritt. Diese Tätigkeit blieb nicht unentdeckt. Eines Tages klopfte die Polizei an Dyers Wohnungstüre, um ihn mit einem seiner gefälschten Zahlungsmittel zu konfrontieren. Der Betrüger verfügte offensichtlich nicht über das solide Nervenkostüm, das Mörder dringend benötigen, denn er erschoß sich, ehe die Beamten zu Wort kamen. Offenbar glaubte er, sein Verbrechen in Kenley wäre entdeckt worden. Das Verbrechen war in der Tat entdeckt worden, doch unter so seltsamen Umständen, daß er wahrscheinlich bei einiger Selbstkontrolle niemals vor Gericht gekommen wäre. Kurz nach dem Tod von Eric Tombe begann seine Mutter zu träumen, ihr Sohn sei nicht mehr am Leben und sein Körper läge in einer Grube, eine Steinplatte über dem Gesicht, genauer gesagt, über dem Mund. Sie hatte seit längerer Zeit keinen Kontakt mit Eric, wußte weder, wo er sich die letzten Jahre aufgehalten hatte, noch daß er – zusammen mit einem Partner – ins Pferdegeschäft eingestiegen war.

Von seiner Frau dazu gedrängt, machte sich Erics Vater auf die Suche nach dem Sohn. Er stieß schließlich auf das Gestüt in Kenley, wo die Spur endete. Nun schalteten die Tombes die Behörden ein. Was die Polizei von geträumten Verbrechen hält, bedarf keiner weiteren Erörterung. Trotzdem wurde schließlich das Gebiet der Pferdezucht abgesucht, wahrscheinlich primär, um endlich vor den »hysterischen Eltern« Ruhe zu haben. Dabei fand man die Leiche.

Es ist müßig, darüber zu spekulieren, wie der Fall juristisch weitergegangen wäre, wenn der Täter nicht in Panik gehandelt hätte. Eine andere Spekulation, korrekter Frage, ist allerdings nicht müßig. Sie lautet: Wie *konnte* Tombes Mutter *nach* dem Mord davon träumen?

Selbst wenn man die Zeitverzögerung ignoriert beziehungsweise davon ausgeht, die Information hätte in Mrs. Tombes Unterbewußtsein eben einige Tage geschlummert, so kann es sich dennoch nicht um eine telepathische Verbindung zwischen dem sterbenden Sohn und seiner Mutter gehandelt haben.

Eric Tombe war nämlich von hinten mit einem Schrotgewehr getötet worden. Er hatte seinen Partner – und Mörder – auf keinen Fall sehen können und der Tod erfolgte so schlagartig, wie dies bei einem Wegschießen des Hinterkopfes unvermeidlich ist.

Woher also kam die Information?

Damals konnte diese Frage unter den Teppich gekehrt werden. Der Täter hatte sich selbst gerichtet, was wollte man noch? Die Vorstellung, einen Traum als Beweis bei einem Mordprozeß anzubieten, hätte jeder Staatsanwalt als persönliche Beleidigung zurückgewiesen.

Manchmal lassen sich aber selbst solche Peinlichkeiten nicht umgehen.

1979 standen Richter und Geschworene im amerikanischen Bundesstaat Illinois vor der heiklen Aufgabe, die Zeugenaussage eines Geistes zu bewerten. Der Verteidiger erhob prompt Einspruch mit der Begründung, daß Geister nicht vertrauenswürdig seien, doch Richter Frank W. Barbero wies den Einspruch ab.

Die Geschworenen fühlten sich verständlicherweise überfordert. Es kam zu keinem Spruch und der Fall mußte neu verhandelt werden. Beim zweiten Anlauf wurde der Angeklagte Allan Showery schuldig gesprochen.

Die bizarren Begleitumstände dieses Vorganges, der in der an Präzedenzfällen reichen US-Justizgeschichte keinen Vorgänger hat, sind im Gerichtsakt festgehalten. Am 21. Februar 1977 war die achtundvierzig Jahre alte Krankenschwester philippinischer Herkunft, Teresita Basa, in ihrem Apartment in Evanston, Illinois, brutal ermordet worden. Der Täter, ein Einrecher, hatte sie mit einem Judogriff bewußtlos gemacht, entkleidet und mit solcher Wucht erstochen, daß das Messer buchstäblich durch sie durch ging. Danach brachte er die Leiche in eine Position, die auf Vergewaltigung schließen ließ und steckte die Wohnung in Brand, um die Nachforschungen noch mehr zu erschweren.

Dies war ihm auch gelungen, die Polizei tappte im Dunklen.

Zwei Wochen später bemerkte eine von Teresitas Exkolleginnen im Edgewater Hospital, wo ihre Arbeitsstätte war, zu der Atemtherapeutin Remy Chua: »Teresita muß sich im Grab umdrehen. Es ist ein Jammer, daß sie der Polizei nicht sagen kann, wer es getan hat.«

Chua, gleichfalls eine Philippina, antwortete völlig ernsthaft: »Sie kann in meine Träume kommen. Ich fürchte mich nicht.«

Diese Aussage wurde wenige Tage später auf die Probe gestellt. Remy Chua begann von Teresita zu träumen. Eines nachts hörte ihr Mann, wie Remy im Schlaf mit einer fremdartigen Stimme sagte: »Ich bin Teresita Basa. Ich möchte die Polizei informieren . . .«

Diese Worte, an die sich die Therapeutin nach ihrem Erwachen nicht erinnern konnte, waren in »Tagalog« gesprochen worden, der Eingeborenensprache der Philippinen. Das Ehepaar war verwirrt und beschloß, nichts darüber verlauten zu lassen.

Zwei Wochen später kam »Teresita« wieder und nannte durch Remy Chuas Mund ihren Mörder beim Namen: »Allan«.

Nach einigen weiteren Tagen wurde sie ausführlicher. Es blieb nicht beim Vornamen, und der »Geist« erzählte den genauen Tathergang: Allan »Al« Showery hatte sich bei ihr unter dem Vorwand eingeschlichen, das Fernsehgerät zu reparieren. Was er wirklich wollte, war ihr Schmuck, den er seiner Freundin schenken wollte. Was er nach dem Mord auch getan hatte. Teresita nannte sogar die Telefonnummer von Personen, welche die Schmuckstücke identifizieren würden.

All das war für die Chuas zuviel. Sie verständigten die Polizei. Dort stießen sie auf wenig Gegenliebe. Nach einigen Tagen rafften sich die Beamten jedoch mangels irgendeiner brauchbaren Spur dazu auf, Allan Showery zu befragen. Er gab an, Teresita die Reparatur ihres Fernsehers versprochen, dann jedoch vergessen zu haben. Showerys Freundin sagte aus, er hätte ihr als »verspätetes Weihnachtsgeschenk« einen Ring gegeben.

Ins Rollen kam die Angelegenheit jedoch durch die im Traum genannte Telefonnummer. Sie gehörte Verwandten der Ermordeten, die den Ring und andere Schmuckstücke identifizieren konnten. Angesichts dieser ebenso eindeutigen wie unerklärlichen Beweise brach Showery zusammen und gestand.

So kam es zur ersten »spirituellen Zeugenaussage« in der Justizgeschichte der Vereinigten Staaten von Amerika.

Nachdem die Gefängnistore sich hinter Allan »Al« Showery geschlossen hatten, wurde unverzüglich der Mantel des Vergessens über diesen irritierenden Kriminalfall gebreitet.

Eine bewährte Vorgehensweise bei allen Hinweisen auf Unerklärliches. Sie scheint um so dringender geboten, je schwieriger es ist, das Rätselhafte als Hirngespinst abzutun.

Der Architekt, Archäologe und Fachmann für gotische Gebäude, Frederick Bond, gehört zu jenen, die diesen automatischen Schutzmechanismus am eigenen Leib erleben mußten. Im Jahr 1907 wurde er mit der ebenso ehrenvollen wie unlösbaren Aufgabe betraut, die Überreste der Abtei von Glastonbury in Somerset, Westengland, ans Tageslicht zu befördern.

Unlösbar deswegen, weil die im 5. Jahrhundert vom heiligen Patrick gegründete Abtei so gut wie vom Erdboden verschwunden war. Einen Großteil der ursprünglichen Gebäude hatten die Soldaten Heinrichs VIII. vollständig zerstört und was noch verblieb, war Kriegen und Wetterkatastrophen zum Opfer gefallen. Der damals 43jährige Gelehrte Bond hatte weder die geringsten Hinweise, wie die Abtei aussah, ehe Heinrich VIII. befahl, die für ihre wunderbare Ausgestaltung und architektonische Schönheit weithin berühmten Gebäude zu schleifen noch ausreichende Mittel, um einen halben Landstrich umgraben zu lassen.

Er stand schlichtweg auf verlorenem Posten. Zu wenig Information, zu wenig Zeit, zu wenig Geld.

Jeder andere Experte hätte aufgegeben, Frederick Bond jedoch setzte auf die »esoterische Karte«. Er suchte einen Freund und Okkultisten namens John Bartlett auf. Dieser war ein Schreibmedium. In einer Seance in Fredrick Bonds Büro im November 1907, stellte Bartlett Kontakt mit dem Mönch John Bryant her, der im 16. Jahrhundert gelebt hatte.

Er sprach im Namen einer Gruppe astraler Bewahrer der Abtei, die sich »Gesellschaft von Avalon« nannte. Dazu muß gesagt werden, daß Avalon, das Heiligtum der keltischen Druiden, nach der Legende nahe Glastonbury liegt und daß Joseph von Arimanthia den Heiligen Gral dorthin gebracht haben soll. Durch die Hand Bartletts zeichnete der tote Mönch den Grundriß der vernichteten Abtei in allen Einzelheiten. Obgleich die Pläne äußerst präzise waren, konnte sich Frederick Bond nicht gleich damit anfreunden, da sie seinem Fachwissen über alte Klöster zuwiderliefen – und auch allem, was bis dato bekannt war.

Trotzdem entschloß er sich zum Sprung ins kalte Wasser. Mit seinem Budget- und Zeitrahmen war es im Grund gleichgültig, wo er nichts fand. Er wies die Arbeitscrew an, nach den unorthodoxen Plänen zu graben.

In der ersten Woche fanden sie, was niemand zu finden für möglich gehalten hatte: Grundmauern von Kapellen, Wänden, Türmen, Torbögen und Stücke von buntem Glas. Der Ruf von Frederick Bond stieg in schwindelnde Höhen, als die verschollene Glastonbury-Abtei Stück für Stück wiederzuerstehen begann. Da er sich keine Illusionen machte, wie die offiziellen Stellen und seine Kollegen der wissenschaftlichen Gemeinde reagieren würden, wenn er die Quelle seines unglaublichen Erfolgs enthüllte, sprach er ausweichend von Know-how, Intuition und Glück.

Zehn Jahre später fühlte er sich sicher genug, um die Wahrheit kundzutun. Er irrte, denn es gibt nun einmal keine *ausreichenden* Beweise für das ». . . was nicht sein kann, weil es nicht sein darf . . .«

In dem Buch »The Gate of Remembrance« (Das Tor der Erinnerung) verriet er, welche Informationen die Schaufeln seines archäologischen Teams geleitet hatten.

Danach hätte nicht einmal der sprichwörtliche Hund einen Knochen von ihm genommen. Sein Ruf war vernichtet, die Leitung über jede Art von Ausgrabungen wurde ihm entzogen, seine Mittel versiegten und sein Gehalt betrug nur noch zehn Pfund die Woche.

Als sich die Aufregung 1922 endlich völlig gelegt hatte, wurde der letzte Strich durch die kaum mehr vorhandenen Überreste von Bonds Karriere gezogen: Die Gesellschaft für die Erforschung und Restauration der Glastonbury-Abtei löste sich heimlich still und leise auf, verbunden mit dem Verbot für Frederick Bond, jemals wieder auch nur einen Fuß auf das Gelände der Abtei zu setzen, die ohne ihn kein Mensch je wieder zu Gesicht bekommen hätte. Der Architekt und Archäologe Bond ging nach Amerika, wo er die letzten zwanzig Jahre seines Lebens verbittert verbrachte. Hätte er sich selbst im Rampenlicht belassen, stünde sein Name heute noch in goldenen Lettern in den Annalen der Archäologie.

Über die störende Tatsache, daß Bond den Beweis seiner Behauptungen buchstäblich ausgegraben hat, wird nicht weiter diskutiert.

Zu diskutieren wäre jedoch noch mehr. Beispielsweise die vielen Gesichter der Hausfrau E. F. Bullock aus Manchester, England.

Im Jahr 1934 erregte der Fall dieser damals 44jährigen beträchtliches Aufsehen, da ihr Körper angeblich von früheren Existenzen aus allen Zeiten und Weltgegenden heimgesucht wurde. Das ist nichts grundsätzlich Neues. Neu war jedoch ein Aspekt dieser Heimsuchungen: Mrs. Bullock »verwandelte« sich regelrecht in jene, die in ihr »logierten«.

Sie demonstrierte dies unter anderem vor dem »International Institute of Physical Research« in London. Die Wissenschaftler des Institutes waren sich vollkommen klar, daß Scharlatane und Zauberkünstler oft selbst die gelehrtesten Forscher und die ausgetüfteltsten Kontrolleinrichtungen hinters Licht zu führen vermochten. Dem sollte ein einschlägiger Fachmann einen Riegel vorschieben.

Dieser Spezialist war der Theaterproduzent L. M. Leon, ein Mann, der alle Bühnentricks kannte und den kein Make-up zu täuschen vermochte. Ihm zur Seite stand W. T. Baker, der Direktor des Unternehmens »Colour Photographs, Limited«, der alles filmen sollte.

Vor diesem ebenso sachkundigen wie mißtrauischen Auditorium versetze sich Mrs. Bullock autosuggestiv in Trance.

Sekundenschnell begann das Unglaubliche: Ihre Gesichtszüge veränderten sich. Die Augen wurden schräger, die Backenknochen traten vor, das Antlitz verjüngte sich. Eine junge Indonesierin stand vor den Wissenschaftlern und den beiden Experten aus der künstlerischen Branche. Während Baker gleichzeitig filmte und Standfotos machte, was das Zeug hielt, ging die Verwandlung weiter. Die Jugend wich dem Alter. Linien, Tränensäcke und Runzeln überzogen das Mädchengesicht, ein Schnurrbart formte sich. Mrs. Bullock war nun ein uralter Chinese. Damit kam das unheimliche Geschehen nicht zum Stehen. Die Haare kräuselten sich und die Haut dunkelte. Ein afrikanischer Krieger, ein Zulu, blickte düster auf die Kameras und die Wissenschaft des 20. Jahrhunderts herab.

Eine rationelle Erklärung für das Mysterium der Mrs. Bullock wird man vergeblich suchen. Eine offizielle Stellungnahme auch.

Um eine solche über die jenseitige Welt hervorzurufen, muß schon mehr passieren als das Ausgraben eines verschollenen Klosters oder die Gesichtsakrobatik einer nicht mehr ganz jungen Engländerin.

Beispielsweie eine »Geisterinvasion« auf einer Fluglinie.

Eine *zu* bizarre Vorstellung? Keineswegs.

Der amerikanische Journalist John Fuller plauderte im März 1974 bei einem Scandinavian-Airline-Flug von Stockholm nach Kopenhagen mit einer Stewardeß. Dabei erwähnte sie etwas ganz Seltsames, das sie von einem Flugbegleiter der British Airways gehört hatte. Crewmitglieder eines Flugzeugs der Eastern Airlines, das 1972 in den Everglades, Florida, abgestürzt war, materialisierten sich geradezu regelmäßig auf Flügen besagter Luftlinie. Diese Erscheinungen waren so körperlich, greifbar und real, daß die Geschichten unter dem Flugpersonal aller Linien die Runde machten.

Fuller, ein Vollprofi und alles andere denn ein Okkultist, fragte das Mädchen, wieso die Geistestory sich nur auf die Eastern Airlines beschränkte. Üblicherweise pflegen solche Legenden zu wachsen und überall Fuß zu fassen, wobei sich ihr »Äußeres« dem Umfeld der jeweiligen Erzähler anpaßt. Bei einem solchen Gerücht war es eigentlich unvermeidlich, daß die Geister auch andere Fluggesellschaften heimsuchten.

Die Stewardeß überlegte einen Moment und antwortete dann: »Eine interessante Idee. Vielleicht bleibt die Geschichte immer gleich, weil sie tatsächlich an Bord von Eastern-Maschinen passiert.«

Beide lachten.

Die seltsame Stabilität der Legende beschäftigte Fuller noch einige Zeit, da sie atypisch war, dann vergaß er sie. Seine momentane Story über einen Nuklearunfall nahe Detroit und die sinistren Ausblicke global außer Kontrolle geratender Kernkraft nahmen ihn mehr in Anspruch als flugreisende Gespenster. Er widmete sich wieder der Arbeit an »We Almost Lost Detroit«.

Ein Jahr später war er auf einem Flug von San Juan nach New York Passagier der Eastern Airlines. Im Scherz fragte er die Stewardeß, ob sie von den Geistern auf ihrer Fluglinie gehört habe.

»Das ist gar nicht lustig«, erwiderte die junge Frau unerwartet heftig, »mir sind selbst welche begegnet.« Peinlich berührt entschuldigte sich der Journalist, der Stachel der Neugier saß aber bereits in seinem Fleisch. Er bat seine Gesprächspartnerin, ihm davon zu erzählen. Nach langem Zögern tat sie es, obgleich ihr die Meldung des unheimlichen Vorfalls damals außer der Empfehlung, einen Psychiater aufzusuchen, nur Ärger eingebracht hatte. Sie war nicht die einzige, die zum Seelendoktor der Fluggesellschaft pilgern sollte, wie sie später erfuhr.

Diesmal ließ sich John Fuller von keiner anderen Story ablenken. Er begann zu recherchieren und förderte Unglaubliches zutage.

Es würde zu weit führen, seine zähe journalistische Kleinarbeit zu beschreiben, die auch vor Jenseitskontakten mittels Ouija-Brett und der Untersuchung der Teile des abgestürzten Flugzeugs in Forschungsinstituten für Parapsychologie nicht halt machte. Er hat dies selbst in seinem Buch »The Ghost of Flight 401« ausführlich getan.

Das Ergebnis seiner Recherchen war unmißverständlich: Mannschaftsmitglieder (der Pilot Bob Loft und sein Flugingenieur und zweiter Offizier Don Repo) des abgestürzten Jumbo-Jets von Flug 401 materialisierten immer wieder auf Flugzeugen derselben Luftlinie und gleichen Typs, die Wrackteile der Unglücksmaschine an Bord hatten.

Viele Zeugen waren bestens ausgebildetes Flugpersonal – meist Piloten oder Techniker –, verfügten über jahrelange Flugerfahrung und gute Beobachtungsgabe. Auch die anderen Zeugen sind absolut glaubwürdig. Die Beschreibungen decken sich exakt, auch wenn sie von Personen gegeben wurden, die keinen Kontakt miteinander hatten, und enthalten Details, die der Öffentlichkeit unbekannt sein mußten.

Unabhängig voneinander fanden auf einigen Maschinen der Eastern Airlines Exorzismen statt (mit dem Ergebnis noch häufigeren Erscheinens der Geister).

Jeder Befragte schwört Stein und Bein, daß er den Toten begegnet ist und schildert identische Begleitumstände, ganz besonders im unteren Deck (Absinken der Temperatur während der Erscheinungen bis zum Gefrierpunkt, zumindest subjektiv).

Diese Aufzählung ließe sich lange fortsetzen. Auch die Begleitumstände verdienen Beachtung. Beispielsweise wurden im Zuge von Seancen Informationen über den Flugzeugabsturz, das Verhalten der Crew, Materialprobleme etc. von den Toten eingeholt, die sich nicht erklären lassen, aber hinterher verifiziert werden konnten.

Ähnlichkeiten zu den rästelhaften und heute noch mysteriösen Vorgängen um den Absturz des englischen Zeppelins *R 101* drängen sich auf. (In meinem Buch »Unerklärliche Phänomene jenseits des Begreifens« habe ich diesem Fall ein Kapitel gewidmet, in dem sich ebenfalls Mitglieder einer Flugmannschaft aus dem Jenseits meldeten und mit verblüffenden Aussagen und Expertisen aufwarteten.) Wie auch immer, die Passagierzahlen der Eastern Airlines gingen auch nach dem Bekanntwerden der »Geisterflüge« nicht wie befürchtet zurück (eher im Gegenteil), und die »Eastern L-1011 Whisperliners« gelten nach wie vor als die technisch ausgereiftesten Passagierliner der Lüfte.

Kurzum: Alles hat sich normalisiert.

Nun fragt man sich unwillkürlich, wieso solche dokumentierten, ziemlich beweiskräftigen und immer wieder auftauchenden Argumente für ein Weiterleben nach dem Tode keine Weiterungen nach sich ziehen. Immerhin sehnt sich der Mensch nach Unsterblichkeit und fürchtet sich vor dem endgültigen Aus. Die Erkenntnisse der Naturwissenschaft, daß nichts aus dem Universum verschwinden kann und wir zumindest als ungeordnete Wärmestrahlung nach dem Tode »weiterleben«, vermitteln wenig Trost und Hoffnung.

Trotzdem geht man, selbst wenn mögliche Beweise für die Realität des größten aller Wunschträume vorliegen, zur Tagesordnung über. Besonders eklatant präsentiert sich dieses Orwellsche Zwiedenken beim Ignorieren des »Delpasse-Experiments«, einer rein wissenschaftlichen Versuchsanordnung, die eindeutig zeigte, daß unser Geist auch dann als *Struktur* erhalten bleibt, wenn der Körper unwiderruflich zerstört ist (Näheres darüber – der Hinweis kann leider nicht unterbleiben – in meinem Buch »Unerklärliche Phänomene jenseits des Begreifens«).

Ein seltsamer Widerspruch. Er resultiert zweifellos aus der schon angesprochenen Spaltung des Weltbildes in Geistes- und Naturwissenschaft, an der unsere Zivilisation (und das globale Ökosystem) krankt.

Da Überkommenes nun mal eine extreme Stabilität aufweist, auch wenn es den Tatsachen Hohn spricht, konzentrieren sich die meisten auf das Hier und Jetzt, hoffen auf Transzendenz und wollen es aber lieber nicht so genau wissen. Die logisch-analytischen, kühl-distanzierten Wissenschaftler machen keine Ausnahme. Da sie Menschen sind, quälen sie sich mit dem Umdenken doch sehr. Dazu kommt, um einen Terminus aus der Physik zu verwenden, die Masseträgheit des angehäuften Wissens, der etablierten Dogmen und der mühsam erarbeiteten Paradigmen.

Ein Sprichwort macht die Problematik deutlich:

> Durch eine Tatsache starb die Theorie. Dadurch ging das Konzept verloren.
> Ohne Konzept konnte die Wissenschaft nicht überleben.
> Der Verlust der Wissenschaft zog der Philosophie den Boden unter den Füßen weg.
> Und das alles wegen einer einzigen Tatsache ...

Gelegentlich wird natürlich der Versuch gemacht, einer noch so unliebsamen Tatsache Rechnung zu tragen. So bekundeten der deutsche Psychiater Dr. Schrenck-Notzing und der berühmte englische Physiker und zeitweilige Präsident der »Royal Society«, Sir William Crookes, nach jahrelangen Forschungen ihre absolute Überzeugung, daß Materialisationen stattfänden, doch gehören sie wohl zu den weißen Raben (oder schwarzen Schafen, je nach Ansicht). Wer den Weg der Esoterik geht, ohne der »normalen« Wissenschaft die Existenzberechtigung abzusprechen, wird an den Indizien für die Unsterblichkeit des Geistes/der Seele nicht würgen müssen.

In seinem Weltverständnis ist Platz dafür. Es wird ihm sogar möglich sein, sich »sachlich« damit auseinanderzusetzen, worunter weniger der Aufbau jenseitiger Gesellschaftsordnungen oder die Problematik feinstofflicher Dichte etc. zu verstehen sind, sondern schlicht und einfach eine Erweiterung der geistigen Operationsbasis.

Dieses bedeutet allerdings nicht das Fallen aller Grenzen oder Beschränkungen. So warnte beispielsweise der Arzt und Reinkarnationsforscher Dr. Carl A. Wickland eindringlich vor der Gefahr eines Glaubens an Wiedergeburt. Sein flammender Appell gegen diesen »gefährlichen Irrglauben« hat jedoch wenig mit der Ablehnung gemein, auf die Reinkarnation üblicherweise in »aufgeklärten Kreisen« stößt. Im Gegenteil. Dr. Wickland ist der Ansicht, die innere Überzeugung, man würde ohnedies wiedergeboren, könnte eben diesen Vorgang unnötig behindern.

Eine originelle Betrachtungsweise, über die jeder wohl nur für sich selbst urteilen kann. Jenen, die sich von Haus aus verbissen an die Materie – und damit ihren eigenen unvermeidlichen Niedergang in fernerer oder näherer Zukunft – klammern, sind solche Gedankenspiele allerdings verschlossen.

Das ist bedauerlich, denn wir leben nun einmal in einer seltsamen Gesellschaft, die alles nur Erdenkliche tut, um den Geburtsvorgang für die Beteiligten so perfekt wie möglich zu gestalten, den Austritt aus diesem Leben jedoch zum verpönten Akt erklärt hat, den jeder so dezent wie möglich für sich selbst vollziehen soll, was ihm durch eine ausgeklügelte »Lebenserhaltungsmaschinerie« zudem erschwert wird.

Ein größeres Weltbild wird fürwahr gebraucht.

Ein Weltbild, in dem Fälle wie die angeführten nicht Betrug oder Medienmanipulation sein müssen, in dem man die Bemühungen einstellen kann, den wohl bekanntesten und meistuntersuchten Reinkarnationsfall Bridey Murphy/Ruth Simmons vielleicht doch noch hinwegzurationalisieren, und das Anhängern aller Glaubensrichtungen ewiges Leben gestattet.

Ein Weltbild, das nicht »nur« in den Köpfen von Esoterikern und Okkultisten beheimatet ist.

Wernher von Braun, der berühmte Vater der amerikanischen Raumfahrt, sagte einmal lapidar: »Alles, was Wissenschaft mich lehrte und noch lehrt, stärkt meinen Glauben an ein Fortdauern unserer geistigen Existenz über den Tod hinaus.«

Der Nobelpreisträger und Gehirnforscher Sir John C. Eccles meinte: »Es ist falsch, zu dogmatisieren und zu sagen, daß alles aus ist, wenn das Gehirn stirbt, daß das Selbst am Ende ist . . . alle unsere tieferen, emotionalen, feineren Erlebnisse des eigenen tiefen Wesens müssen nicht mit dem Gehirn verloren gehen, denn ich glaube, sie sind im Bewußtsein und nicht im Gehirn gespeichert . . .«

Hoimar von Ditfurth formulierte es vielleicht am umgreifendsten, universellsten: »So gesehen wird die Evolution in dem Augenblick an ihrem natürlichen Endpunkt angekommen sein, in dem der Kosmos mit dem Jenseits zusammenfällt.«

Wo, so fragt man sich, ist dann aber die Grenze zwischen »wissenschaftlichem« und »esoterischem« Weltverständnis?

In unseren Köpfen, wo sonst?

Als der Kirchenmann Nicolas Kopernikus 1512 erkannte, daß die Sonne und nicht die Erde (der Mensch) der Mittelpunkt des Sonnensystems – und damit des damaligen Kosmos – sein mußte, bekam jene Grenze einen ersten Sprung, die uns bis dahin über den Rest der Schöpfung erhob. Heute ist sie längst gefallen, das wird zugegeben. Die logischen Konsequenzen aber sind noch nicht zur Gänze eingesickert.

Fast fünf Jahrhunderte mußten vergehen, ehe der Physiker und Mathematiker David Bohm, einer der führenden Wissenschaftler der Neuzeit, zu dem französischen Wissenschaftsjournalisten Patrice van Eersel bei einem Interview in London folgende »Ungeheuerlichkeiten« sagte:

> »Die implizite *innewohnende* Ordnung des Universums ist zweifellos das, was unser Bewußtstein vor allem berührt, denn es selbst scheint fundamental dieser Ordnung anzugehören. Doch unsere sensorische Intelligenz stellt sich sofort zwischen die primäre Realität und uns, um sie uns differenziert wiederzugeben, aber gleichzeitig fremd. Das ist die schreckliche Illusion des gewöhnlichen, ›gesunden Menschenverstandes‹. . . . Die Emotion ist sicher eine Art, Zugang zur impliziten Ordnung zu finden . . . Ich selbst würde sagen, daß es eine ziemlich grobe Illusion ist, in jedem Menschen eine unabhängige Realität zu sehen. Auf einer bestimmten Ebene kommen wir alle von einer einzigen und einzigartigen Entität her . . . Leider scheinen unsere Zeitgenossen ganz und gar nicht den Weg einzuschlagen, der zum Verständnis dieser Evidenz führt. Und so ist dieser Planet in realer und großer Gefahr.«

Faszinierende Gedankengänge, nur – hat man sie nicht schon aus anderer Quelle gehört?

In den Weisheitsschulen des Fernen Ostens wird gelehrt, daß die stoffliche Welt nur Schein ist, ein krudes Gebilde voller Lücken und Kanten, das nur aufgrund der Unvollständigkeit und Begrenztheit unserer Sinne entstehen – und bestehen – konnte. Diese Unvollkommenheit ist jedoch nicht sinnlos. Sie weist dem Menschen Lebensaufgabe und Lebensziel: die Entfaltung seiner spirituellen Fähigkeiten um einen höheren Bewußtheitsgrad zu erreichen, ein Zustand, in dem es zum Anschluß an die kosmische Allbewußtheit kommt.

Der Tod ist nur ein Schritt auf diesem Weg der Bestimmung. Die westlichen Denkschulen sind etwas elitärer. Beispielsweise finden sich in der Seelenwanderungslehre des unvergeßlichen Pythagoras, trotz Verwandtschaft mit asiatischem Gedankengut, feine Unterschiede zur Wiedergeburtsphilosophie des Buddhismus. Für die Pythagoreer gab es eine Hierarchie der Unsterblichkeit. Je bewußter und schöpferischer ein Mensch lebte, desto mehr Bewußtsein besaß er nach seinem Tode. Diese Vorstellung hat sich über die Jahrtausende gehalten und findet sich zum Beispiel bei Goethe explizit wieder. Bestimmung ja, doch mit individuellen Abstufungen. Pythagoras erinnerte sich nach eigener Aussage an frühere Leben – z. B. als Euphorbos, ein Priester des Apoll oder gar als Sohn des Lichtgottes selbst –, was seine Anhänger aufgrund der hohen Bewußtseinsstufe ihres Meisters nicht verwunderte.

Die Unterschiede dieser Reinkarnationsauffassungen reflektieren die Differenzen in der östlichen und westlichen Mentalität. Gestern und heute. Der Osten vergeistigt die Körperwelt und begnügt sich damit, in ihr einen die Sinne täuschenden Schein zu erkennen, während der Westen in der Wiedergeburt und dem Jenseits auch die Aufforderung zum Forschen und zur Arbeit an sich selbst entdeckt. Im Grunde handelt es sich wohl um zwei Seiten ein und derselben Münze, auf der geprägt ist: *Das Leben endet nie – und hat einen Sinn.*

Das naturwissenschaftlich/rationale Weltverständnis sieht den Schimmer eines kosmischen Plans am Horizont und stürmt darauf zu wie auf den Goldtopf am Ende des Regenbogens – der Regenbogen aber ist immer in der Ferne. Für das esoterisch/spirituelle Weltverständnis sind Regenbogen und Goldtopf eine untrennbare Einheit.

Kein Sein ohne Ewigkeit, und keine Ewigkeit ohne Bestimmung. Ihre Natur jedoch ist das große Mysterium ...

Alles ist Bestimmung – Bestimmung ist alles . . .

Es gibt eine alte Sufi-Parabel – man könnte etwas respektlos auch Anekdote sagen –, die das Problem der endgültigen Festlegung von Ursache und Wirkung offenbart: Nasrudin reitet spazieren, als er eine Gruppe anderer Reiter entdeckt. Da er sie für Räuber hält, treibt er sein Pferd an und galoppiert in die entgegengesetzte Richtung. Die verdächtigen Reiter sind jedoch in Wirklichkeit Nasrudins Freunde, die sich fragen, warum er sich so eilig aus dem Staub macht. Sie glauben, er könnte vielleicht Hilfe brauchen und folgen ihm. Dies entgeht Nasrudin nicht, und er gerät in Panik. Er rast mit seinem Pferd zu einem Friedhof, springt über die Mauer und sucht hinter einem Grabstein Schutz. Seine Verfolger erreichen die Mauer, lehnen sich im Sattel sitzend darüber und fragen den hinter dem Grabstein Kauernden: »Was versteckst du dich Nasrudin, und was machst du überhaupt hier?«

»Das ist komplizierter als ihr denkt«, antwortet Nasrudin seinen Freunden. »Ich bin euretwegen hier und ihr seit meinetwegen hier.«

Diese Geschichte demonstriert kurz und prägnant, wie schwer es ist zu sagen, was weswegen geschehen ist, welchen Verlauf die Ereignisse nehmen werden – mit einem Wort: Worum es überhaupt geht.

Für die Sufis, die Mystiker des Islam, deren Lehre möglicherweise auf den Zoroastrismus von Parsen zurückzuführen ist, die im Lande verblieben, als die Moslems Persien eroberten, gibt es nur »den Weg« *(Tariqa)*. Für den Sufi ist der Menschengeist ein Ausfluß des Göttlichen und strebt zurück zur Wiedervereinigung mit seinem (göttlichen) Ursprung.

Ein solcher Blickwinkel, der im Prinzip auch asiatischen Weisheitslehren eigen ist, fragt nicht nach der Bestimmung des Seins, sondern geht davon aus. Die Tücken der Kausalität, mit denen sich die westlichen Philosophen seit Jahrtausenden und die Physiker seit Jahrzehnten herumschlagen, gehen ins Leere.

Für uns hat – wir müssen es wohl oder übel zugeben – die Hingabe an einen unpersonalisierten, allumfassenden Schöpfungswillen keine ausgeprägte Tradition. Weder philosophisch, religiös oder esoterisch (naturwissenschaftlich schon gar nicht).

Die Individualität liegt uns im Blut, und damit auch der Drang, unsere eigene Bestimmung nicht nur wünschend zu akzeptieren, sondern auch irgendwie zu verstehen. Das konnte nicht reibungslos geschehen.

Diese Reibungen traten – und treten noch – in dem Dilemma zwischen Determinismus (Fatalismus) und Willensfreiheit (Chaos) zu Tage. Die Kluft zwischen beiden Denkmodellen ist scheinbar unüberwindlich und manifestiert sich in allen Bereichen des Lebens, auch wenn man sich dessen nicht sogleich bewußt ist. Denken wir nur an das Strafrecht, das ursprünglich von einer absoluten Willensfreiheit ausging und entsprechend drakonisch Vergeltung übte, während heute ein deterministisches Element seinen Einzug gehalten hat, das den Täter immer weniger für sein Tun verantwortlich macht, ja grotesker noch, die Verantwortung in steigendem Maße dem Opfer zuweist (Stichwort »Viktimologie«).

Derartige Entwicklungen werden von vielen Zeitgenossen aufgrund innerer Prägungen als widernatürlich empfunden und verstärken den Eindruck, in einer sinnlosen Welt zu leben. Oder einer sinnlosen Zeit, zu welchem Schluß so mancher gelangt.

Die heute gültige Gleichung: Mehr Wissen/Komfort/Wohlstand = weniger Werte/Sinn/Gerechtigkeit befriedigt kaum. Gelegentlich gelang der Brückenschlag zwischen diesen so unvereinbar scheinenden Gegenpolen. Der Philosoph Franz Austeda hält die Forderung nach Willensfreiheit für sinnlos, da Begriffe wie Verantwortlichkeit, Schuld, Pflicht oder Strafe erst durch die Voraussetzung des Determinismus akzeptabel sind.

Dies klingt widersprüchlich, doch Austeda präzisiert: »Nur durch den Determinismus, eine Vorbestimmung, bekommt auch das Wollen einen gesetzmäßigen und nicht regellos-zufälligen Verlauf. Ein freies Entscheiden – im Sinne von ›ursachlos‹ – wäre von mir nicht bestimmt, von meiner Persönlichkeit, meinen Wünschen unabhängig. Eine solche Freiheit würde wohl niemand wünschen.«

Der werden die meisten wohl zustimmen.

Wir wollen Freiheit und Sinn.

Wer aber sind wir?

Beobachten wir uns selbst so objektiv es möglich ist, erkennen wir bald: Es gibt kein singuläres Ich. Ein Mensch hat eine spezifische Persönlichkeit bei der Arbeit, in der Ruhe seines Heims oder im Geschlechterkampf einer Beziehung, im Urlaub, hinter dem Lenkrad oder vor dem Fernseher. Im Grunde sind es unzählige. Jeder Gesprächs- oder Sexualpartner, und auch alle anderen, haben ein differierendes Bild von ein und demselben Menschen. Es ist alltägliche Wirklichkeit und beliebter Gag bei Komödien, daß zwei Personen von einer dritten reden und sich plötzlich fragen, ob sie tatsächlich über ein und denselben sprechen.

Gelegentlich kommt diese Hierarchie durcheinander und man tut Seltsames. Hinterher lautet die Antwort meist: »Das war nicht ich . . . Ich weiß nicht, was von mir Besitz ergriffen hat . . .« oder so ähnlich.

In Wirklichkeit ist all das einfach eine Frage der Bewußtseinsebene, auf der man sich gerade befindet. Üblicherweise sind alle Ebenen persönlichkeitsbezogen. Egozentriert, wie die Psychologie sagt, doch können wir uns darüber erheben beziehungsweise daruntertauchen. Dies ist eines der Ziele der Esoterik, wenn nicht *das* Ziel. Man kann es auf vielen Wegen anstreben, auf östlichen oder westlichen, durch Meditation, Wesensschau, okkulte Spiritualität oder blanke Rationalität.

»Suche das Spiel, das es wert ist, gespielt zu werden«, so lautete die Botschaft eines Orakels an einen Suchenden, der nach der Bestimmung des Daseins fragte.

Das Leben bietet genug davon.

Die Hindu-Schriften berichten vom kosmischen Spiel, von der Transformation von *lila* und *nitya*, vom Tanz des Zerstörergottes *Shiva*, der die Einheit des Ursprunges durch die immer wieder eingesetzte Kraft der drei *gunas* in die Vielheit der Welt aufspaltet.

Hermann Hesse entrollt das Spiel der Spiele – das »Glasperlenspiel«, in dem alle Elemente der menschlichen Erfahrung synthetisiert sind. Mathematische Denker mögen »ihren Weg« in den Arbeiten von Johann von Neumann oder Norbert Wiener – aber ebensogut bei »Gödel, Escher, Bach« – vorgezeichnet sehen. Psychologisch Interessierte können bei Dr. Eric Bernes »Spiele der Erwachsenen« ihr Aha-Erlebnis haben.

Der Weg ist bekanntlich sekundär und er ist, ebenfalls bekannt, das Ziel. Wie dieses aussieht, ist das grundlegende Mysterium. Es entschleiern zu wollen, würde dem sprichwörtlichen Versuch gleichen, das Meer in eine Schale zu füllen. Mit solchen Paradoxien quälen sich seltsamerweise immer wieder »nüchterne« Wissenschaftler, nicht jedoch »irrationale« Esoteriker.

Der rationale Mensch verlangt eindeutige Erklärungen und punktum.

Karl Marx stellte apodiktisch fest, die Geschichte aller bekannten Gesellschaften in Vergangenheit und Gegenwart sei eine Arena des Klassenkampfes. Das ist natürlich nicht falsch, aber nur zum Teil richtig. *De facto* ist jede Entwicklung eine komplex verzahnte. Andernfalls ließe sich als alleinige Triebfeder der menschlichen Geschichte ebensogut der Fortschritt der Medizin, der Verlauf der Seuchen, die steigende Straßen- und Brückenbaukunst, die Verbesserung der Kommunikation, die Ausbreitung des Hygienewesens, der Ausbau der Transportmittel oder was auch immer identifizieren. Selbst Musik, Zahnheilkunde oder die Verfeinerung unserer Bekleidung könnte mit etwas Phantasie als der geheime Verursacher von allem und jedem herhalten.

»So geht's nicht«, wird der rationale Mensch ausrufen, und sich fragen, ob man die Suche nach dem einen Zahnrad, das alles antreibt, nicht auch übertreiben kann. Der esoterische Mensch sucht gar nicht erst nach diesem, weil er weiß, daß es nicht existiert. Es existieren viele Zahnräder einer größeren Wirklichkeit, die zwar keine »kosmische Uhr« ist, aber auch kein wirres Chaos.

Das Unverständliche ist nicht sinnlos und das Widersprüchliche nicht unmöglich. Mit diesem Weltverständnis ist man weit mehr in Übereinstimmung mit der »Realität«, als mit den Alles-oder-Nichts-Paradigmen einer seelenlosen Technokratie, die gewaltsam umformt, was ihr zuwiderläuft und sich weigert zu verstehen, daß man manches nicht begreifen kann. Mit all dem haben wir die klassische Karma-Philosophie zwar nicht ausgeleuchtet, aber das sollte auch nicht geschehen. Sie bedarf im Grunde keiner Erläuterung. Wohl jeder hat eine generelle und wahrscheinlich auch persönliche Vorstellung, was Karma für uns alle – und für ihn – bedeuten mag. Uns ging es einzig und allein um die Feststellung, daß ein harmonisierendes Weltverständnis ohne Bestimmung nicht auskommt. Durch eine solche Weltsicht lebt man im Einklang mit der Natur und mit sich selbst, mehr noch, sie kann sogar bei praktischen Ergebnissen Pate stehen, die aus dem Rahmen fallen.

Der japanische Ingenieur Ryūichi Tomita – ein hervorragender Wissenschaftler und begnadeter Künstler von internationaler Berühmtheit – konstruierte ein kleines dreirädriges Fahrzeug mit einem Propeller, welches er das »windbezwingende Dreirad« nannte. Zur Verblüffung von Wissenschaftlern und Laien, bewegte sich das Maschinchen aus eigener Kraft *gegen* den Wind. Noch einmal zum Verdauen: Es hatte keinen Motor und benützte Windkraft, um gegen diesen zu fahren.

Wohl jeder Techniker, den man mit der Entwicklung eines solchen Gerätes beauftragen wollte, würde dies mit einem spontanen »Absolut unmöglich« ablehnen.

Trotzdem bezwingt Tomitas motorloses Dreirad den Wind. Ob Tomita unseren Vorstellungen eines esoterischen Menschen entspricht, läßt sich nicht sagen. Sicher jedoch ist er eine der seltenen Persönlichkeiten, die eine wissenschaftliche und eine ästhetische Seite besitzen, und das, wie es scheint, gleichberechtigt.

Nicht anders manifestiert sich esoterisches Weltverständnis.

Nun gut, sind wir aber nicht trotz allem vom Thema abgekommen? Was haben Spieltheorie, Geschichtsbetrachtungen und windverachtende, antriebslose Fahrzeuge mit unserer Bestimmung zu tun?

Alles und nichts.

Nichts, wenn man davon ausgeht, daß man unter dem Begriff »Bestimmung« eine Gebrauchsanweisung versteht, und alles, wenn man ihn als unsichtbaren Motor allen Seins, als Blaupause von Mikro- und Makrokosmos, als Ordnung im Gegensatz zum Chaos deutet.

Konkreter: Jeder Einzelne kann den »Strom des Schicksals« ignorieren oder sein Vorhandensein anerkennen.

Im ersteren Fall wird man dahintreiben und vor sich hinhadern. Im zweiten Fall kann man »schwimmend« eine Richtung wählen. Welche, ist nicht vorgegeben, alle aber implizieren zwangsläufig das Vorhandensein einer allesbestimmenden Kraft.

Einstein konnte sich mit dem Chaotischen der frühen Quantenphysik keine Sekunde abfinden. Seinen berühmten Satz »Gott würfelt nicht«, nahm er niemals zurück. Vielleicht würde er heute sagen: »Gott würfelt schon, aber er macht auch die Regeln . . .«

Der Wellen/Teilchen-Dualismus (das Verhalten von Wellen wie Teilchen und von Teilchen wie Wellen je nach Versuchsanordnung) trieb die Physiker buchstäblich zum Wahnsinn bis sie sich in Kopenhagen auf die Formulierung einigten: »Was immer *es* auch ist, können wir nicht erkennen. Je nachdem, wie wir uns an es heranpirschen, zeigt es sich so oder so. Das ist alles.«

Eben. Auch die Bestimmung können wir nicht demaskieren, aber wir können uns ihr auf unsere persönliche Weise nähern. Grundvoraussetzung ist nur, sie als Maxime, als kosmisches Prinzip, als Lebensphilosophie, als Trost und Hoffnung, als abstrakte Größe, als was auch immer, anzunehmen.

Alles andere ist so persönlich wie unser *Karma*, unsere persönliche Bestimmung. Jane Roberts, die berühmte spirituelle Gesprächspartnerin des geheimnisvollen, aber durchaus ernstzunehmenden multidimensionalen *Seth* sieht unsere kosmische Bestimmung im Aufbau von Persönlichkeit um astrale Keime – Aspekte genannt –, auch wenn der Begriff Karma oder ähnliches in Seths Umfeld kaum zu finden ist.

Der kalifornische Physiker und Fachmann für Lasertechnologie Samuel Bousky betrachtet die symbolische Kabbalah als metaphysisches Datenspeichersystem, in dem das Grundprinzip der Schöpfung niedergelegt ist.

Alle anderen Ansätze sind ebenso faszinierend und legitim. Wir aber wollen uns mit der Einsicht begnügen, daß das Universum nicht bestimmungslos sein kann (zumindestens unseres nicht), da *im* Chaos nichts esixtieren könnte, das sich *über* das Chaos Gedanken macht. Allein diese unbestreitbare Tatsache ist bereits ein schlagendes Indiz – wenn nicht ein Beweis – für das Karmische der Existenz. Das Karma selbst ist »Privatsache«.

Nun fehlt noch der Schritt in die Praxis. Vom esoterischen Weltverständnis zum erfüllteren Leben *durch* dieses Weltverständnis . . .

Teil III

Lebenshilfe durch Esoterik

Endzeitzauber und wahre Magie

Selten tritt dem Weisen das Schicksal in den Weg.
Seneca, Abhandlungen

Hoimar von Ditfurth meinte angesichts unseres globalen Totentanzes, wir seien »Wesen des Übergangs«. Nobelpreisträger Konrad Lorenz äußert sich auf einer Tafel, die im Frankfurter Zoo hängt, noch bitterer: »Es gibt ein Bindeglied zwischen Affen und Menschen: uns!«

Solche Aussagen sind vom Standpunkt des Universums zweifellos korrekt, für uns menschliche Eintagsfliegen aber eher deprimierend. Wir leben hier und jetzt, sind im Teufelskreis der Zivilisation eingeschlossen und gehören einer Generation an, die drauf und dran ist, ihre Enkel zu ermorden; eine Formulierung, die Hoimar von Ditfurth wenige Wochen vor seinem Tode gebrauchte.

All das wissen wir selbst, wenn auch ungern.

Viele suchen nach Auswegen fernab der Pfade von Wissenschaft und Technik, welche eben im Begriff sind, die Wiege der Menschheit so lebensfreundlich zu gestalten wie den Mond.

In der Bundesrepublik Deutschland sind derzeit über 100 000 Wahrsager und Hellseher beim Finanzamt gemeldet, dreimal soviel wie die Zahl der 35 000 bundesdeutschen evangelischen und katholischen Pfarrer. Hexenkonvente finden regelmäßig in siebzig Städten der BRD statt. Zehn Millionen Amerikaner sind erklärte Ausüber Schwarzer Magie und nach statistischen Berechnungen gibt es weltweit mindestens 100 Millionen praktizierende Okkultisten.

Besonders bei der Jugend läßt sich ein eklatantes Ansteigen des Interesses für Esoterik und Okkultismus feststellen. In Schulen finden Seancen statt, bei Partys macht nicht länger nur der Joint seine Runden, sondern das Ouija-Brett, und man legt nicht mehr die Kleider beim Strip-Poker ab, sondern Wahrsagekarten auf den Tisch.

Warnende Stimmen werden laut. Psychologen entmystifizieren den Jugendokkultismus als Rückzug in eine andere (innere) Welt, da die tatsächliche nur Frust bereithält. Trendanalysen beschreiben Entwicklungen von aggressiver Heavy-Metal-Musik über Jenseitskontakte zum Satanismus bis in noch düstere Bereiche.

Geschichtliche Aufarbeitungen setzen ein, die seltsamerweise mehr als vier Jahrzehnte zu spät kommen. Plötzlich erinnert man sich des okkulten Hintergrundes des Dritten Reichs, den man in offiziellen Werken zur Zeitgeschichte vergeblich suchen oder nur sehr verschämt (und verzerrt) angedeutet finden wird, weist auf den Rassismus von

Esoterikern wie Baron Julius Evola oder Madame Blavatsky hin – auch wenn diese nichts mit dem Holocaust im Sinn hatten – und malt die Schwarze Messe in jedem Heim an die Wand.

Damit wird die Orientierungslosigkeit unserer Zeit bestenfalls zugegeben, nicht aber behoben. Wo geht es nun wirklich lang?

Was ist schlimmer: Umwelttod, Raubtierkapitalismus und Politsumpf oder die Flucht ins Happyland des New Age? Natürlich weder noch.

Der krasse Materialismus mag uns noch ein paar Jahre in Saus und Braus gewähren, dann aber endgültig »Finis«.

Die Parole »Zurück zur Natur« ist ein Wunschtraum, denn ohne zivilisatorische Hilfsmittel können wir nicht lange *in* der (defekten) Natur bestehen.

Wenn sich der Weg in eine persönliche Spiritualität auch als Sackgasse erweist, was dann?

Ich glaube, daß *jede* Radikalität fatal sein muß.

Extreme machen nichts besser, im Gegenteil. Fanatische Fortschrittsgläubigkeit hat uns an den Abgrund geführt (keine Sorge: Morgen sind wir einen Schritt weiter).

Hemmungsloser Mystizismus ist darauf sicher nicht die Antwort. Wer vor dem Besuch der Toilette an Stelle der eigenen Gedärme das Horoskop befragt, wird weder persönliche Sicherheit noch eine geregelte Verdauung erreichen. Daß offizielle Stellen vor einer *solchen* Entwicklung warnen, ist verständlich.

Durch sie wird kaum ein persönliches Problem gelöst werden können, geschweige denn ein globales.

Wer esoterisches Weltverständnis erlangt hat, hat gleichzeitig seinen Horizont erweitert, nicht eingeengt. Sein Weltbild wird größer sein, nicht kleiner. Die Spaltung des Weltbildes in ein mechanistisch-wissenschaftliches und ein geistig-philosophisches wird bedeutungslos. Ein esoterischer Blickwinkel bedeutet nicht das Anlegen von Scheuklappen. Bewährtes muß nicht über Bord geworfen werden. Schließlich hat auch der Siegeszug alternativer Heilmethoden nicht dazu geführt, daß Blinddarmdurchbrüche mit Kräutertees behandelt werden.

Esoterik – unverkrampft praktiziert – kann echte Lebenshilfe sein. Geschenkt wird sie einem allerdings nicht.

Als der amerikanische Ethnologiestudent Carlos Castaneda 1960 dem alten Yaqui-Zauberer »Don Juan« begegnete, lag ihm nichts ferner, als dessen Weltsicht anzunehmen oder gar in die Fußstapfen des indianischen Magiers zu treten. Nur im Interesse seiner Dissertation über halluzinogene Rauschpflanzen bei den Indianern, nahm der junge Amerikaner das Angebot von »Don Juan« an, sein Lehrling zu werden. Er wurde mehr als das. Schritt für Schritt begriff Castaneda, was sein Meister damit meinte, daß die Wirklichkeit nur eine Beschreibung sei. Was wir für Realität halten, ist lediglich eine Übereinkunft zahlreicher Individuen, die in derselben soziokulturellen Umgebung leben. Eine alternative Wirklichkeitserfahrung ist jederzeit möglich, wenn auch nicht »aus dem Stand«. In einem seiner seltenen Interviews erklärte Castaneda dem US-Journalisten Sam Keen:

»Im westlichen Kulturkreis ist die Welt größtenteils aus dem konstruiert, was die Augen dem Verstand melden. In der Zauberei wird der ganze Körper als Wahrnehmungsorgan benutzt. Als Europäer sehen wir die Welt da draußen und sprechen mit uns selbst darüber. Wir sind hier und die Welt ist dort. Wir haben keine direkte Kenntnis der Dinge. In der Zauberkunst ist diese Belastung unnötig – wir wissen mit dem ganzen Körper.«

Am Ende seiner langen Lehrzeit faßte Carlos Castaneda seine Einsichten über die Mechanismen der »realitätsproduzierenden« inneren Selbstgespräche zusammen: »Das Problem der Zauberei liegt darin, den Körper einzustellen und ihn zu trainieren, um ihn zu einem guten Empfänger zu machen. Europäer befassen sich mit ihren Körpern, als wären es Objekte. Wir füllen sie mit Alkohol, schlechter Nahrung und Angst. Wenn etwas schiefgeht, glauben wir, Krankheitskeime von außen seien in den Körper eingedrungen. ›Don Juan‹ glaubt das nicht. Für ihn ist Krankheit eine Disharmonie zwischen dem Menschen und seiner Welt. Der Körper ist etwas, dessen man sich gewahr werden muß, und er muß untadelig behandelt werden . . .«

Klingt alles nicht unbekannt: die Realitätsfrage, die Erkenntnis, daß wir »Empfänger« sind und das Gesetz der Harmonie. Wo aber bleibt die »praktische Seite«?

Gemach. Der Schritt von einem esoterischen Weltverständnis zu einem besseren, erfüllteren – mit einem Wort glücklicheren – Leben durch Esoterik erfordert Bedacht und Arbeit an sich selbst. Wer darauf wartet, daß ihn die Erleuchtung überfällt, verhält sich wie ein Mensch, der einen Lotteriegewinn erhofft, aber nie ein Los kauft.

Esoterische Arbeit am eigenen Ich

Vor *der Erleuchtung Holz hacken.*
Nach *der Erleuchtung Holz hacken.*

Zen-Spruch

Wege nach Innen . . .

Nochmals zum Einstimmen: Die metaphysischen Inhalte der Esoterik weisen darauf hin, daß es neben der materiellen Wirklichkeit noch jene Realität gibt, die nicht so ohne weiteres zu erfassen ist. Um ihrer teilhaftig zu werden, müssen wir buchstäblich die Augen vor der Außenwelt verschließen. Doch Vorsicht: Tun wir dies aus einer Position der Schwäche und Unsicherheit heraus, drohen Gefahren: Realitätsverlust, Abhängigkeit, Auflösung normaler Lebensform und Niedergang persönlicher Sicherheit. Man flieht in eine nebulöse Jenseitswelt, die man sich aufgrund eigener und fremder Wunschvorstellungen oder Vorgaben zurechtzimmert und die mit der anderen Wirklichkeit der Esoterik ebensoviel zu tun hat wie »Dallas« mit dem texanischen Alltag.

Ganz anders liegen die Dinge, wenn man – gut verwurzelt in der Außenwelt, dem Schicksal die Stirne bietend – aus einer Position der Stärke heraus die Reise nach Innen antritt.

Esoterik kann eine große Hilfe sein, sie ist aber keine Lebensversicherung, schon gar nicht eine ohne Prämienzahlung. Wie es scheint, gibt es zwei grundlegende Annäherungsmethoden an die andere Wirklichkeit: Einmal das magische Sich-Bemächtigen und Manipulieren der Welt, wie es Carlos Castaneda erlebte und später praktizierte.

Der andere Weg ist jener des Abwartens, des Empfangens und Geschehenlassens. Dieser wird von den meisten Esoterikern als der wahre gesehen. Das nur zur Information; Wertung ist damit natürlich keine verbunden.

Auch sind beispielsweise die Grenzen zur Psychologie gelegentlich schwimmend. Psychologen bedienen sich esoterischer Techniken, und Okkultes kann ein gewisses Nahverhältnis zu Freud oder Jung nicht leugnen.

Ein psychotherapeutisches Kurzverfahren, das unter dem Namen »Focusing« bekannt ist, könnte auch als esoterische Meditationstechnik zur Selbsterfahrung und Problemlösung betrachtet werden.

Die Vorgehensweise ist schnell erklärt:

Man nimmt Platz oder legt sich nieder, schließt die Augen und wartet bis innere Spannungen verebbt sind. Dann beginnt ein mentaler Dialog:

> *»Wie geht es mir?«*
> Nicht sofort antworten, sondern kommen lassen, was von selbst kommt, egal was. Nicht mit dem auseinandersetzen, was auch immer auftaucht. Einfach akzeptieren, annehmen.
> Dann weiter, ein Problem aufgreifen:
> *»Was bedrückt mich im Augenblick am meisten?«*
> Wenn sich das Problem herausgeschält hat, nicht eindringen, vielmehr die eigenen Gefühle intensiv empfinden, die das Eingrenzen des Problems ausgelöst hat.
> Dem Gefühl nachgeben und nachgehen. Sich fragen:
> *»Was ist die Hauptsache bei diesem Gefühl?«*
> Zuwarten, ob aus diesem Gefühl und der Frage nach seiner Natur Worte oder Bilder entstehen.
> In die Worte (oder Bilder) hineingehen und feststellen:
> *»Passen die Worte (Bilder) zu dem Gefühl, das ich habe?«*
> Spürt der Körper, daß alles zusammengehört, richtig ist, dann das Gefühl noch etwa eine Minute auskosten.
> Danach den Körper auf die Frage antworten lassen:
> *»Wie würde es sich anfühlen wenn alles* in Ordnung *wäre?»*

Sobald eine Reaktion spürbar wird, hat man den Beginn des roten Fadens in der Hand. Das Tor zum inneren Selbst beginnt sich zu öffnen – und damit in der einen oder anderen Weise auch zur größeren, umfassenden Realität. Manche Leser werden an das bereits erwähnte »Neurolinguistische Programmieren« (NLP) erinnert werden. Das ist kein Widerspruch. Viele Wege führen nicht nur nach Rom, sondern auch zu neuen (inneren) Ufern.

Der, im Zusammenhang mit dem Tarot bereits erwähnte Münchner Psychologe Jürgen vom Scheidt, dem esoterische Praktiken für seine Therapien durchaus »gut genug« sind, schrieb 1979 für das »Nachtstudio« des Bayrischen Rundfunks eine siebenteilige Serie über »Esoterische Wege der Selbsterfahrung«.

Das Echo darauf war unerwartet lebhaft. Viele Hörer erbaten die Sendemanuskripte, eine große Zahl wünschte sich praktische Esoterikselbsterfahrung.

So fand Ende desselben Jahres ein fünfeinhalbtägiges Seminar über Esoterik und esoterische Praktiken statt. Es nahmen vierzehn Personen teil. Die Leitung hatten Jürgen vom Scheidt und seine Kollegin Ruth Zenhäusern übernommen.

Die Arbeitsmaterialien der Gruppe waren: ein Messingpendel, das Buch der Wandlungen I GING, ein Aleister Crowley-Tarot (gemalt von Frieda Harris) und ein zweites Kartenspiel nach Arthur Edward Waites (gestaltet von Pamela Colman Smith).

Am Seminarende waren sich alle Teilnehmer einig, daß sie nicht nur mehr über ihr eigenes Ich erfahren hatten, sondern auch die »große Macht« der Esoterik verspüren konnten (Das I GING-Hexagramm »Des Großen Macht« war das Thema der Schlußsitzung, das Ruth Zenhäusern vom I GING erfragt hatte).

Damit endete der für gruppendynamische Seminare untypische Workshop so unkonventionell, wie er verlaufen war. Üblicherweise ist die Ebene der persönlichen Beziehung dominant. Interaktionen laufen ab und bestimmen nicht selten den Gang der Dinge. Die Schlußsitzung einer Selbsterfahrungswoche kulminiert gewöhnlich in einem regelrechten Ausbruch intensiven Mitteilungsaustausches.

Hier nicht. Die esoterische Erfahrung, die archetypische Symbolik des kollektiven Unbewußten und die starken persönlichen Erkenntnis-, besser Erlebnisprozesse nahmen die Teilnehmer bis zur letzten Minute gefangen. Und darüber hinaus ...

Jeder der vierzehn hatte in wenigstens einer der angewendeten esoterischen Methoden »die seine« erkannt und den Entschluß gefaßt, weiter damit zu arbeiten. Das Seminar war nur der Anfang gewesen.

Die beiden Gruppenleiter hatten in sich eine ganz starke Beziehung zum Tarot entdeckt – für sie begannen die Karten *zu leuchten*!

Auch so kann man die Leiter der Esoterik hinaufsteigen. Jürgen vom Scheidt resümiert sinngemäß über Selbsterfahrung: Man kann sich selbst auf vielerlei Arten erfahren. Die simpelste Unterscheidung differenziert einfach nach der Zahl der Beteiligten:

1. Allein, in der Einsamkeit.
2. Zu zweit (mit Partner, Vertrauensperson, Therapeut).
3. In der Gruppe (Arbeitsplatz, Gesellschaft, Selbsterfahrungsgruppe).
4. In Großgruppen (gleichgesinnte Gemeinschaft).

Natürlich gibt es auch andere Unterscheidungskriterien, beispielsweise in welchem Bereich die Selbsterfahrung erfolgt:

- Medizin;
- Philosophie/Religion;
- Pädagogik;
- Politik.

Und dann betont Jürgen vom Scheidt noch *die esoterische Selbsterfahrung*, die sich bestimmter Hilfsmittel (Horoskop, Pendel etc.) bedienen kann.

Der deutsche Mystiker Jakob Böhme wies darauf hin, daß mystisches Erleben nicht auf außergewöhnliche Momente beschränkt sein darf, sondern jede Handlung, Beobachtung und Empfindung durchtränken sollte. Nichts anderes soll man in Selbsterfahrungsgruppen lernen: Die Abkehr von einer automatisch-unbeteiligten Lebensführung und Hinwendung zum bewußten Verspüren und Verstehen, was im eigenen Innersten selbst bei der trivialsten Alltagsarbeit vor sich geht.

Dies ist kein Prozeß, der von heute auf morgen stattfindet. Man kann ihn sicher beschleunigen, aber jedermanns Sache ist das nicht. Reinhold Messner hat zweifellos jenes verborgene *Selbst* entdeckt, von dem esoterisch/okkult/philosophisch/religiöse Lehren aller Kulturen sprechen, wenn er von seiner Besteigung des höchsten Berges der Welt (ohne Sauerstoff) berichtet: »Mein Verstand ist wie ausgeschaltet, tot. Meine Seele aber ist durchlässiger, empfindsamer, sie ist jetzt groß und greifbar ... Ich bin bei hellem, klarem Bewußtsein, auch wenn mir nicht ganz bewußt ist, wo ich bin ... Stehend im diffusen Licht, mit dem Wind im Rücken, habe ich plötzlich eine Art Allgefühl – nicht das Gefühl, es geschafft zu haben und stärker zu sein als alle, die vor uns da waren, nicht Allmachtsgefühl. Nur ein Hauch von Glücksgefühl tief drinnen im Kopf und in der Brust.»

Diese Schilderung klingt nach Extremsport. Die esoterische Komponente scheint bestenfalls ein »Nebenprodukt«. Ohne dem berühmten Bergsteiger irgendeine Geisteshaltung unterstellen zu wollen, kann man doch sagen – ein »Nebenprodukt« ist sie sicher nicht.

Wer das schmale Bändchen mit dem dürren Titel »Biologische Basis religiöser Erfahrung« kennt, das der Physiker und Philosoph Carl Friedrich von Weizsäcker gemeinsam mit dem Inder Gopi Krishna publiziert hat, wird die Signifikanz erkennen.

1937 erlebte Krishna beim Meditieren, was er bisher nur aus alten Überlieferungen gekannt hatte: Die Erweckung der *Kundalini(Schlangen)kraft*. (Das westliche Gegenstück zum Kundalini-Yoga ist das von der Golden Dawn stammende »Ritual der Mittleren Säule«, welche zum Standard westlicher magischer Systeme gehört.)

Im Zuge einer langen Übung spürt der Inder, wie er immer ruhiger wird, sein Gefühl für den Bodenkontakt verliert und zugleich mit dem inneren Auge eine Lotusblüte in strahlendem Glanz wahrnimmt. Diese Erfahrungen kommen bei Meditationen oft vor, doch es geht noch weiter. Gopi Krishna schildert: »Plötzlich fühlte ich einen Strom flüssigen Lichtes, tosend wie ein Wasserfall durch meine Wirbelsäule in mein Gehirn eindringen ... Immer strahlender wurde das Leuchten, immer lauter das Tosen. Ich hatte das Gefühl eines Erdbebens, dann spürte ich, wie ich aus meinem Körper schlüpfte, in eine Aura von Licht gehüllt. Es ist unmöglich, dieses Erlebnis genau zu beschreiben. Ich fühlte, wie der Punkt meines Bewußtseins, der ich selber war, immer größer wurde und von Wellen des Lichtes umgeben war. Immer weiter breitete es sich nach außen hin aus, während der Körper, normalerweise erster Gegenstand der Wahrnehmung, immer mehr in die Entfernung zu rücken schien, bis ich seiner nicht mehr bewußt war.«

Man könnte dieses mystische Erweckungserlebnis als subjektiv abtun, wenn es nicht »praktische Auswirkungen« gäbe. In der Folge erwachte eine Reihe von esoterischen (paranormalen) Fähigkeiten in Gopi Krishna, die eindeutig belegt sind.

Die bemerkenswerteste – und am sichersten nachprüfbare – davon war die Fähigkeit, ihm unbekannte Sprachen zu verstehen. Solche PSI-Talente werden in der Yogaterminologie als *Siddhis* bezeichnet und repräsentieren eine Seite der Chakralehre. Auf sie wollen wir nicht explizit eingehen, denn es gibt viele ernsthafte Fachwerke darüber, die den speziell Interessierten informieren. Festhalten wollen wir statt dessen, daß Gopi Krishna ein »Schwellenerlebnis« widerfahren ist, wie es nicht nur die östliche Esoterik kennt.

Licht spielt bei diesen immer wieder die zentrale Rolle. In der zweiten Hälfte des zweiten Jahrhunderts nach Christi schildert Apuleius von Madaura seine Einweihung so: »Ich ging bis zur Grenzscheide zwischen Leben und Tod. Ich betrat Prosperinens Schwelle, und nachdem ich durch alle Elemente gefahren war, kehrte ich wiederum zurück. Zur Zeit der tiefsten Mitternacht sah ich die Sonne im hellsten Licht leuchten.«

Auch Jakob Böhme (1575–1624), dem Schuhmacher aus Görlitz, der im Alter von 25 Jahren eine mystische Umwandlung erlebte und den esoterischen Weg als einen zur Selbstverwirklichung verstand, wurde das »Schauen der Sonne um Mitternacht« im Jahr 1600 zuteil:

»Davon weiß ich zu sagen, was das für ein Licht und eine Bestätigung sei, wer das Centrum naturae erfindet. Aber keine Vernunft erlanget es.«

Solche Schwellenerlebnisse sind in vielen mystischen Initiationen, wenn nicht in allen, von größter Bedeutung (man denke nur an das Todes- und »Zerlegungs«erlebnis der Schamanen). Es dauert natürlich seine Zeit, bis man eine solche Ebene erreicht, wenn überhaupt. Vom ersten Schritt auf dem Pfad der Esoterik bis zur Initiation (Einweihung) ist es ein langer, gewundener Weg, den viele nicht schaffen.

Begeben wir uns also in die Startposition und suchen danach, welche Möglichkeiten sich dem einzelnen auftun – ob er nun sein gesamtes Leben von Grund auf esoterisch ausrichten oder »nur« sinnvoller und glücklicher leben will. Der Interessent wird zu Beginn von der Vielfalt und überwältigenden Kompliziertheit der magischen Systeme zweifellos verwirrt. Läßt er sich dadurch nicht entmutigen, sondern sucht nach einem Einstieg und nach Verständnis der wesentlichen Prinzipien und Grundbegriffe, wird sich das im wahrsten Sinne des Wortes mystische Dunkel lichten. Eine Art Selbstverständnis der Magie kann – und wird sich in vielen Fällen – einstellen.

Die meisten magischen Traditionen sind sich ihrer eigenen Unergründlichkeitswirkung bewußt und legen dem Schüler nahe, mit dem Studium der wichtigsten Grundsätze und Prinzipien zu beginnen, auf denen das Gebäude der Magie basiert. Sind die einmal verstanden, begeben sich die Einzelteile der magischen Theorie und Praxis wie von selbst auf ihren Platz. Man erkennt die Gemeinsamkeit aller magischer Systeme.

Wir können die Grundstufe überspringen. Der Gedanke allumfassender Harmonie, kosmischer Einheit und Entsprechung von Mikro- und Makrokosmos (»wie oben so unten«) ist uns bereits vertraut. Desgleichen die dreidimensionale Beschränktheit unserer Gehirne. Sie zu überwinden, trachten Esoteriker, Naturwissenschaftler und Drogensüchtige gleichermaßen – nur auf unterschiedlichen Wegen.

Der Magier strebt eine höhere Wahrnehmungs- und Erkenntnisfähigkeit an, die sich im Zuge seiner Übungen zuerst als kurze Erleuchtungsblitze bemerkbar macht. Im Laufe fortschreitenden magischen Trainings wird ihre Dauer zunehmen. Schließlich wird der willentliche Zugang zu höheren spirituellen Bewußtseinsebenen möglich sein.

So das Endziel. Es kann auf unterschiedlichen Wegen angestrebt werden und man kann jederzeit innehalten, wenn man innerlich weiß: *»Das ist es, was ich wollte!«*

Grundvoraussetzung für jede magische Arbeit ist die Fähigkeit zur Erzeugung mental-bildhafter Vorstellungen. Viele Menschen können derartiges von Natur aus. Therapietechniken machen davon Gebrauch, beispielsweise das bekannte »katatyme Bilderlebnis«, aber auch die Oberstufe des Autogenen Trainings.

Wer nicht zu den Begabten gehört, kann die Kunst des imaginativen Bilderdenkens dennoch erlernen. Jeder wird wissen, wie er solches bewerkstelligt. Meist genügt, die Gedanken schweifen zu lassen und sich der aus dem Unterbewußtsein aufsteigenden Bilder bewußt zu werden. Dann sollte man behutsam versuchen, sie zu vertiefen, ohne sich jedoch mit zusammengebissenen Kinnladen an sie klammern zu wollen. Keine Sorge: dies lernt sich schnell. Der Rest ist Training.

In einigen Fällen mögen unterbewußte »Gegenaktionen« auftreten: Kopfschmerzen, Übelkeit, extremer Konzentrationsmangel etc. Kurzum: Unser Ich fühlt sich in seiner Ruhe gestört. Es will lieber in gewohnten Bahnen weiterfunktionieren und uns von unserer Absicht abbringen.

Dem dürfen wir nicht nachgeben. Weitermachen ist die Devise, nicht anders als beim Erlernen eines Instrumentes oder einer fremden, vielleicht »unsympathischen« Sprache. Beharrlichkeit führt auch zum magischen Ziel. Eines Tages wird selbst das widerborstigste Unterbewußtsein die neuen Denk- und Vorstellungsmuster akzeptieren. Damit ist die erste, und wahrscheinlich schwierigste Hürde überwunden.

Nun können wir *unsere* Methode wählen und mit den Übungen beginnen.

Zuvor noch ein wichtiger Hinweis zur fortgeschrittenen Grundschule. Es gibt zwei Arten zur Mentalbilderzeugung: Man kann die Bildvorstellung bewußt angehen oder sich selbst in einen ruhigen, passiven Zustand versetzen, der den Bildern unseres Unterbewußtseins die Pforte öffnet. Hat man ein inneres Bild erschaffen beziehungsweise hat es sich aus der vorbeidriftenden Bilderparade herausgeschält, sollte man es in beiden Fällen nach Details abklopfen und die Imaginationsfähigkeit voll einsetzen.

Bereits aus dieser ersten Phase läßt sich ein Gewinn für das tägliche Leben ziehen. Stellen sich beim Meditieren über bestimmte Gegenstände oder Inhalte besonders hartnäckige Schwierigkeiten ein oder vergißt man etwas immer und immer wieder, während alles andere klar vor dem inneren Auge steht, ist man auf eine unterbewußte Prägung gestoßen. Die Psychoanalyse betrachtet solche Blockierungen als wichtige Hinweise und setzt bei ihnen therapeutisch an. Das kann der beginnende Magier auch. Nicht selten lassen sich Ängste, Neurosen, Niedergeschlagenheitsgefühle und ähnliches dadurch aus der Welt schaffen, daß man sich bewußt macht, *was* sie verursacht hat oder mit ihnen verknüpft ist.

Wir wollen jedoch weiterschreiten. Eine der Instruktionen der magischen Loge »Orden der Goldenen Morgendämmerung» (*Golden Dawn*) lautete: »Verwandle durch positiven Willensakt eine (Traum-)Vision zu einer sichtbaren und erlebbaren Wirklichkeit des Wachbewußtseins.«

Dazu braucht man allerdings bereits handfeste Hilfsmittel und methodisches Vorgehen. Eine bewährte Technik ist es, ein einfaches, nicht allzu großes Objekt gezielt zu fokusieren. Dies kann mit Hilfe einer simplen Papier- oder Papprolle erleichtert werden.

Durch sie betrachtet man das gewählte Objekt entweder abwechselnd mit dem einen und dann dem anderen Auge, oder – wenn der Röhrendurchmesser groß genug ist beziehungsweise man keine Röhre sondern eine Art Ellipsoid, einen Guckkasten formt – mit beiden Augen wie durch einen Feldstecher. Das klappt am besten.

Nach einiger Zeit der Fixierung wendet man den Blick ab und läßt ihn unkonzentriert »in die Weite« wandern. Auf diese Weise kommt es zum Nachhall des Gesehenen im Geist und im optischen Sensorium. Ein einfacher psychologischer Kunstgriff, aber sehr hilfreich.

Es würde zu weit führen, die ganze Palette an Entspannungs- und Konzentrationsübungen auszubreiten, die Psychologie, Gruppendynamik, Yoga, Meditationslehren etc. anbieten. Wer sich darüber in allen Einzelheiten informieren will, dem steht auch hier ein reiches Angebot an einschlägiger Literatur zur Verfügung. Für uns genügt die lapidare Feststellung, daß mit der Fähigkeit sich zu konzentrieren meist auch die zur Entspannung einhergeht – und umgekehrt.

Manche Techniken verknüpfen dies bewußt. Die in der Psychologie gerne angewandte Methode Jakobson besteht schlicht und einfach darin, daß man in einer bequemen Haltung – am besten im Liegen – jeden einzelnen Muskel des Körpers bewußt kurzzeitig extrem anspannt. Von der kleinen Zehe bis zur Stirnhaut.

Natürlich kann man nicht jeden Muskel entspannen, aber mehr als man für möglich halten würde. Nach dieser mehrminütigen Übung stellt sich Entspannung ein.

Dann gibt es noch klassische Entspannungsmeditationen: Man setzt sich aufrecht hin. Ist man gelenkig genug, empfiehlt sich eine Yogahaltung (diese fördern das sogenannte »frei flottierende Bewußtsein«).

Man versucht, alle äußeren Eindrücke von sich zu weisen, läßt sich fallen. Der Körper wird gelockert, inneres Gleichgewicht tritt auf. Das sogenannte Organgefühl (man bemerkt, daß das eigene Herz schlägt, das Blut pulst etc). stellt sich ein. Der Atem wird bewußt (richtiges Atmen ist einer der Schlüssel zu zahlreichen esoterischen Techniken).

Nun konzentriert man sich auf den Atem. Mit geöffnetem Mund wird gefühlt, wie die Atemluft durch den Mund in die Lungen, in den ganzen Körper strömt, jede Faser des Seins durchdringt. Tiefe Atemzüge und gleichbleibender Rhythmus sind wichtig. Bald schon wird man die eigenen Atemzüge laut und deutlich hören – wie einen tiefen Strom des Lebens, der der Atem (*Prana*) ja auch ist, und nicht nur im rein medizinischen Sinne.

Nun denkt man »themenzentriert« weiter (abermals ein Wort aus der Psychologie und Gruppendynamik, das gut paßt). Ein Wort wird gewählt, vorzugsweise ein positiver, harmonischer Begriff mit tiefer Bedeutung, beispielsweise »Harmonie«, »Einssein«, »Licht«, »Liebe«, »Erfüllung« . . . Ganz nach persönlicher Wertskala.

Wer sich mit dieser Übung nicht anfreunden kann, für den mag ein hinduistischer Pfad der geeignetere sein.

Völlig entspannt, mit »geleertem« Geist und gedanklichem Hintergrundrauschen wird ein Ton mit geschlossenem Munde gesummt. So laut, daß man ihn selbst hören kann. Man wird verspüren, wie der eigene Körper zu vibrieren beginnt und regelrecht widerhallt.

Ein Verstärkungseffekt läßt sich durch die gleichzeitige Vorstellung erzielen, Licht würde in jede einzelne Zelle des Körpers fließen, bis man das Gefühl hat, hell und strahlend zu sein.

Das Summen oder Singen eines Lautes ist aus dem Yoga bekannt. Für die Brahmanen ist der heilige Laut *OM* ein mystisches Mantra, das die Essenz des gesamten Universums symbolisiert. Er wird A-U-M gesungen, was zugleich das nicht nur im Abendland verankerte Dreiheitsprinzip ausdrückt. Bei den Hindus stehen die »drei in einem« für

Brahma, Vishnu und Shiva – die Regenten der Schöpfung. Kehren wir wieder zur Praxis zurück.

All diese Übungen dienen zur inneren Vorbereitung und Gewöhnung an den Prozeß der Wahrnehmungsverschiebung, der mit der esoterischen Praxis einhergeht, sofern man sie ernsthaft betreibt. Die ausgeführten Methoden sind nicht bindend, sondern sollen nur andeuten, wie man herangehen kann. Niemand muß einen Gegenstand durch eine Röhre fixieren oder die vorgeschlagenen Abläufe sklavisch einhalten. Es genügt in der Regel so vorzugehen, wie es dem eigenen Wesen entspricht. Wem es mehr liegt, sich beispielsweise auf eine Kerzenflamme zu konzentrieren (ebenfalls eine gängige Übung), möge es tun.

Wird die erste Stufe zufriedenstellend beherrscht, kann man einen Schritt weitergehen. Auch dafür gibt es kein starres Rezept. Manche Fachleute – zum Beispiel W. E. Butler – halten die Ausbildung des sogenannten »imaginativen Hörens« für eine gute Fortbildung.

Man ruft sich die Stimme einer gut bekannten Person in die Erinnerung. Das klingt einfach, ist aber für den Ungeübten problematischer, als erwartet. Ohne Geduld geht es auch hier nicht. Ist man soweit, die fremde Stimme innerlich vernehmen zu können, geht man zu bestimmten Inhalten über, das heißt, man läßt die oder den Betreffende(n) Konkretes sagen.

Anfangs müssen diese inneren Ansprachen noch formuliert werden. Wir bestimmen, was der imaginierte Vortragsredner spricht, doch nur zu Beginn. Nach einiger Zeit – und Übung – übernimmt unser Unterbewußtsein die Regie.

Die Stimme einer bestimmten Person wird auf Wunsch völlig wirklichkeitsgetreu wahrgenommen und das Gesprochene kommt von selbst. Der Übende braucht nur noch zu lauschen. Man hat das Gebiet magischer Erscheinungen betreten, im vorliegenden Fall die Domäne der »direkten Stimme«, wie jenes Phänomen im Spiritualismus genannt wird.

Bleiben wir einmal bei der

Kraft der Worte/Magie der Töne

Der bekannte Jazzspezialist, Bestsellerautor und Gruppenleiter Joachim-Ernst Berendt verwendet den Begriff »Tao des Hörens«, der wohl nicht ganz absichtslos an Fritjof Capras »Tao der Physik« erinnert.

In seinen »Nadha-Brahma«-Sendungen, die zu den erfolgreichsten des Südwestfunk-Kulturprogramms gehören, betonte er die spirituell-kreative Bedeutung des Hörens aus westlicher und östlicher Sicht. Für Berendt muß der westliche Mensch zum »hörenden Menschen« werden, um die geistige und materielle Krise zu überwinden, in der sich unsere außengesteuerte Welt befindet. Durch zahlreiche Vorträge, Workshops und Seminare in Europa und in den USA vermittelt Joachim-Ernst Berendt die Philosophie von »Ich höre – also bin ich« und auch die Praxis der auditiven Innenschau. Für ihn ist Hören gleichbedeutend mit spirituell werden. Ein Weg, der viele Menschen anspricht und Gabelungen aufweist. Ohne Zweifel sind ». . . Klang und Musik Wegweiser zum Hören auf die eigene innere Stimme . . .« (so Joachim-Ernst Berendt), doch darf die Macht des Wortes selbst nicht übersehen werden.

Diese ist nicht im manipulativen Sinne zu verstehen (Stichwort Werbung), sondern im esoterisch-magischen. Der abendländische Kulturkreis wurde in seiner Frühphase von einem bedeutenden metaphysischen System beeinflußt, das wir als die *Kabbalah* kennen. Die kabbalistischen Lehren wurden, streng nach der Bedeutung des Wortes Kabbalah, jahrhundertelang »vom Mund zum Ohr« weitergegeben. Teile der Lehre wurden erstmals im 12. Jahrhundert rudimentär in Buchform veröffentlicht.

Die magischen Systeme des Westens, die im Mittelalter aufkamen, basieren auf diesen kabbalistischen Büchern. Innerhalb der magischen Ton- und Lautformen nehmen die kabbalistischen »Namen der Kraft« eine besondere Stellung ein.

Die gegen Ende des 18. Jahrhunderts in Polen entstandene kabbalistische Chassidim-Sekte machte Gebrauch von »heiligen Worten«. Ihr Gründer und erster Leiter, der »Meister des Göttlichen Namens«, Rabbi Israel Baal Shem Tov, war der erste einer Reihe von Eingeweihten, die dadurch Zeichen und Wunder getan haben sollen.

Das Wiederaufleben der westlichen okkulten Tradition durch den »Orden der Goldenen Morgendämmerung« (*Golden Dawn*), seinen Ableger *Stella Matutina* und andere Geheimgesellschaften ging mit der Renaissance der kabbalistischen Kraftworte, der »Sprache Henochs« und verwandter Systeme Hand in Hand.

Im Osten gab es weniger Schwankungen. Ein festes und sehr komplexes Philosophiesystem von magischen Worten existiert seit Jahrtausenden unangefochten. Wir kennen es als »Mantra-Yoga«. In tantrischen Werken wird es oft als »Buchstabengirlande« oder ähnlich bezeichnet. Die Mantras sind ursprünglich Verse aus den sanskritischen Veden, die als Beschwörungs- oder Zauberformeln Verwendung finden. Im engeren Sinne muß man jedoch solche Teile der Veden als Mantras bezeichnen, die nicht als *Brahmanas* (Erklärungen) gekennzeichnet sind. Im esoterischen Schrifttum bedeutet Mantra das fleischgewordene Wort, das durch Magie sinnlich wahrnehmbar wird. Mantras werden in der Meditation meist schweigend wiederholt. Da für viele mystische Traditionen das Wesen einer Gottheit identisch mit ihrem Namen ist, kann das Wiederholen des Mantras zur Vereinigung mit der Gottheit führen.

Nicht selten gibt der *Guru* (Meister) dem *Chela* (Schüler) ein persönliches Mantra, das geheimgehalten werden muß. Der Mantrabegriff ist jedoch noch umfassender.

In der bereits angesprochenen Yogatechnik werden sogenannte Wurzelworte beziehungsweise Urtöne – wie das *OM* – in ritueller Weise gesungen, um dem *Samadhi* (höchste Vollendung, 8. Glied ...) nahezukommen. In seiner Gesamtheit lautet dieses sehr bekannte Mantra: »*Om Namah Shivaya* (Om, ich verneige mich in Ehrfurcht vor Shiva, dem inneren Selbst)«.

Dieser kleine Abstecher in die magischen Traditionen von Orient und Okzident zeigt, welche Bedeutung »das Wort« – aber auch der Ton, wie wir gleich erfahren werden – seit der Morgendämmerung der Menschheit besaß, und noch besitzt.

Eine Bedeutung, die wahrscheinlich auch in jenen Tagen dunkler Vorzeit existierte, als Neandertaler und Cro-Magnon-Menschen einander Laute der Herausforderung zugrunzten. Die Grundlage von Worten geheimer Kraft in einer Epoche zu orten, als es noch keine wirklichen Worte gab, scheint widersprüchlich, ist es aber nicht.

Wie Linguisten und Anthropologen, aber auch Gehirnforscher und Biophysiker festgestellt haben, ist die Grundstruktur der menschlichen Sprache durch den Aufbau des Gehirns bis zu einem gewissen Grad vorprogrammiert. Aus diesem Grund lassen sich auch gleichartige Elementarstrukturen in allen Sprachen feststellen, was allerdings nur durch mathematische Analysen und Computersimulationen möglich ist.

Akzeptieren wir es ruhig: Es gibt Gemeinsamkeiten zwischen einem chinesischen Dialekt und breitestem Bayrisch, wie auch bei allen anderen Hochsprachen, Idiomen oder was auch immer.

Kleine Kinder beherrschen eine wahrlich menschheitsverbindende Ursprache, ehe sie die Sprache ihrer Eltern lernen und damit aufhören, universell-verbal zu sein. Diesen seltsamen Prozeß hat die Zwillingsforschung ans Tageslicht gebracht. Einzelkinder im Säuglingsalter haben nun mal keine identischen Gesprächspartner. Bereits im Kindergarten ist die Fähigkeit, sich »ursprachlich« auszudrücken verlorengegangen.

Tief drinnen in uns aber ruht das Erbe unserer frühesten Geschichte, können wir offenbar stammesgeschichtliche Programme, Erinnerungen und Fähigkeiten wieder abrufen. Möglicherweise durch »Worte der Kraft« und »Urtöne«. Modernste Forschungen zeigen, daß solche Worte und Töne bei telepathischen Übertragungen eine große Rolle spielen, nur werden sie hier als »Archetypen« bezeichnet. Wir kennen den Begriff bereits. Er geht auf C. G. Jung zurück und umreißt den Ozean des kollektiven Unbewußten.

An dieser Vorstellung soll in keiner Weise gerüttelt werden. Zweifellos hat die Entwicklung des *Homo sapiens* es mit sich gebracht, daß unsere Denkapparate nicht völlig individuell sein können. So kommt es, daß gewisse Reize (Farben, Töne etc.) beim japanischen Spitzenmanager dieselben Reaktionen auslösen, wie beim australischen Ureinwohner. Die Psychologie spricht vom kulturneutralen Stimulans, dem man in abstrahierter Form in Tests begegnet, die als »culture fair« bezeichnet werden. Die »Verdrahtung« unserer Gehirne ist auf deren tiefster Ebene so gleichartig, daß gewisse Assoziationsketten in jedem von uns ablaufen – hier haben wir die angesprochenen Archetypen.

Im Grunde ist all das offensichtlich. Wäre es anders, gäbe es nicht eine menschliche Gemeinschaft mit etwa 5½ Milliarden Mitgliedern, sondern 5½ Milliarden Einzeluniversen ohne jede Kontaktmöglichkeit. In Wirklichkeit ist letztere Variante rein theoretischer Natur, da eine Spezies mit solch absoluter Individualität schnell zu den abgestorbenen Zweigen am Baum der Evolution zählte – sofern sie überhaupt entstehen kann.

Es spricht also kein wissenschaftliches Argument dagegen, daß in unserem Geist geheime Kämmerchen nur darauf warten, durch »Worte der Kraft« oder »Urtöne« geöffnet zu werden. Daß der Schall vielgestaltig, facettenreich und machtvoll sein kann, ist kein Geheimnis. *Ultraschall* ist in der Lage, schwere Zerstörungen anzurichten (und hat es vielleicht in vorgeschichtlicher Zeit bereits getan, man denke nur an die Trompeten von Jericho); *Infraschall* (niedere Frequenzen *unter* der Hörgrenze) vermag Menschen in den Wahnsinn zu treiben, und selbst unser bescheidenes Schallfenster in der Umgebung von 10 000 Hertz überflutet uns mit einer Geräuschflut, die niemand verarbeiten kann. So wandern mehr als 90 Prozent davon auch postwendend ins Unterbewußtsein, immer bereit, durch einen Assoziationsimpuls wieder hervorzubrechen.

Wir sind nun an einem Punkt angekommen, an dem ein Füllhorn an praktischen Instruktionen auszugießen wäre. Das würde – wieder einmal – den Rahmen dieses Buches sprengen. Wer tiefer in die Magie der Worte und Töne eindringen und mit ihr arbeiten will, dem steht ein reiches Angebot an Fachliteratur und Informationsmaterial aller Art zur Verfügung.

Hier sollte nur eine Seite esoterischer Lebenshilfe und Schicksalsbemeisterung aufgezeigt und in den Grundzügen dargelegt werden. Menschen, die auditiv orientiert sind, mögen hier ihren Weg entdecken und auf ihm weitergehen.

Dazu noch ein Tip: Ein wesentlicher Aspekt der Anwendung von Worten beziehungsweise Tönen der Kraft ist die richtige Intonierung, das heißt, schon die eigene Stimme soll dabei so kraftvoll und »energiegeladen« schwingen wie möglich. Auch das läßt sich einüben. Man senkt die Stimme und bemüht sich zugleich um einen klaren Geist, in dem nur das betreffende Kraftwort/der Urton und alles, was damit in Verbindung steht, Platz haben.

Ist dies geschafft, gibt es noch eine Methode zur Steigerung des Effektes: »Kraftvibrationen«. Vier Arten sind bekannt: Rhythmus und Tonhöhe, Vokale und Konsonanten. Die ersten beiden können mit Instrumenten, die anderen zwei durch die menschliche Stimme hervorgebracht werden.

Der Rhythmus ist der Schlüssel zu bestimmten emotionalen Zuständen und darüber hinaus (Stichwort: das Trommeln der Schamanen). Er kann regelmäßig oder unregelmäßig sein.

Das Unterbewußtsein reagiert oftmals sehr stark auf Laute oder Tonfolgen, die dem Wachbewußtsein extrem zuwider sind. In der Musik ist das Synkopieren oder »Brechen des Rhythmus'« (Betonen einer normalerweise nicht betonten Note oder eines Akkordes) ein kräftiger Auslöseimpuls für spezifische Gemütsverfassungen.

Der westliche Mensch ist mit einer Musik vertraut, die rund um einen Ton – den sogenannten Kammerton – aufgebaut wird. Er ist z. B. der Richtton zum Stimmen jedes Klaviers. Die östliche Mantramusik ist einen halben Ton tiefer, beruht auf der einfachen Tonfolge, die in Vierteltönen steigt und fällt – und geht uns nicht so ins Ohr, wie die Musik des Abendlandes. Trotzdem sollte sich auch der Europäer damit befreunden, denn magisches Intonieren und Singen mit herkömmlicher voller Singstimme und nach der gängigen Tonleiter bleibt normalerweise ohne Wirkung.

Die »disharmonischen« Töne der Mantramusik – und entsprechendes Nachsingen – scheinen innere Pforten der Wahrnehmung aufstoßen zu können, die sich sonst nur selten und bestenfalls spaltbreit öffnen.

Noch ein praktischer Hinweis, der den gegebenen Rahmen nicht sprengt: Der Einsatz des (eigenen) Persönlichkeitsnamens. Damit ist nicht der Taufname eines Menschen gemeint, sondern eine davon unabhängige Persönlichkeitsbeschreibung. Diese kann in einem Spitznamen zum Ausdruck kommen oder in einem Begriff, den man ganz stark mit jemandem assoziiert. Meist wird man sich über den eigenen Persönlichkeitsnamen am ehesten im klaren sein, doch bildet sich im Laufe der Zeit eine gewisse Fähigkeit heraus, Mitmenschen einen solchen zuzuweisen, der in vielen Fällen zutrifft. Der englische Dichter Alfred Tennyson (1809–1892, ein gefeierter Meister der Gedankenlyrik und formstrenger Klassizist) fiel in einen tranceartigen Zustand, als er seinen eigenen Persönlichkeitsnamen mit lauter, intensiver Stimme aussprach. Er erlebte in diesem Zustand größere und höhere Aspekte seines eigenen Selbst und brachte diese außergewöhnliche Erfahrung in seinem Gedicht »The Ancient Sage« (Der uralte Weise) zum Ausdruck.

Eine weitere Verstärkung ist die »direkte Vibration«. Man versuche, ein Kraftwort – der Einfachheit halber zu Anfang den eigenen Persönlichkeitsnamen – in den eigenen Organismus zurückfließen zu lassen.

Das klingt schwieriger als es ist. Die Hände sind Teile des Körpers, die uns sehr vertraut sind. Man drehe eine Handfläche nach oben, richte den Blick darauf und stelle sich vor, der Persönlichkeitsname befände sich mitten auf dem Handteller und würde dort vibrieren.

Diese Übung wird nicht gleich gelingen. Sie ist, zugegeben, etwas fremdartig. Nach einiger Zeit wird sie jedoch im wahrsten Sinne des Wortes von der Hand gehen. Dann können wir unsere Vibrationskraft auf andere Körperregionen konzentrieren, auf die Stirn, den Solarplexus, den Magen usw. Auf diese Weise läßt sich durch gelenkte Vibration eine wohltuende, vitalisierende, ja selbst heilende Wirkung ganz gezielt bewirken (später auch ohne Verwendung eines Kraftwortes oder Namens). Natürlich empfiehlt es sich nicht, einen Blinddarmdurchbruch gesundvibrieren zu wollen, doch zu einer Verbesserung unserer Gesamtkonstitution und Steigerung der Lebenskraft kann diese Technik sehr viel beitragen.

Wenn diese Stufe einmal erreicht ist, ist man schon recht weit gekommen. So mancher mag nicht mit Sicherheit angeben können, ob er mehr zum Akustischen oder mehr zum Optischen neigt. Es geschieht immer wieder, daß Menschen spontan sagen, sie seien visuelle oder akustische Persönlichkeiten, jedoch unsicher werden, wenn sie sich ernsthaft zu fragen beginnen. Eine einfache Übung kann Klarheit verschaffen. Man stelle sich einen Laut vor und lasse ihn langsam verebben, vergleichbar mit dem Ton einer Stimmgabel. Eine Hilfestellung ist es, ein kleines Gefäß über das Ohr stülpen, beispielsweise eine Kaffeetasse, und in das Rauschen des Blutes hinein den schwächer werdenden Ton zu projizieren beziehungsweise das Rauschen des Blutes selbst zum Versiegen zu bringen (vertrauter kann diese Übung durch Verwendung einer Muschel sein, sofern zur Hand). Wenn sich hier gar kein Erfolg, sondern nur verbissenes Trainieren einstellt, ist man wahrscheinlich nicht akustisch prädisponiert. In dem Fall sollte man sich wohl entscheiden für ein Eindringen in

Das Zauberreich der Farben und Bilder

In der Werbung gibt es sogenannte »tachystoskopische Bilder«. Diese, mittlerweile wegen hypnotisch-manipulativer Wirkung verbotene Methode besteht darin, in einen Werbespot oder Film Motive so kurz einzublenden, daß sie dem Wachbewußtsein völlig entgehen, nicht aber dem Unterbewußtsein. Besagte Darstellungen, die naheliegenderweise primär Produkte oder Markennamen sind, werden Teil unserer Persönlichkeit, ohne, daß wir viel tun können. Keine sehr angenehme Vorstellung.

In den magischen Schulen, die sich mit der Ausbildung unseres visuellen Ego befassen, kommt scheinbar eine Systematik zur Anwendung, die jener Manipulationstechnik ähnlich ist, jedoch mit umgekehrten Vorzeichen. Beispielsweise gehen die Meditationen über die Glyphe (Symbolzeichnung) des kabbalistischen Lebensbaums (Sephira) mit plötzlich aufleuchtenden oder aufblitzenden Farben einher, mehr noch, die Farben sind die Grundlage dieser Meditation.

Dieser Umstand wird oft nicht in seiner gesamten Bedeutung gewürdigt, obgleich die Wichtigkeit der Farben im Rahmen der praktischen Magie ansonsten unbestritten ist.

Es gibt zahlreiche Publikationen über die Wechselwirkung zwischen Psyche und Farben. Der bekannte Schweizer Psychotherapeut Max Lüscher entwickelte einen nach ihm benannten Farbtest, dessen simple Präzision immer wieder verblüfft, Farbtherapien werden abgehalten und Heilfarben im Kampf gegen hartnäckige Leiden eingesetzt.

Der optische Mensch kann seine Empfänglichkeit für Farbsignale durch einige Übungen vertiefen, die in sich noch keinen magischen Charakter aufweisen.

Starrt man längere Zeit auf eine farbige Darstellung, vorzugsweise ein einfaches Motiv in einer Primärfarbe wie Rot, und richtet den Blick dann jäh auf eine weiße Fläche, wird man auf dieser die eben noch betrachtete Figur zu sehen vermeinen, allerdings in der Komplementärfarbe. Bei einem roten Objekt wird dieses in Grün vor dem weißen Hintergrund stehen.

Dies ist ein bekannter physiologischer Effekt.

Man kann aber noch weiter gehen. Zeichnet man eine Scheibe oder ein Vieleck, unterteilt es mehrmals in rote beziehungsweise grüne Segmente, in deren Zentrum wiederum die komplementäre Farbe als kleine Fläche gesetzt wird, erhält man eine Zeichnung, die etwa so wie hier abgebildet aussehen könnte: Die Form ist nicht bindend, nur das Prinzip der wechselnden Komplementärfarben sollte berücksichtigt werden. Diese Grafik ist nun unser Meditationsinstrument, unser *Mandala*. Die Übung selbst erfordert Ausdauer und Konzentration. Die Scheibe (das Vieleck) wird fixiert, wobei man sich ganz fest auf eine der beiden Farben konzentriert. Solches ist anstrengend und führt nach einiger Zeit zum momentanen Nachlassen. Der Blick irrt ab, der Brennpunkt weitet sich. In dem Augenblick bricht die nichtfixierte Farbe sozusagen durch.

Hat man Rot gewählt, wird Grün aufleuchten, gleichzeitig aber auch wieder Rot, Grün, Rot usw. Eine Farbschwingung setzt ein, die Scheibe (das Vieleck) beginnt gleichsam pulsierend zu leben. Solche

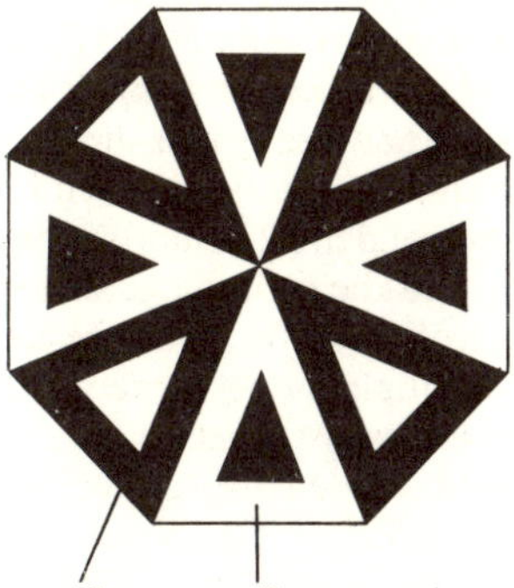

Farboszillationen haben eine tiefe Wirkung auf die geheimen Kammern unserer Psyche. Zu einem späteren Zeitpunkt kann man die Grafik in Rotation versetzen, wodurch der bewußtseinsverändernde Effekt intensiviert, vertieft und ausgeweitet wird. Wohlgemerkt: Diese Übung darf nicht mit einer Farbtherapie verwechselt werden. Sie ist vielmehr eine der unterschiedlichen Meditationsformen, mit denen man sich selbst für die allgegenwärtigen und von außen einströmenden Schwingungen empfänglich machen kann.

Dazu kommt noch die esoterische Bedeutung spezieller Farben, entsprechend der jeweiligen esoterischen Tradition.

Es wäre vermessen zu behaupten, daß mit diesen wenigen Beispielen die Grundstufe abgehakt sei. Ganz im Gegenteil, es gibt zahllose Meditationsformen mit visuellem oder akustischem Schwerpunkt, die es uns ermöglichen, auf Wunsch in einen Zustand geöffneten oder erweiterten Bewußtseins zu gelangen. Die im Detail beschriebenen Verfahren sollten nur zeigen, wie prinzipiell vorzugehen ist. Jeder einzelne kann seine persönliche Form erarbeiten, die durchaus Lichtjahre von dem hier Ausgeführten abweichen mag.

Entscheidend ist und bleibt die dadurch bewirkte innere Wandlung. Selbst wenn man nicht weiter geht und sich mit der erworbenen Meditationsfähigkeit »begnügt«, so kann man bereits dadurch seinem Leben eine Wende zum Besseren geben.

Dies wird jeder bestätigen, der von Problemen bedrückt, von Unrast getrieben, von Selbstzweifeln angenagt, von Einsamkeit deprimiert und von der Sinnlosigkeit des Lebens überzeugt war und dann die Kraft mobilisieren konnte, den Ausweg der Selbstversenkung zu beschreiten.

Wie durch Zauberei schrumpften überdimensionale Sorgen, verschwanden Ängste, trat heitere Gelassenheit an Stelle permanenten Gehetztseins.

Nun ließe sich einwenden, daß all dem nichts wirklich »Magisches« anhaftet. Meditation ... Mantras ... Autosuggestion ... Mandalas ... Farbtypen ... Autogenes Training, die Begriffe scheinen austauschbar. Im Grund sind sie es auch, denn im Mittelpunkt steht immer dasselbe: Unser Geist mit seinen verborgenen Kräften.

Der Schritt über die Schwelle ...

Nun ist der erste Schritt getan. Sollen weitere folgen, muß man sich über die einzuschlagende Richtung klar sein. Die Esoterik hält ein wahres Füllhorn an Möglichkeiten bereit. Schon bei Astrologie und Radiästhesie (Pendel und Wünschelrute) und den Orakeln (I GING und Tarot) ist klar zutage getreten, wieviel praktische Lebenshilfe diese Techniken bieten können. Richtig und mit Bedacht eingesetzt, kann jede davon das persönliche Glück nicht nur fördern, sondern Klarheit schaffen, *was* darunter überhaupt zu verstehen ist.

Eine gut sortierte esoterische Bibliothek kann Hunderte von Bänden voll esoterisch-spiritueller Lebenshilfe umfassen: Von der Kunst des Handlesens bis zu den unterschiedlichen Persönlichkeitstypen, die im jahrtausendealten Symbolsystem des Enneagramms verschlüsselt sein mögen, von der Energie der Chakren bis zum Erwecken der Hellsichtigkeit, von Beschwörungsformeln bis zur höchsten Initiation, vom Liebeszauber bis zum Finden des vorbestimmten Partners, der mit einem nicht ein, sondern mehrere Leben teilt, von der Kraftquelle im Unterbewußtsein bis zu magischen Atemtechniken, vom Verstehen der Träume bis zum Sehen der Aura, von Astralreisen bis zur Anrufung des persönlichen Schutzgeistes, von schamanischen Jenseitswelten bis zum Anzapfen kosmischer Energien, vom Runen-Werfen bis zu Wyda, der Kraft der Druiden, von Geistheilung bis zur magischen Evokation, von Zahlen-Magie bis zu Aromatherapie, von der Kraft der Edelsteine bis zu den indianischen Kraft-Tieren, von Pyramidenenergie bis zu Erdstrahlen, von Wiedergeburtserfahrung bis zu den geheimnisvollen Doppelgängern ...

Diese Palette, so reichhaltig sie auch wirkt, ist nur ein Bruchteil der esoterischen Techniken, Methoden, Systeme und Lehren, über die man sich in der erwähnten gut sortierten esoterischen Bibliothek informieren könnte. An dieser Stelle ein herausgefiltertes Konzentrat solcher Überfülle präsentieren zu wollen, wäre absurd.

Nein, begnügen wir uns mit einem kurzen, aber prägnanten Teil über »Lebenshilfe durch Esoterik«. Wir haben der Versuchung widerstanden, in den riesigen Ozean esoterischer Lebenshilfe hineinzutauchen und dabei im wahrsten Sinne des Wortes den Grund unter den Füßen zu verlieren. Statt dessen haben wir mit einigen Grundprinzipien Bekanntschaft gemacht, elementare Techniken kennengelernt, durch die esoterische Lebenshilfe überhaupt erst zugänglich wird, und vielleicht einige Tips erhalten, wie mit bereits Bekanntem (Astrologie, Orakel und Radiästhesie) noch effektiver gearbeitet werden kann.

Esoteriker, Okkultisten und Philosophen in Ost und West sind sich in dem Punkt einig, daß die richtige Einstellung bereits der halbe Erfolg ist, was immer man auch vorhaben mag. In diesem Teil wurde der Versuch gemacht, dies etwas zu erleichtern und ein paar Schlaglichter auf die esoterischen Hintergründe scheinbar mechanistischer Übungen zu werfen.

Noch ein esoterischer Grundgedanke soll in Erinnerung gerufen werden: »Der Weg ist das Ziel«. Nicht selten kann bereits das Befassen mit einer Welt jenseits des Alltagsfrustes, fernab von den Enttäuschungen im Beruf sowie mit den Menschen im allgemeinen und dem Partner im besonderen, und von allen anderen Widrigkeiten *die* Hilfe sein, die man immer gesucht hat. Mehr noch, was für manche vielleicht zu einem Zeitpunkt eine Flucht war, wird unerwartet zur Erfüllung und das, wovor man flüchten wollte, verliert an Bedeutung.

Wie auch immer man an die Esoterik herangeht, ob als verzweifelt Suchender oder als Jäger nach Erkenntnis, Weisheit und neuen Horizonten – sie hält für jeden eine Antwort bereit. Wir aber wollen nun die Antwort auf eine letzte, provozierende Frage. Sie lautet: »Kann die Esoterik zur Wissenschaft von morgen werden?«

Teil IV

Esoterik im Spiegel der Wissenschaft

Bausteine für ein neues Weltbild

»Nimmer noch gab es den Mann und nimmer wird es ihn geben, der die Wahrheit erkannt von den Göttern und allem auf Erden. Doch wenn er auch einmal das Rechte vollkommen getroffen, wüßte er selbst es doch nicht. Denn nur Wähnen ist uns beschieden.«

Xenophanes

Zerstörte Illusion »Hier und Jetzt«

Schweißgebadet erwachte der 54jährige Geschäftsinhaber Rafael Gonzales in Miami, USA, aus unruhigem Schlaf. Ein furchtbarer Alptraum hatte ihn gepeinigt und in Todesangst versetzt. Mit Grauen erinnerte er sich, wie real seine letzten Sekunden gewesen waren, als ihn im Traum sein ehemaliger Angestellter Roberto Avarez beraubt und brutal erschossen hatte.

Gonzales wußte nicht, daß seine Tage gezählt waren. Er hatte nur noch eine Woche zu leben.

Nachdem die Schrecken der Nacht verblaßt waren, erzählte der Geschäftsmann seinen Mitarbeitern von dem Alptraum. Sechs Tage danach wurde er tot aufgefunden.

Ein später Kunde hatte nach Geschäftsschluß bemerkt, daß Blut unter der verschlossenen Türe hervorsickerte. Rafael Gonzales war beraubt und brutal ermordet worden. Drei Kugeln aus nächster Nähe ließen die Tat wie eine Hinrichtung wirken. Im Laden fehlte eine kleine Stahlkassette mit etwa 400 Dollar. Man fand sie leer auf der Straße. Es gab keinen Hinweis auf den Täter – zumindest keinen solchen, wie sie die Polizei üblicherweise sucht.

Trotzdem war das Verbrechen schnell geklärt. Dazu Andy Arostegui, Chef der Kriminalpolizei von Miami:

»Bei den Routineverhören der Mitarbeiter des Ermordeten hörten wir von Mr. Gonzales Alptraum. Normalerweise halten wir nicht viel von solchen Dingen, aber da es sonst keine Spur gab, kümmerten wir uns auch darum. Tatsächlich zeigte sich, daß der einzige Fingerabdruck, der auf der Geldkassette vorhanden war, dem 22jährigen Roberto Alvarez gehörte. Er hat bereits gestanden.«

Der britische Historiker Arnold Toynbee hat sich mit dem zehnbändigen Werk »A Study of History« Unsterblichkeit in der Ruhmeshalle der Wissenschaft gesichert. Seine dynamische Theorie vom zyklischen

Ablauf der Kulturen spaltet auch heute die Historiker in verschiedene Lager. Während Oswald Spengler die Ansicht des Engländers ablehnte, Kulturgeschichte sei ein strikter Prozeß von Aktion und Reaktion, sehen zahlreiche Historiker in Toynbees vernetzter Kulturgeschichte einen Durchbruch. Weniger bekannt sind die »Zeitsprünge«, die Arnold Toynbee erlebte und die in der einen oder anderen Form zweifellos in seine revolutionäre Arbeit einflossen.

Am 23. April 1912 stieg der Historiker zur Zitadelle von Monemvasía in Griechenland hinauf. Als er durch die Büsche streifte, die zwischen den zerborstenen Wällen und Mauern wuchsen, um die Überreste der alten Bronzekanonen in Augenschein zu nehmen, stürzte er in eine andere Zeit. Mit einem Mal befand er sich in den Abendstunden jenes Tages im Jahr 1715, an dem die von den venezianischen Streitkräften gehaltene Festung in die Hände der Türken fiel. Um ihn herum waren die siegreichen Eroberer dabei, die Befestigungen niederzureißen und die Geschütze zu zerstören, allerdings nicht im Zug des Sturmangriffs, sondern als friedenssichernde Maßnahme, da die Festung nach Verhandlungen übergeben worden war.

Zwei Monate später kam es zu einer weiteren Loslösung aus Raum und Zeit. Arnold Toynbee betrachtete vom höchsten Punkt der Zitadelle von Mistrà die Ebene von Sparta auf der Halbinsel Peloponnes. Er dachte, wie man so sagt, an nichts Böses und kaute an einem Stück Schokolade, während sein Blick über die Ruinenfelder wanderte. Plötzlich veränderte sich die Welt um ihn herum. Er befand sich mitten in einem Blutbad. Menschen starben schreiend, die Hölle hatte ihre Pforten geöffnet. Es waren die grausamen Tage der Abrechnung im griechischen Befreiungskampf, der in den zwanziger Jahren des vorigen Jahrhunderts tobte. Körperlos und dennoch voll bewußt, nahm Toynbee das Massaker wahr, das auf die Eroberung von Mistrà gefolgt war und dem Großteil der Festungsbewohner das Leben gekostet hatte. Das vergangene und jetzt wiederauferstandene Grauen erschütterte den Historiker bis ins Mark. Er empfand mit ungeheurer Intensität die Bestialität des Menschen und das abgrundtiefe Böse, das die Triebfeder der meisten Handlungen ist. Diesen Eindruck konnte er nie mehr loswerden. Nach eigener Aussage veranlaßte ihn das Erlebnis von Mistrà dazu, seine monumentale »Study of History« in Angriff zu nehmen.

Um 8 Uhr 30 am Morgen des 3. Juni 1964 nahm Mrs. Juliet, Lady Rhys Williams, Vizepräsidentin des *Economic Research Council* und frühere Leiterin der BBC, mit ihren beiden Töchtern das Frühstück in ihrem Heim im Londoner Stadtteil Belgravia ein. Man unterhielt sich über die Vorentscheidung im US-Wahlkampf. Lady Williams hatte eben erst im Radio gehört, wie der Kampf zwischen Senator Barry Goldwater und Gouverneur Nelson Rockefeller in Kalifornien ausgegangen war. Sie hatte noch die Stimme des Ansagers im Ohr, der das frühe Ergebnis besonders betonte, da es sich um die erste voll computerausgewertete Wahl der Welt handelt. Einzelne Detailmeldungen, im Hintergrund Stimmengewirr: Nelson Rockefeller hatte seine Niederlage eingestanden, Senator Goldwater konnte nicht interviewt werden, da er zum Friseur gegangen war, um sich wieder in Form bringen zu lassen. Eine völlig normale Rundfunkübertragung, korrekt in allen Einzelheiten. Eine Kleinigkeit jedoch war jenseits der Normalität: Der *erste* Wahlbericht wurde vom US-Network CBS *sieben Stunden* nach *dem Gespräch zwischen Lady Williams und ihren beiden Töchtern* gesendet. Die englische BBC hinkte überhaupt nach und berichtete noch um 17 Uhr 30 desselben Tages vom Durchhalteentschluß Nelson Rockefellers.

Im Jahre 1642 erregte ein kleines Pamphlet die Gemüter in England. Es verursachte solche Aufregung, daß König Charles I. eine Kommission einsetzte, um den Behauptungen der Schrift auf den Grund zu gehen. Unter der Leitung von Oberst Lewis Krike begaben sich die Untersuchungsbeamten an den Ort des Geschehens zum Edgehill nahe Keinton in der Grafschaft Northamptonshire. Dort hatte eine der großen Schlachten des Bürgerkrieges zwischen dem Könighaus der Stuarts und dem Parlament stattgefunden, der zur Ausrufung der Republik unter dem Puritaner Oliver Cromwell führte. Wovon besagtes Pamphlet mit dem Titel *A great Wonder in Heaven, shewing the late Apparitions und Prodigious Noyse of War an Battles, seen on Edge-Hill, neere Keinton, in Northamptonshire* berichtet hatte, war die Tatsache, daß ein »Nachhall« des Kampfes – in Bild und Ton – über dem verlassenen Schlachtfeld lag. Zeugen berichteten von Kampfgetümmel und Schlachtenlärm. Überlebende der Schlacht erkannten Kameraden wieder. Die Kommission befragte die Betreffenden, unter denen sich zahlreiche Offiziere und ein Friedensrichter befanden. Alle beschworen die Wahrheit der Erscheinungen. Diesen eidesstattlichen Erklärungen schlossen sich auch die Mitglieder der Kommission an. Auch sie hatten das Unerklärliche mehrmals erlebt. Die Phänomene dauerten drei Jahrhunderte lang. Die letzte Zeugenaussage wurde vor Reverend John Dering in unserem Jahrhundert gemacht.

Im Herbst 1987 berichtete James Pease, der Leiter der »Bauer Contemporary Ballet Company« in Milwaukee, USA, dem englischen Autor Colin Wilson von einem Vorfall aus dem Jahr 1972. In diesem Jahr war Susie Bauer, die spätere Frau von James Pease, nach New York gegangen um ihr Tanzstudium fortzusetzen. Dies ist die Erzählung von James Pease, die sein Bruder Mitchell bezeugen kann:

». . . Eine Woche, nachdem sie (Susie) Milwaukee verlassen hatte, ging sie des Nachts mit einer Flasche Wein in ihr Schlafzimmer, legte eine Platte auf und setzte sich vor dem Bett auf den Boden. Sie war unglücklich. Zu dieser Zeit hatten mein Bruder und ich unser bescheidenes Abendessen vor dem Fernseher beendet. Mitch saß auf der Couch und ich lümmelte in einem gemütlichen Stuhl, den Rücken zum Speisezimmer. Plötzlich sah ich etwas Seltsames aus dem Augenwinkel: Susi stand in der Türe des Speisezimmers, als wollte sie zu uns kommen. Es dauerte Sekundenbruchteile, bis mir bewußt wurde, daß Susi in New York war und daher unseren Wohnraum nicht betreten *konnte*. Meine Verwirrung war so deutlich, daß Mitch den Blick vom TV-Schirm abwandte und fragte, was los sei. Ich erwiderte etwas ähnliches wie: ›Ich hätte schwören können, daß Susi eben hereinkommen wollte‹. Wir legten den Vorfall *ad acta* und sahen weiter fern.
Das Telefon läutete. Es war Susi aus New York. Völlig aus dem Häuschen sagte sie wörtlich: ›Ich war bei euch‹, und ich erwiderte: ›Ich weiß.‹ Dann begann sie mir Punkt für Punkt zu schildern, wie wir die Möbel gestellt hatten, wo wir saßen, welches Besteck und welches Geschirr wir benutzt und wo wir es – ungewaschen – verstaut hatten, wo die Bierdosen standen und daß Mitch den Fernseher auf einen Eßtisch gestellt hatte. Sie beschrieb Mitchs Fernsehhaltung mit den Füßen am Tisch und sagte, ich hätte eben nach der Bierdose gegriffen, als sie ›bei uns war‹. Ich überlegte, und stellte fest, daß es stimmte.
Susi erzählte, daß sie in eine Art Trance gefallen war, als sie vor dem Bett saß. Ihr Geist verließ den Körper und schwebte im Zimmer. Während sie auf sich selbst hinuntersah, wurde ihr klar, daß sie selbst sich dazu entschieden hatte, nach New York zu gehen. Somit bestand kein Grund zur Depression, im Gegenteil, es war lächerlich, sich so elend zu fühlen. Außerdem: wenn sie es hier gar nicht aushalten konnte, war es wohl an der Zeit, etwas dagegen zu tun. In dem Moment erkannte sie, daß sie im Begriff war, unser Wohnzimmer in Milwaukee zu betreten. Momente später fiel ihr ein, daß dies unmmöglich sein mußte – und sie war wieder in New York . . .«

Solche Vorkommnisse sind Legion. Tausend Fälle wurden untersucht. Der Forscher Robert Crookall füllte neun dicke Bände damit. J. C. Poynton filterte 122 ernsthafte Berichte aus den Einsendungen heraus, die ein Aufruf in einer südafrikanischen Zeitung zur Folge hatte. Die Engländerin Celia Green ging auf dieselbe Weise vor und erntete 326 glaubwürdige Beispiele. Es gibt sogar eine statistische Untersuchung, die zu dem Schluß kommt, daß jeder zehnte ähnliche Erfahrungen mindestens einmal gemacht hat.

In den sechziger Jahren untersuchte der Psychologe Charles Tart ein junges Mädchen mit einer außergewöhnlichen Art von Schizophrenie (Bewußtseinsspaltung). Seine Patientin, die er Miss Z. nannte, gab an, ihren Körper von Kindheit an regelmäßig verlassen zu haben. Charles Tart beschritt den klassischen Therapieweg der Selbst-Widerlegung und testete die Behauptungen des Mädchens. Eine einfache Versuchsanordnung sollte Miss Z. klar machen, daß sie nicht wirklich im Dunkeln lesen konnte, was ihr nach eigenen Angaben möglich war, wenn sie den Körper verlassen hatte.

Verblüffenderweise konnte sie es sehr wohl.

Dies ließ der Psychologe nicht auf sich beruhen. In seinem Labor wurde die Patientin an Meßgeräte angeschlossen, während Charles Tart Zettel mit langen Nummern in anderen Räumen versteckte. Es half alles nichts: Miss Z. konnte die Zahlen exakt angeben. Würde man diese Treffergenauigkeit statistisch ausdrücken wollen, ergäbe dies eine Wahrscheinlichkeit von 1 zu einer Zahl mit mehr Nullen, als auf allen Seiten dieses Buches Platz finden.

Finden wir uns lieber damit ab: Gegenwart und Zukunft, Hier und Jetzt, das sind Beschränkungen, *die wir uns selbst auferlegt haben*. Wie noch manch andere . . .

Zerstörte Illusion »Unabhängigkeit«

1979 wandte sich die 39jährige Barbara Herbert aus Dover, England, an den Sozialarbeiter John Stroud. Er sollte ihr bei der Suche nach ihrer Zwillingsschwester behilflich sein. Ihre Mutter, die vor dem Zweiten Weltkrieg in London studierte, hatte ihre beiden Töchter zur Adoption freigegeben und schließlich 1943 Selbstmord begangen.

Barbara Herbert war auf die Spur ihre Zwillingsschwester gestoßen, als sie Papiere für ihre Pensionsvorsorge zusammentrug. Mit Hilfe von John Stroud wurde die Gesuchte schließlich gefunden. Sie lebte unter dem Namen Daphne Goodship in Wakefield.

Ein Treffen wurde vereinbart. Als die Zwillingsschwestern einander auf der Londoner Kings Cross-Station trafen, trug jede von ihnen ein beiges Kleid und eine braune Samtjacke (nicht vereinbart, wohlgemerkt, sondern *zufällig*!).

Und das war nur der Anfang. Beide Frauen arbeiteten für die jeweilige Stadtverwaltung, desgleichen ihre Ehemänner, beide waren ihren späteren Partnern im Alter von sechzehn beim Tanz begegnet und hatten sie Anfang zwanzig im Herbst geehelicht. Ebenso identisch war die erste Fehlgeburt sowie die Abfolge der Kinder: zwei Jungen und zuletzt ein Mädchen. Beide Frauen hatten mit fünfzehn Jahren einen schweren Treppensturz erlitten, beide waren Schülerlotsen, lasen ein bestimmtes Magazin und liebten dieselben Autoren. John Stroud katalogisierte insgesamt einunddreißig unheimliche Übereinstimmungen, von denen der Großteil auf keinen Fall der Vererbung zugeschrieben werden kann (z. B. die Treppenstürze und Fehlgeburten).

In dieselbe Kerbe schlägt die weitere Geschichte von Barbara Herbert und Daphne Goodship nach ihrer Zusammenführung: Ohne Absprache kauften sie oft das gleiche Buch am selben Tag, wechselten synchron die Haarfarbe und vieles mehr.

Solche Fälle ähneln einander wie ein Ei dem anderen, genau wie die Zwillinge selbst . . .

Im Alter von neun Jahren erfuhr Jim Lewis aus Lima, Ohio, in den Vereinigten Staaten von Amerika, daß er einen Zwilling hatte, der nach der Geburt adoptiert worden war. Dreißig Jahre später – im selben Alter wie Barbara Herbert – entschloß er sich zur Kontaktaufnahme. Die Behörden halfen. Der Zwilling – er hieß Jim Springer – lebte in Dayton, Ohio. Nach der Begegnung von Jim und Jim (!) entfaltete sich eine wahre Orgie an Gleichartigkeiten: Beide Brüder hatten zuerst eine Frau namens Linda geheiratet, waren von dieser geschieden worden, um eine Betty zur zweiten Frau zu nehmen. Jeder Bruder hatte einen Sohn mit Namen Allan (bzw. Alan) und besaß einmal einen Hund namens Toy. Jim Lewis und Jim Springer waren als Hilfssheriffs, Angestellte der McDonald-Company und Tankwarte tätig gewesen. Jeder von ihnen verbrachte seinen Urlaub in ein und demselben Urlaubsort in Florida, und dort stets auf demselben Stück Strand, das weniger als 300 Meter lang ist. In den Urlaub fuhren Jim und Jim mit einem Chevrolet. Beide hatten einen einzelnen Baum in ihrem Garten, um den sich eine weiße Bank windet. Beide basteln in ihren Werkstätten Bilderrahmen und Möbelstücke. Beide ließen sich sterilisieren, tranken dieselbe Biermarke und rauchten dieselbe Zigarettensorte. Beide liebten Stock-Car-Rennen und verabscheuten Baseball.

Noch nicht genug »Zufälligkeiten«? Bitte schön:

Die Geschwister Terry Conolly und Margaret Richardson heirateten im selben Jahr, am selben Tag und fast zur selben Stunde. Beide Frauen hatten vier Kinder, die zu fast identischen Zeitpunkten das Licht der Welt erblickten. Beide Frauen wollten ihre erste Tochter Ruth nennen, überlegten es sich dann aber.

Dorothy Lowe und Bridget Hamilton trugen immer dieselben Tage in ihr Tagebuch ein.

Sozialarbeiter John Stroud leistete nicht nur bei Barbara Herbert und Daphne Goodship ganze Arbeit. Er führte Eric Boocock und Tommy Marriott zusammen, die einander entgegentraten, als wären sie einem Spiegel entstiegen: zwei Männer mit identischen Brillen (quadratische Gläser, metallumrahmt) und mit Ziegenbärten, die außerdem als Hilfskräfte in Fabriken der Stadt Yorkshire arbeiteten. Daß die Aufmachung völlig ungeplant war, muß nochmals betont werden.

Geradezu makaber mutet die Geschichte von Oscar Stohr und Jack Yufe an. Nicht einmal die Weite des Atlantiks und die Kluft zweier diametraler Gesellschaftssysteme hatte ihre Gleichartigkeit beeinträchtigen können.

Beider Geburtsland war Amerika. Jack wuchs als orthodoxer Jude auf, Oscar ging nach Deutschland und wurde Mitglied der Hitler-Jugend. Jahrzehnte vergingen.

1979 begegneten die Brüder einander wieder. Nach menschlichem Ermessen hätten sie so verschieden sein müssen, wie nur irgend möglich. Das unsichtbare Band aber war stärker: Jack und Oscar trugen Brillen, die nicht zu unterscheiden waren, und jeweils ein blaues Hemd mit Epauletten. Über ihrem Begrüßungslächeln prangten identische Schnurrbärte und ihr Sprechrhythmus deckte sich, auch wenn Jack Englisch und Oskar Deutsch sprach. Das war nur die Oberfläche der Synchronität.

Beide hatten die exzentrische Gewohnheit, die Toilette *vor und nach* der Benützung zu spülen und führten Gummiringe mit sich, und zwar ums Handgelenk, zur Aufbewahrung.

Wem solche Koinzidenzen noch nicht absurd genug sind, dem kann geholfen werden. Nun geht es im wahrsten Sinne des Wortes rund, besser gesagt, kreuz und quer.

Der 34jährige Vebi Limani aus Sara Mountain in den USA wurde während eines Gewitters tödlich vom Blitz getroffen. Recherchen der Lokalzeitung ergaben, daß Limanis Vater, Bruder und Onkel in den vergangenen Jahren durch Blitzschlag ums Leben gekommen waren.

Rupert Sheldrake, der Vater der revolutionären Theorie von der formbildenden Verursachung, trug zahllose Puzzlesteine für seine Vorstellung eines von Information durchfluteten Universums zusammen: Er ließ z. B. englischsprachige Studenten drei kurze Gedichte in Japanisch auswendig lernen. Einer der Texte bestand aus wahllos zusammengewürfelten Worten, der zweite hatte einen Sinn, war aber vor kurzem erst entstanden, während es sich bei dem dritten um einen traditionellen Reim handelte, der von Generation zu Generation überliefert wurde. Die Studenten, die kein Japanisch verstanden, behielten die jahrhundertealten Zeilen am schnellsten. Und das mit gravierender Deutlichkeit.

Auf einen ähnlichen Effekt stieß der bereits erwähnte Lyall Watson in Osaka, Japan, wo die berühmten »Chicken-Sexer« ausgebildet werden, jene Fachleute, die das Geschlecht von Junghühnern im wahrsten

Sinne des Wortes »im Griff haben«. Er hoffte, als Biologe hier einiges zu lernen – was auch der Fall war. In Japan werden viele Künste – von der Teezeremonie über Go bis zu Karate – durch Vorleben vermittelt. Der Schüler verbringt lange Zeit mit dem Lehrer *(sensai)* und absorbiert dessen Geschicklichkeit. Auch beim Hühner-Sexen.

Die Lehrlinge sehen den Meistern auch hier so lange über die Schulter, bis sie »es« selbst können. Lyall Watson vergleicht diesen Lernprozeß mit einer Osmose (Einsickern einer Substanz durch eine Membrane).

Die Experten selbst können nicht erklären, wie sie es machen, Fakt jedoch ist, daß sie mit einer Genauigkeit von annähernd 100 Prozent und mit einer »nicht mehr bewußten« Geschwindigkeit »sexen« – und, daß diese Fertigkeit übertragen werden kann.

Als Scharlatan gebrandmarkt, verbittert und verkannt starb 1924 in den USA der Neurologe Albert Abrams. Sein »Verbrechen« hatte darin bestanden, daß er eine unorthodoxe Diagnosemethode für Krebs entdeckt hatte, die skandalöserweise mit einer Genauigkeit funktioniert, von der man auch heute nur träumen kann. Mit einem einfachen Gerät zur Messung des elektrischen Widerstandes vermochte er aus einem Tropfen Blut exakt zu sagen, ob der Betreffende an Krebs litt und an welchem. Das konnte nicht gut gehen. Da außer Dr. Abrams niemand mit seiner berühmt-berüchtigten »Black Box« (so wurde die Maschine schließlich genannt) zu Rande kam, war die Vernichtung seiner Reputation vorprogrammiert, Erfolge hin, Erfolge her.

Jahre später wurde die Abrams-Methode von der Chiropraktikerin Ruth Drown aufgegriffen und verbessert. Ihre Ergebnisse waren verblüffend genau und konnten nicht nur durch Blut-, sondern auch durch Haaranalyse erzielt werden. Das Weitere kam nicht unerwartet: Ruth Drown kam 1951 ins Gefängnis, ihre Aufzeichnungen und Apparate zerstört. Sie starb wenige Tage, nachdem sie schließlich aus Altersgründen in Freiheit gelangt war.

Die Abrams/Drown-Methode aber überlebte dennoch. Der englische Ingenieur George de la Warr entwickelte das Technische weiter und ging zur Produktion über. Heute steht die »Abrams/Drown/de la Warr«-Maschine tatsächlich in Gebrauch. Die Verwender nennen ihre Kunst »Radionik«. Wie es scheint, kann auf diese Weise mittels eines simplen Gerätes, in dem ein Pendel über einem Tropfen Blut schwingt, so etwas wie eine Fernheilung in Gang gesetzt werden . . .

An diesem Punkt wird wohl die Frage nach dem Zusammenhang all dieser immer exotischer werdenden Mosaikstückchen übermächtig. Noch etwas Geduld bitte, zuvor muß eine weitere heilige Kuh geschlachtet werden.

Zerstörte Illusion »stabile Wirklichkeit«

Im ersten Jahr unseres Jahrhunderts, das der Menschheit Ungeheuerliches bescheren sollte, begann der lange Abschied von der Realität unserer Väter. Wenn auch weithin unbemerkt – und das für viele bis zum heutigen Tage. In einem Aufsatz setzte sich der deutsche Physiker Max Planck mit einem ungelösten Problem der Physik des 19. Jahrhunderts auseinander. Es ging um die Verteilung der Wärmestrahlung eines heißen Körpers auf die verschiedenen Wellenlängen.

Entgegen allen klassischen Vorstellungen und Erwartungen zeigte die Strahlung ein sprunghaftes Verhalten. Die Ursachen dafür lagen im Dunkel. Auf jeden Fall hatte der traditionelle Wellen-Begriff einen Sprung bekommen und mit ihm alles, was wir geheimhin mit dem Begriff der Wirklichkeit verbinden, doch dies ahnte noch niemand. 1905 fügte Albert Einstein ein weiteres Stück Information hinzu. Er klärte den »photoelektrischen Effekt«, bei dem Lichtwellen Elektronen aus metallischen Oberflächen herausschlagen. Dies war nur möglich, wenn eine Lichtwelle gleichzeitig auch ein Strom selbständiger Teilchen war. Mehr und mehr begann das materialistische Weltbild zu schwanken.

Wie kann etwas Welle und Teilchen sein? Das wäre wie rund und eckig zugleich, eine Analogie, die übrigens den Nagel auf den Kopf trifft und »die Realität« genau beschreibt. Wenn auch nicht auf der Ebene, die uns vertraut ist. Aber eines nach dem anderen.

Noch verstand man die dunklen Wolken am Horizont des Newtonschen Weltverständnisses nicht voll zu deuten. Dann war das Gewitter da.

Nicht »nur« das Licht mußte jene unbegreifliche Doppelnatur besitzen, auch die Elektronen, die den Atomkern wie treue Satelliten umkreisen sollten, mußten irgend etwas anderes sein als winzige Kügelchen. Andernfalls gäbe es keine stabilen Elektronenschalen. Das klassische Atom war zusammengebrochen. Aus einem Minisonnensystem in der Tiefe der Molekülverbände war ein verschwommenes, pulsierendes Etwas geworden – nicht Fisch, nicht Fleisch, sondern ein ungreifbares Schemen.

Wie ungreifbar zeigte sich, als *alle* subatomare Teilchen Wellenverhalten an den Tag legten. Heute spricht man von Materiewellen, und niemand hat auch nur die geringste Ahnung, was das sein könnte.

Die Quantenmechanik hatte die Bühne der Welt betreten. Ihre Erfolge waren – und sind – beeindruckend: Sie beschreibt mathematisch exakt die Struktur des Atoms, die Radioaktivität, die chemischen Bindungskräfte, die atomaren Spektren, elektrische und magnetische Felder, Kernstruktur und Kernreaktionen, die elektrischen und thermischen Eigenschaften von Festkörpern, die Supraleitfähigkeit, Entstehung und Vernichtung von Materie und Antimaterie, den Aufbau der Sterne, die elementaren Mechanismen des Lebens, und vieles andere. Ohne sie gäbe es weder Laser, Elektronenmikroskope, Transistoren oder Computer.

Ihre technischen Aspekte sind kein Problem. Man kann sich der Quantenmechanik bedienen wie eines Kochrezeptes. Die Gleichungen passen, und das Ergebnis entspricht den Erwartungen.

Jedwede Anschaulichkeit war jedoch dahin.

Doch was wäre der Mensch, wenn er nicht versuchte, hinter die Dinge zu sehen?

Und das ist der Haken bei der Sache. Der berühmte Physiker Niels Bohr sagte trocken, wer die Quantentheorie verstanden hat, habe sie nicht begriffen. Hinter sie *kann* man nicht schauen, das betonte er immer wieder.

Mit einem Mal gab es keine Welt »da draußen«, gelenkt von ewigen, unerschütterlichen Gesetzen und uns, die wir all das beobachten, ohne direkt beteiligt zu sein.

Es gab nur – *was* . . .?

Nun ging es erst richtig los. Die Physiker krempelten die Ärmel auf. Wenn die Realität auch anders war, als erwartet, so mußte man ihr eben mit Experimenten zu Leibe rücken, die anders waren als die althergebrachten. Das wäre doch gelacht!

Leichter gesagt als getan, denn irgend etwas tief drinnen in den Atomen sagte: »Nein, meine Lieben, mich erwischt ihr niemals!« Versucht wurde es allerdings verbissen. Zuerst mußte man *das Ding*, sei es nun Teilchen oder Welle, zu fassen kriegen. Schon 1801 hatte Thomas Young mit seinem berühmten Doppelspaltexperiment die Wellennatur des Lichtes nachgewiesen. Also auf zur Wiederaufführung, diesmal auf der Teilchenbühne.

Man schwächte einen Lichtstrahl soweit, daß jeweils nur ein Lichtteilchen oder Lichtquant (Photon) auf einem Bildschirm auftraf, gelenkt vom »Gesetz des Zufalls«. Dabei entsteht ein geordnetes Muster. Das Seltsame daran ist, daß jedes Photon »wissen« muß, wo es aufzuprallen hat, das heißt, ihm müssen die Positionen und die Flugbahnen seiner »Kollegen« bekannt sein. Genau wie bei Gasmolekülen und anderen großen Mengen, die massenstatistischen Gesetzen gehorchen (obwohl dies seltsamerweise nicht als rätselhaft empfunden wird).

Ganz schön fremdartig.

Nun gut, man läßt also Photonen durch zwei Spalten gegen einen Bildschirm prasseln, auf dem sie genau berechenbare Muster bilden. Was war, wenn man einen der beiden Spalte schloß?

Das Muster verschwand. Das Teilchen »wußte«, daß es nur noch einen Spalt gab und richtete sein Verhalten danach. Das hatte nun wirklich nichts mehr mit unserer Alltagswelt zu tun. Maschinengewehrkugeln oder Billardbälle würden sich so nicht verhalten.

Nun ging man aufs Ganze (und geht immer noch). Wie wäre es, wenn man Detektoren vor beiden Spalten anbrächte? Dann könnte man einen Spalt blitzschnell und tückisch verschließen, sobald klar ist, welche Teilchen wohin fliegen.

Leider nicht. Die Heisenbergsche Unschärferelation verhindert dies. Eine Messung, die so genau ist, daß man durch sie weiß, welcher Spalt angesteuert wird, stört so sehr, daß alles zusammenbricht. Das Elektron (Photon) demonstriert seine Fähigkeit der Allwissenheit nur dann, wenn wir ihm nicht auf die Finger sehen.

So leicht waren die Wissenschaftler nicht ins Bockshorn zu jagen. John Wheeler, auf den Begriffe wie »Wurmlöcher«, »Black Holes« und »Quantenschaum« zurückgehen, erdachte das Experiment der verzögerten Wahlentscheidung *(delayed choice)*. Es sollte die Wellen/Teilchen übertölpeln, zeigte jedoch statt dessen, daß *de facto* überhaupt nichts so ist, wie es die »gesunde Vernunft« fordert. Die Wellen/Teilchen *wußten*, daß sie beobachtet wurden! Der Mensch als Teil des Experiments, besser gesagt als Verursacher des Ergebnisses, war auf den Plan getreten. Oder, wie der multidimensionale *Seth* seiner Gesprächspartnerin Jane Roberts kurz und bündig sagte: »*Ihr* macht *die Realität*.«

Diese Erkenntnis mußte erst einsickern.

Vor wenigen Jahren unternahmen Caroll Alley und seine Mitarbeiter an der Universität von Maryland, USA, den Versuch, mit High Tech Wheelers verzögerte Wahlentscheidung nachzuvollziehen.

Laserlicht wird durch einen halbversilberten Spiegel in zwei Strahlen geteilt, analog zu dem Doppelspaltverhalten bei Young. Weitere Spiegel leiten die Strahlen raffiniert um, so daß sie sich kreuzen und entweder auf den Photonendetektor 1 oder 2 treffen. Schaltet man nun einen zweiten halbversilberten Spiegel dazwischen, vereinigen sich beide Strahlen wieder. Es würde zu weit führen, die gesamte Komplexität der Anordnung zu beschreiben. Ausgeklügelte Mechanismen agieren mit Lichtgeschwindigkeit, um Phasen, Bahnlängen und viele andere Parameter zu verändern, alles mit dem Ziel, die Wellen/Teilchen voraussagbar zu machen.

Jedoch, es sollte nicht sein. Was immer man auch tut, »es« läßt sich nicht fassen. Selbst wenn man mit der Entscheidung, den zweiten halbversilberten Spiegel zwischenzuschalten oder nicht, so lange wartet, bis ein Photon den Kreuzungspunkt *beinahe* erreicht hat, erfährt man nichts. Scheinbar nimmt jedes Photon beide Bahnen, die Unklarheit des Youngschen Doppelspaltexperimentes ist unerschüttert. Die weiteren Konsequenzen sind fürwahr ungeheuerlich. Sie bedeuten im vorliegenden Fall – erhöhte Aufmerksamkeit bitte –, daß die Entscheihung, ob ein Photon die Apparatur auf einer oder auf beiden Bahnen durchqueren *wird*, zu einem Zeitpunkt fällt, *nachdem* die Durchquerung stattgefunden hat. Die Gegenwart hat die Vergangenheit geändert! Mit anderen Worten: Das Teil allein hat keine Bedeutung, sondern nur in Verbindung mit dem Ganzen. Das *klingt* nicht nur esoterisch-mystisch und fernöstlich, es *ist* es. Nicht nur der Buddhismus spricht von der schöpferischen Kraft des »ewigen Jetzt«, dem nicht einmal Einstein in die Karten schauen konnte.

Diese Schlußfolgerung mag im ersten Moment überzogen scheinen. Immerhin gibt es eine Menge alltäglicher Vorgänge, die sich nicht voraussagen lassen, ohne im Nahverhältnis zur Esoterik zu stehen. Beispielsweise Wetterumschwünge, Börsencrashs, Roulettezahlen etc.

Dennoch existiert ein grundlegender Unterschied: Die Unvorhersehbarkeit solcher Dinge liegt im Informationsmangel. Theoretisch ist das Verhalten einer Wolke berechenbar, praktisch werden wir alle Parameter nie erheben können, schon gar nicht rechtzeitig.

Die schemenhafte Unfaßbarkeit der Quantenwelt jedoch ist nicht dadurch gegeben, daß wir sie derzeit nur bruchstückhaft wahrnehmen, sondern in der Unmöglichkeit, sie jemals *total wahrnehmen zu können*.

Sie liegt hinter einer Barriere, die gänzlich anders ist als statistische Abweichungen oder zu geringes Auflösungsvermögen eines Mikroskops. Diese Barriere ist existentieller Natur, begründet im Wesen des Universums beziehungsweise des Seins, um es philosophisch auszudrücken und jenseits menschlichen Strebens. Seit diese Paradoxien offenbar geworden sind, wurde eine ungeheure Zahl von Experimenten – theoretisch und praktisch – entworfen, um »das Ding an sich« zu fassen. Nicht wenige gingen auf Albert Einstein zurück, der wie Schrödinger »die verdammte Quantenspringerei« verabscheute. Manche Versuchsanordnungen waren ebenso genial wie trickreich, aber im Endeffekt nicht erfolgsträchtiger als der Versuch, durch immer schnelleres Laufen um einen Baum den eigenen Rücken zu Gesicht zu bekommen.

Dieser Vergleich definiert das Dilemma präzise. Oder, wie die Beobachterhypothese der Quantenphysik es formuliert: *Die Beobachtung verändert die Wirklichkeit.*

Sie ist nur so lange, wie sie ist, wie sie es unbeobachtet sein darf. Beobachtet man sie, ist sie mal so und mal so – einmal Welle, einmal Teilchen, niemals aber *»das Ganze«*!

Aus diesem ungeheuren Frust erwuchsen einige Weltmodelle, die wir noch kennenlernen werden. Wichtiger ist jedoch für den Augenblick *das Prinzip*, welches Niels Bohr aus all dem ableitete.

Das Prinzip der *Komplementarität*.

Der Wellen/Teilchen-Dualismus verkörpert die beiden, einander ergänzenden Teile eines Quants (das man durchaus auch »Wirklichkeitsteilchen« nennen könnte). Wir haben zwar die Wahl, welches der unterschiedlichen Gesichter wir betrachten wollen, aber das ist auch schon alles. Dasselbe gilt für die Umtriebe unseres Quants. Sind wir an seinem Aufenthaltsort interessiert, gut, das können wir erfahren. Dann bleibt jedoch verborgen, was es gerade tut. Und umgekehrt.

Nochmals:

Teilchen vor den Vorhang – da sind sie.
Wellen vor den Vorhang – da sind sie.
Wellen/Teilchen vor den Vorhang – geht nicht.
Wo ist »es«? – hier!
Wohin geht »es«? – dorthin!
Was tut »es« und *wohin geht »es«? – kein Kommentar!*

Mit anderen Worten: Yin und Yang in den Tiefen der Atome.

Die »objektive Realität« – wie Einstein die Vorstellung einer unabhängigen Existenz nannte – ist nicht mehr, besser gesagt war nie. Die Naturwissenschaft des Abendlandes hielt das Universum jahrhundertelang für eine Ansammlung isolierter Gegenstände (vom Sessel bis zum Spiralnebel) und war zutiefst geschockt, als all dies zu einem unbegreiflichen Ganzen verschmolz.

Das esoterisch/mystische Weltbild sah schon immer so aus. Nun könnte das gespaltene Weltbild eigentlich geschlossen werden. Ein Unterfangen, bei dem Erstaunliches eintritt: Unter dem Chaos der Quantenebene läßt sich auch von der Naturwissenschaft etwas entdecken, an dem Esoteriker niemals gezweifelt haben: Sinn und Ordnung allen Seins ...

Die Theorie des Magischen

»Streitet euch nicht, ob Geist oder Materie bestehe, denn das ist nichts als ein Wortstreit. Geist und Körper sind nur verschiedene Seiten derselben Sache.«

Spinoza

Aufbruch zu neuen Ufern . . .

Meinungsumfragen an amerikanischen Universitäten und Colleges haben verblüffenderweise ergeben, daß 65 Prozent der Professoren und Lehrer außersinnliche Fähigkeiten und Wahrnehmungen für erwiesen halten. Wissenschaftliche Vorträge über unorthodoxe Themen häufen sich; gehalten von anerkannten Kapazitäten, wohlgemerkt. So scheute sich der renommierte US-Physiker Gerald Feinberg nicht, beim Internationalen Kongreß für Quantenphysik und Parapsychologie (!) in Genf 1974 eine Arbeit mit dem Titel »Erinnerungen an Zukünftiges« zu präsentieren. Sie bezog sich auf eine Symmetrie in den elektromagnetischen Gleichungen von Maxwell, aus denen sich auf Informationsübertragungen aus der Zukunft schließen läßt.

Gelegentlich dringt noch das eine oder andere nach außen. Das US-Verteidigungsministerium führte am *Stanford Research-Institute* Telepathieexperimente durch, während sich das *United States Army Missile Research Development Command* militärischen Nutzen von der Erforschung der menschlichen Aura verspricht. Immer wieder geistert die »Todeswelle« mit der irreführenden Abkürzung ELF *(extreme low frequencies)* durch die Medien, mit der die Russen angeblich parapsychologische Sabotage betreiben. Es soll sich dabei um eine Weiterentwicklung einer Erfindung von Nicola Tesla handeln, einem aus Kroatien stammenden Wissenschaftler (1856–1943), dessen phantastische Entdeckungen heute weder konsequent genutzt, noch voll verstanden werden.

Es ist typisch, daß der Westen erst dann mit Druck über eine mögliche PSI-Kriegsführung zu forschen begann, als die Existenz von psychotronischen Waffensystemen hinter dem Eisernen Vorhang ruchbar wurde.

Während die freie Welt sich darin gefällt, Fehlschläge anzukündigen, hält der russische Bär seine Erfolge traditionell geheim. Erst im Zuge von Glasnost und Perestrojka klafften Lücken. So wurde vor kurzem erstmals in einer sowjetischen Zeitung ein Horoskop veröffentlicht. Mehr noch, die *Moskowskaja Prawda* verstieg sich sogar zu der Ankündigung des Astrologen als »Meister der Magischen Wissenschaften«, obwohl die Astrologie bislang im kommunistischen System als »falsche Wissenschaft« verpönt war. Daß hinter verschlossenen Türen ein anderer Geist herrschte, weiß man ohnedies.

Wie auch immer, die Dämme zwischen »Seriösem« und »Unseriösem« sind gebrochen, mußten brechen, weil diese Kategorien sinnlos geworden sind. Was waren doch gleich Paul K. Feyerabends Worte: »Anything goes«?

Man stürmt neuen Ufern zu, deren Existenz früher nicht einmal diskutiert worden wäre.

Wenn auch von der Öffentlichkeit so gut wie unbemerkt, wächst das Lager der Wissenschaftler unaufhaltsam, die sich mit esoterisch/mystischen/paranormalen Phänomenen auseinandersetzen.

Immer wieder kann man die Vermutung vernehmen, die Esoterik könnte ein Aspekt der Quantenwelt sein, sozusagen die Rückseite der Münze, auf der »Wirklichkeit« geprägt ist. Eine Wirklichkeit, die sich zu ihrer Manifestation des menschlichen Geistes (oder Gehirns) als Katalysator bedient.

Ein Gedanke, der sich durch dieses Buch zieht, und der die einzelnen Puzzlesteine zu einem stimmigen Mosaik zusammenfügt.

Da haben wir einmal »das Universum« und dann uns, zwei Fixpunkte, die keine getrennten Größen sind, sondern zusammengehören. »Wie oben so unten . . .«

Unser Geist ist aus dem Kosmos herausgewachsen und kann mit ihm wieder eins werden. Sagt nicht der Buddhismus: »Eines in Allem und Alles in Einem«?

Dieser Aussage hat sich nun auch die Naturwissenschaft angeschlossen.

Dieses Prinzip des Einswerdens mit den Harmonien der Schöpfung kann jeder von uns erleben, auch ohne Meditation, esoterische Techniken oder »brain machines«. Der Besuch eines Konzertes genügt.

In fast allen Symphonien gibt es Passagen, in denen alle Instrumente zusammenspielen. Man nennt sie »Tutti« (italienisch für »alles«). Wenn man will, kann man alle Klänge auf einmal hören, oder – je nach Wunsch – jedes einzelne Instrument aus der Woge an Tönen herausfiltern. Konzentriert man sich nicht länger auf die Geigen, die Flöten, oder was sonst, rauscht der Zusammenklang des Gesamtorchesters wieder auf. Eine unglaubliche Fähigkeit, die so gut wie jeder von uns besitzt, ohne sich ihrer Erstaunlichkeit bewußt zu sein.

Ein weiterer Umstand macht all dies noch verblüffender – und signifikanter: Je besser ein Orchester spielt, desto ausgeprägter ist unsere Kraft zum Heraushören.

Beim perfekten – *harmonischen!* – Zusammenspiel von Philharmonikern fällt es leicht, sowohl ein einzelnes Instrument als auch das ganze Orchester präzis zu hören. Quälen Dilettanten Gehör und Geist, versagt unsere innere Feinabstimmung.

In Disharmonien können wir uns nicht einklinken. Sie sind offensichtlich unnatürlich. Fremd für den Kosmos und fremd für uns.

Es gibt noch mehr handfeste Indizien für ein »Tao der Physik« oder für die »Quantendynamik der Esoterik«. Auf Schritt und Tritt stolpern die Wissenschaftler über Naturvorgänge, die alle Charakterzüge esoterischer Phänomene aufweisen. Wie da sind: Nichtlokalität, Schemenhaftigkeit, Zeitunabhängigkeit, Ungreifbarkeit, Individualität, Widersprüchlichkeit, Akausalität, Verschwommenheit und Unschärfe, Subjektivität, Verborgenheit, Doppelgesichtigkeit und ein weiteres Ensemble an Parallelen zwischen Erwin Schrödingers Katzenparadoxon und den Grundsätzen auf der smaragdenen Tafel von Memphis, die Hermes Trismegistos hinterlassen haben soll.

So formuliert es die wissenschaftliche Gemeinde allerdings nicht.

Wovon sehr wohl gesprochen wird ist »... ein subatomares, universelles Intelligenzsystem zur Informationsverarbeitung«. Schlicht, *das Weltwissen.*

Davon hat man doch schon an anderer Stelle gehört.

Soll da nicht eine Akasha-Chronik existieren, die alles Sein und alles Wesen in sich enthält?

Oder die geheimnisvolle Palmblattbibliothek, in der Vergangenheit und Zukunft niedergeschrieben sind?

Oder das bereits erwähnte Buch Dzyan?

Oder das Tattwamahsi der Inder?

Oder, oder, oder ...

Heute hat die Physik unter unsäglichen Geburtswehen ein »revolutionäres Konzept« aus ihrem Schoß herausgequält, das esoterische Lehren seit Generationen propagieren.

Eben jenes subatomare, universelle Intelligenzsystem zur Informationsverarbeitung, das sich außerhalb des Raum-Zeit-Kontinuums befindet (wo sonst?). Seine Manifestationen innerhalb unserer Raumzeit sind schlichtweg alles: Elektronen, Moleküle, Zellen, Berge und Täler, Planeten und Sterne, Lurche und fernsehende Wohlstandsbürger ...

Diese bewußt lockeren Formulierungen sollen die Wissenschaft in keiner Weise verunglimpfen, sondern deutlich machen, welchen ungeheuren Schritt die »kühle« Schulwissenschaft gemacht hat – und in welche Richtung. Was heute in Fachpublikationen zu lesen ist, klingt für den Laien wie Zauberei und läßt an Pseudowissenschaft denken. So ändern sich die Zeiten.

Um das Esoterische an der Wissenschaft (Yin und Yang in Reinkultur) und das Wissenschaftliche an der Esoterik voll ermessen zu können, bleibt uns eine Reise durch die Welt der Quanten nicht erspart. Daß die Quantentheorie, welche die gut geölte kosmische Uhr des

19. Jahrhunderts zerschmettert hat, eine kopernikanische Wende bedeutete, ist schon angeklungen. Eine Kehrtwende, könnte man überspitzt und provokant meinen, denn jetzt wird's metaphysisch, mystisch und durchaus esoterisch. Nur die Begriffe klingen moderner.

Die betreffenden Natur*gesetze* jedoch scheinen besser in J. R. R. Tolkiens »Mittelerde« zu passen, als in unsere Welt der Hebel, Gestänge und Finanzämter. Womit müssen wir uns also herumschlagen, wenn wir unsere Aufmerksamkeit vom makroskopischen Alltag in die diffusen Tiefen des Subatomaren richten, wo unbegreifliche Herrscher das Zepter schwingen, und ein geisterhafter Baustoff unserer »großen Welt« verborgen ist?

Mit den bereits erwähnten Quanten.

Wie es scheint, springen diese winzigen Energiepakete wirr und unberechenbar herum. Ursache und Wirkung kümmern sie keinen Deut, und ihr Verhalten läßt sich nur annähernd bestimmen, und zwar durch das »Gesetz des Zufalls«. Es beschreibt das Durchschnittsverhalten großer Einheitsmengen, vermag aber über das einzelne Teilchen, Molekül – oder Individuum – nichts auszusagen.

Trotzdem ist dieses nebulös konfuse Weltmodell die einzig stimmige Beschreibung von Mikro- und Makrokosmos. Es klärt Ungereimtheiten, vor denen die klassische Physik Newtons kapitulieren mußte, darunter die Ultraviolettkatastrophe, das Energiedefizit beim Brennen der Sterne – und sogar die Natur des Lebens.

Dieses wirklich neue Bild des Universums ließ ungeheure Weiterungen erahnen. Was war, wenn die Quantenphysik in letzter Konsequenz *für alles und jedes* galt? Beispielsweise für die Zeit.

Der amerikanische Physiker David Finklestein machte sich darüber Gedanken und gab den hypothetischen »Zeitquanten« den Namen *Chronon*. Die »Chronon-Theorie« besagt, daß die Zeit kein kontinuierlicher Ablauf ist, sondern aus einer Reihe von Zeitquanten besteht, die wie Perlen auf einer Schnur aufgereiht sind. Das »Chronon« wäre das kleinste bestimmbare Zeitintervall, etwa 10^{-24} Sekunden (so lange braucht das Licht zur Überbrückung des kleinsten bekannten Zwischenraums). Das Faszinierende an dieser Theorie sind die *Lücken* zwischen den Zeitquanten. Sie könnten von anderen elementaren Zeiteinheiten besetzt werden. Im Klartext: Unendlich viele komplette Universen hätten in den Wahrscheinlichkeitslücken zwischen den Quantenereignissen unseres Universums Platz. Wer weiß – vielleicht sind diese Dimensionen die Heimstätten von Geistwesen und anderen Erscheinungen. Die haarsträubenden Konsequenzen einer möglichen Quantelung der Zeit haben dazu geführt, daß die Chronon-Hypothese ein Schattendasein fristet. In der weniger gehemmten Science-fiction-Literatur stößt man allerdings da und dort auf sie (z. B. in der berühmten Story von Alfred Bester »Die Mörder Mohammeds«).

Fast noch erschreckender ist die Vorstellung einer Quanten-*Gravitation*. Es würde wahrlich zu weit führen, dieses superexotische Theoriengebäude hier errichten zu wollen. Auf den Punkt gebracht, bedeutet eine solche Theorie den gänzlichen Verlust von allem, das greifbar, kausal und folgerichtig ist. Der Kosmos tut schlicht und einfach nur noch, was er will.

Der berühmte englische Physiker und Black-Hole-Spezialist Stephen Hawking berechnete das Unberechenbare. Dieser beeindruckende Forscher, der seine titanische Erkenntnisarbeit primär im Kopf durchführt, da sein Körper von einer furchtbaren Systemerkrankung befallen ist, erbrachte unter anderem den mathematischen Beweis für das von ihm formulierte »Prinzip der Regellosigkeit«.

Extrem simplifiziert ausgedrückt kann im Bereich von Supergravitation (also in und um Schwarze Löcher) buchstäblich alles geschehen, kann es zum »zufälligen« Entstehen der gesammelten Werke William Shakespeares kommen oder zum Hervorsprudeln endloser Ströme von Cola mit Rum. Bizarr genug, aber streng wissenschaftlich. Die Implikationen sind unabsehbar und weisen unter anderem in Richtung »Entstehung des Universums«.

Wie auch immer. Verlassen wir diesen Bereich mit einem bezeichnenden Scherz aus dem Mund eines Mannes, der ganz sicher weiß, wovon er spricht. Einmal änderte Stephen Hawking im letzten Augenblick den Titel eines Vortrags vor Astrophysikern. Die Arbeit hatte ursprünglich gelautet: »Der Zusammenbruch der Physik im Bereich von Raum-Zeit-Singularitäten« (der Kern Schwarzer Löcher). Nun war der Vortragstitel: »Der Zusammenbruch der *Physiker* im Bereich von Raum-Zeit-Singularitäten«.

Sehr bezeichnend, kann man nur sagen.

Dies ist nicht einmal die Spitze des »Quanten-Horrors«, mit dem sich die Wissenschaftler herumschlagen müssen. Mit einmal gibt es die Fragestellung nicht länger, ob etwas so oder anders ist. Alles ist so *und* anders. Die wahren Naturprinzipien sind »okkult« (verborgen). Eine mehr als unbefriedigende Pattstellung.

Schlimmer noch, das peinliche Fehlen des Kausalzusammenhanges führt zu der deprimierenden Schlußfolgerung, die gesamte Wissenschaft könnte nichts anderes sein, als ein willkürlicher Versuch, mit Gewalt Ordnung in die Welt zu bringen, weil der Mensch es einfach nicht ertragen kann, subatomaren Anarchisten, Chaoten und Würfelspielern ausgeliefert zu sein.

Also holte die Wissenschaft zum Gegenschlag aus. Sie zimmerte aus den Trümmern der gut geölten kosmischen Uhr drei grundsätzliche Weltmodelle, die Sinn, Ordnung und Kausalität wiedereinführen sollten. Daß sich darin auch für die Esoterik eine Nische auftun würde, war nicht beabsichtigt, geschah aber dennoch.

Die drei Modelle sind:

- Die Kopenhagener Deutung;
- Die Vielwelten- oder Parallelweltentheorie und
- Das Konzept der verborgenen Parameter.

Die »Kopenhagener Deutung« geht auf Niels Bohr zurück. Sie ist nach seiner Heimatstadt benannt, wo er auf dem Areal der Carlsberg-Brauerei in einem Haus lebte, das ihm der König geschenkt hatte.

In dieser Interpretation wird das Fehlen jeglichen Kausalzusammenhanges mathematisch durch »Zusammenbruch des Zustandsvektors beziehungsweise der Wellenfunktion« ausgedrückt.

Ein Vektor ist die mathematische Bezeichnung für Richtung und Größe einer Kraft und legt in der »normalen« Mathematik dar, was als nächstes geschehen wird. Nichts dergleichen sagt der »Zustandsvektor« der Quantenmechanik aus. Er gibt lediglich an, was *möglicherweise* als nächstes geschehen wird. Zwischen Vektor und Zustandsvektor klafft ein erkenntnistheoretisches Loch, in dem ein Flugzeugträger Platz hätte. Niels Bohr füllte diese Lücke aus, indem er behauptete, der unliebsame Zustandsvektor existiere überhaupt nur in unseren Köpfen.

Diese Vorstellung, das »reale Universum« sei alles andere als real, sondern eine Reflexion des menschlichen Geistes, mutete für die klassiche Physik so grotesk an, daß die »Kopenhagener Deutung« auf eine Grundaussage reduziert wurde. Sie lautet in etwa: »Das Ding an sich hockt unzugänglich im Hyperraum und präsentiert sich je nachdem, wie man es ansieht (sprich: welche Versuchsanordnung gewählt wird) als Welle oder Teilchen. Beide sind nichts anderes als die Schattenwürfe aus Platos Höhlengleichnis.«

Interessanterweise hat Erwin Schrödinger, der »Erfinder« der Wellenfunktion, deren Betragsquadrat die Aufenthaltswahrscheinlichkeit eines Elementarteilchens angibt, die genannten Interpretationen seiner Gleichungen nie akzeptieren wollen. Dieser Nobelpreisträger, der in Österreich besonders beliebt ist, da sein Konterfei auf der 1000-Schilling-Note prangt, drückte sein Unbehagen unter anderem in dem berühmten Katzenparadoxon aus (die Seltsamkeiten von »Schrödingers Katze« erörtere ich in meinem Buch »UNERKLÄRLICHE PHÄNOMENE – jenseits des Begreifens« mit allen verwirrenden Details und Konsequenzen).

Der Physiker Bryce DeWitt faßte all diese Peinlichkeiten in dem Satz zusammen: »Wenn man der Kopenhagener Interpretation folgt, entsteht der Eindruck, daß selbst der Zusammenbruch des Zustandsvektors nur in unserer Vorstellung besteht.« Eine endlose Reihe von Puppen in den Puppen. Sir Arthur Eddington, ein Gigant der Astronomie und Niels Bohr nahestehend, drückte es poetischer aus: »Wir haben seltsame Fußspuren am Ufer des Unbekannten gefunden. Wir haben eine komplizierte Theorie nach der anderen ersonnen, um den Ursprung der Fußspuren zu entdecken. Endlich haben wir das Wesen rekonstruiert, das die Spuren hinterlassen hat. Es sind unsere eigenen . . .«

Obwohl die Kopenhagener Deutung mathematisch unanfechtbar ist, befriedigt die Vorstellung nicht vollständig, der Ziegelstein, der einem eben auf den Kopf gefallen ist, existiere im Grund nur in diesem Kopf und nirgendwo sonst. Wie könnte man der »verdammten Quantenspringerei« – wie Erwin Schrödinger sich über das Ergebnis seiner eigenen Gleichungen in einem Brief an Einstein ablehnend äußerte –, dem Zusammenbruch der Kausalität und der Doppelnatur der Dinge noch zuleibe rücken?

Die »Parallel-« oder »Vielweltentheorie« schien ein Weg (auch er führt ungewollt in mystisch-esoterische Gefilde).

Dieses Konzept, das auch »Everett-Wheeler-Graham-Modell« genannt wird, stammt ursprünglich aus der Science-fiction (viele Physiker meinen, es hätte dort bleiben sollen). Diese Hypothese bereinigt einen weiteren lästigen Aspekt der Quantenphysik, nämlich die Frage, wieso wir immer nur *ein* Resultat erleben, wo doch eine unendliche Reihe davon möglich ist.

Wirft man nach Hugh Everett, John Archibald Wheeler und Neil Graham – drei berühmte Physiker der nicht minder berühmten Princeton-Universität – eine Münze in die Luft, so landet sie natürlich in *unserem* Universum mit der einen oder anderen Seite nach oben. Das macht aber nichts, denn im Universum gleich nebenan ist es genau umgekehrt. Die Parität ist gewahrt. Der Zustandsvektor *muß* nach allen Richtungen versagen, wie die Quantengleichungen es verlangen. Der Grund dafür ist, daß alles, was geschehen kann, auch wirklich geschieht – nur nicht in ein und demselben Universum. Der bereits erwähnte Bryce DeWitt schrieb in *Physics Today*: »Ich kann mich noch lebhaft an den Schock erinnern, den mir die erste Begegnung mit dem Vielweltenkonzept versetzt hat.« Trotzdem halten DeWitt und viele seiner Kollegen das »Everett-Wheeler-Graham-Modell« für den am wenigsten absurden Ausweg aus dem Problem der Quantenungewißheit.

Bis hierher bewegten wir uns ausschließlich auf dem Parkett der Theorie. Kopenhagener Deutung und Vielweltenkonzept sind *Interpretationen* unerklärlichen oder besser gesagt, unvorstellbaren Geschehens. Als solche lassen sie sich selbst klarerweise nicht beweisen. Es ist eine reine Geschmackssache, ob man mehr zu der Vorstellung tendiert, das Universum bestünde nur in unseren Köpfen, oder sich leichter damit anfreunden kann, daß man in einem Paralleluniversum als Massenmörder existiert (oder gar nicht).

Beweisen läßt sich weder das eine noch das andere. Anders liegen die Dinge bei Modell drei: Dem Konzept der *verborgenen Parameter* (verborgene Einflußgrößen). Es interpretiert nicht nur, sondern zeigt im praktischen Experiment Flagge. Und dabei kommt noch etwas anderes zum Vorschein: Das Bindeglied zwischen Wissenschaft und Esoterik!

Gefunden: Das »größere Wissen«!

Albert Einsteins geflügeltes Wort von einem nichtwürfelspielenden Schöpfer drückte aus, was viele Wisssenschaftler empfanden. Viele von ihnen suchten nach einer supergeheimen Ordnung hinter dem Chaos. 1952 skizzierte Dr. David Bohm, der zu der Zeit als brillantester Schüler von J. Robert Oppenheimer galt, einen Ausweg.

Einsteins Angriffe auf die Quantenanarchie würden unter einer einzigen Voraussetzung zutreffen. Diese Voraussetzung wäre das Vorhandensein einer »Subquantenebene«, einer Welt unterhalb der skurril ungeordneten Quantenwelt. Besagte Unterunterebene könnte die Metakausalität beherbergen, durch die die Zustandsvektoren auf der sozusagen »mittleren« Quantenebene akausal zusammenbrechen. Dies aber nur, wenn die postulierten Parameter nicht lokal gebunden sind. Verborgene, raum- und zeitlose Parameter . . . Mit anderen Worten: Wenn Raum und Zeit völlig anders funktionieren als angenommen. Genauer gesagt: wenn alles mit jedem verbunden ist, losgelöst von örtlichen und zeitlichen Beschränkungen.

Moment, Moment, derartiges ist doch schon angeklungen. Genau. Jetzt ist es an der Zeit das große Bild zu entfalten, in dem die formbildende Verursachung des morphogenetischen Feldes ebenso enthalten ist wie die raum- und zeitlose Verbindung des »kosmischen Kitts«, aber auch das Weltwissen der Inder und der direkte Draht zum Kosmos durch Horoskop, Pendel, Tarot und andere Instrumente aus dem Schatzkästchen der Esoterik.

Viele Jahre rechneten, konzipierten und experimentierten Wissenschaftler in aller Welt mit Phantasie und Ausdauer. Sie folgten dem Ruf Einsteins und Bohms und schrieben auf ihre Fahnen: »Finden wir die Subquantenwelt!«

Sie wurde, so scheint es, gefunden. Und mit ihr der »Geist im Atom«, das allumfassende Bewußtsein von Mystik, Okkultismus, Esoterik und Metaphysik. Viele Begriffe für eine Wahrheit.

Nicht so schnell. Dieses Gebäude muß Ziegel für Ziegel errichtet werden.

Also. Rekapitulieren wir kurz Bekanntes und schreiten dann weiter: 1964 entwickelte Dr. John S. Bell die Vorstellung des – später von

Dr. Nick Herbert so genannten – »kosmischen Kitts«, die Physiker auch heute noch schockiert. Bells Theorem bestätigt David Bohms Prämisse, daß Quantenwirkungen nicht ortsgebunden sind, das heißt, sie finden nicht hier oder dort statt, sondern *hier und dort*.

Dies, und was darauf noch folgte, hat seine Wurzeln im theoretischen Einstein/Podolsky/Rosen-Experiment (E/P/R), das Heisenbergs Unschärfe ein Schnippchen schlagen sollte, indem wir durch einen Umweg einen Blick auf Ort *und* Impuls eines Teilchens gleichzeitig werfen. Die Strategie war, die Messung an einem *Stellvertreterteilchen* vorzunehmen. Das soll uns genügen.

Ein halbes Jahrhundert lang fehlte der experimentelle Beweis oder Nichtbeweis, blieben Bohrs und Einsteins konträre Ansichten Theorie (für Bohr stellte die von Einstein abgelehnte »geisterhafte Fernwirkung«, die das E/P/R-Experiment eigentlich widerlegen sollte, keinen Widerspruch zur Kopenhagener Deutung dar).

Bells Theorem war der erste Schritt zu einem Schiedsspruch über den Streit der Wissenschaftsgiganten – und zur Lösung von Freuds explodierendem Bücherschrank, de Boers radiästhetischer Sensitivität und zahlreicher anderer paranormaler (esoterischer) Phänomene. Natürlich wurde dies nicht sofort erkannt.

Erst die Zusammenführung verschiedener Quellen ergibt das Gesamte.

Bell und Nachfolger sind die erste »Quelle«.

Nun wird es Zeit, im Detail unter die Lupe zu nehmen, was bislang nur als gesamtheitliches, umfassendes Prinzip angeklungen ist.

Folgen wir kurz den gedanklichen Wegen, die der irische Physiker John Stewart Bell 1964 beschritt, als er von seiner Arbeit am CERN, dem europäischen Kernforschungszentrum in Genf, Urlaub nahm, um David Bohms Modell zu überdenken. Er suchte nach einem hieb- und stichfesten Argument für die »handfeste« Existenz der Art von »Realität«, die dem Quantenirrsinn zugrunde liegen mußte. Ein solches Argument entdeckte er während seines Besuch am SLAC (*Stanford Linear Accelerator Center* = Linearbeschleunigerzentrum) im kalifornischen Stanford.

Es wurde Bells Theorem, der bereits erwähnte »kosmische Kitt«.

Bell war klar, daß Bohm recht hatte, wenn er darauf bestand, daß sein gesuchtes Realitätsmodell *nichtlokal*, also ortsunabhängig sein mußte. Dafür gibt es mathematische Beweise, die wir uns ersparen wollen. Faktum ist: Die Quantenerscheinungen sind nur auf der Basis einer *sofortigen* Informationsübertragung erklärbar. Das wiederum heißt, daß die gesamte Realität nichtlokal ist. Mit anderen Worten: Ohne (überlichtschnelle!) Sofortverknüpfungen kann nicht erklärt werden, was *de facto* ist. Diese Vorstellung widerspricht auch nicht der allgemein anerkannten Kopenhagener Deutung der Doppelgesichtigkeit der Natur. Eine tiefsitzende Realität aus verknüpften Größen, jedoch ohne spezifische Attribute, würde erst im Akt der Messung und je nach der Art und Weise der Messung ein bestimmtes »Gesicht« zeigen (Welle oder Teilchen). Kein Widerspruch zu Bohr und Heisenberg. Nicht einmal zu Einstein, da die Relativitätstheorie lediglich fordert, daß Energie sich nicht schneller als das Licht fortpflanzen kann.

Ein kosmisches Puzzle, bei dem sich alle Steinchen auf ihren Platz stellen.

Diesem Konzept schlossen sich zahlreiche Physiker an. Clauser und Freedmann beispielsweise verweisen auf Bellsche Gedankenexperimente, wenn sie davon ausgehen, daß bloße Beobachtung tatsächliche Realitätsveränderung bewirkt.

Bis zum vorigen Jahrzehnt kämpften die einzelnen Modelle jedoch ausschließlich in der Arena für Theorien miteinander.

Im Dezember 1982 erfolgte der Durchbruch. Die Theorie wurde zur Praxis. Der mehrfach angedeutete »Aspectsche Aspekt« hielt Einzug in die physikalische Realität, sehr zum Kopfzerbrechen mancher Physiker.

Alain Aspect, J. Dalibard und G. Roger bewiesen Bells Theorem im praktischen Versuch. Der »kosmische Kitt« existiert, alles ist wirklich mit jedem verbunden, die Realität ist »nichtlokal«, also überall zugleich.

Spätestens jetzt wird eine Frage übermächtig werden. Sie lautet: Was ist der Beweis, was hat das Aspect-Team *getan*? Folgendes: Die Wissenschaftler ließen Photonen (Lichtquanten, also Lichtteilchen) aus einer Quelle (bestehend aus Calcium) strömen.

Dies erfolgte so, daß immer ein Photonenpaar in entgegengesetzter Richtung auseinanderstrebte. Nach einigen Metern passierte jedes Photon auf seiner Seite einen elektrooptischen Schalter und danach einen Polarisationsfilter. Vergessen wir nicht, Photonen bewegen sich mit Lichtgeschwindigkeit. Jede Verbindung zwischen unserem Photonenpaar könnte nur mit Überlichtgeschwindigkeit erfolgen, da sie voneinander wegflogen.

Weiter. Das Raffinierte in Aspects Aufbau bestand darin, die Flugbahn der Photonen *zu beeinflussen*.

1976 hatten die Physiker Fry und Thompson in Texas einen ähnlichen Versuch durchgeführt, konnten jedoch zu keinem eindeutigen Resultat gelangen, da ihr Signal nicht stark genug war. Anders bei Alain Aspects Anordnung am »Institut d'Optique Théoretique et Appliquée« in Orsay, Frankreich, bzw. an der Universität von Paris. Diesmal war das Ergebnis eindeutig. Groteskerweise bewirkte die Entscheidung der Experimentatoren, auf ein Photon einzuwirken (es zu einem bestimmten Polarisationsfilter zu lenken, diesen zu kippen etc.)

eine Veränderung des anderen, nicht beeinflußten Photons. Obgleich es mit Lichtgeschwindigkeit in die entgegengesetzte Richtung geflogen war.

»Und das ist alles?« mag so mancher jetzt meinen.

»Die Bocksprünge von ein paar Lichtteilchen sollen beweisen, daß das Universum ein großes zusammenhängendes Etwas ist, in dem wir mitspielen können, wenn wir nur wissen wie?«.

Jawohl, das ist alles, und das ist genug, denn dies war kein *Gedanken*experiment.

Der Quantenphysiker Dr. Nick Herbert meint zu Bell und seinen Mitstreitern:

». . . Wenn sich die Quantentheorie auf dem Müllplatz der Physik zu Phlogiston, Kalorik und dem Lichtäther gesellt, wird das Bellsche Theorem immer noch seine Gültigkeit haben. Weil es sich auf harte Tatsachen stützt, ist das Bellsche Theorem zum Bleiben bestimmt.«

Heute ist man sich weithin einig, daß Bell einen wesentlichen, wenn nicht den wesentlichsten Beitrag zur Realitätsforschung geleistet hat. Die daraus resultierende Schlußfolgerung: »Wenn es lokal ist, ist es Hokuspokus«, scheidet die Spreu vom Weizen.

Und nicht nur das. Ersetzen wir einmal Bells »superluminale Raum-Zeit-Verknüpfung« durch die simplere, jedoch genau dasselbe aussagende Formulierung, Teilchen stünden miteinander in »telepathischem« Kontakt. Auch dieser ist – erwiesenermaßen – instantan, also schneller als das Licht.

Gehen wir noch weiter. Nehmen wir anstelle unseres Photonen- oder (Elektronen) Zwillingspaares menschliche Zwillinge. Beispielsweise Barbara Herbert und Daphne Goodship, von denen wir bereits gehört haben. Sie und andere Zwillingspaare erleiden im wahrsten Sinne des Wortes immer wieder Koinzidenzen, die genetisch unerklärbar sind (Treppensturz und Fehlgeburt im Falle der beiden jungen Frauen). Nach Bells Theorem und Aspects Aspekt könnte der Treppensturz des einen Zwillings einen solchen beim anderen *bewirken.*

Phantastisch? Durchaus, aber das ist die Wirklichkeit nun einmal. Doch wir haben noch weitere Indizien.

Erinnern wir uns des morphogenetischen Feldes von Rupert Sheldrake, jener formbildenden Verursachung, die bewirkt, daß Nachfolgekristalle schneller kondensieren und alle Schafe wissen, wie man über die Barriere rollt, nachdem das erste Schaf den Trick entdeckt hat. Vergleichbares läßt sich auch bei Ratten, Planarien (Plattwürmern), Papageien und Schnecken beziehungsweise beim Erlernen der Kunst des »Chicken-Sexens« oder von traditionellen japanischen Versen konstatieren. Sheldrakes morphogenetisches Feld basiert auf der Vorstellung eines ersten Vorreiters, der Spuren zieht wie ein Skiläufer. Bleiben wir bei dieser Analogie: Der erste Skiläufer ermöglicht es den nachfolgenden, in seiner Spur schneller zu Tal zu gelangen. Seine Spur ist eine Form von *Information* für die anderen – halten wird dies gleich fest.

Sheldrake postulierte ein formbildendes Feld, dessen Grundstruktur, Natur und Funktionsweise im Dunkel blieb. Bells Theorem und Aspects Aspekt hüllen Fleisch um das »morphogenetische Skelett«.

Langsam entfaltet sich so etwas wie ein menschlicher oder zumindest dem Belebten nahestehender Faktor. So sind nach Sheldrakes Hypothese bei komplexerem Geschehen – etwa der Entwicklung eines Embryos oder dem Wachstum einer Zelle – ganze Systeme von morphogenetischen Feldern am Werke, um alles zu steuern. Und zwar nicht nur die Bildung der Strukturen, sondern auch deren Verhalten. Das wiederum fügt sich harmonisch in bereits erwähnte Ungereimtheiten der Körper/Geist-Problematik. Bekanntlich arbeitet unser Gehirn manchmal auch dann weiter, als sei nichts geschehen, wenn ihm großer Schaden zugefügt wurde, vergleichbar mit einem Fernsehgerät, das mit halbvernichteter Elektronik bestens arbeitet. Was in der Realität nicht der Fall ist. Belebte Organismen sind jedoch keine technischen Geräte, sondern viel, viel mehr. Dies gilt nicht nur für den *Homo sapiens*.

Die Feststellung, daß erlernte Gewohnheiten bei einem wirbellosen Tier, dem Octopus, nach der Zerstörung verschiedener Sektionen des vertikalen Gehirnlappens weiterbestanden, zwang zu der Aussage, daß Gedächtnis überall und nirgends ist.

Gedächtnis ist nicht der zutreffende Begriff. Information wäre richtiger.

Der amerikanische Physiologe und Anatom George Ellet Coghill verbrachte vierzig Jahre damit, das Embryonal- und Larvenstadium der Entwicklung des Nervensystems im Amphibium *Amblystoma* zu studieren. Am Ende seines Lebens kam Coghill zu der Überzeugung, das primitive und weithin unabhängige Nervensystem besagten Salamanders *Amblystoma* besäße ein Bewußtsein und würde Raum und Zeit widerspiegeln, abgekoppelt von den eigentlichen Sinnen.

Mehr noch, Coghills Lebenswerk zeigte, daß diese angeborene Kapazität älter sein mußte als die stammesgeschichtliche Entwicklung von Nervensystem und Gehirn – bei Salamander und Mensch ...

Eine schöne Ladung an Aha-Erlebnissen.

Wir sind schon weit gekommen, aber marschieren wir überhaupt noch in die ursprüngliche Richtung? Ist uns das esoterische Ziel nicht vielleicht abhandengekommen?

Ist es nicht. Vielmehr entfaltet sich ein wahrhaft kosmisches Bild, in dem die Esoterik ihren angestammten Platz findet, vielleicht sogar eine zentrale Rolle spielt. Halten wir fest: Das Universum ist ein komplexes und okkultes Etwas, eine Art Überübergehirn, dessen Sitz sich irgendwo außerhalb befindet (die Physiker sagen Hyperraum, die Esoteriker sprechen von anderen Dimensionen oder Seinsebenen. Viele Begriffe für wahrscheinlich ein und dasselbe).

Alle Teile des kosmischen Gehirns gehören zusammen, auch wenn wir diese Verbindungen nicht unmittelbar wahrnehmen können (als unmittelbares Wahrnehmen läßt sich Aspects Experiment kaum bezeichnen).

All dies erinnert an eine Hand, über die man ein Tuch breitet. Die Finger bilden Ausbuchtungen in dem Tuch, man könnte sagen Berge. Für Lebewesen, deren Heimstatt die Fläche des Tuchs ist, sind die »Berge« ohne Zusammenhang. Sie können »die Hand« unter dem Tuch nicht erkennen, bestenfalls vermuten. So ähnlich wird es wohl auch uns ergehen. Was wir für Elementarteilchen halten, können die Spitzen von »Tentakeln« sein, die aus dem Hyperraum – oder woher auch immer – in unsere Seinsebene ragen. Besagte Tentakeln gehören zum verborgenen »Körper« der Realität. Fuhrwerken wir an einem »Teilchen« herum, wie im Aspectschen Experiment, so rütteln wir in Wirklichkeit am ganzen Gebilde. Fernwirkungen wären die logische Folge. Zumindest für den Autor dieses Buches. Das Bild der Realität als eine Art Hyperraumpolyp mag prosaisch erscheinen, bringt aber meiner Ansicht nach all das Gesagte auf den Punkt. Kopenhagener Deutung und Bells »kosmischer Kitt« in harmonischer Verbindung.

Gut. Spinnen wir die Argumentationskette weiter. Wenn das Universum so etwas wie ein Supergehirn darstellt – eine Vorstellung, mit der sich immer mehr Physiker und Kosmologen anfreunden –, was befindet sich dann klarerweise *innerhalb* unseres kosmischen Gehirns?

Wissen. Korrekter: Information. Ah, da waren wir doch schon einmal. Haben wir nicht schon gehört, daß alles und jedes von Wissen durchflutet sein könnte, daß wir inmitten eines titanischen Informationsozeans schwimmen, in den man sich sogar einklinken kann?

Richtig, das haben wir gehört. Und wir haben gehört, daß unser Geist zum Sprachrohr dieses kosmischen Wissens werden kann. Durch die unterschiedlichsten Methoden und Hilfsmittel.

Jetzt aber bekommen wir langsam eine Vorstellung, wieso dies alles möglicherweise so ist. Allerdings stehen wir immer noch am Anfang. Bell und Aspect haben die »Hardware« ans Tageslicht befördert – die »Technik« des Universums –, wie aber steht es mit der »Software«, dem Programm, dem Geist? Unserem Geist?

Auf diesen stoßen wir in anderen Quellen. Bell und Nachfolger sind nur eine Quelle, wie schon erwähnt (wenn auch eine ebenso ergiebige wie faszinierende).

Anfang bis Mitte der sechziger Jahre stellten der Mathematiker Charles Muses, der LSD-Forscher Dr. Timothy Leary und der bekannte Pflanzenfreund und Lügendetektorexperte Clive Backster die Behauptung auf, Bewußtsein habe nicht allein im Gehirn oder ähnlichen Strukturen seinen Sitz, sondern auch in Zellen, Molekülen, Atomen – und noch tiefer hinunter . . .

Bezeichnenderweise schuf der Physiker Dr. Evan Harris Walker, dessen Hauptgebiet die Entwicklung neuer Waffen war, als erster eine vollständige Quantenphysik auf dieser Basis. Gemeinsam mit dem schon einmal zitierten Quantenphysiker Dr. Nick Herbert erklärte Dr. Walker in einer wissenschaftlichen Arbeit:

(1) Es gibt eine Sub-Quanten-Ebene. Sie ist der Sitz der verborgenen Parameter, die »alles regeln«.
(2) Dinge, die auf dieser tiefsten aller Ebenen geschehen, sind Elemente fühlenden Seins.
(3) Damit *kontrolliert unser Bewußtsein die physikalischen Ereignisse mittels der Gesetze der Quantenmechanik.*

Daß man Punkt 3 in esoterischen Texten und Weisheitslehren entdekken kann – wenn auch nicht mit exakt diesen Worten, aber dennoch unzweideutig –, dürfte außer Frage stehen.

Auf jeden Fall dürfte es kaum eine provokantere Behauptung gegeben haben, seit Jesus ausgerufen hat: »Ich habe es gesagt: Ihr seid Götter.« (Joh. 10.34).

Zurück zur »Hard Science«. Auch diese kommt, dramatisch ausgedrückt, zu der gleichen radikalen Aussage:

Wir sind die verborgenen Parameter – oder ein Teil von ihnen.

Der Mensch ist also buchstäblich der »Schmied des Schicksals« und nicht nur im übertragenen Sinne. Wir *schaffen* Realität, so der Direktor des *Center for Theoretical Physics* an der Universität Texas in Austin, USA, John Archibald Wheeler, *unisono* mit Jane Roberts' multidimensionalem »Seth«. Derselbe Wheeler, der 1979 bei einem Kongreß der *American Association for the Advancement of Science* für Tumulte gesorgt hatte, weil er die Verbannung aller Erforscher des Paranormalen aus den Hallen der Wissenschaft verlangte. Er nannte sie nur verächtlich »Pseudos«.

Die »Realitätserzeugung« durch uns haben wir auf der Ebene des Subatomaren ja schon kennengelernt, in Form des Wellen/Teilchen-Dualismus.

Tatsächlich? Allerdings. Bedenken wir: Die führenden Quantenphysiker, darunter auch Wheeler, gehen davon aus, daß z. B. Elektronen nicht wirklich vorhanden sind. Wir zerren sie durch die meßtechnische Beobachtung nur in die Wirklichkeit und bestimmen auch noch, ob als Welle oder als Teilchen. Mit anderen Worten: Wir schaffen »das Elektron« erst durch die Beobachtung, denn unbeobachtet hat es weder Ort noch Impuls. Das klingt mathematisch-haarspalterisch. John A. Wheeler jedoch (und andere) gingen weiter. Da unser Universum aus

Teilchen besteht, kreieren wir es durch Beobachtung. Daraus ergibt sich Ungeheuerliches. Die Physiker John Barrow und Frank Tipler haben es in Worte gefaßt:

»... wir können derzeit nur sehr bescheidenen Dingen Existenz verleihen, beispielsweise dem Spin von Elektronen. Es mag Lebewesen mit größerem Bewußtsein vorbehalten sein, eine größere Realität zu schaffen ...«

Es gibt allerdings kein Naturgesetz, das uns verbietet, dieses größere Bewußtsein zu erlangen. Hier könnte der Esoterik eine wichtige Rolle zukommen.

Erleuchtungserlebnisse sind Indizien dafür. Sie überfallen Mystiker und Esoteriker als Resultat ihrer Bemühungen, aber nicht nur diese. An der Schwelle zum Jenseits, in Extremsituationen und aufgrund Hunderter verschiedener Ursachen kann es dazu kommen, daß »man sich plötzlich eins mit dem Universum fühlt, alles versteht, das Größte und das Kleinste zugleich ist« und ähnliches mehr, das sich nicht beschreiben, sondern nur erleben läßt.

Es gibt jedoch auch alternative Wege, die allerdings mit größter Behutsamkeit beschritten werden sollten. In seinem Buch »Megabrain« beschreibt der Autor Michael Hutchinson eine »Brain Machine« mit der Bezeichnung *Transcuataneous Electro-Neural Stimulator* (in etwa »Hautüberbrückender Elektro-Nerven-Anreger«), die der Gehirnphysiologe Joseph Light entwickelte. Sie sendet elektrische Ströme in das Gehirn. Der Erfinder wählte die Frequenz von 7,83 Hertz, mit der auch das elektrische Feld der Erde zwischen derselben und der Ionosphäre schwingt. Hutchinson ließ sich an die Maschine anschließen, glaubte aber, sie sei nicht in Betrieb. Sie war es doch, worüber er folgendes berichtet:

> »... Ich fühle mich, als würde ich aus meinen Nähten platzen, voll Verwunderung und Erregung ... In einem Moment fügte sich eine Reihe von wissenschaftlichen Themen, mit denen ich mich befaßte – darunter die Verbindung zwischen Proteinsynthese und Erinnerung, die biochemische Basis von Sucht, und anderes – wie von selbst zusammen. Sie vereinigten sich in meinem Schädel und ich begriff Neues ... Ich spürte, daß mein Gehirn schneller und wirksamer arbeitete als je zuvor. Ideen sprangen so schnell hervor, daß ich sie kaum fassen konnte.«

Eine Beschreibung, deren mystischen Charakter man nicht leugnen kann. Einssein, Aufgehen im Größeren, aber auch das Untergehen im Informationsozean, wenn man nicht vorbereitet ist.

Die saloppe Warnung »... ein Mann kann wahnsinnig werden durch einen Aschenbecher ...« hat jahrhundertealte Tradition. Zu

Recht, denn solche Einblicke in das kosmische Ganze, in eine im wörtlichen Sinne größere Wirklichkeit, können auf das Alltagsleben nachwirken, und das nicht immer positiv. Man beginnt dem Normalbewußtsein zu mißtrauen, alles wirkt flach, leer und extrem reduziert. Die erleuchtenden »Eureka-Erlebnisse«, wie Arthur Koestler sie nannte, werden herbeigesehnt. All das ist nicht unproblematisch und macht klar, warum Initiation und andere Prozesse der Annäherung an ein erweiteres Bewußtsein viel Zeit, Disziplin und Kontemplation erfordern. Die Esoterik ist sich dessen bewußt, Selbstverwirklicher und Gehirnstimulierer sind es nicht immer.

Es ist offensichtlich möglich, immer höhere Ebenen der Bewußtwerdung zu erklimmen. Von Traumvisionen bis zur mentalen Ausbreitung durch Raum und Zeit, eine Ebene, die durchaus »magisch« genannt werden könnte. Ouspensky und andere Mystiker sprechen davon, daß für den Initiierten – oder welche Bezeichnung man immer für jemand wählen will, der mit wachen Sinnen seinen Platz im »kosmischen Bewußtsein« einnehmen kann – das Innere zum Äußeren wird und umgekehrt. Er ist das ganze Universum und gleichzeitig ein einzelnes Atom. Raum und Zeit erweisen sich als Illusion (wie neuerdings auch die Wissenschaft erkannt hat).

Weisheitslehren in aller Welt und zu allen Zeiten sprechen von ewigen, vorhandenen Wahrheiten, denen sich der »rationale Mensch« mühsam auf gewundenen Umwegen nähert. Diese Umwege sind Zahlen, Worte, Theorien, Prozeduren etc. Dabei sind alle Antworten schon vorher da. Man muß sie nur erkennen können. Manchmal ist dies auch ohne mystische Schulung möglich.

Der berühmte englische Autor Robert Ranke Graves (»Ich Claudius, Kaiser und Gott«) konnte in seiner Schulzeit Lerninhalte und Lösungen von Schulaufgaben intuitiv in seinen Geist holen, obgleich er nach eigenen Worten schwach in Mathematik war, nur über bruchstückhafte Grammatikkenntnisse im Griechischen verfügte und von englischer Geschichte nur nebelhafte Vorstellungen besaß. Seine »Methode« aber erlaubte ihm, Unklares und Unzusammenhängendes »von der Seite zu betrachten«, worauf sich plötzlich Sinn, Zusammenhang und Klarheit einstellten. Er beschreibt seine damalige Kunst als »Superlogik«, die blitzartig von der Frage zur Antwort sprang. Mit nichts dazwischen. Ein mentaler Quantensprung oder eine »Erleuchtung«, wenn man alte Bezeichnungen lieber mag. Fälle wie dieser sind Legion.

Dichter und Denker aller Epochen schreien es geradezu hinaus: Wir sind Gefangene unserer beschränkten Sinne. Goethe, Shelley, Proust und viele andere beklagen die Unentrinnbarkeit dieser Enge und schreiben glühend von den fernen, weiten Ufern, die unerreichbar scheinen.

Mystiker und Esoteriker streben diesen Ufern zu. Nicht immer auf sanften Wegen. Da Erleuchtung (vom kurzen Aufblitzen bis zum bewußten Eindringen in größere Sphären) gewisser »Aufrüttelung« bedarf, rütteln manche esoterische Techniken auch auf. Beispielsweise besteht das umstrittene Gurdjieff-System aus einer Serie von Schocks, die er »Weckeruhren« nannte, da sie die »schlafende Maschine Mensch« wecken sollen. Gurdjieff war nicht eben zimperlich bei der Verabreichung der Stimuli, welche seine Anhänger aus ihrem Zustand mechanischen Dahindämmerns zu höherem Bewußtsein hochpeitschen sollten: Er stürmte in die Schlafsäle seiner Schüler und schnippte mit den Fingern, worauf alle aus den Betten sprangen und komplizierte Haltungen einnahmen. Eine Roßkur, die zwar Erfolge erzielte, aber auch psychische Schäden nach sich zog.

Extreme haben bekanntlich ihre Tücken.

Wie auch immer, mystische Erfahrung ist offensichtlich die Umkehrung jenes naturfeindlichen Prozesses, dem wir die Bezeichnung »Fortschritt« gegeben haben, und über den bereits Sokrates treffend und bitter sagte: »Der Philosoph verbringt sein Leben in dem Bemühen, Körper und Geist zu trennen.«

Zieht man all dies kühl in Rechnung, bleibt nur der – durchaus tröstliche – Schluß, daß Umweltverschmutzung, Kriminalität, Steuererklärung und Abendnachrichten nicht alles sind. Wir wissen zwar immer noch nicht genau, warum wir eigentlich hier sind, aber es muß nicht so sinnlos sein, wie es die Wissenschaft noch im 19. Jahrhundert steif und fest behauptete. Heute hat auch die abstrakteste aller Wissenschaften mystische Züge, nein sie *ist* Mystik par excellence.

Damit sind wir wieder bei der von uns geschaffenen Realität, der die Quantenphysik das Wort redet.

Wir sind es, die das formlose Irgendetwas der verborgenen Wirklichkeit verfestigen und ihm als Elektron Gestalt oder als Elektronenwelle Dynamik aufzwingen. Wir – und niemand sonst (was natürlich keineswegs bedeuten soll, daß wir uns selbst geschaffen haben. Diesen religiös zu nennenden Aspekt der neuen Physik sollte man nicht unter den Tisch fallen lassen. Der krasse, buchstäblich *gottlose* Materialismus ist passé).

Nun geht es Schlag auf Schlag, doch siehe da: je wissenschaftlicher es zugeht, desto philosophischer wird das Grundkonzept.

Dr. Evan Harris Walker und Dr. Nick Herbert haben sich nicht mit der Aussage begnügt, daß wir die verborgenen Parameter sind, die das letzte Sagen haben. Von ihrer Deutung ausgehend, entwickelten die beiden Wissenschaftler eine Gleichung zur Vorhersage des Ausmaßes der Quantenschwankungen, die vom menschlichen Geist – wie sie meinen – verursacht werden. Die dazugehörenden praktischen Experimente wurden von dem Elektroingenieur Haakon Forwald über einen

Zeitraum von mehr als zwanzig Jahren durchgeführt. Und siehe da: Sie bestätigten die Voraussagen klipp und klar. Die Signifikanz bei einer Unzahl von Psychokineseexperimenten (Würfel, Karten a lá Blanks, Rhine/Zener etc.) gab ihnen recht. Damit steht das Gerüst unerschütterlich und präsentiert folgende Gesamtkonstruktion:

Alles ist die Ursache von allem anderen (erinnern wir uns an die Sufi-Parabel von Nasrudin). Jedes Quantengeschehen tritt aufgrund eines anderen Quantengeschehens ein, das aufgrund des ersten Quantengeschehens eingetreten ist usw. usf. – bis zum totalen Wahnsinn.

Dieses Konzept, das beweisbar, aber nicht zu begreifen ist, macht jede von uns bekannte Kausalität bedeutungslos. An ihre Stelle tritt eine Super-Kausalität, die nach allen Richtungen wirkt. *Durch Raum und Zeit.*

Eingebunden in all diese Wunderlichkeiten sind wir; Träger des Geistes, Zahnräder des »Informationsuniversums«, Miterbauer der Realität.

Mit anderen Worten: Wir alle sind (in Vergangenheit, Gegenwart und Zukunft) orts- und zeitunabhängig verbunden. Diese Vorstellung verzahnt sich in andere quantenphysikalische Vorstellungen und verunmöglicht keines der Fallbeispiele vom Anfang dieses Buchteils.

Jawohl: Raffael Gonzales konnte seine Ermordung vorausträumen und Lady Rhys Williams Goldwaters Sieg im Radio hören, obgleich die Sendung sieben Stunden später erfolgte. Arnold Toynbee konnte körperlos in die Vergangenheit reisen und Susi Bauer von New York nach Milwaukee. Der Schlachtenlärm konnte am Edgehill nahe Keinton nachhallen und Blitzschlag als Todesursache von Generation zu Generation weitergehen. Ja, selbst die radionische »Abrams/Drown/de la Warr-Maschine« verliert einiges an Skurrilität.

Laut Dr. Herbert ist nur dieses Konzept universeller Beeinflussung in der Lage, E/P/R-Experiment, Bells Theorem, zusammenbrechende Zustandsvektoren, Quantenspringerei, Akausalität und Beobachterparadoxon unter einen Hut zu bringen, und gleichzeitig den Zufall endgültig ins Out zu verbannen. Andere Physiker denken ebenso.

Nochmals, auf den (endgültigen) Punkt gebracht:

Bewußtsein, frei beweglich und allgegenwärtig in Raum und Zeit ist *der einzige verborgene Parameter.*

Dies erzwingt geradezu den Einwand: »Wenn das wirklich so ist, wieso merken wir es dann nicht?«

Wieso haben wir üblicherweise das untrügliche Gefühl, unser Bewußtsein sei hinter unseren Stirnen lokalisiert und wir können es nicht nach Lust und Laune herumwandern lassen (zumindest nicht in handfester Form)?

Zuerst einmal ist dieses Gefühl gar nicht so naturgegeben, wie es scheinen mag. Sufis und Hindus vollführen Übungen zur Bewußtseinsverlagerung über den *gesamten* Körper, und die Chinesen waren immer schon der Meinung, es befinde sich im Schwerpunkt des Körpers (diese Ansicht ist die Grundlage fernöstlicher Kampfmethoden wie Kung Fu, Karate, Aikido etc.).

Interessanterweise zeigt das chinesische Ideogramm für Sinn, Gemüt, Verstand, die Leber und das Herz, was nicht zwangsläufig auf Unwissenheit deuten muß (man denke nur an Akupunktur und ähnlich effektives Geheimwissen). Ferner hat die westliche Psychologie herausgefunden, daß Kindheitserfahrungen bestimmen, wo und wie wir unser Selbst empfinden. So etwas wie einen angeborenen Sitz des Ichbewußtseins gibt es nicht. Derartiges wird uns nur anerzogen. Wir könnten mit Sicherheit manch Erstaunliches, wenn wir nicht *wüßten*, daß wir es *nicht* können.

So wird davon gemunkelt, es gäbe »irgendwo in Amerika« eine Therapieklinik, in der nur Kleinkinder (ohne Eltern) aufgenommen werden, die durch Unfall etc. Körperteile verloren haben. Dort sollen etwa Finger wieder nachwachsen, und zwar einzig und allein aufgrund der Tatsache, daß die Betroffenen noch nicht gelernt haben, wie unmöglich solches ist. Wie schon gesagt, nur ein Gerücht – vom Prinzip her jedoch denkbar. Ich selbst konnte nichts näheres darüber erfahren.

Kurze Zwischenbilanz:

Die Physik (!) sagt: Es gibt Bewußtsein überall und jederzeit, und die Psychologie ergänzt: Wir empfinden es nur als hier und jetzt, weil wir von Kindheit an darauf konditioniert wurden (durch Gehirnwäsche zum »gesunden Menschenverstand«). Der Umkehrschluß liegt nahe, daß esoterische Techniken diese Konditionierung wieder auflösen – und schon bekommt unser Geist Flügel. Diese Einsicht wird mittlerweile vertraut anmuten. Wie aber ist es mit der anderen Seite? Ich meine die praktische Nutzung.

Der Präsident der »Forschungsgruppe für Physik und Bewußtsein«, Dr. Jack Sarfatti, hat bereits die theoretische (in diesem Fall wohl auch philosophische) Ebene verlassen und arbeitet an einem überlichtschnellen Nachrichtensystem auf der Basis all dessen, mit dem wir eben Bekanntschaft gemacht haben (US-Patentanmeldung Nr. 071165 vom 12. 5. 1978). Andere Erfinder sollen ähnliches versuchen, während die UdSSR nach Aussage eines anonym gebliebenen Nuklearwissenschaftlers ein solches Gerät bereits in Betrieb haben soll. Nun ja. Jedenfalls zeigt sich, daß es noch andere paranormal-esoterische Patente gibt als Karel Drbals »Pyramidenenergie-Patent Nr. 93304«.

Ein weiteres Esoterik-Patent ist übrigens noch in Vorbereitung. Der russische Wissenschaftler Genadi Sergejew entwickelt derzeit ein Gerät zur Psychometrierung von Gegenständen, welches an das »Retrospektiv« aus dem SF-Klassiker von Kurd Lasswitz »Auf zwei Planeten« erinnert.

Dazu ein erklärender Einschub: Der Begriff *Psychometrie* wurde im 19. Jahrhundert durch Professor Rhodes Buchanan geprägt, der in statistischen Untersuchungen bewies, daß sehr viele Menschen Materialien durch Berühren (auch unter Stoff) identifizieren, Inhalte versiegelter Briefe »lesen« und die Verfassung der Schreiber angeben können (mehr darüber in meinem Buch »UNERKLÄRLICHE PHÄNOMENE – jenseits des Begreifens«). Kurzum: Mit entsprechendem Training kann fast jeder die Vergangenheit der Erde, von Gegenständen, etc. erspüren. Gurdjieff sprach in dem Zusammenhang von »Wissensbehältnissen« (heilige Stätten, alte bzw. sakrale Objekte und anderes), die sich gezielt anzapfen lassen. Er selbst gibt an, auf diese Weise zu tiefen Erkenntnissen gelangt zu sein, darunter »Das Gesetz der Drei und der Sieben«.

Zurück zum »Überlicht-Telefon«.

Carl Sagan hat sich jedenfalls positiv, wenn auch leicht ironisch über Sarfattis Projekt geäußert. All dies Hin und Her dürfte Jack Sarfatti ziemlich kalt lassen, da er einen Hang für exotische Konzepte zu haben scheint (er stellte Überlegungen über das Quantengeschehen bei Uri Gellers Löffelbiegeaktionen an. Stichwort: »Tachyonic link«; Tachyonische Verbindung). Sarfatti zweifelt durchaus daran, daß die Russen ein überlichtschnelles Nachrichtensystem besitzen. Außerirdischen Zivilisationen traut er dies jedoch sehr wohl zu. Auf Sagans Bemerkung, solche Kontaktversuche mit Extraterrestriern seien »verspielt«, erwiderte Jack Sarfatti, die Versuche von Carl Sagan und seinen Mitarbeitern, Aliens mittels Radio zu kontaktieren, wären »elektromagnetischer Chauvinismus«.

Ein origineller Gelehrtenstreit. Erfrischend im Vergleich zu den tierisch ernsten Auseinandersetzungen, an die man sonst gewöhnt ist.

Interessanterweise sind auch die Wurzeln von Jack Sarfattis wissenschaftlichen Hypothesen, Konzepten und in letzter Konsequenz praktischen Verwertungsbestrebungen nicht ganz alltäglicher Natur. Man könnte sie auch mystisch nennen.

Dazu müssen wir seine Schlußfolgerungen zum neuen Weltverständnis der Quantenphysik in letzter Konsequenz kennenlernen. Sie sind fürwahr ebenso komisch wie final.

Er postulierte: »Unterhalb der Raum-Zeit-Ebene des von uns wahrgenommenen Universums liegt die (von Einstein erhoffte, von Bohm angenommene und von Bell/Aspect entdeckte) Subquanten-Welt der Informationseinheiten.«

Diesen könnte man viele Namen geben: Informations-Quanten, Mikro-Intelligenzen etc. Sie sind die *Hardware* des Universums. Die *Software* ist der »kosmische Kitt«. Wenn Sarfatti recht hat – und alles spricht dafür –, durchzieht *Information* alles und jedes, ist Information der verborgene Parameter, der dem Quantenschaum das Programm aufzwingt, nach dem das uns bekannte Universum zusammenwächst und die Naturkonstanten ausfriert.

Betrachtet man das den Elementarteilchen innewohnende Grundbedürfnis, Muster zu bilden, ist der Gedanke an eine »kosmische Programmierung« stichhaltig (wohlgemerkt: auch wir sind »Muster«, ein »Abdruck« des Universums, Manifestation der unbegreiflichen Schöpfung ...).

Zitat Sarfatti: »Nach Bells Theorem *muß* Intelligenz (Information), wenn sie *irgendwo* im System vertreten ist, *überall* im System vorhanden sein.«

Damit ist das ganze Universum, jedes Teilchen, teilhaftig an der Information. Der Kreis hat sich geschlossen. Offensichtlich kann sich der Geist einzelner Menschen unter verschiedenen Voraussetzungen (esoterische Technik, Eureka-Erlebnis, Aufgewühltsein ...) in dieses kosmische Informations- und Operationssystem »eintunen« (Stichwort: Channeling). Bewußt oder unbewußt. Ebensogut kann es zu Wechselwirkungen ohne menschliche Direktbeteiligung kommen (Stichwort: Parapsychologie). Das Füllhorn des Esoterischen ist kaum auszuloten.

Zurück zu Jung-Sarfatti. Wie er erzählt, wurde sein wissenschaftliches Interesse bereits in seiner Jugendzeit durch eine Serie geheimnisvoller Anrufe geweckt. Irgend jemand (oder etwas) war am Ende der Leitung und behauptete, ein »außerirdischer Computer« zu sein und malte die intellektuellen Freuden eines Physikstudiums in leuchtenden Farben aus. Jack Sarfatti weiß bis heute nicht, was es mit diesen Anrufen auf sich hat. Er schwankt noch immer, ob die Stimme am Ende der Leitung einem Witzbold, einem Außerirdischen, dem kosmischen Computer oder einem CIA-Agenten gehört haben mag.

Auf jeden Fall ist er nicht der einzige, dem solches nach eigener Aussage widerfuhr. So rückte der US-Autor Morgan Robertson nie davon ab, ein astraler Co-Autor hätte ihm bei seiner Story »Futility/The Wreck of the Titan« (die berühmteste schriftliche Voraussage aller Zeiten) zur Seite gestanden.

Der Neurologe Dr. Andrija Puharich berichtet, daß er während einer großangelegten Untersuchung über Uri Geller (die zu Puharichs Buch »Uri« führte) immer Botschaften von einem angeblich außerirdischen Wesen mit computerähnlicher Stimme empfangen hätte.

In seinen Büchern »Our Haunted Planet« (Unser von Spuk heimgesuchter Planet) und »The Mothman Prophecies« (Die Mottenmann-Prophezeiungen) listet der amerikanische Schriftsteller John A. Keel Hunderte von Zeugen auf, die während eines Zeitraums von dreißig Jahren ähnlich rätselhafte Telefonanrufe erhalten haben, darunter die sinistre Mahnung: »Wacht auf, dort unten!« Dies ist nicht extrem beeindruckend. Da es eine Vielzahl von anonymen Telefonanrufern gibt, die sich auf sexuelle Inhalte spezialisiert haben, warum nicht auch solche mit mystisch-außerirdischem Tick? Durchaus denkbar, dennoch steckt mehr dahinter.

Dr. Puharichs Erfahrungen gehen nämlich über die erwähnten Botschaften hinaus. Bei einer Arbeitssitzung zwischen dem Neurologen und einem Inder namens Dr. Vinod begann letzter plötzlich mit einer anderen Stimme zu sprechen. Mit englischem Akzent erklärte der exotische Sprecher, er sei ein Mitglied der »Neun Prinzipien und Kräfte«. Obgleich seltsam, hätte Dr. Puharich den Kontaktversuch jener »übermenschlichen Intelligenzen« *ad acta* gelegt, wäre ihm nicht in Mexico eine Arztfamilie begegnet, die mit den »Neun Prinzipien und Kräften« in guter Verbindung standen. Der springende Punkt dabei ist, daß ihre Informationen exakt dort anschlossen, wo die Botschaft an Dr. Puharich – via Dr. Vinod – geendet hatte.

1971 wurde Dr. Puharich der Unfalltod eines ihm bekannten brasilianischen Geistheilers telefonisch mitgeteilt, und zwar *eine Viertelstunde bevor besagter Señor Arigó in seinem Auto ums Leben kam.*

Selbst aufgeschlossene Wissenschaftler und Verfechter der wagemutigsten Theorien können mit all dem nicht viel anfangen. Jack Sarfatti beispielsweise neigt noch am ehesten dazu, die Anrufe seines kosmischen Computers einer Art rückläufiger Kausalität zuzuschreiben, wie er sie bereits im Konzept des *tachyonic link* umriß. Und das, obgleich er selbst das Bild zurechtgezimmert hat, in das sich alles harmonisch, aber bizarr einfügt: Das Universum als Megamegamegacomputer und die Subquantenereignisse als Mikromikromikrochips wohlig eingebettet in einen endlosen Ozean aus Information, dessen Ursprung zu ergründen klarerweise Theologen und Philosophen vorbehalten bleiben muß.

Auch sein Überlichtpatent Nr. 071165 schlägt in diese Kerbe. Es verkörpert die außersinnlichen Ströme des Gehirns in der Weise, wie ein Computer das Modell der logischen Gehirnaktivitäten ist beziehungsweise sein soll.

Nun ist es soweit: Die Computer haben sogar im Weltall und im Atomkern die Herrschaft ergriffen.

Keine Sorge, der Begriff »Computer« ist nur eine Analogie, die auf Gesetzmäßigkeiten hinweist, nicht auf mechanische Abläufe. Diese findet man weder in den Computern der letzten Generation – die bereits so etwas wie eine »Buddha-Natur« aufzuweisen beginnen – noch in der modernen Kosmogonie. Was man sehr wohl finden kann, ist das Esoterische an der Physik und das Physikalische an der Esoterik – und die verborgene Einheit von beidem.

Der sich endlos durch Raum und Zeit erstreckende Informationsozean voll zeitloser Verknüpfungen dürfte diese Einheit sein. Eine Einheit, an der wir (als verborgener Parameter) entscheidend teilhaben.

Esoterik und Wissenschaft nicht länger als feindliche Brüder. Eine erbauliche Vorstellung.

Dabei gab es immer schon Gemeinsamkeiten, die man nur zu suchen brauchte, worin auch gleich die Problematik bestand. Selbst die Naturwissenschaften wachsen nur zögernd zu integrierenden Gesamtstrukturen zusammen (Stichwort »Bio-Physik«, eine neue Wissenschaftsdisziplin, die fast aus dem Stand revolutionierende Erkenntnisse über Lebensentstehung, Krebs und vieles andere erzielte).

Um wieviel problematischer z. B. eine Synthese aus Physik, Parapsychologie und Kundalini-Yoga sein muß, liegt auf der Hand. Versuchen wir es trotzdem an einem Beispiel: Es gibt spontane Selbstverbrennung *(Spontaneous Human Combustion, SHC)*. In meinem Buch »UNERKLÄRLICHE PHÄNOMENE – jenseits des Begreifens« habe ich dieser mehrere Kapitel gewidmet. Hier nur soviel:

Immer wieder gehen Menschen plötzlich in Flammen auf. Sie verbrennen auf unbegreifliche Weise zu Asche, ohne, daß irgend etwas sonst in Mitleidenschaft gezogen wird (manchmal sogar *in* ihren Kleidern, die unbeschädigt bleiben). Diese Vorgänge sind physikalisch unerklärlich. Und nun zu unserer – rein theoretischen – Hypothese, die nur möglich ist, wenn man Physik und Esoterik verbindet. Wie wäre es mit der Theorie, daß »Chakra-Energie« aus welchen Gründen auch immer hervorbricht und Personen blitzartig verascht? Nun gut, und wie sollte das naturwissenschaftlich vor sich gehen?

Im Grenzgebiet der neuen Physik, dort, wo sich Relativität und Quantenphysik begegnen, stößt man auf die fremdartige »Vakuumenergie«. Aufgrund von Berechnungen, mit denen wir uns nicht quälen wollen, assoziiert die Quantentheorie mit der Abwesenheit von Materie nicht – wie die Vernunft es gebieten würde – den Betrag Null, sondern einen großen positiven Wert, E°, Volumen pro Einheit.

Der kontroverse und bekannte Physiker Richard Feynman, einer der Begründer der Quantenelektrodynamik (QED), berechnete die Äquivalenzmasse pro Volumeneinheit. Er kam auf etwa zwei Milliarden Tonnen pro Kubikzentimeter. Diese Masse, umgewandelt nach Einsteins genialer Formel $e = mc^2$ würde genug Energie liefern, um alle Meere unseres Planeten zum Kochen zu bringen. Und das in einem Kubikzentimeter, wohlgemerkt.

Dies war, ich betone es nochmals, ein bloßes Beispiel. Niemand vertritt die These, SHC sei aus dem Vakuum hervorbrechende Chakra-Energie.

Was vielmehr vertreten werden soll, ist der Aufruf zum »lateralen Denken«, wie es in der Psychologie heißt, das Denken »quer zum System«, um neue Wege zu beschreiten. Was wir hier ja auch tun.

Somit entrollt sich ein ebenso neues wie – esoterisch gesehen – altes Bild vom Sein, von »oben wie unten«, vom Einen, das im anderen ist und umgekehrt.

In diesem Bild ist Platz für Astrologie, Radiästhesie, Channeling, Pyramid-Power, Jenseitsbotschaften, Reinkarnation, Schutzgeister und noch viel mehr. Eigentlich für alles. Es gibt keine Konkurrenz. Die Wissenschaft »entwertet« nicht die Esoterik – und umgekehrt. Warum auch? Teile, die ihren Platz haben, müssen ihn nicht auf Kosten anderer Teile behaupten.

Im Grunde eine klare Sache.

Damit hat sich der Kreis geschlossen. Die Wissenschaft wurde von mystischen Fakten gezwungen, in bizarres Neuland vorzudringen, nur um festzustellen, daß es für andere gar nicht so neu war. Jene redeten nur nicht in der Sprache der Gleichungen und abstrakten Symbole. Das war alles. Das »Gesprächsthema« der Wissenschaftler und der Esoteriker jedoch ist dasselbe: Mensch und Kosmos, Geist und Materie, die Welt des Nichtstofflichen ...

Synchronizität, »kosmischer Kitt«, Weltbewußtsein – verschiedene Wort für denselben Begriff?

Vielleicht. Manche Wissenschaftler würden sogar sagen: »Sehr wahrscheinlich.« Schließlich zeigen sich »Hardware« (die Wellen/Teilchen, Informationsquanten) und »Software« des Universums (das Programm, die Information selbst, der universelle Plan) eindeutig im Experiment.

In Experimenten allerdings, bei denen das Bewußtsein des Beobachters auch noch ein Wörtchen mitzureden hat. Erinnern wir uns an die Schlußfolgerung des Nobelpreisträgers Dr. Brian Josephson, daß die unterschiedlichen Versuchsergebnisse in Europa und den USA bei gleichen Versuchsanordnungen, auf die *unterschiedlichen Erwartungshaltungen* der europäischen und amerikanischen Experimentatoren zurückzuführen sein dürften.

Es treten sogar noch weit groteskere Wechselwirkungen oder Koinzidenzen auf. Das ist nichts Neues, neu ist lediglich die Auseinandersetzung damit. Früher wäre so manches unter den Teppich gekehrt worden. Einem Wissenschaftler, der es hervorgeholt und unter die Lupe genommen hätte, wäre dasselbe Schicksal widerfahren, wie dem Archäologen Frederick Bond, der die Glastonbury-Abtei mit spiritueller Hilfe entdeckte – und darüber berichtete.

In unseren Tagen wird noch über ganz andere Seltsamkeiten berichtet, und das von renommierten Wissenschaftlern, die nicht selten haarsträubende Theorien gleich mitliefern. Das Phantastische ist salonfähig geworden, weil man es nicht länger leugnen kann. Im Gegenteil: Die Wissenschaft sucht es und stellt sich. Fast jedes Mittel wird für solche Konfrontationen eingesetzt. Entsprechend wunderlich sind oft die Ergebnisse. Ein letztes, besonders skurriles Beispiel soll dies demonstrieren.

So nahm der Wissenschaftler Saul-Paul Sirag, Vizepräsident von Jack Sarfattis Physik/Bewußtsein-Forschungsgruppe, einmal LSD, um herauszufinden, ob er in diesem veränderten Bewußtseinszustand das angebliche außerirdische Wesen wahrnehmen konnte, von dem der damals getestete Uri Geller behauptete, es stünde hinter ihm.

Daraus entwickelte sich eine geradezu psychodelische Kettenreaktion.

Sirag sah den Kopf eines Falken.

Sechs Monate später prangte exakt jener Falkenkopf auf dem Cover von Sirags Lieblingsmagazin *Analog*. Die Zeichnung illustrierte die Story »The Horus Errand« (Der Auftrag des Horus) und stellte den bekannten Horusfalken der ägyptischen Mythologie dar.

Dr. Andrija Puharich – bekanntlich der Autor des Buches »Uri« – wußte nichts von Sirags seltsamem Erlebnis, als er davon sprach, Uri Geller würde seinen außerirdischen Partner als Falken identifizieren und hätte ihm den Namen »Horus« gegeben.

Neben dem Falken auf dem *Analog*-Umschlag war ein Gesicht gezeichnet. Es gehörte einem Medium aus Texas mit Namen Ray Stanford. Dieser Mann gab an, mysteriöse Erlebnisse mit Uri Geller und einem Falken gehabt zu haben.

Der Titelbildillustrator Kelly Freas (ein berühmter Sf-Zeichner), der Stanfords Gesicht und den Falkenkopf auf der Titelseite zusammenkomponiert hatte, war dem Texaner nie begegnet. Freas hatte Stanfords Züge unbewußt verwendet.

Kompletter Irrsinn! Oder?

Aber nein. Für Sarfatti und Sirag sind diese Wunderlichkeiten kein Grund zur Aufregung. Sie betrachten sie weder als Sinnestäuschung noch als außerirdische Intervention, sondern als ein Bündel schlüssiger Beweise für Bells ort- und zeitunabhängige Subquantenwechselwirkung.

Trotzdem: Ein Gedankengang sollte noch weitergedacht werden. Die Frage nach einem möglichen Endpunkt des Zusammenwachsens von Mensch und Kosmos, das die Evolution in Gang gesetzt hat, die Wissenschaft zu berechnen trachtet und dem die Esoterik entgegenarbeitet. Kann es noch Stufen jenseits der höchsten bekannten Initiationsformen geben? Beziehungsweise: Wie hoch *kann* man steigen?

Auch wenn uns wunderbar erscheinen mag, was von Esoterikern und Magiern berichtet wird, so kann es doch nur die Spitze eines Eisbergs sein. Die Esoterik deutet die Existenz dieses Eisbergs an, sagt jedoch wenig Verständliches über seine Natur. Auch nicht darüber, was man sich unter dem »ultimaten Initiierten« vorzustellen hat (wenn ein Vorstellen überhaupt möglich ist).

Könnte vielleicht die Wissenschaft Fingerzeige liefern, wenn auch ungewollt?

Denkbar wäre es. Rekapitulieren wir kurz, wie esoterische Wesenheiten – die also auf einer der höchsten Stufen esoterischer Hierarchie angesiedelt sein müssen – auf uns wirken. Wie Geister, für die es weder Raum und Zeit noch materielle Schranken zu geben scheint. Sie reisen vom Morgen ins Heute und umgekehrt, materialisieren, wo sie wollen, kein Gefängnis könnte sie halten und keine Waffe sie verletzen.

Ließen sich solche Fähigkeiten auch wissenschaftlich definieren?

Allerdings. Wir sind dreidimensionale Lebewesen, für die hier und jetzt, heute und gestern, gilt. Mauern können uns einschließen. Wir gelangen von einem Ort zum anderen, indem wir eine Strecke zurücklegen. Raumkrümmungen, *n*-Dimensionen und andere Wesenszüge unseres Universums verschließen sich unserer Anschauung (wir benötigen die Mathematik als »Übersetzer«). Unsere Gehirne sind Reduktionsorgane, die das Mysterium der Schöpfung auf drei Dimensionen heruntertransformieren.

Was aber *könnte* eine Lebensform, die in der vierten Dimension heimisch ist beziehungsweise sich hineinentwickelte?

Alles.

Gehen wir einmal in die entgegengesetzte Richtung, dann wird dies klar. Es gibt einen mehrdimensionalen Roman, den »ein altes Quadrat« verfaßte. Sein Titel ist »Flatland« (Flächenland). Der Erzähler ist ein zweidimensionales Lebewesen. Es erzählt zuerst von seiner zweidimensionalen Heimatwelt und dann von einer Reise ins Wunderland der dritten Dimension, der Heimatwelt einer Kugel, die in Flatland magische Fähigkeiten besitzt. Warum das so ist, liegt auf der Hand. Wollte man ein zweidimensionales Etwas einsperren, würde es genügen, eine Linie (Kreis, Quadrat etc.) um dieses Etwas zu ziehen und schon säße es fest. Unsereins kann man so nicht festsetzen. Wir steigen einfach drüber – und zwar *durch die dritte Dimension.*

Ein alltäglicher Vorgang, der sich allerdings exotisch anhört, wenn man ihn so beschreibt.

Natürlich stammt der Roman nicht wirklich aus der Feder eines alten Quadrats, da Leben ohne die dritte Dimension kaum existieren könnte (wohlgemerkt: extrem flach wie eine Flunder ist nicht »zweidimensional«).

Der Autor von »Flatland« ist Edwin A. Abbott (1838–1926), ein ehemaliger Direktor der *City School of London.* Obgleich mehr als vierzig Werke über klassische Literatur und Religion seinen Namen tragen, ist er heute primär wegen dieses kleinen, mehrdimensionalen Büchleins bekannt, das 1884 erschien. Auszüge daraus sind sogar in »Teubners mathematisch-physikalischer Bibliothek« abgedruckt. Ein vor wenigen Jahren die US-Bestsellerlisten erstürmender Sf-Roman ist das »Flachland« der Computergeneration. In »Das Planiversum – Computerkontakt mit einer zweidimensionalen Welt« arbeiten Mathematiker mit dem Computermodell eines zweidimensionalen Universums. Plötzlich entwickelt eines der simulierten Lebewesen auf dem Computerbildschirm Eigenleben. Es ist zu einer Verbindung zwischen dem »2D-Welt-Programm« und einer wirklichen zweidimensionalen Welt gekommen.

Der Autor Alexander K. Dewdney ist ein hochqualifizierter Computerwissenschaftler, der Kollegen anderer Wissenszweige zum Mitmachen an seinem romanhaften Gedankenspiel motivierte. So entstand eine Story, die in ein wissenschaftlich durchdachtes, zweidimensionales Universum eingebettet ist. Es gibt zweidimensionale Technik, Physik, Biologie, Chemie und sogar zweidimensionalen Alltag.

Wie würde unsere Welt auf die 2D-Zivilisation wirken, wenn es zur Kontaktaufnahme käme?

Magisch. Mehr noch: unbegreiflich.

Ich sagte beim Wellen/Teilchen-Dualismus, er sei für uns, als wäre etwas rund und eckig zugleich. Fordern wir nun unsere zweidimensionalen Freunde via Computer auf, sich etwas vorzustellen, das rund und eckig zugleich ist. In ihren zwei Dimensionen eine Unmöglichkeit. Nicht so für uns. Ein Zylinder ist rund, wenn man die Flächen der scheibenförmigen Schnittkanten betrachtet, und eckig, wenn man ihn aufstellt. Simpel genug. Nur *kann* ein zweidimensionales Wesen ihn nicht *in der dritten Dimension* aufstellen, ihn drehen und wenden.

Ebensowenig wie wir mit jenem Etwas in der vierten Dimension herumfuhrwerken können, das sich einmal als Teilchen und einmal als Welle präsentiert, je nachdem, wie wir es beobachten. Unsere 2D-Gesprächspartner können auch nichts anderes: Der Zylinder ist je nach Schattenwurf in ihre 2D-Welt entweder ein Kreis oder eine Scheibe, niemals aber beides zugleich, nämlich ein Zylinder. Nicht einmal, wenn er aufgezeichnet wird, erhält er eine körperliche dritte Dimension.

Auch wir können Vierdimensionales darstellen. Bekannt ist der sogenannte *Tesserakt*, der vierdimensionale Hyperwürfel. Jedoch: ob man ihn zeichnet oder als Modell erstellt, mehr als drei Dimensionen werden es nicht. Die originelle Sf-Story von Robert A. Heinlein »Das 4-D-Haus« (And he built a crooked House), in der ein Architekt ein Haus nach den Gesetzmäßigkeiten des Hyperwürfels baut und das nach Fertigstellung überall und nirgends zugleich ist, liest sich humorvoll, wird aber niemals Wirklichkeit werden.

Alles schön und gut. Aber ist die vierte Dimension nicht nur eine mathematische Metapher beziehungsweise die Zeit, wie immer wieder im Mißverstehen der allgemeinen Relativitätstheorie gemeint wird? Nicht unbedingt. Für ein zweidimensionales Lebewesen wäre unsere dritte Dimension auch nur eine Analogie. Wie könnte ein zweidimensionaler Mathematiker der Realität der dritten Dimension auf die Spur kommen? Durch Hochrechnung. Die erste Dimension ist ein Punkt. Um ihm eine zweite zu verleihen, muß man ihm Ausdehnung verschaffen, ihn also sozusagen durch die zweite Dimension der Länge zerren und krümmen, damit er ein Kreis, ein Quadrat, irgendeine geometrische Figur wird.

Zum *Körper* wird unser Kreis, indem man ihn durch die nächsthöhere dritte Dimension biegt. Schon steht er da als Kugel.

Und dann? Biegen wir einmal irgend etwas durch die vierte Dimension. In Mark Cliftons berühmter Sf-Story »Kinderspiele« (Star bright) dient der Hyperwürfel Tesserakt als *geistiges* Vehikel zum Erlangen paranormaler (esoterischer) Fähigkeiten, einschließlich Raum- und Zeitreise. Als Bauplan für ein reales Haus mag er ausscheiden, als Meditationsmittel (Mandala?) nicht unbedingt. In »Kinderspiele« wird er so eingesetzt und zeitigt magische Effekte. Ganz unesoterisch klingt dieser Weg jedenfalls nicht.

Es bleibt die letzte Hürde. Die Frage, ob all dieser Theorie irgendeine praktische Bedeutung zukommt. Ohne diese müßten vierdimensionale Wesen ebenso schemenhaft bleiben wie ein (nur mathematisch) durch die vierte Dimension gekrümmter Raum beziehungsweise gekrümmte Raum-Zeit.

Nun, was müßte einem zweidimensionalen Mathematiker auffallen, der flach und bescheiden seinen Forschungen nachgeht, ohne zu wissen, daß er dies auf der Oberfläche einer Kugel tut?

Er würde zu seiner peinlichen Betroffenheit feststellen, daß mit den euklidschen Axiomen etwas nicht stimmt (sofern sie ihm bekannt sind).

Die Winkelsumme eines Dreiecks, das er auf die Oberfläche besagter Heimatkugel aufträgt, wäre zu groß. Ein Effekt der Krümmung, die jedoch für den 2D-Mathematiker unbegreiflich sein muß, auch wenn er es lernt, sie zu berechnen.

Und in unserer dreidimensionalen Welt? Können wir vergleichbares beobachten und messen – keine Mathematik, sondern harte Fakten?

Allerdings.

Die Winkelsumme *ist auch für uns größer*, nur müßte man das Dreieck im Weltraum aufspannen.

Damit wollen wir es bewenden lassen. Mit den skurrilen Effekten, die auf vierdimensionale Verwerfungen der Raum-Zeit-Geometrie hinweisen, und besonders in Bereichen von Superschwerkaft, Gravitationslinsen und ähnlich Exotischem *konkret* zu beobachten und zu messen sind, mögen sich die Astrophysiker herumschlagen, was sie auch verbissen tun. Entscheidend ist wohl eines: Höhere Ebenen – über deren Natur man unterschiedlicher Meinung sein kann – existieren.

Was sich auf ihnen abspielen mag, ob man sie irgendwie, bewußt oder unbewußt, erreichen kann und ob sie die Heimat geisterhafter (vierdimensionaler) Wesen sein mögen, steht auf einem anderen Blatt. Indizien liegen vor, ihre Auswertung soll jedem Einzelnen überlassen bleiben. Hinter diese Schwelle kann die Wissenschaft nicht vordringen.

Auch wir sollten der Versuchung allzu kühner Spekulationen widerstehen. Die Steine für das kosmisch-esoterische Puzzle liegen ausgebreitet. Welches Mosaik man aus ihnen zusammensetzt, ist wieder einmal Privatsache. Mögliche Mosaike gibt es zweifellos viele, ganz im Sinne von Esoterik *und* Quantenphysik.

Wie sagte der Physiker und Sf-Autor Arthur C. Clarke: »Modernste Wissenschaft wird von Magie nicht zu unterscheiden sein«. Wie es scheint, läßt sich Magie von Wissenschaft schon heute nicht mehr unterscheiden. Wo, bitteschön, ist denn der Unterschied zwischen dem Tunneleffekt von Elektronen, die durch eine imaginäre vierte Dimension tauchen und zeitlos von einem Ort zum anderen springen, ohne einen Weg zurückzulegen (abermals ein ganz konkreter Vorgang), und dem Verschwinden des Marchese C. S. aus einem verschlossenen Zimmer vor Zeugen (geschehen am 29. Juli 1928 auf Schloß Millesimo) oder des brasilianischen Kaufmanns Carlo Mirabelli (1889–1951), der gleichfalls einen versiegelten Raum verließ, und das sogar gefesselt? Wie unsere Geisterelektronen tauchten der Marchese und Mirabelli an einem anderen Ort wieder auf.

Carlos Mirabelli vollführte zahlreiche solche »Raumsprünge«, meist am hellichten Tag und nicht selten über Entfernungen von zig Meilen. Wissenschaftler kontrollierten, beobachteten – und standen vor einem Rätsel.

Mauern, Schlösser, Plomben an Türen und Fenstern waren jedesmal kein Hindernis gewesen. Ebensowenig wie ein zweidimensionales Gefängnis (z. B. ein Kreis) ein dreidimensionales Lebewesen festzuhalten vermag, weil es einfach darübersteigen kann. Wie signifikant diese Vergleiche sind, wissen wir nicht. Vielleicht haben Menschen 4-D-Erlebnisse, die über die Beschränkungen von hier und jetzt, gestern, heute und morgen hinausführen, vielleicht ist alles ganz anders.

Vielleicht, vielleicht, vielleicht . . .

Mit dem »vielleicht« wollen wir zum Ende kommen. Wir haben die Esoterik von verschiedenen Seiten betrachtet und Faszinierendes zu Tage gefördert. Natürlich nicht alles, doch das konnte nicht erwartet werden.

So vielschichtig und unterschiedlich die Menschen sind, die auf den Spuren der Esoterik wandeln, um zu verstehen, was nicht in Schulbüchern steht und/oder ihr Dasein durch Esoterik zu bereichern, so vielschichtig ist »die Esoterik« selbst. Darum muß manches fehlen, nicht aber – wie ich hoffe – ein »roter Faden«. Was hier versucht werden sollte, war eine Bestandsaufnahme von jenen Erscheinungen, die sich nicht ohne weiteres vermessen, abwiegen, einordnen und rationalisieren lassen, aber im Leben vieler Menschen eine Rolle spielen.

Allein deswegen dürfen sie nicht auf die leichte Schulter genommen werden.

Ebensowenig wie die an ihnen Interessierten.

So möge Niels Bohr das letzte Wort haben. Dieser herausragende Wissenschaftler, der so fest an die Komplementarität aller Dinge glaubte, daß er für sich ein Wappen mit dem Yin- und Yang-Symbol als Zentralmotiv entwarf, sagte: »Eine tiefe Wahrheit ist eine Aussage, deren Gegenteil ebenfalls eine tiefe Wahrheit ist.«

Verwendete Literatur

Teil I: Esoterik und Esoteriker

Gesucht: Das »größere Wissen« . . .

Allison Coudert: Der Stein der Weisen – Die geheime Kunst der Alchemisten (Bern 1892)
J. Engelmann: Raketen, die den Krieg entscheiden sollten (Friedberg 1980)
Mircea Eliade: Schmiede und Alchemisten (Stuttgart 1980)
Horst E. Miers: Lexikon des Geheimwissens (Freiburg im Br. 1970)
Zeitschrift PLANET, Nr. 3 (München, September/Oktober 1969)
Pauwels/Bergier: The Morning of the Magicians (New York 1973)
W. A. Harbinson: GENESIS (New York 1982)
Maj. Rudolph Lusar: German Secret Weapons of World War II (London 1959)
Renato Vesco: Intercept UFO (New York 1974)
Samuel A. Goudsmit: Alsos – Reports of the Alsos-Commission (New York 1947)
Eliot Porter: Antarctica (London 1979)
Mechtild Scheffer: Die Bach-Blütentherapie (München 1983)
Ing. Tassilo Halbritter: Wissenschaft vor 100 Jahren aus DISKUSSION (Wien 1978)
Colin Wilson: Das Okkulte (Berlin 1971)
Lawrence Leshan: Von Newton zu PSI (Reinbek bei Hamburg 1986)
Villoldo/Dychtwalt: MILLENIUM – Der Weg ins Dritte Jahrtausend (Basel 1984)
Sir Fred Hoyle: Das intelligente Universum (Frankfurt 1984)
Roman U. Sexl: Was die Welt zusammenhält – Physik auf der Suche nach dem Bauplan der Natur (Stuttgart 1982)
W. B. Crow: A History of Magic, Witchcraft and Occultism (London 1972)
Helga Felbinger: Medizin und Magie (Wiesbaden 1984)
Davies/Brown: Der Geist im Atom (Basel 1988)
Nick Herbert: Quantenrealität – jenseits der neuen Physik (Basel 1987)
Friedrich L. Boschke: Wahrheitssucher (Düsseldorf 1984)
Dr. Theo Löbsack: Magische Medizin (München 1980)
Dr. Roger Jones: Physics as Metaphor (London 1983)
Tim Healy (Ed.): STRANGE BUT TRUE – The Worlds Weirdest Newspaper stories (London 1984)
Blundell/Boar: The World's Greatest UFO Mysteries (London 1989)

Janet and Colin Bord: Strange Events of the 20th Century (London 1989)
The Unexplained File: The Age of the UFO (London 1984)
Baron Julius Evola: Die Hermetische Tradition (Freiburg 1989)

Astrologie – eine verkannte Lehre

Udo Becker: LEXIKON DER ASTROLOGIE – Astrologie · Astronomie · Kosmologie (Herrscheing 1988)
Heinz Fiedelsberger: Richtig leben mit den Sternen (Wien 1982)
Dr. Percy Seymor: ASTROLOGY – The Evidence of Science (Luton 1988)
Eysenck/Nias: Astrologie – Wissenschaft oder Aberglaube? (München 1982)
Heinz Fiedelsberger: Astrologie 2000 – Struktur einer Wissenschaft von morgen (Wien 1972)
Ursula Lewis: Horoskope selbst gestellt (Frankfurt am Main 1989)
M. Gauquelin: Die Uhren des Kosmos gehen anders (Bern 1973)
S. Gooch: Guardians of the Ancient Wisdom (London 1979)
L. Hudson: The Cult of the Fact (London 1972)
Bernd A. Mertz: Karma in der Astrologie (Interlaken 1988)
F. Suppe (Hrsg.): The Structure of Scientific Theories (Illinois 1974)
Van Deusen: Astrogenetics (New York 1976)
West/Toonder: The Case for Astrology (London 1970)
Viktor Farkas: UNERKLÄRLICHE PHÄNOMENE – jenseits des Begreifens (Frankfurt am Main 1988)
Eysenck/Sargent: Der übersinnliche Mensch (München 1984)
Farkas/Krassa: Lasset uns Menschen machen – Schöpfungsmythen beim Wort genommen (Berlin 1987)
Günter Karweina: Der sechste Sinn der Tiere (Hamburg 1982)
Horst E. Miers: Lexikon des Geheimwissens (Freiburg im Br. 1970)
Francis X. King: The Encyclopedia of Fortune Telling (London 1988)
Das geheime Wissen um Glück und Zukunft zu befragen (München 1986)
Richard Grossinger: Der Mensch, die Nacht und die Sterne (München 1988)
Dr. Marcus Gossler: Lexikon Grenz-Wissenschaften (Landsberg 1988)
Richard Vetter: Lebendige Astrologie – Struktur und Logik eines schöpferischen Weltbilds (Basel 1989)
Heinz R. Pagels: Cosmic Code (Berlin 1984)
Davies/Brown: Der Geist im Atom (Basel 1988)
C. G. Jung: Synchronizität, Akausalität und Okkultismus (München 1990)
Eve Marie Helm: Das große Orakelbuch (München 1983)

Rudy Rucker: Der Ozean der Wahrheit oder die fünf Arten zu denken (Frankfurt 1988)
Jean Shinoda Bolen: Tao der Psychologie – Sinnvolle Zufälle (Basel 1989)
Colin Wilson: Beyond the Occult (London 1988)
Ira Progoff: Jung, Synchronicity and Human Destiny (New York 1973)
F. David Peat: SYNCHRONIZITÄT – Die verborgene Ordnung (Bern 1989)
THE SCIENTIFIC BASIS OF ASTROLOGY – Myth or Reality (New York 1969)
Gudjonsson/Thorsteinn: ASTROBIOLOGY – The Science of the Universe (Reyjkavik 1976)
Dal Lee: Dictionary of Astrology (London 1969)
Sepharial: New Dictionary of Astrology (London 1963)
James Wilson: A complete Dictionary of Astrology (New York 1969)
Bernd A. Mertz: Die Esoterik in der Astrologie (Freiburg 1988)
Michel Gauquelin: Planetare Einflüsse auf Persönlichkeit und Lebensweg (Freiburg 1986)
Dane Rudhayr: Die astrologischen Zeichen – Der Rhythmus des Zodiak (München 1988)
Ulrike Voltmer: Gestaltastrologie (Freiburg 1989)
Hans Sterneder: Tierkreisgeheimnis und Menschenleben (Freiburg 1988)
Sakoian/Acker: Das große Lehrbuch der Astrologie (München 1989)
Bernd A. Mertz: Karma in der Astrologie (Heitersheim 1988)
Thomas Ring: Astrologische Menschenkunde (Freiburg 1986)
Hermann Meyer: Astrologie und Psychologie – eine neue Synthese (München 1885)
Dr. Peter Niehenke: Kritische Astrologie (Freiburg 1989)
Dr. M. Boot: Das Horoskop (München 1989)

Weiterführende Gedankenexperimente –
das Phantastische nimmt Konturen an . . .

Colin Wilson: MYSTERIES – An investigation into the occult, the paranormal and the supernatural (New York 1979)
Colin Wilson: Beyond the Occult (London 1988)
Griesbeck/Orzechowski: Die Kraft der Rätsel (München 1986)
Dr. Herbert L. König: UNSICHTBARE UMWELT – Der Mensch im Spielfeld elektromagnetischer Kräfte (München 1983)
Rupert Sheldrake: Das schöpferische Universum – Die Theorie des morphogenetischen Feldes (München 1983)
Luciano Mecacci: Das einzigartige Gehirn (Frankfurt 1986)

Popper/Eccles: Das Ich und sein Gehirn (München 1982)
Ornstein/Thompson: Unser Gehirn: das lebendige Labyrinth (Reinbek 1986)
John Taylor: Superminds (London 1975)
John Taylor: Science and the Supernatural (London 1981)
Frank Edwards: Stranger than Science (London 1963)
Frank Avray Wilson: Crystal and Cosmos (London 1977)
Friedrich Bestenreiner: Der phantastische Spiegel – Quanten, Quarks, Chaos oder vom Trost, der aus der Formel kommt (München 1989)
Dr. Gustave Geley: From the Conscious of the Unconscious (1920)
Itzhak Bentov: Stalking the wild pendulum (New York 1977)
Andreas/Adams: Was niemand glauben will (Berlin 1967)
Francis Hitching: PENDULUM – The PSI connection (London 1977)
F. David Peat: SYNCHRONIZITÄT – Die verborgene Ordnung (Bern 1989)
Lyall Watson: Beyond Supernature – A New Natural History of the Supernatural (London 1986)
Holden/Singer: Crystals and Crystal-gazing (London 1961)
Rupert Sheldrake: The Presence of the Past – Morphic Resonance and the Habits of Nature (London 1988)
Donald E. Carr: Geheimnisvolle Signale – das Rätsel der vergessenen Sinne (Hamburg 1973)

Radiästhesie: Pendel und Wünschelrute

Georg Kirchner: Pendel und Wünschelrute – Handbuch der modernen Radiästhesie (Genf 1984)
Das »Goldene« Pendel – Macht über den 6. Sinn (Zürich 1978)
Francis Hitching: PENDULUM – the PSI connection (London 1977)
Itzhak Bentov: Stalking the wild pendulum (New York 1977)
Griesbeck/Orzechowski: Die Kraft der Rätsel (München 1986)
Friedrich Bernhard Marby: Die aufschlußreiche Pendeluntersuchung (Stuttgart 1987)
Christopher Bird: The Divining Hand (New York 1979)
T. C. Lethbridge: The Power of the Pendulum (London 1976)
Richard Maurice Bucke: Cosmic Consciousness (New York 1961)
T. V. Tansley: Radionics: Science or Magic? (New York 1982)
W. B. Crow: A History of Magic, Witchcr. and Occult. (London 1972)
Francis X. King: The Encyclopedia of Fortune Telling (London 1988)
Maby/Franklin: Physics of the Divining Rod (London 1939)
J. Scott Elliot: Dowsings: One Man's Way (London 1977)
W. H. Trinder: Dowsing (London 1939)
J. Mullings: The Divining Rod (Eigenv. 1893)
Boris Farkás: Angewandte Radiästhesie (Freiburg 1989)

Nielsen/Polansky: Die Magie des Pendels – Erkenntnis durch Radiästhesie (München 1990)

Grundschule: pendeln – aber richtig

Karl Spiesberger: Der erfolgreiche Pendelpraktiker (Freiburg 1989)
N. N.: Gregor A. Gregorius: Pendel-Magie (Wolfenbüttel 1926)
Bruce Copen/Prof. Willi Kowa: Pendelpraxis
Dr. R. Schroth: Das Pendel (Wien 1975)
Georg Kirchner: Pendel und Wünschelrute – Handbuch der modernen Radiästhesie (Genf 1984)
Francis Hitching: PENDULUM – the PSI connection (London 1977)
Prof. Dr. Moritz Benedikt: Ruten- und Pendellehre (Wien 1917)
Hellmut Wolff: Siderische Pendelpraxis (Memmingen 1950)
Alexis Mermet: Der Pendel als wissenschaftliches Instrument (Colmar 1950)
Francis X. King: The Encyclopedia of Fortune Telling (London 1988)
Volksbuch geheimer Kräfte (Linz 1954)
Colin Wilson: MYSTERIES – An investigation into the occult, the paranormal and the supernatural (New York 1979)
Colin Wilson: Beyond the Occult (London 1988)
T. C. Lethbridge: The Power of the Pendulum (London 1976)
D. Juriaanse: Das praktische Pendelbuch (München 1986)
Bandler/Grinder: Neue Wege der Kurzzeittherapie (Paderborn 1986)
Manuela Brinkmann: Unterwegs zur Vollkommenheit: Rolfing und NLP – Körper und Geist (Paderborn 1989)
Bandler/Grinder: Reframing – ein ökologischer Ansatz in der Psychotherapie (NLP) (Paderborn 1986)
Dilts/Bandler/Grinder: Strukturen subjektiver Erfahrung, ihre Erforschung und Veränderung durch NLP (Paderborn 1985)

Ein Kosmos von Antworten

Colin Wilson: Beyond the Occult (London 1988)
Itzhak Bentov: Stalking the wild Pendulum (New York 1977)
Francis Hitching: PENDULUM – the PSI connection (London 1977)
Viktor Farkas: UNERKLÄRLICHE PHÄNOMENE – jenseits des Begreifens (Frankfurt 1988)
P. Andreas/G. Adams: Was niemand glauben will (Berlin 1977)
Werner Keller: Was gestern noch als Wunder galt (Zürich 1973)
Werner F. Bonin (Hrsg.): Lexikon der Parapsychologie (Bern 1984)
Georg Kirchner: Pendel und Wünschelrute – Handbuch der modernen Radiästhesie (Genf 1984)

Und was ist mit der Wünschelrute?

Heinrich Jürgens: Die Wünschelrute und ihr Gebrauch (Freiburg 1987)
Christopher Bird: Wünschelrute oder das Mysterium der weissagenden Hand (Gräfelfing 1989)
van Tuil/van Heerde: Wünschelrutengehen (München 1988)
A. Mermet: Principles and Practice of Radiesthesia (London 1935)
Francis X. King: The Encyclopedia of Fortune Telling (London 1988)
Lyall Watson: SUPERNATURE – the natural history of the supernatural (London 1974)
W. B. Crow: A History of Magic, Witchcraft and Occultism (London 1972)
Lyall Watson: Beyond Supernature – A New Natural History of the Supernatural (London 1986)
Colin Wilson: MYSTERIES – An investigation into the occult, the paranormal and the supernormal (New York 1979)
Heinrich Jürgens: Die Wünschelrute und ihr Gebrauch (Freiburg 1958)
Johannes Walther: Das Rätsel der Wünschelrute (München 1954)
Klinkowström/Maltzahn: Handbuch der Wünschelrute (München 1954)
G. W. Geßmann: Wünschelrute und Zauberring (Berlin 1922)
Georg Kirchner: Pendel und Wünschelrute – Handbuch der modernen Radiästhesie (Genf 1984)
Sir W. Barrett/Besterman: The Divining Rod (New York 1968)

Die Macht der Orakel

Frank Gaynor: Dictionary of Mysticism (New York 1953)
F. David Peat: SYNCHRONIZITÄT – Die verborgene Ordnung (Bern 1989)
Dr. Roger Jones: Physics as Metaphor (London 1983)
Martin Schönberger: Verborgener Schlüssel zum Leben (Bern 1973)
Gerry Brown: The World's greatest Mysteries (London 1989)
Rufus C. Camphausen: Spiegel des Lebens (Basel 1983)
Eve Marie Helm: Das große Orakelbuch (München 1983)
Peter Brookesmith (Ed.): Cult and Occult (London 1985)
Griesbeck/Orzechowski: Die Kraft der Rätsel (München 1986)
Tom Riseman: Einführung in das I GING (Bern 1988)
John Blofeld: Das Buch der Wandlungen – I GING (Bern 1983)
Pauwels/Bergier: Aufbruch ins dritte Jahrtausend (Bern 1962)
Pauwels/Bergier: Die Entdeckung des ewigen Menschen (Bern 1965)
Werner Keller: Was gestern noch als Wunder galt (Zürich 1973)

Prof. Dr. Hans Bender: Unser sechster Sinn (Reinbek 1972)
Colin Wilson: DAS OKKULTE (Berlin 1975)
Horst E. Miers: Lexikon der Geheimwissenschaften (Freiburg im Br. 1970)
Pauwels/Bergier: Impossible Possibilities (St. Albans 1974)
Wilson/Grant: The Directory of Possibilities (London 1982)
W. B. Crow: A History of Magic, Witchcraft and Occultism (London 1972)
Lyall Watson: SUPERNATURE (London 1974)
Te-k'un Cheng: Archeology in China (Cambridge 1963)
A. E. Abbot: Encyclopedia of the Occult Sciences (London 1960)
J. E. Cirlot: A Dictionary of Symbols (London 1976)
G. A. Gaskell: A Dictionary of the Sacred Language of all Scriptes and Myths (London 1923)
Sam Reifler: Das I-GING Orakel (Freiburg 1986)
Friedrich K. Engler: Diskussionen über das I Ging (Freiburg 1987)
Richard Wilhelm: I GING – Das Buch der Wandlungen (Düsseldorf 1924)
Richard Wilhelm: Das Geheimnis der Goldenen Blüte (Zürich 1920)
Jean Gerbser: Dualismus und Polarität (Zürich 1971)
Yüan-Kuang: I-Ging (München 1951)
Farkas/Krassa: LASSET UNS MENSCHEN MACHEN – Schöpfungsmythen beim Wort genommen (Frankfurt 1987)
Horst E. Miers: Lexikon des Geheimwissens (Freiburg im Br. 1970)
Nevill Drury: LEXIKON ESOTERISCHEN WISSENS (München 1988)
Das geheime Wissen um Glück und Zukunft zu befragen (München 1986)
Rohr/Winter: Tarot der Liebe (Genf 1989)
Hans-Dieter Leuenberger: Schule des Tarot (Freiburg 1988)
Gerhart von Lentner: Die hohe Kunst des Kartenlegens (Genf 1982)
Dion Fortune: Die mystische Kabbala (Freiburg 1987)
Cheiro (Graf Louis Hamon): Das Buch der Zahlen (Freiburg 1989)
Hajo Banzhaf: Das Tarot-Handbuch (München 1986)
Frédéric Lionel: Das Spiel der Spiele – Tarot (Freiburg 1989)
Marguerite de Surany: I-Ging und Kabbala (Freiburg 1987)
Stuart Kaplan: Der Tarot (München 1987)
Sallie Nichols: Die Psychologie des Tarot – Tarot als Weg zur Selbsterkenntnis nach der Archetypenlehre C. G. Jungs (Heitersheim 1989)
Henry G. Tietze: Imagination und Symboldeutung (München 1988)
Piers Anthony: Der Gott von Tarot (Rastatt 1982)
Francis X. King: The Encyclopedia of Fortune Telling (London 1988)
Jürgen vom Scheidt: Antworten aus dem Unbewußten – Erfahrungen

mit I-Ging, Tarot und anderen esoterischen Praktiken (Freiburg 1980)

Magier . . . Okkultisten . . . Übermenschen

Colin Wilson: DAS OKKULTE (Berlin 1975)
Horst E. Miers: Lexikon des Geheimwissens (Freiburg im Br. 1970)
Colin Wilson: Beyond the Occult (London 1988)
Colin Wilson: MYSTERIES – An investigation in the occult, the paranormal and the supernatural (New York 1979)
Robert Charroux: Die Meister der Welt (Düsseldorf 1972)
R. DeWitt Miller: Forgotten Mysteries (New York 1947)
John Taylor: SUPERMINDS – An Investigation into the Paranormal (London 1975)
Prof. Dr. Hans Bender: Unser sechster Sinn (Reinbek 1972)
Dr. Eric Weiser: Geheimnisvolles Säugetier · Der Mensch – ein biologisches Rätsel (Frankfurt 1980)
Rupert Furneaux: The World's Strangest Mysteries (New York 1961)
Victor K. Wendt: Das Geheimnis der Hyperborer (Basel 1984)
Pauwels/Bergier: The Morning of the Magicians (New York 1973)
Ernest Scott: Die Geheimnisträger – Auf den Spuren der verborgenen Baumeister der Evolution (München 1989)
G. I. Gurdjieff: Begegnungen mit bemerkenswerten Menschen (Freiburg 1978)
René Zuber: Wer sind Sie Herr Gurdjieff? (Basel 1988)
Francis X. King: Satan and Swastika (St. Albans 1976)
Pauwels/Bergier: Die Entdeckung des ewigen Menschen (Bern 1970)
Werner Keller: Was gestern noch als Wunder galt – Die Entdeckung geheimnisvoller Kräfte des Menschen (Zürich 1973)
Louis Pauwels: GURDJEW der Magier (München 1956)
Peter Brookesmith (Ed.): Cult and Occult (London 1985)
John Symonds: ALEISTER CROWLEY DAS TIER 666 – Leben und Magick (Basel 1983)
Margaret Anderson: The unknowable Gurdjieff (London 1962)
Gérard Aumont (Ps.): Die drei Schulen der Magie (Zürich 1956)
Heinz Höhne: Der Orden unter dem Totenkopf (München 1975)
André Brissaud: Die SD-Story (Herrsching 1980)
H. P. Blavatsky: Das Buch Dzyan (aus: Die Geheimlehre) (Berlin 1932)
Colin Wilson: Gurdjieff – Der Kampf gegen den Schlaf (München 1989)
Nevill Drury: LEXIKON ESOTERISCHEN WISSENS (München 1988)
Peter Krassa: Der Graf von Saint-Germain; Karl Mays ungeliebtes Vorbild in Literatur und Leben (Archiv des Autors)

L. A. Langeveld: Der Graf von Saint-Germain (Berlin 1930)
Raymond Silva: Die Geheimnisse des Cagliostro (Genf 1975)
Allan Oslo: FREIMAURER (Frankfurt 1988)
Stephen Knight: The Brotherhood (London 1985)
Norman Mackenzie (Ed.): Secret Societies (London 1967)
Alice A. Bailey: Initiation (Lorch 1952)
G. R. S. Mead: H. P. Blavatsky – The Theosophical Glossary (London 1985)
Henry Wilson Coli: Mansonic Encyclopedia (New York 1961)
William C. Hartmann: Who's Who in Occultism, New Thought, Psychism and Spiritualism (Jamaica 1927)
Yatri (Ps.): UNKNOWN MAN – The Mysterious Birth of a New Species (London 1988)
John da Free: The Enlightenment of the Whole Body (Middletown 1978)
Ram Dass: Journey of Awakening (New York 1978)
Israel Regardie: Das magische System des Golden Dawn (Freiburg 1989)
Edwin Bernbaum: Der Weg nach Shambhala (Freiburg 1988)
Bandler/Grinder: Neue Wege der Kurzzeittherapie (Paderborn 1986)

Teil II: Weltverständnis durch Esoterik

Die nichtstoffliche Wirklichkeit

Ernst Pöppel: Grenzen des Bewußtseins (Stuttgart 1985)
Hans-Peter Dürr (Hrsg.): Physik und Transzendenz (Bern 1986)
Ken Wilber: The Quest for the new Paradigm (New York 1983)
Nettleton/Lucas: GREAT UNEXPLAINED MYSTERIES – 40 eerie Cases that baffle the Mind (Boca Raton 1989)
Gerry Brown: The Worlds Greatest Mysteries (London 1989)
Patrick Moore: Can you speak Venusian? – A trip through the mysteries of the Cosmos (London 1976)
Heinrich Zimmer: Abenteuer und Fahrten der Seele (Düsseldorf 1977)
Paul K. Feyerabend: Der wissenschaftstheoretische Realismus und die Autorität der Wissenschaften (Braunschweig 1978)
Paul K. Feyerabend: Wider den Methodenzwang (Frankfurt 1977)
Paul K. Feyerabend: Erkenntnis für freie Menschen (Frankfurt 1979)
Karl Popper: Objektive Erkenntnis (Hamburg 1974)
T. S. Kuhn: Die Entstehung des Neuen (Frankfurt 1977)
J. Losee: Wissenschaftstheorie (München 1977)
Antonia Vallentin: Einstein (London 1954)
Reinhard Breuer: Das anthropische Prinzip (München 1983)

Rudolf Kippenhahn: 100 Milliarden Sonnen (München 1980)
Luis E. Navia: Das Abenteuer Universum (Düsseldorf 1977)
Frederic Vester: Neuland des Denkens (Stuttgart 1984)
Joseph Meurers: Kosmologie heute (Darmstadt 1984)
Fritjof Capra: Der kosmische Reigen (Bern 1977)
Lyall Watson: Geheimes Wissen (Frankfurt 1976)
Einstein/Infeld: Die Evolution der Physik (Wien 1950)
Victor F. Weisskopf: Natur im Schaffen – Erkenntnisse moderner Naturwissenschaft (Berlin 1978)
Barrow/Silk: Die asymmetrische Schöpfung (München 1980)
Roman U. Sexl: Was die Welt zusammenhält (Stuttgart 1982)
H. B. G. Casimir: Haphazard Reality (New York 1983)
R. N. Bucke: Cosmic Consciousness (New York 1901)
François Jacob: Die Logik des Lebenden (Frankfurt 1972)
Bohm/Capra/Ferguson/Pribam/Wilber u. a.: Das holographische Weltbild (Bern 1986)

Das Leben endet nie

Stanislav Grof: Geburt, Tod und Transzendenz (München 1985)
Roger Sperry: Naturwissenschaft und Wertentscheidung (München 1985)
Green/McCreery: Apparitions (London 1975)
Colin Wilson: Beyond the Occult (London 1988)
Nettleton/Lucas: GREAT UNEXPLAINED MYSTERIES – 40 eerie Cases that baffle the Mind (Boca Raton 1989)
Gerry Brown: The Worlds Greatest Mysteries (London 1989)
Dr. Friedrich W. Doucet: Die Toten leben unter uns – Forschungsobjekt Jenseits (Wien 1979)
Roy Stemman: Die Welt der Seelen und Geister (Berlin 1979)
Morey Bernstein: Protokoll einer Wiedergeburt (Bern 1973)
John G. Fuller: The Ghost of Flight 401 (New York 1976)
Hoimar von Ditfurth: Wir sind nicht nur von dieser Welt (Hamburg 1981)
Popper/Eccles: Das Ich und sein Gehirn (München 1982)
Smyth/Stemmann: Leben – was kommt danach (Mannheim 1979)
Peter Brookesmith (Ed.): Life after Death (London 1984)
Bedford/Kensington: Das Delpasse-Experiment (Düsseldorf 1975)
Ian Stevenson: Reinkarnation (Freiburg 1976)
Ian Currie: Niemand stirbt für alle Zeit (München 1976)
Thorwald Dethlefsen: Das Erlebnis der Wiedergeburt (München 1976)
Sushil Chandra Bose: Your Last Life and Your Next (Kalkutta 1959)
Eddy Sherwood: You will Survive after Death (New York 1950)

R. DeWitt Miller: You do take it with you (New York 1955)
Milton V. Kline: A Scientific Report on »The Search for Bride Murphey« (New York 1956)
K. O. Schmidt: Wir leben nicht nur einmal (München 1969)
Charles A. Wickland: Thirty Years Among the Dead (Los Angeles 1924)
Curt J. Ducasse: A Critical Examination of the Belief in a Life after Death (Springfield 1961)
Wilfried Daim: Experimente mit der Seele (Graz 1949)
Alfred Gierer: Die Physik, das Leben und die Seele (München 1985)
Robert A. Monroe: Der zweite Körper (Interlaken 1987)
Mylan Rýzl: Der Tod und was danach kommt (Genf 1988)
Prof. Max Seiling: Goethe als Esoteriker (Melsbach 1989)

Alles ist Bestimmung – Bestimmung ist alles . . .

Martin Lings: Was ist Sufitum? (Freiburg 1989)
Robert Anton Wilson: An den Grenzen des Universums (München 1970)
C. Northcote Parkinson: East and West (New York 1965)
Jane Roberts: Adventure in Consciousness (New York 1980)
Masahiro Mori: Die Buddha-Natur im Roboter – Gedanken eines Roboter-Ingenieurs über Wissenschaft und Religion (Freiburg 1985)
Robert S. De Ropp: The Master Game (London 1986)
Alois Reutterer: Philosophie (Wien 1977)
Jeff Love: Die Quantengötter (Düsseldorf 1979)
Bohm/Peat: Science, Order and Creativity (New York 1987)
Alfred Gierer: Die Physik, das Leben und die Seele (München 1985)
Roger Sperry: Naturwissenschaft und Wertentscheidung (München 1985)
John L. Casti: Verlust der Wahrheit – Streitfragen der Naturwissenschaft (München 1990)
Herbert Meschkowski: Was wir wirklich wissen (München 1984)
Raymond Ruyer: Jenseits der Erkenntnis (Hamburg 1977)
Bernhard Rensch: Probleme genereller Determiniertheit allen Geschehens (Berlin 1988)

Teil III: Lebenshilfe durch Esoterik

Endzeit-Zauber und wahre Magie

Konrad Lorenz: Der Abbau des Menschlichen (München 1983)

Carlos Castaneda: Die Lehren des Don Juan (Serie, Frankfurt 1972–1988)
Jürgen vom Scheidt: Hilfen für das Unbewußte – Esoterische Wege der Selbsterfahrung (München 1980)
R. C. Cohn: Das innere Jenseits (Stuttgart 1975)
A. Holl: Mystik für Anfänger (Stuttgart 1977)
Carlos Castaneda: Gespräche mit Sam Keen (Frankfurt 1975)
Jürgen vom Scheidt: Im Zeichen einer neuen Zeit (Freiburg 1988)

Esoterische Arbeit am eigenen Ich

Jörg Wichmann: Die Renaissance der Esoterik (Stuttgart 1990)
Carl Rogers: Entwicklung der Persönlichkeit (Stuttgart 1976)
Paul Watzlawick: Die Möglichkeit des Andersseins – Zur Technik der therapeutischen Kommunikation (Bern 1977)
E. T. Gendlin: Focusing (New York 1978)
Jürgen vom Scheidt: Antworten aus dem Unbewußten (München 1980)
Hans-Dieter Leuenberger: Sieben Säulen der Esoterik – Grundwissen für Suchende (Freiburg 1989)
Ludwig Knoll: Lexikon der praktischen Psychologie (Bergisch Gladbach 1976)
Florence Scovel Shinn: Das Lebensspiel und seine Regeln (Lindau 1983)
Françoise und Michel Moine: Spiele mit verborgenen Kräften (München 1984)
Peter Rendel: Einführung in die Chakras – die sieben Energiezentralen des Menschen (Basel 1983)
Peter Carrington: Das große Buch der Meditation (Bern 1982)
André von Lysebeth: Die große Kraft des Atems (Bern 1975)
Theo Fischer: Wu Wei – Lebenskunst des Tao (Melsbach 1989)
Das geheime Wissen um Glück und Zukunft zu befragen (München 1986)
Rufus Camphausen: Spiegel des Lebens (Basel 1983)
Maxwell Maltz: Psycho-Cybernetics (New York 1973)
W. E. Butler: Die hohe Schule der Magie (Freiburg 1987)
Joachim-Ernst Berendt: »Ich höre – also bin ich« (Freiburg 1989)
Jeff Love: Ein neues Verständnis der Kabbala (Köln 1979)
Luciano Mecacci: Das einzigartige Gehirn (Frankfurt 1986)
N. Gazzangia: Das erkennende Gehirn (Paderborn 1987)
E. H. Lenneberg: Biologische Grundlagen der Sprache (Frankfurt 1977)
John Lyons: Die Sprache (München 1983)
Jean-Pierre Cangeux: Der normale Mensch (Reinbek 1984)

Popper/Eccles: Das Ich und sein Gehirn (München 1982)
Walter Böckmann: Botschaft der Urzeit (Düsseldorf 1979)
Rhodes/Thame: Die Farben des Menschen (München 1988)
Prof. L. Eberhard: Heilkräfte der Farben (Engelberg 1954)
Wilson/Beck: Farbtherapie (Bern 1984)
Dr. Heinrich Frieling: Das Gesetz der Farbe (Göttingen 1968)
Max Lüscher: Der 4-Farben-Mensch (München 1977)
Max Lüscher: Das Harmoniegesetz in uns (Düsseldorf 1985)
Pflaum/Bäuerle: Lexikon der Werbung (Landsberg 1983)
KOMMUNIKATION (Frankfurt 1973)
Erwin Lausch: Manipulation (Stuttgart 1972)
Andreas/Davies: Das verheimlichte Wissen (Interlaken 1984)

Teil IV: Esoterik im Spiegel der Wissenschaft

Bausteine für ein neues Weltbild

Danah Zohar: Through the Time Barrier (London 1983)
Colin Wilson: MYSTERIES – An investigation into the occult, the paranormal and the supernatural (New York 1979)
Colin Wilson: Beyond the Occult (London 1988)
Lyall Watson: Beyond Supernature (London 1986)
Francis Hitching. The PSI-Connection (Glasgow 1977)
Nick Herbert: QUANTENREALITÄT – Jenseits der neuen Physik (Basel 1987)
Dr. Hans Sperling: Was die Welt im Innersten zusammenhält (Melsbach 1989)
Friedrich Bestenreiner: Der phantastische Spiegel – Quanten, Quarks, Chaos oder vom Trost, der aus der Formel kommt (München 1988)
Davies/Brown (Hrsg.): Der Geist im Atom (Basel 1988)
Cantopoulos/Kotsakis: Cosmology (Berlin 1986)
Dr. Roger Jones: Physics as Metaphor (London 1983)
Paul Davies: Die Urkraft – Auf der Suche nach einer einheitlichen Theorie der Natur (Hamburg 1987)
Jeff Love: Die Quanten-Götter (Düsseldorf 1979)
Walter Sullivan: Am Rande des Raums – Am Ende der Zeit (Frankfurt 1980)
Heinz R. Pagels: Die Zeit vor der Zeit (Berlin 1987)
Reinhard Breuer: Das anthropische Prinzip (München 1981)
Eigen/Winkler: Das Spiel – Naturgesetze steuern den Zufall (München 1975)
Hans-Peter Dürr (Hrsg.): Physik und Transzendenz (Bern 1986)

Die Theorie des Magischen

Robert Anton Wilson: The Science of the Impossible (New York 1969)
Michael Shallis: On Time (Harmondsworth 1983)
Erwin Schrödinger: Geist und Materie (Wien 1986)
Arthur Young: Der kreative Kosmos (München 1987)
Amit und Maggi Goswami: The Cosmic Dancers (New York 1983)
Andreas/Killian: Die phantastische Wissenschaft (Düsseldorf 1974)
Masahiro Mori: Die Buddha-Natur im Roboter (Freiburg 1985)
John Gribbin: The Omega Point (New York 1988)
Raymond Ruyer: Jenseits der Erkenntnis (Wien 1977)
Heinz R. Pagels: Cosmic Code – Quantensprache der Natur (Berlin 1984)
Paul Davies: Mehrfachwelten – Entdeckungen der Quantenphysik (Düsseldorf 1981)
Walter Bargatzky: Das Universum lebt (Düsseldorf 1978)
Zdeněk Kopal: Man and his Universe (London 1972)
Wolfgang Spiekermann: Urknall, Quarks, Kernfusion (Leipzig 1986)
Werner Heisenberg: Ordnung der Wirklichkeit (München 1989)
Field/Chaisson: Das unsichtbare Universum – An den Grenzen der modernen Astrophysik (Basel (1986)
Stratis Karamanolis: Geheimnisse des Mikrokosmos (München 1986)
Jean E. Charon: Der Geist der Materie (Wien 1979)
V. d. Osten Sacken: Schöpfung aus dem Nichts – Das Geheimnis vom Ursprung des Universums (Düsseldorf 1981)
Hans Werner Woltersdorf: Phänomen Schwerkraft – Das Medium mit dem wir denken (Olten 1977)
Paul Davies: Cosmic Blueprint (London 1987)
Raffelski/Müller: Die Struktur des Vakuums (Frankfurt 1985)
Reinhard Breuer: Die Pfeile der Zeit (München 1984)
Wilson Holroyd: Rätsel des menschlichen Geistes (Mannheim 1979)
Lyall Watson: Geheimes Wissen (Frankfurt 1976)
John Taylor: Science and the Supernatural (London 1981)
Sagan/Agel: The Cosmic Connection (New York 1973)
Harold J. Morowitz: Die Schöpfung ist kein Zufall (Düsseldorf 1988)
Peter S. Stevens: Zauberei der Formen in der Natur (München 1983)
Jon Klimo: CHANNELING – Der Empfang von Informationen aus paranormalen Quellen (Freiburg 1988)
Alfred Gierer: Die Physik, das Leben und die Seele (München 1985)
John A. Keel: The Mothman Prophecies (New York 1976)
John A. Keel: Our haunted Planet (Greenwich 1971)
Ernst Pöppel: Grenzen des Bewußtseins (Stuttgart 1985)
David Loye: Gehirn, Geist und Vision (Basel 1986)
Rudy Rucker: White Light (New York 1980)

Bohm/Capra/Ferguson/Pribam/Wilder u. a.: Das holographische Weltbild (Bern 1986)
R. DeWitt Miller: Stranger than Life (New York 2955)
Pauwels/Bergier: Die Entdeckung des ewigen Menschen (Bern 1965)
Lawrence LeShan: Von Newton zu PSI – Neue Dimensionen im Umgang mit der Wirklichkeit (Reinbek 1986)
Peter Andreas: Jenseits von Einstein – Die Suche nach der Schicksalsformel (Düsseldorf 1978)
Donald E. Carr: Geheimnisvolle Signale (Frankfurt 1976)
Gary Zukav: Die tanzenden Wu Li Meister – von Quantensprung zum Schwarzen Loch (Reinbek 1981)
Castell/Weizsäcker (Ed.): Quantum Theorie and the Structure of Time and Space (Trutzing 1984)
Felix Weber: Der Kosmos tanzt (Basel 1983)
Einstein/Infeld: Die Evolution der Physik (Wien 1950)
Robert L. Forward: Future Magic (New York 1988)
Peter Rendel: Einführung in die Chakras – die sieben Energiezentralen des Menschen (Basel 1983)
John Gribbin: In Search of Schrödingers Cat – Quantumphysics and Reality (London 1985)
A. E. Abbot: Encyclopedia of the Occult Sciences (London 1976)
Rudy Rucker: Der Ozean der Wahrheit (Frankfurt 1988)

Register

C

D

E

F

G

H

I

J

K

L

M

N

O

P

Q

R

S

W

Z